英中韓 宗教字典

영중한 신학 용어사전

圖書出版 永門

English-Chinese-Korean Wordbook of Religion

edited
by

Whan Joon, Liu, D. D.

Young Moon Publishing Co.,
Seoul, Korea.
Printed in Korea.
2002

序 言

　　近来，对中国的关心愈来愈深，愈来愈广。但是，对中国的迫切需要之关心，才是真正的关怀。这是促使我为着中国与韩国编译此宗教字典的动机。
　　这本「英中韩宗教字典」是第一次尝试的作品，并非创作，而是参照现有数种英中文辞典增编。而且本书不是专门辞典，所以项目并未详细解释，尽量简化以利记忆，而且为了效率起见，字汇收集以基本，重要，常见者为优先，适合记忆背诵而非查阅研究，条例亦尽量简单化，说明如下：
　　1。本书之目的之一，是在协助韩中文宗教用语音译的统一。故特别以汉语拼音尽量每个用语来补助，使之成为大多数人可用的工具。
　　2。本字典所收之辞，以基督教神学用语为主，但与之有关的或常见于宗教书籍中的用语，如其他各宗教，哲学，伦理学，心理学等亦适当编入。
　　3。各宗教或宗派所惯用的译名，则尽量加以沿用。人名地名都尽量择要录如，而且音译，尽量采用在台湾，香港通用的译名。
　　4。本字典资料的字原按照英文字母顺序排列而成的。但遇有字辞重复而译语不同时，则有编辑人员取舍采用。
　　5。英文以外的字辞，如拉丁文，梵文，希腊文，希伯来文，德文等，至于原来虽非英文，但早已英文化的字或人名，地名等均时同英文。
　　6。本书尽可能把相关词字集中，以增加记忆果效，读者可仿此方式，继续增列相关词字。
　　反：意义相反或相对的词字
　　同：意义相近或相同的词字

辨：拼音或意义接近而容易混淆的词字

　7。本书收集英文字汇之词性以较常出现者为准，并未全部列出，词性变化请按照文法常识或参阅其他字典。

　8。本字典仅为暂时试用本，希望到将来要编制一本比较完善的宗教字典。至于本书错误，遗漏及不当之处，尚望有识者不吝赐正，则属辛甚。（ jhlee128@netian.com ）

　编著此书，历程颇为辛苦，盼望提供追求真理的客旅一点方便，以基本英中文字汇作为入门工具。在此感谢章铉，裕卿同学协助打字，贡献不小，使本书得以顺利完成。

　　　　　　　　二OO二年 夏

　　　　　　编译负责人 刘焕俊敬启

머리말

　근자에 중국에 대한 관심이 날로 깊고 다양해진다. 시대의 성숙과 함께 중국의 필요에 부응하고자 하는 노력이 한층 요구된다. 현장의 상황을 분석하고 가장 긴급한 필요에 매진하는 것이야말로 진정한 관심이 아닐까 생각한다. 하나님의 말씀을 증거하는 목사이자, 중국어권 선교사로서, 본 저작은 중국교회와 한국교회의 일차적인 필요에 기여하고픈 발로에서 시작되었다.

　본 [영중한신학용어사전]은 처음 시도하는 역작이나, 창작은 아니며, 기존의 여러 영문 및 중문서적을 참고하였다. 본서는 전문사전이 아닌, 신학용어의 중국어활용을 위한 [단어사전]이다. 가능한 사용하기 쉽게 간소화하였으며, 신학에 있어서 기본적이고, 자주 쓰이는 어휘를 선별하여 쉽게 기억하고 활용하는데 중점을 두었다.

　이해를 돕기 위하여 다음 사항을 숙지하면 좋을 것이다.
1. 본서의 목적은 중국대륙을 비롯한 중국어권 신학용어의 통일화에 이바지하는데 있다. 그래서 한어병음을 첨가하여 가능한 많은 사람이 쉽게 구사할 수 있도록 했다.
2. 본 사전에 수록된 어휘는 기독교신학용어를 중심으로 구성되어 있으나, 선교적 차원에서 불교, 이슬람, 힌두교에 있는 상관어휘를 첨가하였다.
3. 각 종교나 종파가 관용적으로 쓰는 번역명은 가능한 그대로 활용했다. 인명, 지명은 가급적 대만과, 홍콩에서 통용되는 번역을 채택했다.
4. 본서의 어휘구성은 영어의 알파벳순으로 되어 있으나, 단어가 중복되거나, 번역이 다를 경우에는 편집자의 의도로 선별 수록하였다.
5. 영어이외의 어휘 즉, 라틴어, 범어, 헬라어, 히브리어, 독어 등은 가능한 원음대로 활용하였으나, 이미 영어화된 어휘는 그대로 채용하였다.
6. 본서는 상관어휘를 가급적 많이 병행하여 활용이 용이하고 기억하기 쉽게 편집되었다. 주요 약어를 참고하라.
7. 본서의 어휘는 빈도수가 높은 것을 우선 선별했으나 모든 용어를 망라하지는 않았다. 기타 자세한 어형 변화는 일반사

전류를 참고하기 바란다.
8. 본 사전의 중국어 작업은 한글97 기능강화판으로 이루어졌다.
9. 본서의 한어병음 처리는 윗 덧말과 가로쓰기 두 방법을 병행하였다.
10. 본 사전은 처녀작이기에, 많은 오류가 있을 수밖에 없다. 혹시 본서의 번역이나 중국어의 성조, 한어병음 처리에 있어서 오류가 발견될 시에는 jhlee128@netian.com으로 연락하시면 감사하겠다. 앞으로 좀더 깊고 많은 용어들을 수록하고 독자들과의 의견교환을 통해 속히 개정판이 나와 보다 온전한 용어사전으로 거듭나길 희망한다. 아무쪼록 중국어권 선교에 참여하고 있는 한국교회와 세계교회가 적극 활용하여 더 많은 도구들이 출판되길 기대한다.
11. 본서를 편집하는 동안 많은 어려움이 있었으나, 이장현, 김유경 두 분의 수고로 순조롭게 완성되었음을 밝혀둔다.

                         2002년 여름
                         편집주간 유환준 识

参考资料

本书编着得力于下列著作甚多，请读者多加参加：

『英汉宗教字典』 邓肇明编。香港：道声(1998 再版)

『基督教词语英汉汉英对照手册』王毓华编著。北京：宗教文化出版社(1997)

『神学人基本英文字汇』林鸿信编著。台北：礼记(1994)

『宗教词典』宗教词典编辑委员会编。台北：博远出版有限公司
　　(1991 再版)

『英汉神学名词辞典』赵中辉编著。台北：基督教改革宗翻译社
　　(1990 二版)

『英汉信理神学词汇』辅大神学著作编译会编。台北：光启(1986)

『英汉对照神学用语手册』东南亚神学院协会主编。台南：东南
　　亚神学院协会(1965)

『아가페신학사전』S. 퍼거슨/D. 라이트. 서울: 아가페(2001)

『신학전문용어 및 외래어사전』조병하 역. 서울: 크리스챤다
　　이제스트(1998)

『신학분야별신학용어사전』이종근편저. 서울: 감람원(1996)

『神学英文辞典』李章守编著. 서울: 무궁화출판사(1990 재판)

略语表(I)

(阿)-	阿拉伯文	- Arabic	아랍어
(亚)-	亚兰文	- Aramaic	아람어
(荷)-	荷兰文	- Dutch	화란어
(英)-	英　文	- English	영어
(法)-	法　文	- French	프랑스어
(德)-	德　文	- German	독일어
(希)-	希腊文	- Greek	헬라어
(来)-	希伯来文	- Hebrew	히브리어
(利)-	义大利文	- Italian	이탈리아어
(拉)-	拉丁文	- Latin	라틴어
(梵)-	梵　文	- Sanskrit	범어

略语表(II)

(形)-	形容词	- adjective	형용사
(副)-	副　词	- adverb	부사
(名)-	名　词	- noun	명사
(复)-	复　数	- plural	복수
(动)-	动　词	- verb	동사
(同)-	同意字	- synonym	동의어
(反)-	反意语	- antonym	반의어
(辨)-	引申字	- derivative	파생어
(佛)-	佛　教	- Buddhism	불교
(基)-	基督教	- Christianity	기독교
(印)-	印度教	- Hinduism	힌두교
(回)-	伊斯兰教	- Islam	이슬람교
(天)-	天主教	- Roman Catholic	천주교

A

a cruce salus(拉) 救恩从十字架而来
　구원은 십자가로부터 이르러온다
　(= salvation from the cross)
a priori(拉) (=from the former)
　(1)从前者　전자로부터
　(2)(哲学)先验的，先天的 (철학)선험적, 선천적인
　(在逻辑上须以经验或知觉决定其有效性的知识)
　(3)先起者　선발주자
　(4)(逻辑)演绎的；自原因推及结果
　　(논리)연역적, 원인에서 결과로
反a posteriori(拉) (= from the latter)
　(1)从后者　후자로부터
　(2)後天的，後验的，後起者　후천적, 경험적
　(3)(逻辑)归纳的；自结果追溯其原因的
　　귀납법적(결과에서 원인으로)
　argument a priori 演绎法　연역법
　(= deductive method)
　argument a posteriori 归纳法　귀납법
　(= inductive method)
abaddon(来) 地狱, 无底坑, 深渊
　　(参启 9:11) 지옥, 무저갱, 심연

abandon

abandon 遺弃(yí qì),舍弃(shě qì),放弃(fàngqì) 버리다, 단념하다

名abandonment 遺弃(yí qì),舍弃(shě qì) 유기, 자포자기

Abba(拉)阿爸(ā bà),父(fù),父亲(fù qīn) 아바, 아버지

(耶稣时代犹太孩童对父亲使用的字眼。耶稣用以叫
天父意味着一种亲密的关系。)
(yē sū shídài yóutài háitóng duì fù qīn shǐyòng de zì yǎn. yē sū yòng yǐ jiào tiān fù yìwèi zhù yīzhǒng qīnmì de guānxì)

abbey 大修道院(dà xiū dào yuàn) (중세기의) 수도원

　同monastery = cloister

　abbess 女修道院长(nǚ xiū dào yuànzhǎng) 여수도원장

　abbot 修道院长(xiū dào yuànzhǎng) 수도원장

Abecedarians 文盲派(wénmáng pài) 문맹파

(16世纪德国斯托尔赤(shì jì dé guó sī tuō ěr chì)(N. Stroch)之跟从者(zhī gēncóng zhě),谓知识(wèi zhī shí)
阻碍救恩(zǔài jiù ēn),故字母亦不必学(gù zì mǔ yì bù bì xué))

(16세기 독일 스트록의 추종자, 지식은 구원을 가로막는
것이기에 문자는 배울 필요가 없다고 주장)

abhidhamma(abhidhammapitaka)(佛) 논장

阿毗达磨(ā pí dá mó),即论藏(jí lùnzàng)。(佛教三藏之一(fó jiào sān zhī yī),集结(jí jié)
解释经义之论议(jiěshì jīng yì zhī lùn yì)。亦作阿毗磨藏(yì zuò ā pí mó)。)

abhidharma of Mahayana(佛)大乘(dà shèng)论(lùn) 대승론

abjuration 誓绝(shì jué);宣誓弃绝(xuānshì qì jué) (이단과의)관계단절 선언

(指正式弃绝叛教(zhǐ zhèng shì qì jué pàn jiào),异端(yì duān),或分党派等(huò fēn dǎng pài děng))

动abjure 誓绝(shì jué),弃绝(qì jué) 맹세하고 버리다,
　　　　　　　　　　　　　공개적으로 철회하다, 포기하다

ablution :

(1)洗净, 净身　정결, 씻음, 목욕
(2)洁净礼　세정식
　　　　(성찬식 전후의 몸, 손 기구등을 씻는 의식)
abnegation (1)克己, 自我牺牲　극기, 자아희생
　　　　(2)弃绝, 抛弃, 放弃　버림, 포기, 방치
　　　　(3)拒绝, 否认　거절, 부인
abolish 废止, 革除, 废除
　　　　폐지하다, (관례, 제도, 법률따위) 철폐하다
　名abolition 废止, 革除, 废除　철폐, 폐지, 지양
abolitionism 废奴运动　노예제도 폐지론
　　　　(美国19C 中叶, 带有浓厚宗教色彩的一种运动)
aboriginal 原住民的; 原住民　원주민의; 원주민
abortion 堕胎　낙태, 유산, 조산
　pro-life 反对堕胎　낙태반대
　pro-choice 支持堕胎　낙태찬성
abridge (1)缩短, 删节　단축하다, 생략하다
　　　　(2)消灭　없애다, 소멸하다
　　　　(3)剥夺　빼앗다
　名abridgement (1)缩短, 删除　단축, 생략
　　　　　　　 (2)摘要　적요
absolute (1)绝对的, 完全的, 纯粹的
　　　　절대의, 완전무결한, 순수한

absolution

 (2)无限制的, 无条件的　무제한의, 무조건적인
 (3)确定的, 确实的；有决定性的
  확정적인, 절대적인, 결정적인
  the Absolute 绝对者；上帝　절대자, 하나님
 反relative 相对的　상대적인
 名absoluteness 绝对, 完全, 专制　절대, 완전, 전제
absolutism :
 (1)绝对论　절대론(절대존재에 대한 학설, 예정론)
  (绝对性(存在)的学说, 指预定论 predestinarianism)
 (2)专制主义　전제주의, 독재주의
absolution 赦免, 解除, 宽赦；宣赦
  면죄, 무죄언도, 사죄의 선언
 absolution formula 赦罪文　사죄문
 absolution of sins 赦罪, 免罪, 解罪　사죄, 면죄
 public absolution of sins 公开赦罪　공적 사면
abstain 禁戒, 戒酒　절제하다, 금욕하다
 名abstinence 禁戒, 戒酒　절제, 금욕
abstract 抽象的　추상적인, 공상적인
 反concrete 具体的　구체적인
absurd 荒谬的, 可笑的　불합리한, 모순된
 名absurdity 愚蠢, 荒谬　부조리, 엉터리
abuse 名 滥用, 辱骂, 虐待　남용, 모욕, 학대

动 滥用，辱骂，虐待　남용하다, 학대하다
abyss 深渊，地狱　심연, 한없이 깊은 굴 속, 혼돈
academic(al) (拉 academia)：
　(1)属于各级学校的　학과 과정의
　(2)学术的，理论的　학술적인
　(3)传统的，循例的　전통의, 전례에 따른
　Academy(拉 academia
　①原指柏拉图(bólātú)及其跟从者在雅典附近探讨
　　哲学之後圆
　　플라톤이 제자들에게 강의했던 아덴 부근의 동산
　②以柏拉图为首的学派　플라톤학파
　③研究互谈会　학회
acappella 不用乐器(yuèqì)伴奏　무반주교회음악
　(教堂无乐器伴奏之歌唱)
Accad(或 Akkad) 亚喀得　아카드
　(古巴比伦)的北部及首都，闪族文化的中心地)
accept 接受，领受，承受，接待
　　받아들이다, 승낙하다, 용인하다, 열납하다
　名acceptance 接受，领受，悦纳　수락, 허락, 용인
accidence (任何课程的) 初步，入门
　　　　(과정의) 초보, 입문, 기본
accident (拉 accidentia)
　(1)附质，附体，附属体　부속, 부속물, 비본질

英中韓 宗敎字典 13

(2)属性，偶性，附带的性质　우연성, 종속적 특성
(3)偶发，偶然，意外；不测
　　우연한 사건, 우발적인 일; 의외의 사고, 불의의 화
accident（拉 accidens, accidentia）
偶性，附带的性质　(본질적이 아닌) 우연적 성질
（非物质本身不变的特性(如颜色或形状)，乃是借
外来的因素而加诸其上的特性）
accidentalism 偶然论　우연론
(1)哲学上有谓宇宙事象，有绝对无原因而起者
(2)认为现有世界是从永久存在的物质，以纯粹的
机械方式偶然发展出来的(= accident theory)
形 accidental 偶然的，偶发的，附质的
　　우연한, 우유적(偶有)인, 부수적, 종속적
acedia(或 accidie)(拉) 疏懒(尤指灵性上疏懒之罪)
(1)나태, 게으름(특히 영적 훈련의 소홀)
(2)하나님이 명령하신 선을 행하기를 혐오, 불쾌함
accomodate 帮助，容纳，适应　돕다, 수용하다, 적응하다
名 accomodation：
(1)适应，顺应　적응, 순응, 조화
（指将宗教之真理迁就读者之了解能力）
(2)和解，调停　화해, 조정
accuse 控告，告发，谴责　고소하다, 고발하다, 버리다
名 accusation (1)控告，告发　고소, 고발

(2)责备，谴责，归咎 비난, 질책

act (1)动（潜能）实现，实践，扮演，行动 행동하다
실행하다, 역할을 맡다, 영향을 미치다
(2)名 法令，法案，条例 법령, 판결, 조례
名action 行为，作用，表现
행위, 활동, 행동, 몸짓, 작용, 표현
action sermon 행위설교
(스코틀랜드 장로교의 성찬 전 설교)
(苏格兰长老会(zhǎnglǎohuì))在领圣餐前之讲道)
名activity 活动力 활동력
activism 实践论 행동주의
(哲学上谓最终极的实体乃是活动，或谓终真理
乃是实践)
(철학: 궁극적인 실체는 활동, 또는 최종진리는 실천)
actualism (1)现实论，实现论 실재론
(2)(哲学)活动论 (철학)행동론
actuality (1)现实性，实际性 현실성, 실제, 현상
(2)实在界 현실세계
Acts 使徒行传(shǐ tú xíng zhuàn) 사도행전
actus fidei(拉) 信心的行动 믿음의 현실화
actus purus(拉) 纯粹行动 : (神)纯然的动力
순수행동: 가능성이 아닌 확실한 실현성을
가지고 행동함으로 존재(하나님) (= pure act)

A.D

(指上帝的实体与活动力合而为一，乃纯然是
动力；完善无穷的真实性)

actiones sunt suppositorum(拉) 行为属于位格
행위는 위격에 속한다

A. D.(拉 Anno Domini) 主的年日，主後，公元
주후, 서기, 기원후

反 B. C.(Before Christ) 基督以前，公元前
주전, 기원전

ad hoc(拉) 特别的，在此情况之下　특별히, 이 경우에
ad hominem argument(拉) (= argument ad hominem)
诉者个人感情而偏见的论证
개인 감정으로 인한 편견의 논쟁

ad hoc(拉) 特别的，在此情况之下　특별히, 이 경우에
ad hominem argument(拉) (= argument ad hominem)
诉者个人感情而偏见的论证
개인 감정으로 인한 편견의 논쟁

ad infinitum(拉) 无限地，至永永远远　무한히, 영원히
Adam 亚当(yǎdāng) 아담, 최초의 인간
adaptation 适应，顺应，修正，改造，入境问俗
적응, 순응, 시정, 개조
addendum 附册，补遗　부록, 보유, 증보
addict 耽溺，嗜好，惯于　중독시키다, 빠지게 하다
名 addiction 耽溺(者)，癖好，热中　탐닉(자), 중독
adherent (1)动 附著的+to　고수하다, 집착하다

16　英中韓　宗教字典

(2)名 皈依者(guī yī zhě)，信奉者(xìn fèng zhě)　귀의자, 신봉자
(3)附着的(fù zhù de)，依附的(yī fù de)，信奉的(xìn fèng de)
　　부수적인, 의지하는, 믿고 따르는

名adherence 附著(fù zhù)，皈依(guī yī)，固守(gùshǒu)
　　부착, 고수, 집착, 충성

adiaphora 瑣事(suǒ shì) 아디아포라 : 신앙과 무관한 일
(해도 되고 안해도 되는 일 : 도덕적 종교적 판단에 의하여 자유롭게 주어진 {중간적인 것})
(可行可不行之事(kě xíng kě bù xíng zhī shì)；与信仰无关之事(yú xìnyǎng wú guān zhī shì))

adiaphoristic controversy 아디아포라논쟁
瑣事的争论(suǒ shì de zhēng lùn)；可行可不行之争论(kě xíng kě bù xíng zhī zhēng lùn)

(1)指(zhǐ)1548年後發生於墨兰顿学生和所谓纯正路德门徒(nián hòu fāshēng wú mò lán dùn xué shēng hé suǒ wèi chúnzhèng lù dé mén tú)之间论争(zhī jiān lùn zhēng).
(1548년후 멜랑히톤의 제자들과 그네시오 루터파 제자들 사이에 발생된 쟁론)

(2)指(zhǐ)(1681)对俗世的享乐或娱乐(duì súshì de xiǎng lè huò yú lè)，路德派和敬虔主义(lù dé pài hé jìngqián zhǔyì)加尔文派之间引起的论争(jiā ěr wén pài zhī jiān yǐnqǐ de lùn zhēng)

adiaphorism 无善恶主义(wú shàn è zhǔyì) 무선악주의
(谓莫种行为无善无恶(wèi mò zhǒngxíng wéi wú shàn wú è)，行之与否(xíng zhī yǔ fǒu)，皆无罪过(jiē wú zuì guò)，此(cǐ)理论亦可用于仪式与教义(lǐ lùn yì kě yòng yú yí shì yú jiào yì)，遵守与否均无不可(zūnshǒu yú fǒu jùn wú bù kě))

adjutorium gratiae(拉)（天)神助人之恩(shén zhù rén zhī ēn) 은혜의 보조수단
(인간의 의지에 대한 하나님의 도우시는 은혜)

adjuvante deo(拉) 借上帝的帮助(jiè shàng dì de bāng zhù) 하나님의 도우심으로

ad majorem dei gloriam(拉)(= AMDG)
为(wèi)使上帝得更多荣耀（耶稣会的口号）
하나님의 더욱 큰 영광을 위하여(예수회의 구호)

Adonai(来) 主, 上主 주, 주님
（原是通俗尊称，旧约用为上帝圣名之一。因以色列人对耶和华(Yahweh)十分尊敬，不敢直称，故代以此字）
통속적인 존칭어였으나, 구약에서 하나님의 거룩한 이름의 하나로 사용. 예로부터 이스라엘 민족은 '여호와' 하나님을 너무 경외하였기에, 감히 그 성호를 직접 언급하지 않고, 이 단어로 대체 사용함.

adopt (1)采用，采取 채용하다, 채택하다
  (2)收为养子；立嗣 입양하다, 양자로 삼다
 adopt a people 认领种族 종족입양
 名adoption (1)采用 채용, 적용
   (2)被收养为子 입양, 아들의 명분

adoptionism 嗣子说；嗣子派 양자설
  ①2-3世纪之教派，以耶稣实际为人，而神在洗礼时立之为子嗣;
  ②8世纪中西班牙之异端，以基督接神性确为上帝之子，以人性则为上帝之嗣子

adore 敬拜，崇拜，钦崇，礼拜 숭배하다, 받들다
 名adoration 敬拜，崇拜，礼拜 경배, 숭배, 예배
 （拉 adoratio）

同 worship 礼拜(lǐ bài)　예배

advaita(印) 不二论(bù èr lùn)；一元论(yī yuán lùn)　(힌두교)일원론

　　advaita vedanta 非二元论(fēi èr yuán lùn)；唯识一元论(wéi shí yī yuán lùn)　유일원론

Advent 待降节(dài jiàng jié)　그리스도의 강림, 강림절

　　Second Advent 主再来(zhǔ zài lái)　주의 재림

　　同 second coming of Christ

Adventist 安息日会信徒(ān xī rì huì xìn tú)　안식교 신도

　　Adventist Church 基督复临安息日会(jī dū fù lín ān xī rì huì)　안식교

advocate：

名　辩护者(biàn hù zhě)(律师(lùshī)), 拥护者(yōng hù zhě)　대변자, 옹호자

动　辩护(biàn hù), 主张(zhǔzhāng), 建议(jiànyì)　변호하다, 옹호하다, 건의하다

　　Advocate(Paraclete)　보혜사, 변호자
　　保惠师(bǎo huì shī), 辩护者(biàn hù zhě)(新约圣经中指基督或圣灵(xīn yuē shèng jīng zhōng zhǐ jī dū huò shèng líng))

　　advocatus dei(拉) 上帝的辩护者(shàng dì de biànhù zhě)(指封圣时之赞助人(zhǐ fēngshèng shí zhī zàn zhù rén))
　　　　하나님의 대변자

　　advocatus diaboli(拉) 魔鬼的辩护者(mó guǐ de biànhù zhě) 마귀의 대변자
(指封圣时之反对者(zhǐ fēngshèng shí zhī fǎnduì zhě))

　　advocatus ecclesiae(拉) 教会的保惠师(jiào huì de bǎo huì shī)(中世纪指皇帝(zhōng shì jì zhǐ huángdì))
　　교회의 보호자(기독교황제의 교회에 대한 보호직책)

adytum(希 adyton) 圣殿或教堂最洁部分(shèngdiàn huò jiàotáng zuì jié bùfēn)
　　　　성전 혹은 교회당의 가장 거룩한 곳

aeon 世代(shì dài), 永世(yǒng shì), 千万年(qiānwànnián)　무한히 긴 시대

aesthetics

同epoch 纪元(jì yuán), 时代(shí dài)　기원, 시대

aesthetics 美学(měi xué)　미학

形aesthetic 美学的(měi xué de)　미학의, 심미적인, 미술의

affair 事件(shì jiàn), 恋情(lián qíng)(外遇(wài yù)); 事物(shì wù)(pl.)
　　　일, 사건, 사정, 상황, 연애(외유); 사물

affection (1)爱情(ài qíng), 情义(qíng yì), 喜爱(xǐ ài)　애정, 사랑, 연모, 우애
　　　(2)感情(gǎn qíng), 性情(xìng qíng), 心情(xīn qíng)　감정, 정서, 심정

形affectionate 深情的(shēn qíng de), 深爱的(shēn ài de)　애정어린, 상냥한

affinity 亲近性(qīn jìn xìng), 亲和力(qīn hé lì)　인척관계, 밀접한 관계

affirm 断定(duàn dìng), 主张(zhǔ zhāng)　증언하다, 확인하다

名affirmation 断定(duàn dìng), 主张(zhǔ zhāng)　확언, 증언, 긍정, 단정

形affirmative 确定的(què dìng de), 肯定的(kěn dìng de)　확정적, 긍정적

afflatus :
　　(1)超自然的启示(chāo zì rán de qǐ shì)　초자연적인 계시
　　(2)(艺术家(yì shù jiā), 诗人等之(shī rén děng zhī)) 灵感(líng gǎn)
　　　(예술가, 시인 등의) 영감

agamy 守独身(shǒu dú shēn)　독신주의자

agape(希) :
　　(1)爱筵(ài yán), 爱的欢宴(ài de huān yàn)(初代基督徒的一种会餐(chū dài jī dū tú de yī zhǒng huì cān))
　　　애찬(초대 기독교인들의 교제를 위한 식사모임)
　　(2)爱(ài), 神对世人之爱(shén duì shì rén zhī ài), 信徒间兄弟之情(xìn tú jiān xiōng dì zhī qíng)
　　　사랑, 하나님의 세상을 향한 사랑, 성도간의 사랑

agati(佛) 正道(zhèng dào), 正生(zhèng shēng)　정도

agency 代理 기능, 대리, 대리 행위
   agent 代理者 대리인
agenda 礼拜程序; 议事日程 예배순서; 의사일정, 안건
agere sequitur esse(拉) 행동은 본질로부터 기인한다
行动依随存有; 是什么人做什么事
   (= action follows being)
aggiornamento(利)
   아조르나멘토: '오늘의 상태로 가져오다'
   (천주교)(체제, 교리 등의) 현대화
   跟上(赶上)时代, 复新, 新的精神 (天主教的一个
   口号, 表示教会该随时应变, 适应时代)
agnosticism 不可知论 불가지론
   agnostic 形 不可知论的 불가지론의
      名 不可知论者 불가지론자
Agrapha 福音未记语 (耶稣说的话而未录福音书者,
   仅为口头遗传, 如帖前4：15)
   아그라파 "쓰여 있지 않은 것"
   (외경에 있는 그리스도 어록)
alchemy 炼金术 비법, 연금술
alchemist 炼金术者 연금술사
alethiology 真学 진리학
   (哲学上研究何者为真理之学。)
Al-ghazzali(回) 亚尔迦撒利(1058-1111年) 알-가잘리

일명 '회교의 토마스 아퀴나스'라 불리는 이슬람학자
阿拉伯之哲学者，称为「回教的多马阿奎那」）

Ali(回) 阿里 알리

（约600-661）；伊斯兰教的第四位哈里发，穆罕默德
最先及最忠心的门徒）

alienate 疏离，使疏远 멀리하다, 소외하다

    名alienation 丧失 상실, 소외

    （存在主义用以指真我之昏昧或主体自觉之消失）

    同estrangement 疏远，疏离

Allah(回) 阿拉 회교의 신 : 알라

    （回教徒用为神之名，意为唯一的神）

allegory 讽喻，寓意 비유, 우화

    同fable 寓言 우화

    形allegorical 比喻，寓言；寓意 비유, 우화

alliance 联盟 동맹, 연맹

    同league 联盟 동맹

    Alliance of the Reformed Churches
    改革宗教会联盟 개혁교회연맹

alliteration 首韵法 두운법

alloeosis(希) 喻意说 교환적용 (쯔빙글리)

    （慈运理以属性交换(communicatio idomatum)喻说，
而非基督神人两性之真正交换。）

allure 动 引诱(yǐn yòu)，诱惑(yòu huò)　유인하다, 유혹하다
　　同tempt　유혹하다
　　名allurement 引诱(yǐn yòu)，诱惑(yòu huò)　유인, 유혹
　　形alluring 诱惑的(yòuhuò de)，迷人的(mírén de)　유혹의, 미혹의
allusion 隐喻(yǐn yù)，暗指(àn zhǐ)，暗示(àn shì)　인유, 암시
　　形allusive 暗指的(àn zhǐ de)，隐喻的(yǐn yù de)　암시적, 은유적
almighty 形 全能的(quánnéng de)　전능한
　　the Almighty 神(shén)，上帝(shàng dì)　전능하신 하나님
altar 祭坛(jì tán)，圣餐桌(shèng cān zhuō)　제단, 성찬대
ambiguous 歧义的(qí yì de)，模糊不明的(mó hū bù míng de)，暧昧的(ài mèi de)　모호한, 애매한
　　名ambiguity 暧昧不明(àimèi bùmíng)，有多种意义(yǒu duōzhǒng yìyì)　모호함, 다의
ambivalence 感情并存(gǎnqíng bìngcún)（即好又恶(jí hǎo yòu è)；即爱又恨(jí ài yòu hèn)）
　　　　상반된 감정의 공존; 양면성, 이중경향
amen(来) 阿们(ā men)　아멘
　　(意为赞成(yì wéi zànchéng)，实在(shízài)，可靠(kěkào)，但愿如此(dàn yuàn rúcǐ)。如启示录3：14(rú qǐ shì lù)
　　即称基督为阿们(jí chēng jī dū wéi ā men)。)
amor(拉) 爱(ài)(=love)　사랑
　　amor initialis(拉) 原爱(yuán ài)；起始之爱(qǐshǐ zhī ài)　첫 사랑
　　amor intellectualis(拉) 理智的爱(lǐzhì de ài)　이지적인 사랑
amphictyony 近邻同盟(jìnlín tóngméng)；支派同盟(zhī pài tóngméng)
　　　　근린동맹, 지파동맹
　　(希腊因政治宗教之共同目的(xī là yīn zhèngzhìzōng jiào zhī gòngtóng)(mùdì)而组之攻守同盟(ér zǔ zhī gōngshǒutóngméng))

Anabaptist 重洗派，重洗派信徒
　　재침례파；재침례파의 신도

analogy 类比，相似　　유비，유사

　　analogy of faith 信仰的类比　　신앙의 유비
　　（指人理智的知识与信仰的知识之间比义的关系）

　　analogia entis(拉) 实体类比　　존재유비
　　（以创造物类比创造主，如从人的生活形态比神）

　　analogia fidei(拉) 信仰类比
　　　　신앙의 유비：믿음 안에서 상응
　　（谓信仰的大小虽各有不同，但总与基督教全部信仰没有冲突（罗12：6）。）

　　analogia imaginis(拉) 形象的类比　　형상유비

　　analogia operationis(拉) 工作类比　　사역유비
　　（巴尔特：基於神最高无上权之下人与神工作之对比）

　　analogia propotionis(拉) 比例的类比；部分类比
　　　　비율유비；관계 안에서 상응
　　（巴尔特：如洗礼类比似死（罗6：3ff）；上帝的话如人的话；圣餐像耶稣的生平等）

　　analogia relationis(拉) 关系类比　　관계유비
　　（巴尔特：只有基督具上帝的形像，但人却可从信心中相类得知）

analogia scripturae(拉) 经文类比 말씀유비
(所有经文必须从全部圣经中去了解)

analyze 分析，审察，细察
분석하다, 분해하다, 정밀 조사하다
名analysis 分析，要略，纲领 분석, 요약, 강령
analysis of faith 信仰的分析 신앙의 분석
(1)有关信仰各方面的分析
(2)专指接受 神的启示是恩宠又完全是人自由意志之问题的分析

anathema 咒逐；被咒诅(加1：8f) 저주, 파문
(圣经中借用之语，天主教用为逐出教会之规式)

anatman(佛) 无我 무아
(无人我，法我两种常一主体之谓。)

ancestor 祖先，祖宗 선조, 조상
ancestor worship 祖先崇拜 조상숭배

ancient 古代的，远古的，旧的 고대의, 옛날의, 오래된

ancilla theologiae(拉) 神学的婢女(使女) 신학의 시녀
(过去神学界称哲学之词，因神学用哲学概念说明信仰的奥迹)

angelic 天使的 천사의
名angel 天使 천사

Anglican：
　形 圣公会的，英国国教的　성공회의, 영국국교의
　名 圣公会信徒　성공회신도
　同Episcopal 圣公会的　영국국교회의
　同Episcopalian 圣公会信徒　성공회신도
anima(拉) 灵魂, 精灵, 精神, 魂灵　영혼, 정신, 혼
　　anima Christi(拉) 基督的灵魂(中世祈祷文的开头)
　　그리스도의 영혼(중세기도문의 시작)
　　anima naturaliter christiana(拉) 天然基督徒
　　영혼은 본성으로부터 그리스도적이다(터툴리안)
　　(= the soul is naturally Christian)
　　(特土良160-220：人灵魂本身与基督有关或受其影响)
anknuüpfungspunkt(德) 接触点　접촉점
　　(1934年 巴尔特与卜仁纳争论自然神学问题。巴氏
　　断然否认人性对於神在基督里的启示有接触之点)
　　(= point of contact)
animus(拉) 精神；勇气　정신；용기
annihilation 消灭, 灭绝, 使归虚无, 灵肉俱灭
　　소멸, 멸절, 허무로 돌아감, 영혼필멸
annotate 注释, 注解　评注　주석하다, 주석을 달다
　名annotation 注释, 注解　주해, 주석
anoint 膏油, 膏抹　기름붓다, 기름부어 신성케 하다
　　the Anointed 受膏者　기름부음 받은 자：메시아

= the Lord's Anointed

anonymous 无名的(wú míng de)，不具名的(bù jù míng de)，匿名的(nì míng de)

anonymous Christian 匿名的基督徒(nì míng de jī dū tú)

(1)无名(隐名)的基督徒(wú míng yǐn míng de jī dū tú)　무명의 그리스도인

(2)匿名的基督徒(nì míng de jī dū tú)：

＊(M。Luther 路德(lù dé))：명목상 기독교인
有基督徒的名份及生活(yǒu jī dū tú de míngfèn jí shēnghuó)，却没有基督徒的精神(què méiyǒu jī dū tú de jīngshén)，甚至于拒绝为基督福音作见证(shén zhì yú jùjué jī dū fúyīn zuò jiànzhèng)：所谓「挂名的(suǒ wèi guà míng de)基督徒(jī dū tú)」 이름뿐인 기독교인

＊(K。Rahner 拉纳尔(lā nà ěr))：「익명의 그리스도인」
一个人不需要成为外在基督教会的一部分(yī gè rén bù xū yào chéngwéi wàizài jī dū jiàohuì de yī bùfèn)；未加入教会(wèi jiārù jiàohuì)，没有信徒名份(méiyǒu xìntú míngfèn)，以求与神发生关系(yǐ qiú yú shén fāshēng guānxì)。因为人与神的接触点是内在地透过人性(yīnwéi rén yú shén de jiēchù diǎn shì nèizài de tòuguò rén xìng)。因此拓展(yīncǐ tuòzhǎn)救赎的范围及於信从其他宗教的(jiùshú de fànwéi jí wú xìn cóng qí tā zōngjiào de)，甚至无神论者(shénzhì wú shén lùn zhě)，他们都是(tā men dōu shì)「匿名的基督徒(nì míng de jī dū tú)」

antagonism 相反(xiāngfǎn)，对立(duìlì)，背反(bēifǎn)，反对(fǎnduì)，不相容(bù xiāngróng)
상반, 대립, 적대, 배반, 반대, 반목

antelapsarianism 堕落前神选说(duòlà qiánshénxuǎnshuō)　타락전예정론
同 supralapsarianism

anthem 颂赞歌(sòng zàn gē)　찬송가, 성가, 송가
(从前为一首诗(cóngqián wéi yī shǒu shī)，轮流歌唱(lún liú gēchàng)，现则选一段圣经或祷文(xiàn zé xuǎn yī duànshèngjīng huò dǎo wén)，用为音乐(yòng wéi)(yīnyuè)。)

anthropocentric 形 以人为中心的(yǐ rén wéi zhōng xīn de) 인간중심의
　　反theocentric 以上帝为中心的(yǐ wéi zhōng xīn de) 하나님중심주의의
anthropology 人类学(rén lèi xué)；人观(rén guān) 인류학；인간론
　　theological anthropology 神学的人观(shén xué de rén guān)
　　　　　　　　　　　　　신학적 인간론
anthropomorphism 拟人法(nǐ rén fǎ)(神人同型同性论(shén rén tóng xíng tóng xìng lùn))
　　　　　　　의인법(신인동형동성론)
anthroposophy 人智学(rén zhì xué) 인지학
anthology 选集(xuǎn jí)，文选(wén xuǎn) 전집, 선집
Antichrist 敌基督(者)(dí jī dū zhě) 적그리스도
anticipate 期待(qī dài)，预期(yù qī) 기대하다, 예상하다, 예기하다
　　同expect 指望(zhǐ wàng)，期待(qī dài) 희망하다, 기대하다
　　名anticipation 预先(yùxiān)，预想(yùxiǎng) 예감, 예상, 예견
anti-intellectualism 反主知论(fǎn zhǔ zhī lùn)，反理性论(fǎn lǐ xìng lùn)
　　　　　　　　　반주지주의, 반이성주의
antilegomena(希) 有争执经(yǒu zhēng zhí jīng) 안티레고메나
　　(의미:「반대하는 것들」- 초기 정경인정에 있어서
　　　　신약성경 가운데 논란이 있었던 책들)
　　(指新中古教会不承认其为正典之经文)(zhǐ xīn zhōng gǔ jiào huì bù chéngrèn qí wéi zhèngdiǎn zhī jīng wén)
antinomianism 反律法主义(fǎn lǜ fǎ zhǔ yì)，反道德主义(fǎn dào dé zhǔ yì)
　　　　　　　반율법주의, 반도덕주의
antinomy 二律背反(èr lǜ bèi fǎn) 이율배반, 자가당착

antinomistic controversy 反律法争辩 반율법논쟁
(16世紀後信义宗內部有关恩典和律法之争；路德认为牧师应同样宣扬律法和福音)

Antioch, School of 安提阿学派　안디옥학파

antique：
形 古代的，古老的，古旧的，旧式的
　고대의, 옛날의, 구식의
名 古物，古董；(艺术上之) 古代风格
　고대의 유물, 골동품; (예술상의) 고풍
名antiquity 旧，古，古代，古代的东西
　고대, 고대유물, 골동품

anti-Reformation 反宗教改革　반종교개혁
同Counter-Reformation 反宗教改革

anti-Semite 反闪族主义者，反犹太主义者
반셈족주의자, 반유대주의자

anti-Semitism 反闪族主义，反犹太主义
반셈족주의, 반유대주의

antithesis (1)反论(相反的思想)　반론
(2)反(正反合的)　(정반합의) 반
(3)否定，对照，对比　부정, 대조, 대비
反thesis 正论　정론
synthesis 合论　합론

antitype：

(1)预像，预表范型　예표，모범
(2)相对的型范；相反的类型　대형(대형)

anxious 忧虑的，焦虑的　불안한, 근심의, 갈망하는
　　名anxiety (1)忧虑，焦虑　우려, 근심
　　　　　　(2)惧怕，恐惧　두려움, 무서움

apartheid 种族隔离政策(制度)　종족분리정책

apocalypse 默示，天启　묵시, 계시
　　形apocalyptic 默示文学，天启文学
　　　　　　묵시문학, 계시문학
　　形apocalyptical 默示的，默示文学的
　　　　　　묵시적, 계시적, 묵시문학의
　　the Apocalypse 启示录　계시록
　　　同 the Revelation

Apocrypha 旁经，次经　외경

apodictic 明确的，不能反驳的
　　　　　　필연적인, 명백한, 반박할 수 없는

apokatastasis(希) 恢复，万物复兴；万民得救说
　　　　　　회복, 만물회복설；만인구원설

Apollinarianism 亚波里拿留主义　아폴리나리우스주의

apologetics 护教学，辩护学　변증학, 변증론
　　apologist 护教者，辩护士　(기독교의) 변증가
　　　　(尤指卫护基督教教义的护教者)

apophatic theology 「Areopagita 的 Dionysius」:
　　(1)否定神学, 负性神学　'부정'의 신학
　　　　反kataphatic theology　肯定神学
　　　　긍정(확언)의 신학
　　(2)表里不一的神学　표리부동의 신학
　　同negative theology　否定神学
　　反positive theology　肯定神学, 正性神学
apostasy 背教, 叛教　배교, 배신
　　apostate 背教者, 叛教者　변절자, 배교자
Apostle 使徒　사도
　　名apostolate 使徒职份　사도의 임무, 사도직
　　形apostolic 使徒的, 使徒时代的　사도의, 사도적인
　　apostolic succession 使徒统续　사도 계승
　　Apostle's Creed 使徒信经　사도신경
　　　　(拉 Apostolicum)
　　apostolicitas doctrines(拉) 使徒性的教理(训导)
　　　　사도성에 기초한 가르침: 사도적 유전
　　　　(教会所教导的信仰是使徒传下来的)
　　apostolicitas originis(拉) 使徒性的开始(如教会)
　　　　　　　　사도성에 기초한 시작: 교회
　　　　『教会四大特性』:
　　Apostolicity 使徒性　사도성

apotheosis

  Catholicity 大公性(dà gōngxìng) 보편성
  Holiness 圣洁性(shèng jié xìng) 거룩성
  Unity 合一性(hé yī xìng) 단일성

apotheosis(希) 神化(shén huà)，敬之若神(jìng zhī ruò shén) 신격화, 신성화

apparition 显现(xiǎnxiàn)；神秘的现象(shén mì de xiànxiàng) 환영, 출현, 신비적 현상

appendix 附录(fù lù) 부록, 추가물, 증보

appoint 任命(rèn mìng)，指定(zhǐ dìng)，设备(shèbèi) 임명하다, 지정하다, 지명하다, 응용하다, 설치하다

 名appointment：
  (1)任命(rèn mìng) (2)职位(zhíwèi) (3)约会(yuē huì) 임명；직위；예약

appraisal 评价(píng jià)，鉴定(jiàn dìng) 평가, 감정, 견적

apprehend 理解(lǐ jiě)；挂念(guà niàn) 이해하다, 파악하다; 염려하다

 名apprehension：
  (1)忧虑(yōulǜ)，恐怕(kǒngpà) 염려, 우려, 두려움
  (2)理解(lǐjiě)，了解(liǎo jiě) 이해, 파악; 이해력

apriorism：
  (1)先验说(xiān yàn shuō)，先天说(xiāntiān shuō)，生得说(shēngdé shuō) 선험설, 생득설
  (2)演绎之推论(yǎnyì zhī tuī lùn) 연역적 추론

Ararat(地名) 亚拉腊(yà lā là) 아라랏 산

archaeology 考古学(kǎo gǔ xué) 고고학

archangel 天使长(tiān shǐ)(zhǎng) 천사장

archbishop 大主教(dà zhǔ jiào) 대주교

32 英中韓 宗敎字典

archetype 原型；原始模型；最佳典范 원형, 전형
　　同prototype
archives 原始文件，档案；档案馆 고문서；기록보관소
argue 辩论，论证 변론, 논증
　　名argument 辩论，论据 변론, 논거, 논증
　　argument by prescription 时效论证 시효논증
　　（特土良：为神启示的信仰真理必须证诸使徒传承与基督启示）
　　名argumentation：
　　（1）立论，论法 입론, 논법, 전제, 결론
　　（2）辩论，讨论 논쟁, 추론, 토론
　　（3）议论 의논
aristocrat 贵族 귀족
　　aristocracy 贵族政治；特殊阶级 귀족정치
Arianism 亚流主义 아리우스주의
　　Arius 亚流 아리우스
ark 方舟，约柜 방주, 법궤
　　Noah's ark 挪亚方舟 노아의 방주
　　Ark of the Covenant 约柜 법궤
Arminianism 亚米纽斯主义 아르미니안주의
　　Arminius 亚米纽斯 아르미니우스
artha(梵) 实利 실리

arthavada

(印度教四大目标之一)
yìndù jiào sì dà mùbiāo zhī yī

arthavada(梵) 释义 석의, 해석
shìyì

article (1)短篇，文章 단편논문, 기사
duǎnpiān wénzhāng

(2)条目，条款，节目 조항, 품목
tiáomù tiáokuǎn jié mù

(3)(文法)冠词 (문법)관사
guān cí

article of faith 信条；信仰条文 신앙신조
xìn tiáo xìnyǎng tiáowén

Articles of Religion 宗教信条 종교신조
zōng jiào xìn tiáo

Thirty-Nine Articles 39条纲领 (圣公会信条)
tiáo gāng lǐng shènggōng huì xìn tiáo

39개 신조(성공회신조)

articuli fidei fundamentales(拉) 基本信条 기본신조
jīběn xìntiáo

(为得救所必须，且对其解释不容有疑义者)
wéi dé jiù suǒ bìxū jū duì qí jiě shì bù róng yǒu yíyì zhě

articuli fidei puri(拉) 默示信条
mò shì xìntiáo

계시로서만 알 수 있는 순수한 믿음의 교리

(乃借神的启示才可以认识者)
nǎi jiè shén de qǐshì cái kěyǐ rènshí zhě

articulus stantis et cadentis ecclesiae(拉)

(有关教会存亡之信条，如因信称义)
yǒuguān jiào huì cúnwáng zhī xìntiáo rú yīn xìn chēng yì

교회의 존망을 좌우하는 믿음의 교리(예:이신칭의)

articulate 形 明白陈述，发音清晰
míng bái chén shù fā yīn qīng xī

정확한 표현의, 분명한 발음의

名articulation：

(1)(解剖)关节 관절
jiěpōu guānjié

(2)发音 명료한 발음
fāyīn

(3)语音，子音 분절, 자음
yǔyīn zǐyīn

aryamarga(佛) 八正道 (bā zhèng dào) 불교의 팔정도
(即正见 (jí zhèng jiàn), 正思 (zhèng sī), 正语 (zhèng yǔ), 正业 (zhèng yè), 正命 (zhèngmìng), 正精进 (zhèng jīng jìn),
正念及正定 (zhèngniàn jí zhèngdìng))

Asanga 无著 (wú zhù) 아상가
(5世纪 (shì jì) ; 佛教瑜珈之创始人 (fó jiào yú jiā zhī chuàng shǐ rén))

Ascension 升天 (shēng tiān) 승천

ascetic(al) 形 禁欲的 (jìn yù de), 苦修的 (kǔ xiū de) 고행의, 금욕적인
名 禁欲者 (jìn yù zhě), 苦修者 (kǔ xiū zhě) 금욕주의자, 고행수도승

asceticism 禁欲主义 (jìn yù zhǔ yì), 苦修主义 (kǔ xiū zhǔ yì) 금욕주의, 고행주의
(常指 (cháng zhǐ) monasticism 修道主义 (xiū dào zhǔ yì)) 수도원주의

aseity 自足性 (zìzú xìng), 自有性 (zì yǒu xìng) 자족성, 자존성
divine aseity 神的自有性 (shén de zì yǒu xìng) 하나님의 자존성

assembly 聚会 (jùhuì), 集会 (jí huì) 회의, 교회집회, 총회, 대회
General Assembly 总会(长老会) (zǒng huì) 총회
Assembly of God 神召会 (shénzhào huì) 하나님의 성회

assent of faith 信仰同意 (xìnyǎng tóngyì), 信仰的肯定 (xìnyǎng de kěndìng) 신앙의 긍정

assert 主张 (zhǔ zhāng), 断言 (duàn yán) 단언하다, 주장하다
名assertion 断言 (duànyán), 主张 (zhǔzhāng), 辩护 (biànhù)
언명, 단언, 주장, 변호

assign (1)指派 (zhǐ pài) 파견하다, 선임하다, 임명하다
(2)分配 (fēnpèi) 할당하다, 배정하다

(3)指定 (날짜, 시간)을 지정하다
名assignment 指派工作(作业) 할당된 임무, 과제
assurance 确据, 确信 확신, 보증, 증거
assume 假定, 臆测 가정하다, 추정하다
  名assumption :
  (1)假定, 臆测 가정, 억측
  (2)被提升天, 使升天 승천, 휴거
Assyria 亚述 앗시리아, 앗수르
Asvaghosha 马鸣 아스바고사; 마명
  (1世纪大乘佛教创始人之一)
asvattha(梵)菩提树 보리수
ataraxia(ataraxy)(希) 无动於心, 平静 확고함, 평정
  스토아학파의 이상상(理想像)
Athanasian Creed 亚他那修信经 아타나시우스 신조
atheism 无神论 무신론
  反theism 有神论, 一神论 유신론, 일신론
  practical atheism 实践无神论 실천적 무신론
  scientific atheism 科学无神论 과학적 무신론
  theoretical atheism 理论无神论 이론적 무신론
Athens (地)雅典 아덴, 아테네
atman(梵)自我 자아

atonement 赎罪, 代赎 속죄, 대속
　同redemption 代赎, 救赎　대속, 구속
attribute (1)属性, 特质, 表徵, 标志　속성, 특징, 표지
　　　(2)归因, 归诸於+to
　　　～에 귀착시키다, ～의 덕분으로 하다
attririton(拉 attritio) 忏悔；次於痛悔：不完善的悔改
　　　　참회, 통회, 불충분한 회개
Aufklärung(德) 启蒙运动　계몽운동
　(= the Enlightenment)
Augsburg Confession 奥斯堡信条(信义会：1530年)
　　　　아우구스부르크 신조
Augustinianism 奥古斯丁主义：(由Augustine传统而来)
　　　　어거스틴주의
authentic 真确的, 可信的, 有根据的, 来源真实
　　　참된, 자명적인, 믿을만한, 근거있는
　名authenticity 正统性, 确实性, 可信性, 真实性
　　　　진실성, 확실성, 신실성
authority (1)权威, 威信　권위, 위신
　　　(2)权柄, 权力, 全能, 职权　권세, 교권
　　　(3)(复)当局, 有关方面　관계당국
　形authoritative 权威的, 可信的(语意正面)
　　　　믿을만한, 권위 있는
　形authoritarian 权威的, 独裁的(语意负面)
　　　　권력의, 독재의(부정적 의미)

动authorize 授权(shòuquán), 认可(rèn kě) 권한을 주다, 인가하다
形authorized 授权的(shòuquán de), 认可的(rèn kě de)
　　　　　　권위를 부여받은, 인가받은
　　Authorized Version 钦定本圣经(qīn dìng běn shèng jīng) 흠정역성경
　　同 King James Version 킹제임스 역
autobasileia(希) 主即天国(zhǔ jí tiān guó)(俄利根(é lì gēn))(耶稣基督就是神的国(yē sū jī dū jiùshì shén de guó))
　　(오리겐) 주는 천국이시라: 예수 그리스도 그 분이 곧 하나님의 나라.
autonomy 自律(zì lǜ) 자치, 자율, 자율성
　　反heteronomy 他律(tā lǜ) 타율(성)
　　theonomy 神律(shén lǜ) 신률
Avalokitesvara(佛) 观音(guān yīn) 불교의 관음
aware 形 知道的(zhīdào de), 觉得的(jué dé de)
　　　　알아차린, 깨달은, ~한 의식이 있는
　　名awareness 发觉(fā jué), 知觉(zhī jué), 察觉(chá jué)
　　　　알아차림, 감각을 통해서 아는 것; 인식, 의식
awakening 复兴(fùxīng), 觉醒(jué xǐng), 觉悟(jué wù)
　　　　각성, 부흥, 깨달음
　　Great Awakening 大复兴(dà fù xīng) : 大觉醒运动(dà jué xǐng yùn dòng)(美国(měi guó) 1740)
　　　　　　대부흥: 대각성운동(미국)
awe 动名 使敬畏(shǐ jìng wèi); 敬畏(jìng wèi)
　　　　두려워하다, 경외하다; 경외, 두려움
　　形awesome 使人敬畏的(shǐ rén jìng wèi de), 引起敬畏的(yǐnqǐ jìng wèi de)
　　　　경외심을 일으키게 하는, 경외할 수밖에 없는

형awful 庄严的，可怕的 무서운, 장엄한, 경외스런

axiology 价值论 가치론

(研究道德，美学，宗教，形上学，等价值之本质及类型的学问)

axiom (1)公理，自明之理，原理；通则
　　　　공리, 자명한 원리, 원리; 통칙

(2)金科玉律，格言 금과옥률, 격언

axis 轴，轴心，轴线 축, 중심, 지축, 중추

azan(或 adan) 回教宣礼，祷告之召唤(每日五次)
　　　　아잔: 이슬람교의 기도시간을 알림

azyme 无酵饼(jiào, xiào)，除酵饼 무교병

azymites 无酵者 무교자

(东正教会藐视罗马天主教会之称呼，因后者在圣餐中用无酵饼)

로마카톨릭교회에 대한 그리스정교회의 묘사；
효모를 넣지 않은 빵을 성만찬에 사용하는 자

B

Babel 巴别(bā bié) 바벨
(巴比伦城古名(bā bǐ lún chéng gǔ míng)。该处居民曾欲建筑巴别塔(gāi chù jūmín céng yù jiànzhù bā bié tǎ))

Babylonia 巴比伦尼亚(bā bǐ lún ní yà) 바벨로니아제국

Babylon 巴比伦(bā bǐ lún) 바벨론(제국의 수도)
(古代(gǔdài) Babylonia 的首都(de shǒu dū))

Babylonian Captivity 巴比伦被掳(bā bǐ lún bèi lǔ) 바벨론포로(유수)

backslider 背道者(bèi dào zhě);落后信徒(làhòu xìntú)
(올바른 신앙으로부터)뒷걸음치는 자, 배도자

balance 动名 使之平衡(shǐ zhī pínghéng);天平(tiānpíng),平衡(pínghéng)
균형을 유지하다;균형, 저울

ban 动 禁止(jìn zhǐ) 금지하다, 파문하다, 추방하다
名 禁令(jìn lìng);逐出教会令(zhú chū jiào huì lìng) 금지령, 파문;출교

Banezianism 巴奈主义(bā nài zhǔyì) 바네쯔주의
(在有关(zài yǒu guān) 神恩宠与人自由意志之争论中(shén ēn chǒng yú rén zìyóu yìzhì zhī zhēng lùn zhōng),强调上帝的(qiángdiàoshàng dì de)
恩宠的一面(ēn chǒng de yīmiàn),乃反对(nǎi fǎnduì) L。de Molina)

banner 旗帜(qí zhì),旌旗(jīng qí) 기(旗), 기치(旗幟), 표상(表象)

baptize 动 施洗(shī xǐ) 세례주다, 세례베풀다
名baptism 洗礼(xǐ lǐ),浸礼(jìn lǐ);圣洗(shèng xǐ) 세례, 침례
adult baptism 成人洗礼(chéng rén xǐ lǐ) 성인세례

infant baptism 幼儿(婴儿)洗礼　유아세례
baptism in the Holy Spirit　성령세례
　　　圣灵的洗；圣灵內的洗礼
confirmation 坚振(坚信)礼　견신례
immersion 浸礼　침례
baptisma regeneratio(希) 洗礼更生　중생케하는 세례
　　　(谓受洗时，內心所起之灵性变化，参多3：5；约3:3)
baptismal vow 圣礼誓言　세례선서
　　　(指受洗礼者或保父母在洗礼时，在 神及眾人面前
　　　承诺效忠基督，舍弃世界等誓言)
Baptist 浸信会信徒　침례교인
　　Baptist Church 浸信会　침례교회
　　John the Baptist 施洗约翰　세례요한
barbarian：
形 野蛮的　야만의
名 野蛮人，异族人　야만인, 이민족
　　(与本人之语言，习俗不同者，或对文学，艺术等
　　无欣赏力者)
Bar-Cochba(Kokba), Simon 巴柯巴(意即星子)
　　　　　　　　　　　　바코크바(별의 아들)
Barmen Theological Declaration 巴尔曼宣言
　　바르멘선언(1934 독일) (德 Bekennende Kirche)

base

(1934年德国教会发表效忠基督耶稣过于纳粹党之宣言)
nián déguó jiàohuì fābiǎo xiàozhōng jīdū yēsū guòyú nàcuìdǎng zhī xuānyán

base 动 基于，以....为根据 기초로 하다, 근거하다
jīyú, yǐ....wéi gēnjù

　　名 底部，基础，基本原则，根据
dǐbù, jīchǔ, jīběn yuánzé, gēnjù

　　　　밑, 기초, 기본원칙, 근거

　　形 卑鄙(自私)的，下贱的，劣等的，出身微贱的
bēibǐ(zìsī)de, xiàjiàn de, lièděng de, chūshēn wēijiàn de

　　　　비열한, 이기적인, 저급의, 사생아의

　　形 basic 基本的，主要的 기본적인, 주요한
jīběn de, zhǔyào de

　　　　basic community 基层团体 기층공동체(서민계층)
jīcéngtuántǐ

　　名 basis 基础，根据 기초, 근거
jīchǔ, gēnjù

battle 战斗(zhàndòu)，斗争(dòuzhēng) 전투, 투쟁

　　fight 战斗，争论 싸움, 쟁론
zhēnglùn

　　war 战争，争战 전쟁, 전투
zhànzhēng, zhēngzhàn

beads 念珠 염주
niànzhū

beast 兽 짐승
shòu

　　animal 动物 동물
dòngwù

　　brute 野兽 야수
yěshòu

　　形 brutal 残忍的，野兽的 잔인한, 야수같은
cánrěn de, yěshòu de

beata vita(拉) 永福的生命 영원히 축복된 생명
yǒngfú de shēngmìng

beatitude 福，福气 복
fú, fúqì

　　the eight Beatitudes 八福 팔복
bāfú

(为耶稣山上宝训中讲有福者之言，参 太5 : 3-11)
wéi yēsū shānshàng bǎoxùn zhōng jiǎng yǒu fú zhě zhī yán, cān tài

　　beatific vision 见主之面 주의 얼굴을 대면하는 복
jiàn zhǔ zhī miàn

42　英中韓 宗敎字典

(乃称义者最高之赏赐，参 林前13：12；启22：4)

beauty 美，美好 미(美), 아름다움
　　反ugliness 丑，丑恶 추함
bedouin 贝度英人 베두인족
　　(住沙漠中之阿拉伯(bó)人)
beelzebub 别西卜 바알세붑
beget (1)生，为....父 낳다, 자식을(보다)
　　(2)引起，产生 발생케하다, 생성하다
　　The Only Begotten Son 独生儿子 외아들
　　同 The Only Son 独生子 독생자
behave 动 举动，举止 행동하다, 처신하다
　　名behavior 行为，行动 행위, 행동
　　名behaviorism 行动主义 행동주의
being (1)存有，存在 존재, 본체, 실존
　　(2)存有物，存有者 존재물, 실존물
　　absolute being 绝对存在 절대 존재
　　being itself 存在者本身 존재자체
　　divine being 神，神圣的存在 거룩한 존재, 신
　　subsistent being 自有存在 자존적 존재
　　supreme being 最高存在 지고의 존재
　　transcendent being 超越的存在 초월적 존재

英中韓 宗教字典 43

Belgic Confession(拉confessio Belgica) 比利时信条
(16世纪的改革宗信条) 벨직(벨기에) 신앙고백

believe 动 相信, 信以为真, 深信; 想
밀다, 신뢰하다, 인정하다; -라 생각하다
  名belief 信仰, 信念 믿음, 신앙, 신념
  同 faith 信心 믿음
  同 trust 信赖, 信靠 의뢰, 신뢰
believer 信仰者, 信徒, 圣徒 신자, 신도, 성도
belonging 属於, 归于, 相属性 소유물, 재산, 상속성
  sense of belonging 归属感 귀속성
benediction 祝祷, 祝福 축도, 축복
benefit 名 利益 이익, 유익
  形beneficial 有利益的 이익이 되는, 유익한
benevolent 慈善的, 仁慈的 자선의, 인자한
  名benevolence 慈善, 仁慈, 捐助 자비, 헌금, 연보
  同charity 慈善, 仁慈 자선, 인자
benificium sacramenti(拉) 圣礼的功效 성례의 효력
beseech 哀求, 恳求 간구하다, 간청하다, 탄원하다
betray 出卖, 背叛 배반하다, 적에게 팔아 넘기다
  名betrayal 出卖, 背叛 배신행위, 내통, 밀고
  名betrayer 叛徒, 背道者 배도자, 배반자

Bhagavad-Gita(印) 簿伽梵歌(bù jiā fàn gē) 바가바드기타
(印度教徒所唱的著名的灵歌)(yìn dù jiào tú suǒ chàng de zhùmíng de líng gē)

Bible, the 圣经(shèng jīng) 성경

　　同 The Scriptures 圣经(shèng jīng) 성경, 성서

　　Bible study 查经(chá jīng) 성경공부

　　Bible class 查经班(chá jīng bān) 성경공부반

　　Bible society 圣经公会(shèng jīng gōng huì) 성경공회, 성서공회

　　形 biblical 圣经的(shèng jīng de), 按照圣经的(ànzhào shèng jīng de) 성경의, 성경적

　　　　biblical authority 圣经的权威(shèng jīng de quánwēi) 성경의 권위

　　　　biblical criticism 圣经鉴别学(shèng jīng jiàn bié xué), 圣经批判研究(shèng jīng pī pàn yán jiū)
　　　　　　성경비평학, 성경본문비평

　　　　biblical hermeneutics 圣经释经学(shèng jīng shìjīng xué) 성경해석학

　　　　biblical theology 圣经神学(shèng jīng shén xué) 성경신학

　　Biblicism 圣经主义(shèng jīng zhǔ yì)(拘泥圣经字句的主张)(jū ní shèng jīng zì jù de zhǔ zhāng)
　　　성경주의, 성경문자주의

bibliomancy 圣经占卜(shèng jīng zhān bǔ) 성경으로 치는 점
(指随便翻阅圣经, 以最先入眼之字句作为生活之指南)(zhǐ suíbiàn fānyuè shèng jīng, yǐ zuì xiān rù yǎn zhī zì jù zuò wéi shēnghuó zhī zhǐnán)

bibliography 书目(shū mù), 目录(mùlù) 도서목록

bilocation 分身术(fēnshēn shù) 분신술
(在神学用以指基督的身体和宝血确实临在於圣餐中)(zài shén xué yòng yǐ zhǐ jī dū de shēn tǐ hé bǎoxiě quèshí lín zài wú shèng cān zhōng)
　　동시에 두 장소에 거할 수 있는 존재의 능력(가능성)

biography 传记(zhuànjì) 자서전

bishop 监督(jiān dū), 主教(zhǔ jiào) 감독, 주교

black theology 黑人神学(hēi rén shén xué) 흑인 신학

blame 谴责(qiǎn zé), 归咎(guī jiù) 비난하다, (죄, 책임을)지우다

blasphemy 对 神的亵渎之言词或行动(duì shén de xiè dú zhī yáncí huò xíngdòng)
  (하나님에 대한) 모독행위, 언동

  动blaspheme 亵渎(xiè dú), 辱骂(rǔmà); 出言亵渎(chūyán xiè dú) 모독하다

  形blasphemous 亵渎 神的(xiè dú shén de); 不敬 神的(bù jìng shén de) 모독적인

bless 动 降福(jiàng fú), 祝福(zhùfú), 赐福(cìfú), 保佑(bǎoyòu) 축복하다, 보호하다

  形blessed (1)神圣的(shénshèng de) 신성한, 거룩한

  (2)有福的(yǒu fú de), 受福的(shòu fú de), 幸福的(xìngfú de)
  복이 있는, 축복을 받은, 은총을 입은

  反damned 被咒诅的(bèi zhòu zǔ de) 저주받은
  同 cursed

  名blessing 祝福(zhù fú) 축복

  Priestly Blessing 祭司祝福(jì sī zhùfú) 제사장적 축복

bliss (1)荣耀(róngyào), 荣光(róngguāng) 영광

  (2)极乐(jí lè), 极大幸福(jí dà xìngfú); 天赐的福(tiān cì de fú)
  지복, 최고의 행복, 천상의 복

blood 血(或 xuè)(xiě), 宝血(bǎo xiě) 피, 보혈

  blood of Christ 基督的宝血(jī dū de bǎo xiě) 그리스도의 보혈

  blood rites :

  (1)血祭(xiě jì) 피의 제사

  (2)流血的祭献(liúxiě de jì xiàn) 피흘림의 제사

同 blood sacrifice 血祭 피흘림의 제사
　　　(指基督十字架上的死亡，因其以死救贖人类)
body 身体，肉体　신체, 육신
　　mystical body 神秘的身体（指教会之别名）
　　　신비한 몸(그리스도의 몸된 교회를 지칭)
　　Body of Christ 基督的身体；圣餐中之饼
　　　(希soma tu Christu) 그리스도의 몸, 성찬식의 떡
　　corporal 形 身体的，肉体的　육신의, 육체적
soul 灵魂, 魂　영혼, 혼
　　spirit 灵，精神　정신, 영
bona fide(拉) 以信仰(信心)，以善意　믿음으로, 선의로
　(= in good faith)
bonum est diffusivum sui(拉) 善是向外散发的
　　선은 밖을 향하여 발산하는 것.
　(善的本质是将自己传予别人)
　(= the good diffuses itself)
　　선의 본질은 남을 위해 자신을 주는 것.
bonum supremum(拉) 至善(指上帝)　지선(하나님)
　　同summum bonum(拉)　최고(최상)의 선(善)
Book of Common Prayer 公祷书　「공기도문」
Book of Concord 协同书；协和信式　「일치신조편람」
　(16世纪信义宗 Lutherans 完成其教义而出版的教理
　　大全boundary

border 边界(biān jiè), 边绿(biān lù) 경계, 지계
　形borderline 边界的(biān jiè de), 不确定的(bù què dìng de)
　　　　경계상의, 불확정한, 결정하기 어려운
boundary 界限(jiè xiàn) 한계, 한계상황
breaking of bread 擘饼(bò bǐng) 떡을 뗌(성찬식)
bribe 名动 贿赂(huì lù) 뇌물 ; 뇌물을 주다, 매수하다
　名bribery 有贿(yǒu huì), 受贿(shòu huì) 뇌물, 매수
Broad Church 广派(guǎng pài)(圣公会之一派(shènggōng huì zhī yī pài)) 관용파(고교회파)
　(高派(gāo pài)High Church和底派(hé dǐ pài) Low Church)
Buddha(佛) 佛(fó), 佛陀(fó tuó) 부처, 불타
　　Buddhadharma(佛) 佛法(fó fǎ) 불법
　　Buddha Ksetra(佛) 佛土(fó tǔ) 불토
　　Buddhaphala(佛) 佛果(fó guǒ) 불과
　　Buddhata(佛) 佛性(fó xìng) 불성
　　Buddhhisattva(佛) 菩提萨多(pú dí sā duō)(菩萨(pú sà)) 보살
　　Buddhism 佛教(fó jiào) 불교
Bull(拉 Bulla) 教谕(jiào yù) ; 教宗教谕(jiào zōng jiào yù) 로마 교황의 교서
bulletin 告示(gàoshì), 报告(bàogào) 주보, 고시, 보고서
burden 负担(fù dān) 짐, 죄짐, 부담, 의무
bury 动 (1)埋(mái), 葬(zàng), 下葬(xià zàng) 묻다, 매장하다
　　(2)掩蔽(yǎnbì), 专心(zhuānxīn), 忘记(wàng jì)

48　英中韓 宗敎字典

엄폐하다, 몰두하다, 잊어버리다
名burial 埋葬(mái zàng) 매장, 매몰, 장사
burial service 葬礼(zàng lǐ) 장례예배
同 funeral
Burnt Offering 燔祭(fán jì) 번제
Byzantine 拜占庭的(bài zhān tíng de) 비잔틴의
Byzantine Church 东方教会(dōngfāng jiào huì), 希腊东正教会(xī là dōngzhèng jiào huì)
동방교회, 희랍정교회

C

cathedral 大教堂 대성당

Caesaropapism 国王兼教宗的制度 국왕과 교황을 겸직 국교회의 교회법 체제: 국왕(통치자)이 교회의 수령

calif(caliph, khalifa) 哈里发；回教王 칼리프

Calvin 加尔文 요한 칼빈(John Calvin)

  Calvinism 加尔文主义 칼빈주의

  Calvinist 加尔文主义者 칼빈주의자

  Orthodox Calvinst 加尔文正统派 칼빈주의 정통파 (保守加尔文主义者) 보수적 칼빈주의자

  *加尔文主义五特点(1618年多特总会发布) 칼빈주의 5대 교리(Five Points of Calvinism):

  (1)完全堕落；人全然败坏 완전 타락, 전적 부패

  (2)无条件的拣选 무조건적 선택

  (3)有限度的赎罪；特选的救赎 제한적 속죄

  (4)不可抗拒的恩惠；圣灵有效的恩召 불가항력적 은혜

  (5)圣徒永远得蒙保守 성도의 견인

Calvary(拉) 各各他(基督耶稣钉十字架之地) 갈보리 ((亚)「gulgalta」(希)「gulgolat」:「髑髅」。

加略山之名来自拉丁文对各各他的翻译「calvaria」）
camel 骆驼　낙타
camp 营；营地　진(阵)，야영；진치다
　　camp meeting 露天聚会　노천집회
　　concentration camp 集中营　집단수용소
campus 校园，大学　캠퍼스, 학원, 대학
　　Campus Crusade for Christ(C. C. C.)
　　学园传道会　대학생선교회
campaign 活动，运动　활동, 운동
canon (1)(圣经)正典；正经　정경, 경전
　　(2)信条　신조
　　(3)教会法　교회법
　　canon law 教会法；教会法规(律例)　교회규례
　　canon of Scripture 圣经正典；正典　정경
　　(= canonical books)
　　形canonical (1)正典的　정경(정경)의
　　　　(2)公认(权威)的　공인된
　　　　(3)依教规的　교회규범에 의거한
　　canonical critisism 正典批判　정경비판
　　canonization 列入正典(承认为正经)　정경승인
capitalism (1)资本主义　자본주의
　　(2)资本的集中(力量)，资本的影响

英中韓 宗教字典 51

자본의 집중, 자본의 영향

反communism 共产主义(gòngchǎn zhǔ yì) 공산주의

cardinal (1)红衣主教(gōng yī zhǔ jiào) 추기경

(2)主要的(zhǔ yào de)，首要的(shǒu yào de)，第一的(dì yī de)

주요한, 우선의, 처음의

cardinal virtues 首要德目(shǒu yào démù) 기본도덕율, 기본덕목

(柏拉图：谨慎(jǐnshèn)，正义(zhèng yì)，自制(zìzhì)，勇气(yǒngqì). 中世纪加上(zhōng shì jì jiā shàng)

：信，望，爱(xìn, wàng, ài)) 플라톤: 근신, 정의, 자제, 용기

(중세기에 더해진 덕목: 믿음, 소망, 사랑)

carol 圣诞颂歌(shèngdàn sòng gē)，欢唱(huānchàng) 성가, 송가, 축가

casual 偶然的(ǒu rán de)，临时的(lín shí de)，随便的(suí biàn de)，非正式的(fēi zhèng shì de)

우연의, 임시의, 평상복의, 격의 없는, 무관심한

名casualty 灾祸(zāi huò)，以外(yǐwài)，不期的事(bù qī de shì) 재앙, 뜻밖의 일

casualism 偶然论(ǒurán lùn)，机缘说(jī yuánshuō) 우연론, 기연설

casuistry (1)是非鉴别学(shìfēi jiànbié xué)，决疑论(jué yí lùn) 시비감별, 결의론

(2)诡辩(guǐbiàn)，曲解(qū jiě) 궤변, 곡해

casus(拉) 事件(shìjiàn)，案件(ànjiàn)(=case) 사건, 안건

catacom 地下墓穴(dì xià mù xué)，墓窟(mù kū) 지하무덤, 땅굴묘지

(1-4C 早期犹太人及基督徒原用为墓地(zǎo qī yóu tài rén jí jī dū tú yuányòng wéi mù dì)，罗马帝国(luó mǎ dìguó)

逼迫时则用作聚会(bí pò shí zé yòng zuò jùhuì))

(기독교초기 로마제국의 극심한 박해를 피하기 위해 지하묘지를 예배모임 장소로 활용한 것에서 유래)

catalogue 目录(mù lù) 목록

catastrophe 大灾祸；悲惨的结局 대이변, 대파국
catechism 要理问答, 信仰问答；教理问答书
　　　　　요리문답, 신앙문답；교리문답서
　　拉catechismus 要理问答　요리문답
　　(有关基督教教义之摘要或指南；通常是以一问一答之方式作)
　　　The Shorter Catechism 小要理问答　소요리문답
　　　(= 拉 catechismus major)
　　　The Larger Catechism 大要理问答　대요리문답
　　　(= 拉 catechismus minor)
catechesis(希拉) 要理, 教理传授, 慕道人的口头教导
　　　　　교리, 교리전수, 교리문답강의서
catechetics 问答学, 教理讲授学　교리문답학
　　(指教导孩童或初信者之基本课程)
catechist 教理讲授者, 传道师, 教师
　　　　　교리문답교사, 전도사, 교사
catechumen 慕道者, 学友, 候洗教友；学习要理者
　　　　　세례지원자；요리문답학습자
catechumenate 学友制, 学道班　교리문답반
category 范畴, 部门, 种类　범주, 종류, 분류
　　形categolical 绝对的, 至上的；明确的；属于范畴的
　　　　　절대적, 지상의；명확한；범주에 속하는
　　　categolical imperative 지상명령；정언명령

(칸트: 양심의 무조건적인 도덕률)
康德所訂：范畴上的当为(绝对的命令)
kāng dé suǒ dìng fànchóu shàng dè dāng wéi juéduì dè mìng lìng

categolical proposition 定言命题 정언명제
dìng yán mìng tí

Cathari(拉) 纯洁派, 迦他利派 카타리파
chúnjié pài   jiā tā lì pài

catholic :
(1)大公的, 普遍的, 公教会的 공교회적, 보편적인
dà gōng de pǔ biàn de gōng jiào huì de
(2)天主教的, 天主教徒；旧教徒 천주교적, 로마교도
tiān zhǔ jiào de tiān zhǔ jiào tú jiù jiào tú

catholic faith 大公信仰 공교회적(보편적) 신앙
dà gōng xìnyǎng

catholic truth 普遍的真理 보편적 진리
pǔbiàn de zhēnlǐ

名catholicity 大公性；普遍性, 一般性
dà gōngxìng pǔ biànxìng yībān xìng
보편성, 공통성, 일반성

Catholic 形 天主教的 카톨릭교회의, 로마교회의
tiān zhǔ jiào de
名 天主教徒 천주교인
tiān zhǔ jiào tú

Catholic Church 天主教会, 旧教 천주교회, 구교
tiān zhǔ jiào huì jiù jiào

causa(拉)(=cause) 因, 原因, 动机 원인, 이유, 동기
yīn yuányīn dòngjī

causa efficiens(拉) 有效之因, 主动因
yǒu xiào zhī yīn zhǔ dòngyīn
동력인; 성취하는 원인(창조자로서의 하나님)
(= efficient cause)

causa finalis(拉) 终极之因, 目的(mùdì)因
zhōng jí zhī yīn yīn
마지막이며 최종적인 원인
(행동하기의 원인으로서의 목적)
同 final cause 최종원인, 목적적 원인
= principal cause
= supreme cause

causa formalis(拉) 形因, 体制因　형식원인
　(= formal cause) (본질을 결정하는 원인)
causa materialis(拉) 质料原因, 物质之因　질료원인
　(= material cause) (내용상으로 결정하는 원인)
causa peccati(拉) 罪恶之因　죄악의 원인
　(= peccant cause)
causa prima(拉) 第一因, 第一原因　제1원인(하나님)
　(= first cause)
causa principalis(拉) 主因, 第一因　주요/중심 원인
　(= principal cause) (창조자로서의 하나님)
causa secunda(拉) 第二因, 第二原因　제2원인
　(= second cause)
causa sui 自因(指 神其自己之因)
　(= cause itself) 원인 자체로서의 하나님
cause 名 (1)原因, 理由, 起因, 缘由　까닭, 원인 이유
　　(2)事业, 事件　사업, 사건
　动 致使(发生), 起因於　원인이 되다, 일으키다
sufficient cause 充足(足够)原因　충족원인
cause-effect relationship 因果律(关系)　인과율
名 causality 因果关系, 因果律　인과관계, 인과율
celebration 庆祝, 喜庆　경축, 축하, 축전(축전), 축제
动 celebrate 庆祝, 喜庆　축하하다, 기념하다
同 festival 축제

　　　　　　qìng zhù　　jié qìng
　　同 fest 庆祝，节庆
　　　　　　tiān shàng tiānguó de　shénshèng de　jí měi de
celestial 形 天上(天国)的；神圣的，极美的
　　　　　　하늘의, 천국의, 거룩한
　　　　　　　　　　tiān shàng zhī chéng　jí xīn yē lù sā lěng shèngchéng
　　celestial city 天上之城(即新耶路撒冷圣城 启21：2)
　　　　　　천성, 새 예루살렘 성
　　　　　　　　　　　tiān shàng de fú lè　jí wánměi de xìngfú
　　celestial happiness 天上的福乐；极完美的幸福
　　　　　　천상의 복락, 완전한 행복
　　　　　　　　　　　tiān shǐ de pǐn jí
　　celestial hierarchy 天使的品级　천사의 계급
　　　　　dú shēn shēnghuó　shǒu dú shēn　zhēnjié　dú shēn zhì dù
celibacy 独身(生活)，守独身，贞洁；独身制度
　　　　　독신, 정결；독신제도
　　　　xiǎofángjiān
cell (1)小房间　작은 방
　　　　　xiū dào yuàn de　mì shì
　　(2)(修道院的)密室　(수도원의)밀실
　　　　　shēng xì bāo
　　(3)(生)细胞　(생물)세포
　　　　　zhèng jī céng zǔ zhī
　　(4)(政)基层组织　(정치)하부조직
　　　　　　　xiǎo zǔ　　xì bāo zǔ zhī　qū yù
　　cell group 小组，细胞组织；区域　셀그룹；구역
　　　　　　　　　xì bāo yùndòng
　　cell movement 细胞运动　셀운동
　　　　　zhōngxīn　héxīn　zhōngshū　zhōngxīndiǎn
center (1)中心；核心；中枢；中心点　중심, 핵심；중추
　　　　　zhōngjiān　zhōngxīn rénwù
　　(2)中间派，中心人物　중간파, 중심인물
　　　　　　　　zhōngyāng　zhōngxīn tàidù　jízhōng xìng
　　辨centrality 中央；中心态度；集中性
　　　　　　중앙, 중심 태도, 집중성
　　　　　　　　　lí xīn de　yuǎnxīn de
　　辨centrifugal 离心的：远心的　원심의
　　　　　　　　　xiàng xīn de　qiú xīn de
　　辨centripetal 向心的；求心的　구심의
　　　　　shì jì
century 世纪　세기

centurion 白夫长(zhǎng) 백부장
ceremony 典礼, 仪式 예전, (예식)의식
    形ceremonial 仪式的, 正式的 의식의, 정식의
certainty 确定(性), 正确性, 确实 확실(성)
    反uncertainty 不确定, 易变, 不可靠, 半信半疑
        불확실성, 반신반의
certificate 名 证书 증서, 증명서
    形certified 经证明的, 保证的 증명하는, 보증의
    动certify 证明, 保证 증명하다, 보증하다
Chalcedon, Council of- 迦克敦大公会议(公元451年)
    칼케돈회의
Chan school 禅宗 선종
    (以达摩为始祖, 禅宗之名始于唐代)
chance (1)机会, 机遇 기회, 계기, 가망성
       (2)偶然, 可能 우연, 가능성
       (3)命运 운명
chaotic 形 浑沌的, 浑乱的 혼란한, 혼돈의, 무질서한
    名 chaos (1)浑沌 혼돈
        (2)浑乱, 纷乱 무질서, 분란
chaplain 军中牧师 군목(군대, 학교, 병원에 소속한 목사)
chapel (小)教堂 소예배당
character 特质, 性格 성질, 성격, 특징

辨characteristic 名 特徵(tè zhēng)，特色(tè sè)　특성, 특징, 특색
charisma(希拉) 特恩(tè ēn)，属灵(shǔ líng)(圣灵(shèng líng))恩赐(ēn cì)，灵能(líng néng)
　　　　　　은혜, 영적(성령) 은사, 영권
形charismatic 灵恩的(líng ēn de)　은혜의, 은사의, 카리스마적인
名Charismatic 灵恩运动者(líng ēn yùn dòng zhě)　성령(은사)운동자
　同 Pentecostal Movement　오순절성령운동
　　　　五旬节运动(灵恩运动的第一波)(wǔ xún jié yùn dòng (líng ēn yùn dòng de dì yī bō))
　　　Charismatic Renewal Movement　성령갱신운동
　　　圣灵更新运动(灵恩运动的第二波)(shèng líng gēng xīn yùn dòng (líng ēn yùn dòng de dì èr bō))
charity 慈善(cí shàn)，仁慈(rén cí)　사랑, 자선
Chasidim（或Hasidm）哈西典(hā xī diǎn)(huò)　하시딤

(1)马加比时代忠於律法之敬虔犹太人(mǎ jiā bǐ shí dài zhōng wú lǜ fǎ zhī jìngqián yóu tài rén)
(2)犹太教之神秘组织(yóu tài jiào zhī shén mì zǔzhī)
chauvinism 沙文主义(shā wén zhǔ yì)，盲目的爱国主义(mángmù de ài guó zhǔyì)；
　　　　　对武功之盲目粹心(duì wǔ gōng zhī mángmù cuì xīn)；盲目的排外或排他主义(mángmù de páiwài huò páitā zhǔyì)
　　　　　광신적 애국주의, 극단적 배타주의
cheap grace 易得(yì dé)(便宜(piányí)；自愧不如(zì kuì bù rú)的恩典(de ēn diǎn)
　　　（潘霍华(pān huò huá) D。Bonhoeffer）값싼 은혜 (D. 본회퍼)
cherub(来) 基路伯(jī lù bǎi)　그룹, 천군천사
　　　复cherubim
chiliasm 千禧年主义(qiān xǐ nián zhǔ yì)　천년왕국설
　　　同millenarianism 千禧年主义(qiān xǐ nián zhǔ yì)

58　英中韓 宗教字典

choir 诗班，圣歌队　성가대, 합창단

chorus 合唱　합창

Christ 基督(受膏者)　그리스도(기름부음받은 자)

　　同Messiah 弥赛亚(受膏者)　메시야

　　*Christ：(希)Christos(受膏者)之音译

　　*Messiah：(来)Maschiach(受膏者)之音译

　　*基督(中)：「基利斯督」((希)Christos 的语音翻译)
　　　　　　的缩写。

　　*弥赛亚(中)：「(来)Maschiach」之音译

『基督的三种职务』(John Calvin)：
그리스도의 삼중직(칼빈)

　　king 王，君王　왕, 군왕

　　priest 祭司　제사장

　　prophet 先知　선지자

(加尔文用君王，先知与祭司三者来描述弥赛亚基督耶稣)

　　Kingly Priest 君尊的祭司：基督　왕같은 제사장

　　Christ the King 基督君王　왕이신 그리스도

　　Christhood　그리스도의 신성, 그리스도 되심
　　　　基督之地位，为救世主；基督的神性

　　Christendom 基督教世界　전 기독교권, 기독교국가

　　Christian 名 基督徒　기독교인
　　　　　　形 基督徒的　기독교인의, 기독교도의

Christianity

anonymous christian :
(1)无名(隐名)的基督徒　무명의 그리스도인
(2)匿名的基督徒：익명의 그리스도인

　* (M。Luther 路德)有基督徒的名份及生活，却没有基督徒的精神，甚至于拒绝为(wèi)基督福音作见证：所谓「挂名的基督徒」이름뿐인 기독도

　* (K。Rahner 拉纳尔)一个人不需要成为外在基督教会的一部分；未加入教会，没有信徒名份，以求与神发生关系。因为人与神的接触点是内在地透过人性。因此拓展救赎的范围及於其他宗教的信从者，甚至无神论者，他们都是「匿名的基督徒」

Christianity 基督教　기독교
Christianization 基督教化　기독교화
Christian Science 基督教科学会 (异端之一派)
　　　　크리스찬사이언스
Christmas 圣诞节　성탄절
Santa Claus 圣诞老人　산타클로스
Christocentric 以基督为中心的　그리스도 중심의
theocentric 神中心的　하나님 중심의
反anthropocentric 人中心的　인간중심의
Christology 基督论　기독론
　ascending Christology 由下而上的基督论

　　　　　　　　승천하신 기독론
descending Christology 由上而下的基督论
　　　　　　　　강림하신 기독론

chronicle 编年史　연대기, 편년사

　　Chronicles 历代志　역대기

　　chronology 年代记, 年代表　연대기, 연대표

church 教会　교회

　　church board 堂会　당회

　　church discipline 教会法规, 惩戒　교회법규, 권징

　　Church Fathers (早期教会)教父　(초대교회)교부
　　同 Fathers of the Church

　　church history 教会历史, 教会史　교회역사, 교회사

　　church militant 争战的教会　전투하는 교회
　　　　(指教会在地上应当为(wèi)福音的缘故奋斗：为使
　　　　自身圣洁进而使世界圣洁, 必须不断战胜自己, 对
　　　　世界的反 神的思想, 行为, 习性等)

　　church order(1)教制, 教会制度　교회규범, 교회제도
　　　　　　　(2)圣职等级　성직계급
　　　　　　　(3)修会　수도회

　　church triumphant 得胜的教会　승리하는 교회
　　　　(指基督借著十字架和复活已战胜撒但及黑暗世界,
　　　　教会故而不断靠主基督得胜)

circle

    Faith and Order 信仰与教制(委员会) 신앙과 직제
    invisible church 无形的教会　무형(불가시적) 교회
    反visible church 有形的教会；可见的教会
                        유형교회, 가견적 교회
    Church of Brethen 弟兄会(简称 Brethren) 형제회
    Church of Jesus Christ of Latter Day Saints
    耶稣基督末世圣徒教会 말일성도예수그리스도교회
    同Mormonism 摩门教　몰몬교(기독교내의 이단)
    (1830年开始于美国的基督教內异端一派, 宣传
    「摩门经」, 支持一夫多妻制)

circle 名 圆圈, 范围　원, 범위, 순환
    动 环绕, 包围, 回转, 盘旋
            둘러싸다, 에워싸다, 돌다
    形 circular 循环的, 巡回的　원형의, 순환(순회)하는
    动 circulate 流通, 传布　순환하다, 유통시키다
    circumincession 互通相交, 互渗互存　상호교류
    (삼위는 상호 관련하여 내재함, 혹 그리스도 안의
    두 본성(양성)의 상호 침투(내재))
    (指三位一体神之三位格并立并存, 能够各各渗透,
    以最密切的方式在彼此內, 成为一体的神)

circumcision 割礼　할례

cite 引用　인용하다
    名citation 引文　인용문, 발췌문

civil

　　　同quotation 引文(yǐn wèn)　인용, 발췌문
　　　动quote 引用(yǐn yòng)　인용하다
civil 市民的(shì mín de), 公民的(gōng mín de)　시민의, 공민의
　　　civil war 内战(nèi zhàn)　내전
　　　名civilization 文明(wén míng)　문명
　　　同culture 文化(wén huà)　문화
civitas dei(拉) 神的国(城)(shén de guó chéng)　하나님의 도성
　　　civitas terrenae(拉) 地上的国(dì shàng de guó)　지상의 나라
　　　civitas diaboli(ca)(拉) 魔鬼的国(mó guǐ de guó)　마귀의 나라
class 名 种类(zhǒng lèi), 阶级(jiē jí)　종류, 부류, 학급, 층
　　　middle class 中产阶级(zhōng chǎn jiē jí)　중산층
classical 形 古典的(gǔ diǎn de), 第一等的(dì yī děng de), 最优的(zuì yōu de), 雅典的(yǎ diǎn de)
　　　고전의, 1등의, 최고의, 수려한, 우아한
　　　the classics 古典文学(gǔ diǎn wén xué)　고전문학
classify 分类(fēn lèi), 类别(lèi bié), 列等(liè děng)　분류, 등급
　　　名classification 分类化(fēn lèi huà), 类别化(lèi bié huà)　분류법, 등급화
clergy 神职人员(shén zhí rén yuán), 圣职人员(shèng zhí rén yuán)　성직자
　　　同clergyman
　　　反laity 平信徒(píng xìn tú)　평신도
　　　　同layman
　　　形clerical 神职人员(shén zhí rén yuán), 牧师的(mù shī de)　목회자의, 성직자의
　　　clericalism 教权主义(jiào quán zhǔyì), 神权主义(shénquán zhǔyì)　권위주의, 교권주의

英中韓 宗教字典 63

cloister

(1)指讥评圣职人员外貌，谈吐，行圣职的行动态度
过分职业化
(2)指过分注意教会权力，以教会有处理社会，政治
事务之权的态度

cloister 修道会   수도원, 은둔생활

code 法典   법전, 규약, 신호

codex 抄本；法典   사본；법전

  Codex Alexandrinus(A) 亚历山太抄本
          알렉산드리아 사본

  Codex Argenteus   白银抄本 알젠투스사본

  Codex Bezae, Cantabrigiensis(D) 剑桥伯撒抄本
          베자사본

  Codex Hammurabi 罕摩拉比法典   함무라비법전

  Codex Sinaiticus, Aleph(S) 西乃山抄本   시내산사본

  Codex Vaticanus(B) 梵谛冈抄本   바티칸사본

Coena Domini(拉) 主餐，圣餐   성찬식

coetus(拉) 聚会，教友大会，总会   집회, 모임, 공동의회
  교회총회(개혁파교회) (尤指改革宗教会)

  coteus electorum(拉) 택자(예정된 자)들의 모임
   : 칼빈의 '협의적 교회'
  蒙选者(预定得救者)之会 (加尔文：指狭义之教会)

  coetus vocatorum(拉) 부름받은(세례받은) 자의 모임
   : 칼빈의 '광의적 교회'

被召者(曾领洗者)之会 (加尔文：指广义之教会)

coexistence 共存　공존

cognition 忍知, 认识　인지, 인식, 지식범위

　　cognitio Dei(拉) 对上帝之认识　하나님을 아는 지식

　　ergo sum cogito(拉) '我思，故我在'(笛卡儿)
　　(데카르트) '내가 생각한다. 고로 내가 존재한다.'

coherence 一致性 (特别指在同一系统下)
　　　　　일치성, 결합력, 통일, 일관성
　　同consistence, -cy 一致　일치
　　形coherent 一致的，一贯的，连贯的，有条理的
　　　　　일치하는, 일관된, 조리있는

collectivism 集体主义　집단주의, 집산(集产)주의
　　反individualism 个人主义　개인주의

colony 殖民地　식민지
　　动colonize 开拓殖民地　식민지화하다

comfort 名 安慰　안위, 위로
　　动 安慰，使舒适　안위하다, 위로하다
　　the Comforter 安慰者(圣灵)　안위자, 위로자 : 성령
　　* 有关圣灵的别名 :
　　Paraclete(希) 保惠师圣灵　보혜사, 중재자, 중보자
　　Counselor　인도하는 사역을 강조
　　(法律)顾问(RSV&NIV) 强调劝导的功能

英中韓 宗教字典 65

Comforter 安慰者(ānwèi zhě)(KJV) 强调安慰的功能(qiángdiào ānwèi de gōngnéng)
위로자(성령님) : 안위하시는 사역을 강조
Advocate 변호하시는 사역을 강조
辩护者(biànhù zhě) : 律师(lǜ shī)(JB&NEB) 强调辩护的功能(qiángdiào biànhù de gōngnéng)

commandment 诫命(jiè mìng) 계명

   the Ten Commandments 十诫命(shí jiè mìng) 십계명

   同Decalogue 十诫(shí jiè)

commemorate 纪念(jì niàn), 庆祝(qìngzhù) 기념하다, 경축하다

   名commemoration (1)纪念(jì niàn), 庆祝(qìngzhù) 기념, 경축

                (2)纪念日(jì niàn rì), 庆日(qìng rì) 기념일, 경축일

commence 开始(kāi shǐ), (正式)倡导(zhèng shì chàngdǎo) 시작하다

   名commencement 开始(kāi shǐ) ; 毕业典礼(bì yè diǎn lǐ) 시작 ; 졸업식

comment 名 注解(zhù jiě), 注释(zhùshì), 评注(píng zhù), 评论(píng lùn)

       주해, 비평, 각주, 논평

   动 注释(zhùshì), 评论(píng lùn) 논평하다, 의견으로서 진술하다

   名commentary 注释(书)(zhù shì shū), 注解(zhùjiě) 주해서, 주석서

commit (1)委身(wěi shēn), 献身(xiànshēn) 헌신하다, 위탁하다, 의탁하다

      (2)授予(shòuyú), 付托(fùtuō) 수여하다, 부여하다, 주다

      (3)作(zuò), 犯(fàn) 하다, 범하다

      (4)束缚(shùfù) 속박하다, 구속하다

   名commitment (1)献身(xiànshēn), 委任(wěirèn) 헌신, 위임, 명령

                (2)犯罪(fàn zuì) 범죄

(3)收监, 下狱 수감, 구속

(4)约定 책임, 공약

communicant 受餐教友 성찬참예자

communicate (1)传达, 相通 전달하다, 의사소통하다

(2)接受圣餐 성찬에 참여하다

名communication 相通；交换思想, 沟通, 圣餐之拜受 의사소통, 사상전달, 성찬의 배수(拜受)

excommunication 禁圣餐, 开除会籍 성찬금지, 출교

communicatio idomatum(拉) 属性相通 속성상통

(基督神人两性之相通, 交换)

communion (1)相通, 相交, 交通, 分享 교제, 교통, 나눔

(2)领圣礼；圣餐 성찬식

(3)教派, 宗派 교단, 교파, 종파

(=denomination)

Holy communion 圣餐 성찬

communio naturarum(拉) 两性相通 양성상통

(基督神人两性在基督身上合而为一)

communio infantium(拉) 儿童圣餐礼拜 유아성찬식

communio praedestinatorum(拉)
칼빈: 교회는 예정되어 구원받은 자의 모임
加尔文(改革宗)：教会乃预定得救之团契(tuánqì)

communion plate 圣饼盘 성찬반

Communion service 圣餐礼拜 (shèng cān lǐ bài) 성찬식
同 Lord's Supper(= Eucharist) 圣餐 (shèng cān) 성찬
communion table 圣餐桌 (shèng cān zhuō) 성찬상
The Order of Communion 圣餐仪式文 (shèng cān yíshì wén) 성찬의식문
communio sanctorum(拉) 圣徒相通 (shèng tú xiāngtōng) 성도의 교제
(原指圣礼团契(qì), 後指与古今圣徒之交通) (yuán zhǐ shèng lǐ tuán qì, hòu zhǐ yú gǔjīn shèng tú zhī jiāotōng)
(= communion of saints)
community 团体, 共同体 (tuán tǐ, gòngtóng tǐ) 지역, 집단, 단체, 공동체
comparative 比较的, 比较研究的 (bǐ jiào de, bǐjiào yánjiū de) 비교적, 비교연구의
    comparative religion 比较宗教学 (bǐ jiào zōng jiào xué) 비교종교학
compassion 怜悯, 同情 (lián mǐn, tóngqíng) 긍휼, 동정, 연민
    形compassionate 慈悲的, 怜悯的 (cí bēi de, lián mǐn de) 긍휼의, 자비의
    同mercy 慈悲, 怜悯 (cí bēi, lián mǐn) 자비, 긍휼
compensate 赔偿, 补偿 (péi cháng, bǔ cháng) 배상하다, 보상하다
    名compensation 배상, 보상
compete 竞争, 比赛 (jìng zhēng, bǐsài) 경쟁하다, 시합하다
    名competition 竞争, 角逐, 比赛 (jìng zhēng, jiǎo zhú, bǐsài) 경쟁, 시합
complementary 互补的, 补足的 (hù bǔ de, bǔ zú de) 상호보충적, 보완적
complement 补充物, 补助语 (bǔ chōng wù, bǔ zhù yǔ) 보충물, 보어
complete 形 (1)完全的, 全部的 (wánquán de, quánbù de) 완전한, 전부의
    (2)彻底的 (chè dǐ de) 철저한
    名completion 完成, 圆满, 成就, 完整 (wánchéng, yuánmǎn, chéngjiù, wánzhěng)

완성, 전부, 성취, 완전
complex 形 (1)复杂的 복잡한
(2)复合的 복합적인
名 (1)复杂的事物 복잡한 사물
(2)情节, 情意点 사건 내용과 경위, 줄거리
(3)深的成见 심오한 견해, 복잡함
Oedipus complex 恋母情节 오디푸스 컴플렉스
complex in peccato(拉) 一同犯罪者 공범
名complexity 复杂, 错综复杂的事；复杂性, 多元性
복잡, 얽히고 설킨 일; 복잡성, 다원성
complicate 使复杂, 使起纠纷；使更坏, 使麻烦
복잡하게 하다, 이해하기 어렵게 하다; 악화시키다
形complicated 复杂的, 难懂的 복잡한, 풀기 어려운
反simple 简单的 간단한, 단순한
名complicity 共谋关系, 共犯关系 공범, 공모, 연루
compliment 名(1)恭维, 敬意；赞美的话 경의, 칭찬
(2)(复)致意, 问候, 道贺, 贺词
문안, 인사, 축하, 찬사
动(1)恭维, 称赞 칭찬하다, 칭송하다
(2)送礼 예물을 보내다
(3)祝贺, 致问 축하하다, 문안드리다
形complimentary (1)免费的 무료의, 거저주는

(2)赞美的，表示敬慕的
　　　찬양하는, 경의를 표하는
comprehend 了解，理解　이해하다, 포함하다
　　形comprehensible 可理解的，易了解的
　　　　　이해가능한, 인지가능한
　　名comprehension 了解，理解力　이해, 이해력
　　形comprehensive :
　　　(1)有理解力的，理解的　이해할 수 있는, 광범위한
　　　(2)內容广泛的，广博的，综合的　넓은, 포괄적인
　　　comprehensive examination 全面考试　종합시험
　　　(简称 comprehensive 指內容广泛的检定考试)
compromise 名 妥协，和解，折衷　타협, 화해, 절충
　　　　　同negotiation 磋商，谈判　타협, 담판
　　　　动 妥协，让步，有损害自己的名誉
　　　　　타협하다, 양보하다, 체면을 손상시키다
comrade 同志　동지, 친구
conceal 隐蔽；对....保守秘密　숨기다, 비밀로 지키다
　　名concealment 隐蔽，隐匿　은폐, 은닉
conceive (1)构想，想象　상상하다, 구상하다
　　　(2)相信，表示　믿다, 표시하다
　　　(3)怀孕，怀抱　잉태하다, 마음에 품다
　　形conceptive 有想象力的，想象的，构思的

상상력 있는, 상상의, 구상하는
名conception (1)想象(xiǎngxiàng), 想象力(xiǎngxiàng lì) 상상, 상상력
(2)观念(guānniàn), 概念(gàiniàn) 개념, 관념, 구상창안
概念形成(gài niàn xíng chéng), 概念作用(gài niàn zuò yòng) 개념(형성)작용
(3)怀孕(huáiyùn) 임신
(4)计划(jìhuá) 계획

concentrate 集中(jí zhōng), 注意(zhùyì), 专心(zhuānxīn), 浓缩(nóngsù)
집중하다, 주의하다, 전심으로 하다, 농축하다
名concentration 集中(jí zhōng), 注意(zhùyì), 浓缩(nóngsù) 집중, 주의, 농축
concentration camp 集中营(jí zhōngyíng) 집단수용소

concept 名 观念(guānniàn), 概念(gài niàn) 개념, 관념
同 idea=notion
形conceptual 概念的(gài niàn de) 개념적

concern 动 (1)关心(guānxīn), 关怀(guānhuái) 관심을 갖다
(2)关系(guānxì), 与之有关(yú zhī yǒu guān) ~에 관계하다
名 (1)关怀(guānhuái), 顾虑(gùlǜ), 挂念(guàniàn) 관심, 격려, 돌봄
(2)利害关系(lìhài guānxì) 이해관계
(3)事务(shìwù) 업무

ultimate concern 终极关怀(zhōng jí guānhuái), 基本关心(jīběn guānxīn)
궁극적 관심(P. 틸리히) (田立克(tián lì kè) Paul Tillich
1886-1965: 认为即信仰(rèn wéi jí xìnyǎng), 因终极至高的那位(yīn zhōng jí zhìgāo de nā wèi),
是没有人不关心也永远会关心的(shì méiyǒu rén bù guānxīn yě yǒngyuǎn huì guānxīn de).)

conciliar 宗教会议的；大公会议性的
    종교회의의, 공의회적인
　　conciliar theory 大公会议论　공의회론
　　conciliarism (1)教会会议至上主义　교회회의 지상주의
　　　　(2)公会议制　공의회제도
　　conciliarity (1)协同，合作　협력, 합력, 협동
　　　　(2)大公会议性　공의회성
conciliation (1)和好，和解；调(tiáo)停　화목, 화해; 조정
　　　　(2)安抚，安慰　안부, 위로
　　动conciliate 安慰，安抚；调和，赢得(支持，好感等)
　　　　위로하다, 회유하다；제 편으로 만들다
conclave (1)教宗选举会　교황선거
　　　　(2)秘密会议　비밀회의
conclude 结束，作结论；决定
　　　　결론을 짓다, 끝나다；결정하다
　　名conclusion 结论，最后的决定　결론, 최후의 결정
concomitance 相伴，并存，并在，附在　상반, 병존, 공존
concordance (圣经)汇编，经文汇编
　　　　(성경의) 용어사전, 성구사전
concrete 形 具体的，实在的，实际的，形而下学的
　　　　구체적, 실재적, 실제적, 형이하학적
　　反abstract 抽象的　추상적
concupisence 贪欲，情欲，色欲　색욕, 욕정, 욕망

concursus divinus(拉)　하나님의 협력
上帝的协助(谓创造主给创造物以力量，使之管理世界)

condemn 定罪，责备　정죄하다, 비난하다

　　名condemnation 定罪，谴责，判罪　정죄, 비난, 선고

　　(拉)condemnatio (对欺骗的教理)宣告有罪，判罪
　　　　　　　　거짓교리에 대한 유죄선고, 판결

condescension 贬抑，谦虚，谦让；屈尊
　　　　　　생색을 내는 행동, 겸양, 정중; 굴욕

condition (1)条件，要件　조건, 요건

　　　　(2)状况，情况，情形　상황, 정황

　　　　(3)身份，境遇，地位　신분, 경우, 지위

conditio sine qua non(拉) 不可或缺之条件
　　　　　　불가한(치우친) 조건

confederation 联盟，同盟　연맹, 동맹

　　同league =alliance 联盟

conference 会议　회의, 협의

　　同council 会议

confess 告白，忏悔　고백하다, 자백하다, 참회하다

　　名confession (1)认罪，忏悔　고해성사, 참회

　　　　　　　(2)自认，告白，公认　고백, 자백

　　　　　　　(3)信仰宣言，信条　고백, 신조

　　形confessional 告白的，忏悔的　고백적, 참회의

confessional faith 神学的信心；教理的信心 신학적 신앙, 고백적 신앙

confessional formular 宣信模式，宣示信仰的公式 신앙고백의 양식

confessional statements 信仰宣告　신앙고백선언

Confessional Church 告白教会　고백교회
(发表巴尔曼宣言Barmen Declaration的德国教会
＜德 Bekennende Kirche）

confidence 信心，确信　확신, 신임, 믿음

self-confidence 自信　자신감

confirmation (1)肯定，确定，确证　긍정, 확정, 확증
(2)坚振，坚信礼　견신례, 견진성사
(3)确认，批准　확인, 비준

Confirmation 坚振礼，坚信礼　입교식, 견신례
(婴孩洗礼後长大(zhǎngdà)时，公开承认信仰之礼)

confirmation class 坚信(坚证)问答班　입교문답반

conflict 名 (1)冲突，矛盾，抵触，不一致，不相容
충돌, 모순, 제의, 불일치, 불용납
动 (2)争，争执，斗(dòu)争　다투다, 투쟁하다

conformity (1)一致，符合，适合，相似，类似
일치, 부합, 적합, 유사

(2)服从，顺应，顺从 순복, 순응, 순종
(3)遵奉国教 국교신앙

confrontation 对遇，对抗 직면, 맞섬, 대결, 맞장
encounter 相遇，遭遇，会战 조우하다, 당면하다
    power encounter 力量对遇，灵力对抗
        능력대결, 맞장, 결투
Confucianism 儒家，儒教 유가, 유교
Confucius 孔子 공자
congenital 天赋的，天生的，先天的，生而有的
    천부적, 천성적, 선천적
congregation 会众(教会的)，团体，聚会
    회중, 교인, 단체, 집회
    congregation of the faithful 信徒团体
        신자들의 집회: 회중
    形congregational 集合的，会众的；公理会的
        결합된, 회중의; 회중교회의
    Congregational Church 会众教会，公理会
        회중교회, 조합교회
    congregational meeting 会众会议，会员大会
        회중회의, 공동의회
    session 小会 시찰회
    presbytery 中会；区会 노회
    synod 大会 소총회

general assembly 总会(zǒng huì)　총회(장로교)

congregationalism 组合教会(zǔ hé jiào huì), 会众自治主义(huì zhòng zìzhì zhǔyì)
조합교회, 회중교회, 회중자치주의
(为教会一种政策(wéi jiào huì yīzhǒng zhèngcè)：每地方教会绝对独立(měi dì fāng jiào huì juéduì dúlì)，各教会合作(gè jiào huì hézuò)，有权力与义务(yǒu quánlì yú yìwù))

connotation 意含(yì hán)　(언어의) 의미, 함축

conscience 良心(liáng xīn), 道义心(dào yì xīn), 良知(liángzhī)　양심, 도의심

形conscientious 良心的(liáng xīn de)　양심적인

conscious 意识的(yì shí de)　의식하고 있는

名consciousness 意识(yì shí), 知觉(zhī jué)　의식, 자각

consecration ：
(1)圣化(shèng huà), 神圣化(shénshèng huà), 奉献(fèngxiàn), 献身(xiànshēn)
성화, 신성화, 봉헌, 헌신
(2)领圣礼(lǐng shèng lǐ), 圣职授任(shèng zhí shòurèn)　성례, 임직식

形consecratory (1)圣礼经文(shèng lǐ jīng wén)　성례본문
(2)神圣的(shénshèng de), 奉献的(fèngxiàn de)　신성한, 봉헌한

consensus(拉英) (1)同意(tóngyì)；一致意见(yīzhì yì jiàn)　동의, 의견일치
(2)合一信条(hé yī xìntiáo)　일치신조

conservative 形 保守的(bǎo shǒu de)　보수적인
名 保守主义者(bǎo shǒu zhǔ yì zhě)　보수주의자
反liberal 形 自由主义的(zìyóu zhǔ yì de)　자유주의적
名 自由主义者(zìyóu zhǔ yì zhě)　자유주의자

progressive 开明的(kāimíng de)，进步的(jìnbù de) 발전적인, 진보적인
consistent 前后一贯的(qiánhòu yīguàn de)，一致的(yīzhì de) 일관된, 모순이 없는
  名consistency (1)坚固(jiāngù)，坚实(jiānshí) 견고, 견실
    (2)一致(yīzhì)，一贯(yīguàn) 일치, 일관
    (3)和谐(héxié) 화해
  反inconsistent 不一致的(bù yīzhì de) 불일관된, 불일치한
consistory (1)教会法庭(jiào huì fǎ tíng) 교회법정
    (2)总会(zǒng huì) 총회
    (3)(天)教宗主持之枢机主教会议(jiào zōng zhǔ chí zhī shū jī zhǔ jiào huìyì) 추기경회의
console 安慰(ānwèi)，慰问(wèi wèn) 위로하다, 위문하다
  名consolation 神慰(shén wèi)，安慰(ānwèi) 위로, 위안
consortium divinae naturae(拉) 分享神性(fēn xiǎngshénxìng) 신성공유
Constantinople 君士坦丁堡(jūn shì tǎn dīng bǎo) 콘스탄티노플
constitution (1)建立(jiànlì)，设立(shèlì)，制定(zhìdìng) 건립, 설립, 제정
    (2)构成(gòuchéng)，构造(gòuzào)，结构(jiégòu) 구성, 구조, 구도
    (3)素质(sùzhì)，材质(cái zhì)，性质(xìngzhì)，性情(xìngqíng)
    소질, 재질, 성질, 정체, 체질
    (4)宪法(xiàn fǎ)，法令(fǎ lìng)，规定(guīdìng) 헌법, 법령, 규정
  constitution of man 人的材质(天性)(rén de cái zhì tiānxìng)，人的内在结构(rén de nèizài jiēgòu)
    인간의 내적 자질(구성)
  constitution of the Divine 神的材质(shén de cái zhì)；神的内在结构(shén de nèizài jiēgòu)
    신적 속성, 신의 내적 구성

consubstantial 동질의, 동체의(삼위하나님의 동질성)
同性同体的；同质的(三位一体神的性质相同)
名consubstantiality 同性同体；同质
동일실체 동일본질, 동형동질
consubstantiality of the three persons of the Trinity 三位一体说 삼위일체설
名consubstantiation 共在合质说 공재설
(路德主张圣餐中耶稣血肉同在)
同consubstantialism 圣体共存说 공재설
反transsubstantiation (천주교)화체설(化体说)
(天主教)化质说，变质说
consume 消费，消耗 소비하다, 소모하다.
名consummation 完全，完成，极致，成就
완전, 완료, 완성, 성취
名consumption (1)消费，消耗 소비, 소모, 소모품
(2)肺病 폐병
contemplate 默想，考虑，打算，注视
묵상하다, 심사숙고하다, 고려하다, 주시하다
名contemplation 默想，希望，考虑 묵상, 희망, 고려
同meditate 묵상하다
名meditation 默想 묵상
T. M.=Transcendental Meditation 超觉静坐 초월명상
contemporary 同时代的，当代的

현대의, 같은 시대의, 당대의

contempt 轻视, 藐视, 耻辱　멸시, 경멸, 모욕

contend (1)竞争, 争论, 辩论　변론하다, 다투다

(2)主张(争论性)　주장하다

名contention 争论, 辩论, 争点　논쟁, 주장(主张)

context (1)上下文, 前後関系　문맥, 전후관계

(2)场合, 脉洛, 处境, 环境

배경, 맥락, 당시상황, 환경

in this context 关于此点, 就此而论　이 맥락에서

形contextual 上下文的 ; 脉洛的, 处境的

상하본문의, 전후맥락의, 상황의

contextual theology 本土神学 ; 处境神学

토착화신학

contextualization 脉洛化, 处境化　맥락화, 상황화

同indigenization 本色化, 本土化　본토화, 토착화

contingent 形 偶然的, 暂时的　우발적, 우연한, 잠시의

名contingency 偶然性, 非必然性　우연성, 비필연성

continue 连续, 继续　계속하다, 존속하다

反discontinue 放弃, 停止　방치하다, 정지하다

名continuity 连续性　계속성, 연속성

contradict 否认, 反驳, 抵触, 矛盾

부인하다, 반박하다, 저촉되다, 모순되다

名contradition 对立, 反驳, 矛盾　대립, 반박, 모순

contrary 相反的(xiāngfǎn de), 反对的(fǎnduì de), 逆的(nì de)　반대의, 정반대의
contrast 名动 差别(chābié), 对比(duìbǐ), 对照(duìzhào)　차별, 대비, 대조(하다)
contribute (1)贡献(gòngxiàn), 捐助(juānzhù)　기증하다, 봉헌하다
　　　　　(2)投(稿)(tóu gǎo)　투고하다

　名contribution　헌금, 기부, 기부금, 기고
　　贡献(gòngxiàn), 捐助的东西(juānzhù de dōngxi)(如金钱(rú jīnqián), 衣服(yīfú), 食物及任何其他(shíwù jí rénhé qí tā)
　　的援助(de yuánzhù)), 投稿(tóu gǎo)
contrition 痛悔(tònghuǐ), 深切的忏悔(shēn qiè de chànhuǐ)　통회, 철저한 참회
　(拉)contritio
　　(出于对 神的爱所产生之悔改(chūyú duì shén de ài suǒ chǎnshēng zhī huǐgǎi), 足以洁除罪债(zú yǐ jié chú zuìzhài))
controversy 争论(zhēng lùn), 争辩(zhēngbiàn), 辩论(biàn lùn)　논쟁, 논의, 변론
　形controversial 论争的(lùn zhēng de), 辩论的(biàn lùn de)　논쟁의, 변론하는
　　　　controversial theology 辩论神学(biàn lùn shénxué)　변증신학
convenient 方便的(fāngbiàn de), 便利的(biànlì de), 易得的(yì dé de)　편리한, 쉬운
　名convenience 方便(fāngbiàn), 便利(biàn lì), 适当的机会(shì dāng de jī huì), 适合(shì hé)
　　　　　편의, 편리, (편리한)사정, 적당한 기회
conventicle (1)秘密或不合法的宗教性聚会(mì mì huò bù hé fǎ de zōngjiào xìng jùhuì)　비밀집회
　　　　　(2)小聚会(xiǎo jùhuì)　소집회
convention (1)习俗(xísú), 因袭(yīn xí)　실습, 연습
　　　　　(2)聚会(jùhuì), 会议(huìyì)(代表会议)(dàibiǎo huìyì)　집회, 대표자회의
　形conventional 传统的(chuántǒng de), 习惯的(xíguàn de), 因袭的(yīn xí de)
　　　　　전통적, 습관적, 인습적인

80　英中韓 宗敎字典

converge 集中于一点，趋于相同的目标
  한 곳에 모이다, 목표에 집중하다, 수렴하다
  形convergent 会举的，包围集中的
  집합하는, 포위 집중적인
  名convergence 集中，辐合 집중, 집합, 수렴
convert 动 相信，皈依 개종시키다, 입교하다
  名 相信者，皈依者 신자, 개종자
  名conversion 皈依，改教，信仰的改变 개종, 개심
convey 运送，传达，通知 운반하다, 전달하다, 시사하다
convict (1)证为有罪 유죄를 입증하다
  (2)宣告有罪 유죄를 선고하다
  (3)使知罪 죄(과오)를 깨닫게 하다
  名conviction：
  (1)确信，坚信，说服 신념, 확신, 설복
  (2)知罪，悔悟，自觉有罪 죄를 자백하는
  (3)定罪，判罪 정죄, 유죄판결
convince 使确信，确信 확신시키다, 납득시키다
  同persuade 说服，劝服 설득하다
  名conviction（上同）
cooperate 合作，协力 협력하다, 협동하다
  名cooperation 合作，协力，协同 협력, 협동
coordinate 形 同等的，同格的 동등한, 동격의

动 使同等，调整(tiáozhěng)
동등하게 하다, 조정하다
名coordination：
(1)同等，同格，同位 동등, 동격, 동위
(2)调协，调和(tiáohé) 협조, 조화
cope 应付(问题)+with 대처하다, 극복하다
Copernican revolution 哥白尼革命 코페르니쿠스 혁명
Coptic 名 科普替话，科普替人 콥틱어, 콥틱사람
形 科普替的，科普替话的 콥틱의, 콥틱기독교인의
Coptic Church 科普替教会(埃及教会) 콥틱교회
Copt 科普替教会信徒 콥틱(고대이집트)교회신도
coram Deo(拉) 在 神面前 하나님 앞에서
coram hominibus(拉) 在 人面前 사람 앞에서
coresponsibility 共同责任 공동책임
corpus(拉英) (1)团体 단체
(2)全集 전집
corpus doctrinae(拉) 教义集成；教义大全 신학통론
(= the body of doctrine)
corpus iuris canonici(拉) 教会法大全；法典大全
(= corpus of canonical laws) 교회법전, 법전대전
correlation 相关，相互关系，相互关连 상관, 상호관계
相互关联(田立克著名的神学방법) 상호관계
폴 틸리히의 '상관의 방법'

correspond 符合, 一致+to 일치하다, 부합하다
名correspondence 符合, 一致 일치, 상응, 통신
corruption 腐化, 败坏, 堕落 타락, 부패, 썩음
形corrupt 腐败的, 败坏的 타락한, 부패한, 부정의
cosmic 宇宙的 우주의
cosmology 宇宙论(观), 宇宙开辟论 우주론
形cosmological 宇宙论的 우주론적인
cosmological argument 우주론적 논증
宇宙论的论证 (证明神存在之理论之一: 谓宇宙如此
神奇, 必有伟大之造物主宰: 无缘之因)
council (教会)大公会议 회의, 종교회의, 공회
　　local council 地方会议 지방회의
　　particular council 特殊会议 특별회의
counsellor 辅导(者) 상담자
　　counseling 协谈 상담
Counter-Reformation(天) 反宗教改革 반종교개혁
=Anti-Reformation
covenant :
　(1)约, 圣约, 契约(qìyuē), 合同
　　약속, 언약, 성약, 계약
　　同testament 约, 遗嘱 약속, 유언
　(2)立约, 缔结盟约, 互约 계약하다, 동맹체결하다

covenant theology 圣约神学, 立约神学　언약신학
(16-17世纪英国清教徒所谓：人的社会乃靠两种互约建立，一是人与神间互约，一是人民与政府互约的神学立论)

co-worker 同工　동역자

CPE (Clinical Pastoral Education) 목회임상교육
牧会关怀教育(牧者关顾临床训练，临床协谈训练)

create 创造　창조하다, 창작하다
　名 creation ：
　　(1)创造, 创作, 创设；开创　창조, 창작, 창설
　　(2)创世　창세
　　(3)创造物　창조물

creation out of nothing 无中造有　무에서의 창조
(= 拉 creatio ex nihilo)从无中创造，从无到有的创造

continuous creation 继续中的创造　계속되는 창조

creativity 创造力　창조력, 창조성

creator 创造者, 造物主　창조자

the Creator 创造者，上帝　창조주

creature 被造物, 受造物　피조물

credibility 名 可信度, 可靠性　진실성, 신용도
　　同 accountability 信用度

credit 名 学分(=unit)　학점

形incredible 难以置信的(肯定语气) 믿기 어려운
形unbelievable 믿을 수 없는, 믿어지지 않는
难以置信的(肯定语气), 或不可相信的(否定语气)
credo(拉) '我信', 信条 '나는 믿는다', 신조
    credo quia absurdum(拉) 不合理, 故我信(特土良)
불합리한 고로, 나는 믿는다(터툴리안)
    credo ut intelligam(拉) 为(wèi)知故我信(安瑟伦)
이해하기 위하여 나는 믿는다(안셀름)
credulity 轻信, 易信 믿기쉬움, 경신(轻信), 고지식함
形credulous 轻信的, 易信的 경솔히 믿는, 속기 쉬운
creed 信经, 信条 신조, 신경, 강령
    the Creed 使徒信经 사도신경
criterion (批评, 判断的)标准, 准则, 准据
    (비평, 판단의) 표준, 기준, 규칙
    复criteria
criticism 批判研究(法), 鉴定研究(法) 비평, 비판, 평론
    higher criticism 高等批判 고등비평
    lower criticism 低等批判 하등비평
    canonical criticism 正典批判 정경비평
    form criticism 形式批判 양식비평
    historical criticism 历史批判 역사비평
    literary criticism 文学批判 문학비평

critique

redaction criticism 编辑批判(biānjí pī pàn), 编修批判(biān xiū pī pàn) 편집비평
textual crticism 版本批判(bǎnběn pī pàn), 经文鉴别学(jīng wén jiàn bié xué) 본문비평
traditioanl criticism 传统批判(chuántǒng pī pàn) 전통비평
critique (文艺等的)批评(wén yì děng de pīpíng), 批判(pī pàn); 批评法(pī píng fǎ), 批评术(pī píng shù)
　　　　(문예작품 따위의) 비평, 비판 ; 비평법, 비평술
critical (1)吹毛求疵的(chuīmáo qiú cī de) 흠을 잘 잡는, 혹평한
　　　　(2)批判的(pī pàn de), 批评的(pīpíng de) 비판적, 비평적
　　　　(3)有判断力的(yǒu pànduàn lì de) 판단력 있는
　　　　(4)决定性的(juédìng xìng de), 重要的(zhòng yào de) 결정적인, 중요한
critical theory 批判理论(pī pàn lǐ lùn) 비판이론
cross 十字架(shí zì jià) 십자가
　　theology of the cross 十字架神学(路德)(shí zì jià shén xué lù dé) 십자가신학
　　反theology of glory 荣耀神学(róngyào shén xué) 영광의 신학
crucify 钉于十字架(dīng yú shí zì jià) 십자가에 못박다
　　名crucifixion 钉死于十字架(dīng sǐ yú shí zì jià) 십자가에 못 박혀 죽음
　　the Crucifixion 基督耶稣之钉死于十字架(jī dū yē sū zhī dīng sǐ yú shí zì jià)
　　　　예수 그리스도의 십자가에 못 박혀 죽으심
crucial 形 重要的(zhòng yào de), 决定性的(juédìng xìng de) 중요한, 결정적인
cruel 形 残忍的(cánrěn de) 잔인한, 잔혹한
　　名cruelty 残酷(cánkù) 잔인, 잔혹
crusade 十字军(shí zì jūn) 십자군
　　cuius regio, eius religio(拉) 谁的领地即属谁的宗教(shéi de lǐng dì jí shǔ shéi de zōng jiào)

(= whose region, his religion)
평신도 군주는 자신 영토의 종교를 자유로이 선택할 수 있으나, 그 지역에 허용된 종교는 단 한가지임.
(奥斯堡和约(1555)规定王侯有权选择属区之宗教信仰)

cult (1) 礼拜, 狂热的崇拜, 祭礼, 祭仪, 迷信
　　　제례, 제의(祭仪), 미신, 광신적 숭배
　　(2) 小教派(通常不限在基督教内), 一群狂热的崇拜者
　　　소규모파벌, 당파(일반적 사용) ; 광신적 집단
同 sect 小宗派, 分裂出来的教派(通常只限在基督教内)
　　　소규모파벌, 무리, 당파(기독교에 제한)

occult 形 神秘的, 玄妙的　신비한, 비밀스런
　　the occult 神秘教派　신비종교
occultism 神秘主义, 神秘学, 神秘研究 ; 崇拜密教
　　　신비주의, 신비학, 신비연구 ; 밀교신봉

cumulus omnium perfectionum (拉) 一切完美的总和
　　모든 완벽함의 총화(= fullness of all perfections)

cuneiform 楔形文字, 箭头文字　설형(쐐기)문자

cur Deus homo (拉) 神何故成人 ; 上帝为何降生为人？
　(安瑟伦) 왜 하나님이 사람으로 오셨는가? (안셀름)
　(= why did God become man?)

curriculum 学校的全部课程 ; 课程　(교육, 학습)과정

curse 咒诅, 咒骂　저주하다, 화를 끼치다, 파문하다
　　形 cursed 被咒诅的　저주받은

cynical 形 愤世嫉俗的, 冷嘲热讽的

세상을 백안시하는, 냉소적인, 빈정대는
名cynic 犬儒学派的人，好挖苦人的人　견유학파
辩cynicism 玩世不恭，犬儒主义，犬儒哲学
시니시즘, 냉소, 견유철학

D

daily offices 圣务日课　성무일과
(每天所作的祷告灵修)

daksina(梵) 布施　보시

Dalai Lama 达赖喇嘛(金刚大师)　달라이 라마
(西藏(xīzàng)喇嘛教之元首)

damn 咒骂, 毁灭　헐뜯다, 저주하다

名damnation 惩罚, 刑罚, 指责, 咒骂, 毁灭
징벌, 형벌, 정죄, 저주

Daoism(= Taoism) 道家, 道教　도가, 도교

Dark Ages 黑暗时代　암흑시대
(中世纪之古名(主前5至15C), 因以前的人认为这段
时期中知识与道德俱是黑暗无光)

Dasein(德) 存在　존재
(海德格M。Heidegger 用以指人之存在。该字原意为
在那里：表示人在世界中并非孤立, 亦非与全人类成
一片不可分, 乃是自知在何方, 意识到打自己与周遭
之关系。)

day of the Lord 耶和华的日子　여호와의 날

de facto(拉) 现实的, 事实上的　사실상, 사실에 의해

de find
   (= in fact)
de fide(拉) 关乎信仰的 (guānhū xìnyǎng de)　신앙에 관하여, 믿음으로
   (= of faith)
de fide definitia(拉) 定断的信仰(教理) (dìngduàn de xìnyǎng jiào lǐ)　확정적 교리
   (= of defined faith)
   (经大公会与教会会议订定并宣布，(jīng dà gōng huì yú jiào huì huìyì dìngdìng bìng xuānbù) 认为直接由 神 (rèn wéi zhíjiē yóu shén)
   启示而来的真理) (qǐshì ér lái de zhēnlǐ)
de jure divino(拉) 来自 神的规定(神律) (láizì shén de guīdìng shén lǜ)
   하나님으로부터 나온 법으로, 신률에 의해
   (= by the divine law)
de novissimis(拉) 末世论；论最新的事物 (mò shì lùn; lùn zuì xīn de shìwù)
            말세론; 말세의 일들
   (= about the last things)
deacon 执事, 会吏(圣公会) (zhí shì, huì lì shènggōng huì)　집사
   deaconess 女执事 (nǚ zhí shì)　여집사
   diaconate 执事职 (zhí shì zhí)　집사직
   elder 长老(zhǎnglǎo)　장로
Dead Sea Scroll 死海卷轴, 死海古卷 (sǐ hǎi juǎnzhóu, sǐ hǎi gǔ juǎn)　사해사본
deadly sins(天) 死罪 (sǐzuì) 죽을 수밖에 없는 죄; 대죄
   (为骄傲, 贪婪, 色欲, 愤怒, 暴食, 嫉妒及怠惰) (wéi jiāoào, tānlán, sè yù, fènnù, bào shí, jídù jí dàiduò)
   천주교의 사망에 해당하는 죄: 교만, 탐람, 색욕, 분노, 폭식, 질투, 게으름。
Decalogue 十诫 (shí jiè)　십계명
declare 宣告, 声明 (xuāngào, shēngmíng)　선언하다, 선고하다, 전파하다

名declaration 宣言, 声明, 宣告 선언, 선고, 전파
decree (1)神谕, 神旨 신유, 하나님의 작정
　　　　(2)法令, 告示, 命令 명령, 법령, 교령
　　　　(3)颁令；判定, 判决 판단, 판결
　　　debitum honorem(拉) 亏「荣耀上帝」的债
　　　　하나님의 영광에 이르지 못한 빚
　　　decretum absolutum(拉) 절대적으로 유효한 결정
　　　　(칼빈의 예정론에 대한 확신)
　　　　绝对有效之决定(加尔文对预定论之看法)
dedicate 奉献, 献身 드리다, 바치다, 봉헌하다
　　名dedication 奉献, 献身, 委身；献身礼拜
　　　　봉헌, 헌납, 바침; 헌신예배
　　同devotion 奉献, 献身 봉헌, 헌신
　　动devote 奉献, 献身
　　同offering 奉献(金钱), 献祭
　　　　헌금, 하나님께 바친 제물
deduction (1)演绎法 연역법
　　　　(2)推论, 推断 추론
　　　　(3)减除, 扣除 공제, 삭감
　　反induction 归纳法 귀납법
　　形deductive 推定的, 演绎的 추론적인, 연역적인
define (1)下定义, 阐释 정의를 내리다
　　　　(2)使界限, 使清楚 경계를 긋다, 분명히 하다

(3)详细说明(xiángxì shuōmíng) 상세히 설명하다

名 definition (1)定义(dìngyì)，释义(shìyì)，确定(quèdìng) 정의, 석의, 확정

(2)精确度(jīng què dù) 정확도

(3)信条(xìntiáo) 신조

形 definite 明确的(míngquè de)，明白的(míngbái de)，一定的(yīdìng de) 명확한, 명백한

defy 动 不服从(bù fúcóng)，公然反抗(gōngrán fǎnkàng)，公然蔑视(gōngrán mièshì)
불복하다, 공공연히 반항하다, 무시하다

名 挑战(tiǎozhàn) 도전

degeneration 退化(tuì huà)，堕落(duò luò) 쇠퇴, 퇴화, 타락

反 regeneration 重生(chóngshēng) 중생

degree (1)等级(děngjí)，程度(chéngdù) 등급, 정도

(2)学位(xuéwèi) 학위

B. Th./B. A. 神学士/文学士(shén xué shì / wén xué shì) 신학사, 문학사

M. A 文学硕士(wén xué shuò shì) 문학석사

M. A. R. 宗教文学硕士(zōng jiào wén xué shuò shì) 종교문학석사

M. Div 道学硕士(dào xué shuò shì) 목회학석사

Th. M./M. Th./S.T.M. 神学硕士(shén xué shuò shì) 신학석사

Ph. D./Th. D 神学博士(shén xué bó shì) 신학박사

D. D. 名誉神学博士(míngyù shén xué bó shì) 명예신학박사

D. Miss 宣教学博士(xuān jiào xué bó shì) 선교학박사

D. Min 教牧学博士(jiào mù xué bó shì) 목회학박사

Ed. D 教育学博士(jiāoyù xué bó shì)　교육학박사

deification :
(1)神化(shén huà)，神格化(shén gē huà)(成义所实现的成圣(chéng yì suǒ shíxiàn de chéngshèng))
신이 됨, 신격화(의롭게 됨으로 오는 거룩함)
(2)封为神(fēng wéi shén)，祀为神(sì wéi shén)，奉若神明(fèng rě shénmíng)
신성시됨, 신으로 받들어짐

deism 理神论(lǐ shén lùn)，自然神论(zìrán shén lùn)　이신론, 자연신론

deity 神(shén)，神性(shénxìng)　신, 신성, 신위

the Deity 上帝　하나님

dei gratia(拉(lā)) 借上帝之恩典(jiè shàng dì zhī ēndiǎn)　하나님의 은혜로
(主教或官员就识时之宣誓(zhǔ jiào huò guānyuán jiù shí shí zhī xuān shì))

delegate 动 委派(wěi pài)......代表(dài biǎo)，授(权)(shòu quán)，委托(wěi tuō)
파견(특파)하다, 위임하다
名 代表(dàibiǎo)　대리자(deputy), 대표, 사절

delegation 名 委派(wěi pài)，代表团(dàibiǎotuán)　대표단
同 representative 代表(dàibiǎo)　대표

deliver 动(1)递送(dì sòng)，传讲(讲章)(chuánjiǎng jiǎngzhāng)　건네주다, 배달하다
(2)解救(jiějiù)，释放(shìfàng)　구원하다, 석방하다, 해방하다
名delivery 递送(dì sòng)　넘겨줌

名deliverance :
(1)解救(jiějiù)，释放(shìfàng)，解脱(jiětuō)　해방, 석방, 벗어남
(2)陈述(chénshù)，发表(fābiǎo)，判决(pànjué)　진술, 발표, 판결
同liberation 解救(jiějiù)，释放(shìfàng)　해방, 석방

Delizsch

同emancipation 解放(jiěfàng)　해방

Delizsch, Franz 德里慈(dé lǐ cí)(1813-1890) 德名神学家(dé míng shénxué jiā)
　　프란쯔 델리취

deluge 大洪水(dà hóngshuǐ)　대홍수

demiurge(希) 创造神(chuàng zào shén)：得缪哥(dé miào gē)(灵智派(líng zhì pài))
　조물주, 창조주：데미우르게(영지주의)

democracy 民主政治(mínzhǔ zhèngzhì)　민주정치

　形democratic 民主政治的(mínzhǔ zhèngzhì de)，民主的(mínzhǔ de)
　　민주주의의, 민주적인

demon 魔鬼(mó guǐ)，邪灵(xié líng)，恶神(è shén)，鬼神(guǐ shén)　악마, 마귀, 귀신

　形demoniac：
　　(1)邪恶的(xié è de)，魔鬼的(mó guǐ de)　사악한, 마귀의
　　(2)似魔鬼的(sì mó guǐ de)，凶暴的(xiōngbào de)，疯狂的(fēngkuáng de)
　　　마귀 같은, 흉악한, 광포한
　　(3)狂暴者(kuángbào zhě)　폭도

　形demonic (1)有魔力的(yǒu mó lì de)，著魔的(zhù mó de)；神通广大的(shéntōng guǎngdà de)
　　　마력의, 마법의, 신통방통한
　　(2)魔鬼的(mó guǐ de)，恶魔的(è mó de)
　　　악마의, 마귀의, 마성적(폴 틸리히)

　　demonic possesion 邪灵附身(xié líng fù shēn)，被鬼附身(bèi guǐ fù shēn)　귀신들림

demonism 鬼神崇拜(guǐ shénchóngbài)，魔鬼信仰(móguǐ xìnyǎng)，邪神教(xié shén jiào)
　　귀신숭배, 귀신신앙, 사교

demonolatry 鬼神崇拜(guǐ shénchóngbài)　사단숭배

demonology 鬼神论(guǐ shén lùn)，魔鬼学(mó guǐ xué)　귀신론, 마귀론

demonstrate 证明, 示范, 示威
증명하다, 논증하다, 설명하다, 시위하다
　　名demonstration 证明, 示威, (感情之)表现
증명, 시위, (감정의) 표현
demythologization (德 Entmythologisierung)
　　解神话化, (或译)去神话化, 非神话化　비신화화
denomination :
　　(1)宗派(教会), 小教派则称 sect　교파, 종파
　　(2)名称, 命名　명칭, 명명
　　形denominational 教派的, 宗派的　교파의, 종파의
　　辨denominationalism 教派主义, 教派至上主义
교파주의, 분파주의, 교파지상주의
deny 否定, 拒绝, 否认　부정하다, 거절하다, 부인하다
　　名denial 否定, 拒绝　부정, 거절
　　同refusal 拒绝　거절
　　同rejection 拒绝　거절
　　同repudiation
　　turn down(口语) 拒绝　거절하다
de novo(拉) 重新　새롭게
Deo favente (拉)赖主恩典, 神保佑　하나님의 돌보심
Deo gratias (拉)谢主鸿恩, 感谢 神
하나님의 은혜, 하나님의 은혜에 감사
Deo volente (D。V)依据神旨, 若神许可 ; 如神愿意

deontology

하나님의 뜻대로 ; 주께서 원하시면
　(= God willing)
deontology 义务论, 本份论, 责任伦理学
　　　　(철학)의무론, 본분론, 책임윤리학
　　(在伦理学上与目的论teleology相对)
department 部, 系　부, 부문, 과, 계열
　faculty 院, 教授团　교수진
dependency (1)依赖, 信赖, 依靠　의뢰, 신뢰
　　　(2)从属物, 附属物　종속물, 부속물
depersonalization 非人格化, 人性丧失；人格破产
　　　　　　비인격화, 인간성상실；인격파괴
depositum fidei 信仰遗产(提前6：20)　신앙유산
depravity 败坏, 罪恶　타락, 부패, 악행
　Total Depravity 完全堕落(加尔文)
　　　　　　완전타락, 전적부패
depress 降低, 抑制, 使忧郁, 使沮丧, 使衰落
　　　　기를 꺾다, 우울하게 하다, 침체되다
形depressed 忧郁的, 沮丧的　침체된, 우울한
名depression 压低, 降低, 沮丧, 意气消沉, 不景气
　　　　억압, 침하, 우울, 의기소침, 불경기, 불황
　spiritual depression 属灵的压低(低潮)　영적 침체
descend (1)降, 下降　내려가다, 아래로 내리다
　　　(2)传下, 遗传　전해지다, 계통을 잇다

(3)屈尊，降低身份 비천해지다, 신분을 낮추다
(4)由远而近，由大而小 감소(축소)하다, 옮기다
descent 降落，下降；血统，遗传；屈尊，降格
강하, 하락; 혈통, 가계, 출신; 비천, 굴욕
descent of Christ into hell 基督降在阴间(地狱)
그리스도의 음부(지옥)에 내려가심
descent of the Holy Spirit 圣灵降临 성령강림
desert 沙漠，旷野 사막, 광야
desert father 沙漠教父 사막교부
wilderness 旷野 광야
desiderium naturale(拉) 自然渴望 본능적 갈망
(多马亚奎那谓人类追寻认识 神而被造)
desire 名 愿望，心愿；要求，请求；欲望，情欲
욕구, 갈망; 희망, 요구; 욕망, 정욕
动 想要，希望；请求，恳求 희망하다, 요구하다
despair 名 失望，绝望；令人绝望的人(或事物)
실망, 낙망, 절망; 실망케 하는 사람(사물)
动 绝望，丧失信心 절망하다, 믿음을 상실하다
desperate 绝望的，拼死的，极端的 절망적, 필사적인
名desperation 绝望，拼命 절망, 자포자기, 필사적임
disappointed 失望的 실망한
desolation 神苦；孤寂，寂寞；凄凉

destine

슬픔, 비참, 원망, 고통, 처량함

destine 动 指定(zhǐ dìng)，预定(yùdìng)；命运注定(mìngyùn zhù dìng)

지정하다, 예정하다; 정해지다, 운명짓다

名destination：

(1)目的(mùdì)，目标(mù biāo)，用度(yòng dù)　목적, 목표, 용도

(2)目的地(dì)，终点(zhōngdiǎn)　목적지, 종점

名destiny (1)命运(mìngyùn)，天命(tiān mìng)，天数(tiānshù)　운명, 천명, 천수

(2)目标(mùbiāo)　목표

同predestination 预定(yùdìng)，预定论(yùdìng lùn)　예정, 예정론

同election 选召(xuǎnzhào)，拣选(jiǎn xuǎn)　선택하여 부르심; 선택

动elect 拣选(jiǎn xuǎn)　선택하다

destroy 毁坏(huǐhuài)，破坏(pòhuài)；消灭(xiāomiè)；杀戮(shālù)

파괴하다; 멸하다, 살륙하다

名destruction 破坏(pòhuài)，毁灭(huǐmiè)；被毁的原因或方法(bèi huǐ de yuányīn huò fāngfǎ)

파괴, 멸망; 훼파된 원인 혹은 방법

deterioration 恶化(è huà)，变质(biànzhì)，退化(tuì huà)；堕落(duò luò)，变坏(biànhuài)

악화, 변질, 퇴화; 타락, 나쁘게 변함

determine 决心(juéxīn)，使下决心(shǐ xià juéxīn)，作决定(zuò juédìng)，决断(juéduàn)；测定(cèdìng)

결심하다, 결정하다; 작정하다; 결단하다, 측정하다

名determination 决心(juéxīn)，决意(juéyì)，决定(juédìng)；测定(cèdìng)

결심, 결의, 결정; 측정

名determinism：

(1)决定论(juédìng lùn)　결정론

(认为人的意志决心为是被一群行为动机，以及有(rèn wéi rén de yìzhì juéxīn wéi shì bèi yīqún xíng wéi dòngjī, yǐ jí yǒu)

意识或无意识的瞬息心理状况所决定的学说）

(2)预定论，宿命论，定数论　예정론, 숙명론

deus absonditus(拉) 隐藏的上帝　숨어계신 하나님

（路德 Luther：不信看不出那被钉者身上有上帝，而见上帝的愤怒；信却认识看到其中有上帝之爱）

deus incognitus(拉) 未识之上帝　알 수 없는 하나님

（指普通人未能真正认识上帝）

deus revelatus(拉) 성경에 자신을 이미 계시하신 하나님 已启示的神（指在圣经中启示自己的上帝）

Deuteronomy 申命记　신명기

Deuteronomic History 申命记学派历史　신명기 역사

Deutero-Isaiah 第二以赛亚　제2이사야(사 40-55)

Trito-Isaiah 第三以赛亚　제3이사야(사 56-66)

deva(印) 天神（为印度教中神之普通名称）
　　　　　천신(힌두교 신의 일반명칭)

devas(或devachan) (佛)诸天　(불교)제천

develop 发展，进步　발전하다, 개발하다, 발달하다

　名development 发展，进步　발전, 개발, 발달

　同progress 进步（有成功之意）　진보

devil 魔鬼　악마, 사탄, 마귀

　the Devil 撒但，恶魔　사단, 악마

devote

　　同 Satan 撒但　사단
　　同evil 名 邪恶　악, 마귀
　　　　　形 邪恶的, 罪恶的　악령의, 죄악의
　　　　the Evil One 撒但, 魔鬼　사단, 마귀, 귀신
　　　　possessed by the devil 被魔鬼附身　귀신들린
devote 奉献, 献身　헌신하다, 쏟다, 바치다.
　　　名devotion 专心, 虔敬, 崇拜　전심, 경건, 예배
　　　devotions 祈祷, 敬拜, 礼拜　기도, 예배
　　　morning devotions 晨祷；早晨灵修　새벽기도
dharma(或dhamma)（梵）达摩　달마
　　　（意即法, 义, 或本分, 实行之即可得救）
dharma bhanaka(佛) 说法师(法师)　법사
dharma sutra(佛) 法经　법경
dhamatu(佛) 法性(即真如)　법성
dhyana (chan)(佛) 禅定　참선; 선
　　　（梵语三昧之意, 即一心审考为禅, 息虑凝心为定）
diagnose 动 诊断(疾病), 断定...原因　진단하다, 분석하다
　　　名diagnosis 诊断, 细心研究, 查究真象
　　　　　　　　진단, 정밀조사, 연구진상
diakonia(希) 职, 服务, 执事职
　　　　　　　봉사, 섬김, 직분, 직무, 집사직
dialectic(al) (1)辩证的, 辩证法的(=dialectric)

변증하는, 변증법적
(2)方言的（=dialectal） 방언의
dialectics 逻辑, 辩证法　변증법
dialectical materialism 辩证法唯物论
변증법적 유물론
dialectical theology 辩证神学　변증신학
（或称危机神学 crisis theology, 称呼新正统派
Neo-orthodoxy 的神学）
혹은 위기신학, 신정통주의신학이라 불림
dialogue 对话　대화
inter-faith dialogue 教派间对话
（신앙고백에 기초한） 교회간의 대화
inter-religious dialogue 宗教间对话
종교간의 대화
dianthropy 仁　인
（人与人间的相亲经验）
Diaspora(希) 分散之犹太人, 被掳; 离散的信徒
흩어진 유대인, 포로; 흩어진 성도
同the Dispersion 被掳　포로
同the Exile 被掳　포로
形exilic 被掳的　포로의, 포로기의
同dispersed 分散的　흩어진
diatessaron 四福音合参(合编) 디아테사론

dichotomy

(把四福音排列为单一叙述文)

dichotomy 二分，二分法　양분, 이분법(영혼/육)

dicta improbantia(拉) 反面理由；反面的说法
　　　　　　　　　　　부정화법

dicta probantia(拉) 正面理由；正面的说法
　　　　　　　　　　긍정화법

dictate：

　　(1)口授令人笔录　구술하다, 받아쓰게 하다

　　(2)指定，命令　지정하다, 명령하다

　名dictation 命令，口授令人笔录；听写
　　　　　　　명령, 구술; 받아쓰기

　名dictator (1)口授令人笔录者　받아쓰는 사람

　　　　　(2)独裁者　독재자

Didache 十二使徒遗训　디다케; 12사도의 교훈서
(公元50-70年间一本书名，有关信仰与礼仪的文集)

didactic 教导的，教诲的，教训的
　　교훈의, 교육상의, 훈육의

　didactics 教授法　교수법

didascalia apostolorum(拉) 使徒遗范　사도적 유전
　(= teaching of the twelve Apostles：第三世纪记述
　　　教会组织，礼仪，纪律等的一本书)

differ 相异，不同，意见不合
　　상이하다, 다르다, 의견이 다르다

名difference (1)相异，不同(指两间毫无相似)
　　　　　　상이, 다름, 차이
　　　　(2)意见冲突　의견충돌
　　　　(3)差额，差量，差异　차, 차액, 차이
辨differentiate 使有区别，分区，辨别
　　　　　　구별하다, 차별하다, 구분하다
名differentiation 差别，区别　차별, 구별, 식별
dignify 使尊严，使尊荣
　　　　~에 위엄을 갖추다, 고상하게 하다
名dignity :
　　(1)尊严，高贵，威严　존엄, 존귀, 위엄
　　(2)尊位，高位，品位　고위, 품위
　　(3)高尚的品位，可敬的品格
　　　　고상한 품위, 존경스런 품격
dilemma (1)(逻)二难(nàn)推理，两刀论法　양도논법
　　　　(2)进退两难，困境，窘境，困难的选择
　　　　　　진퇴양난, 곤경, 궁지, 곤란한 선택
dimension 层面，幅度，次元　층면, 차원(次元)
　　同aspect 局面，方向，层面　국면, 방면, 층면
　　同perspective (展望的)方向，层面　관점, 시각, 방향
Ding an sich(德)　物自身(康德：物之真象)
　　　　　　물자체 (칸트)
Dippers 浸者(Dunkers之别称)　침례교도

discern

discern 辨別，辩识 분별하다, 분간하다
 名discernment 辨別，分別，分辨，识別
     판별, 분별, 분간, 식별
 discerning spirits 辨別诸灵 영분별
 同discernment of spirits
disciple 门徒，信徒，弟子，徒弟 제자, 성도, 문하생
 making disciple 令人作门徒，门徒训练
     제자 삼기, 제자훈련
 discipleship 门徒职分，门徒训练
     제자도, 제자신분, 제자훈련
discipline：
 (1)训练，操练 교육, 훈련
 (2)纪律，惩罚 기율, 처벌, 징벌
 (3)学科 학과
 disciplinary 训练的，纪律的，学科的
     훈련의, 기율 있는, 학과의
 inter-disciplinary integration 학문간의 통합
  学科之间统合：科际统合
 disciplina arcani（拉）秘密教训 비밀교훈전수
 （初代教会有关圣礼及三位一体之教义，要留待洗礼，加入教会後传授）
disclaim 否认，放弃 부인, 포기, 기권
discretion (1)辨別力，判断力 분별력, 판단력, 자각

(2)謹慎, 慎重　근신, 신중
discrimination 歧视, 辨别, 差别待遇
　　　　　　무시, 차별, 구별, 차별대우
disembody (1)使(灵魂, 精神等)脱离肉身, 使脱离现实
　　　　　　(영혼을) 육체에서 분리시키다
(2)临时解散　임시해산하다
名disembodiment 使灵魂脱离肉身, 临时解散
　　　　　　육체로부터의 이탈, 임시해산
dispense 分配, 施行, 宽免
　　　　　　분배하다, 분산하다, 시행하다, 면제하다
名dispensation :
(1)宽免, 特赦　면제, 사면
(2)分配(时代), 分与　시대구분, 분여
(3)管理, 处理, 安排, 统治
　　　　　　관리, 처리, 배려, 통치, 하나님의 섭리
Dispensation 时代(如恩典时代)　시대, 세대
dispensationalism 时代主义　세대주의
(目前美国Dallas Seminary为此种神学主张的大本营)
　　　　　　미국 달라스신학교를 중심으로 주장하는 신학사상
disponibility 可遣性, 随时待命　가견성, 항시대기
disputation 争论, 论证(正式辩论)　논쟁, 쟁론, 토론
dissent 动 (1)不同意, 异议, 抗议
　　　　　　의견을 달리하다, 이의를 제기하다

(2)反对国教(fǎnduì guó jiào) 국교에 반대하다,
(국교회의) 교의를 따르지 않다
名 (1)不同意(bù tóngyì), 异议(yìyì) 불찬성, 의의, 의견차이
(2)(英)不信奉国教(bù xìn fèng guó jiào) 국교반대

dissenter 异议者(yìyì zhě), 不同意者(bù tóngyì zhě), 反对者(fǎnduì zhě) 이의자, 반대자
Dissenter 非国教派者(fēi guó jiào pài zhě); 反对英国国教的人(fǎnduì yīngguó guó jiào de rén)
비국교도, 분리주의자

dissident (1)不相合的(bù xiāng hé de), 倡异议的(cāng yìyì de) 의견이 다른
(2)脱离国教会者(tuōlí guó jiào huì zhě); 不属教会者(bù shǔ jiào huì zhě) 독립교회,
국교회를 반대하여 이탈한 신도들

dissertation (博士)学位论文(bó shì xuéwèi lùn wén) (박사)학위논문
thesis 论文(通称)(lùn wén tōngchēng) 논문(일반적)
article 小论文(xiǎo lùn wén), 短篇论文(duǎnpiān lùn wén)(如报纸(rú bàozhǐ), 杂志等之(zázhì děng zhī))
소논문, 단편기고논문
term paper 报告(bàogào) 과제보고서, 학기 연구 소논문

dissolution (1)解散(jiě sǎn), 分裂(fēn liè) 해산, 분열
(2)解除(jiěchú), 废除(fèichú) 해제, 폐기
(3)解约(jiě yuē) 해약

distinguish 区别(qū bié), 辨别(biànbié)+from 구별하다, 분별하다
形distinct 不同的(bùtóng de), 显著的(xiǎnzhù de) 별개의, 독특한, 상이한
名distinction：
(1)区别(qū bié), 差别(chābié) 구별, 차별

(2)差别点，特点(表示其差异) 소격화, 차별점, 특징
diverse 形 不同的，各式各样的 다양한, 여러 모양의
 名diversity 多样性 다양성
 同pluralism 多元性 다원성
divine 形 (1)神的，神圣的，上帝的
  하나님의, 신성한, 거룩한, 하나님께 바친
  (2)神赐的，天赐的 신이 부여한, 하늘이 내린
  (3)神妙的，非凡的 신묘한, 비범한
 动 预言，占卜 예언하다, 점치다
 名divination 预言，占卜 예언, 점, 점술
 名divinity (1)神，上帝 하나님, 신
  (2)神性 신성
  (3)神力，神威 신의 능력, 신의 위엄
  (4)神学 신학
 the Divinity 上帝 하나님
 M。Div 道学硕士 목회학석사
 (= Master of Divinity)
 divinity school 神学院 신학교, 신학대학원
 同 seminary
 名divinization 神化，圣化，神圣化 신격화, 신성화
divorce 名动 离婚 이혼(하다)
Docetism 幻影说，假现说 환영설, 가현설

docility 受教, 順從 가르치기 쉬움, 순종함
   docility to the Spirit 順從圣灵 성령에의 순복
docta ignorantia(拉) 지식인의 무지, 학식자의 무지
   知者的不知；有学识的无知；博学的无知
   (奥古斯丁：一切属人的知识俱不足以认识神)
   (어거스틴: 모든 사람의 지식은 하나님을 아는데 있어서는 부족하다)
documentary hypothesis 底本说, 张本说 문서설
doctrine 教义, 教理 교의, 교리
   形 doctrinal 教义的, 教理的 교의적, 교리의
   doctrinal norm 教理准则(规范) 교리준칙
dogma 教理, 教义, 信条 교리, 교의 신조
   dogma generale(拉) 普通教义(基本真理)
   보편교의(= general dogma)
   dogma purum(拉) 纯粹教义 순수교의
   (= pure dogma)
   形 dogmatic 教理的, 教义的 교의적인, 교리적인
   dogmatics 教义学 교의학, 조직신학
   dogmatism 独断(教条)主义 독단주의, 교조주의
   central dogma 中心教义(信条) 중심교의(신조)
domestic 形 国内的, 家庭的 국내의, 가정의
dominate 支配, 统治, 宰制 통치하다, 다스리다

名domination 支配(zhīpèi)，统治(tǒngzhì)　지배, 권세, 우월

形dominant 优势的(yōushì de)，主导的(zhǔdǎo de)　지배적인, 주도적

形predominant 优越的(yōuyuè de)，显著的(xiǎnzhù de)　우월한, 현저한

dominion 主权(zhǔquán)，统治权(tǒngzhì quán)　주권, 통치권

同reign 名动 主权(zhǔquán)，统治(tǒngzhì)　주권, 통치권; 다스리다

Dominican Order 多明尼加修会(duō míng ní jiā xiū huì)，道明修会(dào míng xiū huì)
　도미니칸 수도회

Donatism 道纳图主义(4世纪)(dào nà tú zhǔyì shì jì)　도나투스주의

Dort council 多特会议(duō tè huìyì)(荷 Dordrecht)　도르트회의
(改革宗於1617-1618在荷兰多特开会(gǎigé zōng wú zài hé lán duō tè kāihuì)；调解加尔文派(diào jiě jiā ěr wén pài)
与亚米纽斯派之争(yú yà mǐ niǔ sī pài zhī zhēng)；结果加尔文派在荷兰占首位(jié guǒ jiā ěr wén pài zài hé lán zhānshǒu wèi))
1617-1618년 종교개혁 당시 화란에서 열린 회의;
칼빈파와 아르미니우스파의 논쟁, 결과적으로
칼빈파의 화란에서의 우위확보.

doxology 颂荣(sòngróng)，三一颂(sān yī sòng)　송영, 찬가

Douai(或Douay)(天) Bible 杜爱译本(dù ài yìběn)　두아이역본
(1568年在法国杜爱大学所预备的拉丁圣经的英译本(nián zài fǎ guó dù ài dàxué suǒ yùbèi de lā dīngshèngjīng de yīng yì běn)，新(xīn)
约翻译在莱姆斯完成(yuē fānyì zài lái mǔ sī wánchéng)。　全部圣经在十八世纪为查罗拿(quánbù shèngjīng zài shí bā shì jì wéi chá luó ná)
主教修定以后(zhǔ jiào xiū dìng yǐhòu)，变成所谓(biànchéng suǒ wèi)「宗教混合主义(zōng jiào hùn hé zhǔ yì)Syncretism」
的嚆矢(de hāo shǐ)。)

dualism (哲学(zhéxué)，神学(shén xué))二元论(èr yuán lùn)　이원론

形dualistic 二元论的(èr yuán lùn de)　이원론적인

duality 二元性(èr yuánxìng), 二重性(èr chóngxìng), 双重性(shuāngchóngxìng) 이원성, 이중성, 양면성

duplicate 形 完全相同的(wánquánxiāngtóng de), 双重的(shuāngchóng de)
　　　이중의, 중복의, 똑같은
　　　动 制复本(zhì fù běn), 加倍(jiābèi), 使再发生(shǐ zài fāshēng)
　　　복사하다, 복제하다, 재생하다
　　　名 duplication (1)加倍(jiābèi), 重复(chóngfù)　중복, 이중
　　　(2)复制(fù zhì), 复写(fùxiě), 副本(fùběn)
　　　복제, 복사, 복사물

duty 本分(běn fēn), 义务(yìwù), 责任(zé rèn), 要求(yào qiú), 尊敬(zūn jìng); 职务(zhí wù), 任务(rèn wù)
　　본분, 의무, 책임, 요구, 존경 (pl.) 임무, 직무

dynamic 形 动态的(dòngtài de), 动力的(dònglì de)　역동적, 능동적
　　反 static 静态的(jìng tài de)　정적인

dynasty 朝代(cháo dài)　왕조

dyophysitism(希 dyo′physitismus)
　　基督两性论(jī dū liǎngxìng lùn)：基督有人性与神性(jī dū yǒu rénxìng yú shénxìng)(451-533年(nián))
　　그리스도의 양성(两性)론：그리스도의 한 인격 안에 인성과 신성이 공존함.

dyotheletism(希dyo′theletismus) 基督两志说(jī dū liǎng zhì shuō)(680年(nián))
　　基督有两个意志(jī dū yǒu liǎng gě yìzhì), 即人志与神志(jí rén zhì yú shén zhì), 与二性相当(yú èr xìngxiāngdāng)。
　　그리스도의 양의(两意)론：그리스도의 2가지 의지
　　즉, 사람의 의지와 하나님의 의지가 공존.
　　(그리스도 안에서 신적 의지와 인간적 의지가 완벽한 조화를 이룬다는 표현)

E

early church 初代教会，早期教会　초대교회

Easter 复活节　부활절

eastern churches 东方教会　동방교회
（最初指东罗马帝国的教会，今指任何采用东方礼，而与罗马礼不同的基督徒团体）

Eastern Orthodox Church 东正教会，东正教(希腊正教)
(= Orthodox Church)　동방정교회, 희랍정교회

Eastertide 复活节期，复活节季　부활절기

Ebionites 伊便尼派　에비온주의자들

ecclesia(拉希)　교회
　(1)教会，集会，会众；团体　교회, 집회, 회중, 단체
　(2)教堂，礼拜堂　예배당, 교회당

ecclesia discenns(拉) 学习的教会(指一般信徒)
　(= learning church) 학습하는 교회(일반 성도)

ecclesia docens(拉) 教导的教会(指传道人)
　(= teaching church) 가르치는 교회(교역자)

ecclesia late dicta(拉) 广义的教会(包括一切受洗者)
　광의적 교회(모든 세례자포함)

ecclesia militans(拉)　전투하는 교회
征战的教会(指教会在世界要为福音的缘故征战)

英中韓 宗教字典 111

ecclesia patiens(拉) 受苦的教会 고난받는 교회
ecclesia stricte dicta(拉) 狭义的教会(指蒙拣选者)
협의적 교회(선택받은 자)
ecclesia triumphans(拉)
得胜的教会(教会将来靠主得胜)
승리하는 교회(주를 의지하여 승리하는 교회)
ecclesia visibilis(拉) 有形的教会
유형교회, 가견적 교회
ecclesia invisibilis(拉) 无形的教会
무형교회, 불가견적 교회
形ecclesiastic：
(1)教士，牧师，传教师 교사, 목사, 선교사
(2)教会的，牧师的，圣职人员的
교회의, 목사의, 성직자의
ecclesiastic doctrine(拉) 教义, 教理；教会训诲
교회교의, 교리；교회가르침
形ecclesiastical 形 教会的(组织，权力等)，牧师的
교회(조직, 권력)에 관한, 목사의, 성직의
ecclesiastical censure 教会惩戒 교회권징
ecclesiastical disciple 教会纪律 교회규율
ecclesiasticism 教会形式主义 교회형식주의
(指教会过分关心行政，礼仪，自己内的活动及
利益，而忽略宣传基督而言)
Ecclesiastes 传道书 전도서

ecclesiology 教会论, 教会学 (jiào huì lùn, jiào huì xué)　교회론, 교회학

eclectic (1)选择的 (xuǎn zé de)　(취사)선택한, 절충하는
(自不同材料加以挑选) (zì bùtóng cáiliào jiā yǐ tiāoxuǎn)

(2)选编的 (xuǎnbiān de)　선별편집된
(由选自不同来源之材料做成) (yóu xuǎn zì bùtóng láiyuán zhī cáiliào zuòchéng)

eclecticism 折衷论 (zhé zhōng lùn); 折衷主义 (zhé zhōng zhǔyì)　절충론; 절충주의

economy (of salvation)
拯救计划, 救赎计划(或译成：自启程序) (zhěngjiù jìhuá, jiùshú jìhuá huò yìchéng: zì qǐ chéngxù)
구원의 계획, 경륜: 자아계시의 과정

ecology 生态 (shēngtài), 生态论 (shēngtài lùn)　생태학

形ecological 生态的 (shēngtài de), 生态论的 (shēngtài lùn de)　생태학적인

ecosystem 生态系统 (shēngtài xìtǒng)　생태계
(大自然元素间的循环系统。也是人文节因素，如 (dà zìrán yuánsù jiān de xúnhuán xìtǒng. yěshì rén wén jié yīn sù, rú)
生活程度，技术水准，社会组织互相关连的循环 (shēnghuó chéngdù, jìshù shuǐzhǔn, shèhuì zǔzhī hùxiāng guānlián de xúnhuán)
系统。) (xìtǒng)

ecstasy 魂游象外 (hún yóu xiàng wài); 忘我 (wáng wǒ), 狂喜 (kuáng xǐ)　무아지경, 황홀경, 광희

形ecstatic 魂游象外的 (hún yóu xiàng wài de), 狂喜的 (kuáng xǐ de)　무아경의, 황홀경의

ecumenical 大公的 (dà gōng de), 普世的 (pǔ shì de), 普遍的 (pǔbiàn de); 普世性的 (pǔ shì xìng de),
普世教会的 (pǔ shì jiàohuì de), 全基督教会的 (quán jī dū jiàohuì de)
공교회적, 보편적, 우주적, 초교파적; 전기독교회의

ecumenical council 大公会议 (dà gōng huìyì)　공의회

ecumenical creeds 大公信经 (dà gōng xìn jīng)　공교회신조

Eden

(指由整个教会所接纳的信经,如使徒信经,阿他那修信经,与奈西亚信经等)

ecumenical movement 普世教联运动;合一运动 초교파연합운동(에큐메니칼 운동), 세계교회주의

(以天主教及新教的 WCC为中心推动的运动,强调神学的合一,消除基督徒间的分裂,却1980代以后推动宗教间对话,放弃基督信仰的绝对性,图谋宗教间的合一。)

名ecumenism 教会联合,合一主义; 宗教联合运动 교회연합운동, 초교파주의; 종교연합운동

(有关合一主义的神学研究)

Eden 伊甸园,乐园 에덴동산

edict 谕旨,诏书 칙령, 훈령, 포고

edification 造就,培灵,薰陶 건덕, 교화, 개발, 선도

动edify 教导,训诲,陶冶 교화하다, 덕을 쌓다

education 教育 교육

teaching 教导(内容),教学 가르침, 수업내용

edit 编辑,校订,剪辑 편집하다, 수정하다

名edition 版,版本,版次 판본, 판, 간행

revised edition 修定本 수정본, 개정본

辩editor 编辑,编者,校订者 편집, 편집자, 주간, 수정자

paperback 平装(píngzhuāng) 반양장

hardcover 静装(jìngzhuāng) 양장
同hardback

effect 名 效果(xiàoguǒ), 效力(xiàolì), 印象(yìnxiàng) 효과, 효력, 결과, 영향
动 产生(chǎnshēng), 招致(zhāozhì), 实现(shíxiàn), 达到(dádào)
결과를 낳다, 초래하다, 목표에 이르다

形effective 有效的(yǒu xiào de), 生效的(shēngxiào de); 印象深刻的(yìnxiàng shēnkè de)
유효한, 효과적인, 인상적인
(形容事或物(xíngróng shì huò wù), 并注重于(bìng zhù zhòng yú)「产生一期待之效果(chǎnshēng yī qī dài zhī xiàoguǒ)」)

形effectual 有效的(yǒu xiào de), 收效的(shōuxiào de)
효과적, 효험있는, 실효있는, 유력한
(形容事或物(xíngróng shì huò wù), 并注重于(bìng zhù zhòng yú)「已经产生或能够产生(yǐjīng chǎnshēng huò nénggòuchǎnshēng)
预期之结果(yù qī zhī jié guǒ)」)

effectual calling 有效恩召(yǒu xiào ēn zhào) 효과적 부르심
(神学名词(shén xué míngcí), 指一个人被圣灵引导而真正悔改(zhǐ yīgè rén bèi shèng líng yǐndǎo ér zhēnzhèng huǐgǎi),
相信与得救(xiāngxìn yú déjiù))

形efficient 有效率的(yǒu xiàolǜ de), 最经济的(zuì jīngjì de); 能胜任的(néngshèngrén de)
능률적, 효율적, 경제적; 실력있는
(常用以指人(chángyòng yǐ zhǐ rén), 注重于(zhù zhòng yú)「能产生预期之效果而不(néngchǎnshēng yù qī zhī xiàoguǒ ér bù)
浪费时间(làng fèi shíjiān), 精力等(jīnglì děng)」)

efficacy 效力(xiàolì), 效能(xiàonéng), 功能(gōngnéng) 효력, 효과, 기능

形efficacious 有效的(yǒu xiào de), 有功效的(yǒu gōngxiào de) 유효한, 효험있는

efficacious grace 有效之恩 효과적 은혜
(指 神有能力使人甘愿答应基督福音而接受救恩)

egalitarianism 平等主义 평등주의

同 equalitarianism

(认为所有人都应当有平等的政治，社会与经济权利之态度)

ego (1)我，自我 나, 자아

(2)自大，自私 자만, 이기, 자기중심

形 egoistic 利己主义的，自我中心的；自私自利的

이기적, 제멋대로의; 사리사욕의

名 egoism 利己主义，自我主义 이기심, 이기주의

辨 egocentric 形 利己主义的，自我中心的

이기주의적, 자기중심적, 자아중심적

名 自我中心之人 자기중심주의자

eisegesis(希) 私意解经；私译解释，经意我见

자의적 해석; 성경의 상황적 해석

(原有带入，介绍之意，指在解释圣经时，非按经文之原意，乃把自己的见解读进经文里去，凭一己所好解经。真正的解经是把各经中的意思解释出来)

反 exegesis 解经；释意 석의, 주석

ekklesia(希) 聚会，特别的一群: 教会

집회, 특별한 모임(그룹): 교회

同 ecclesia

elaborate 动 用心作成(yòngxīn zuò chéng) 정성들여 만들다, 상세하게 하다
　　　　　形 精巧的(jīngqiǎo de) 정교한
　　名elaboration 苦心经营的成果(kǔxīn jīngyíng de chéngguǒ) ; 精密(jīngmì)
　　　　　정밀히 만듦, 정성들임, 정교; 역작(고심의 작품)
elder 长老(zhǎnglǎo) 장로
　同presbyter
elect 选召(xuǎnzhào), 拣选(jiǎn xuǎn) 선거하다, 뽑다, 택하다
　　名election 拣选(jiǎn xuǎn) ; 选举(xuǎnjǔ) 선택; 선거
element 元素(yuánsù), 要素(yào sù) 원소, 요소, 성찬물(빵과 포도주)
　　形elemental 元素的(yuánsù de), 要素的(yào sù de) ; 成分的(chéngfèn de)
　　　　　요소의, 성분의, 기본적인, 자연현상의
　　形elementary 基础的(jīchǔ de), 初步的(chūbù de) ; 未成熟的(wèi chéngshóu de)
　　　　　기초적, 초보의; 미성숙한
elevation (1)提升(tí shēng), 提高(思想)(tí gāo sī xiǎng) 발전, 높임, 발전, 향상
　　　　(2)高升(gāo shēng), 上升(shàngshēng) 승고, 상승
　　　　(3)崇高(chónggāo), 高尚(gāoshàng) 숭고함, 고상함
　　动elevate 抬起(tái qǐ), 提升(tí shēng), 使升高(shǐ shēnggāo), 高尚(gāoshàng)
　　　　　올리다, 높이다, 승진시키다, 고무하다
　　形elevated 提升的(tí shēng de), 升高的(shēnggāo de), 严肃的(yánsù de), 欢欣的(huānxīn de)
　　　　　높여진, 높은, 고상한, 의기왕성한
eligible 形 合格的(hé gé de), 符合被推选的条件的(fú hé bèi tuīxuǎn de tiáojiàn de), 适宜的(shìyí de)
　　　　　합격한, 뽑힐 자격이 있는, 적임의, 바람직한
　　　名 合格者(hé gé zhě) 합격자, 적격자
eliminate (1)除去(chúqù), 消灭(xiāomiè), 淘汰(táotài)

elite

제거하다, 소멸하다, 탈락시키다, 도태하다
(2)忽略, 不予考虑　소홀하다, 고려하지 않다

elite　精英, 精华, 杰出的人物　엘리트, 영재

emanation　流露; 流出, 发射　유출; 나옴, 발출, 발산

emanationism　流露说; 流出说　유출설

(主张如诺斯底派个人灵魂是从　神的本体中流出来的。此说否认　神与人的位格)

emancipate　解放, 解除　해방하다, 자유케하다

名emancipation　解放, 解脱; 解除, 脱离　해방, 석방

embody　体现, 使具体化, 包含

　　구체적으로 나타내다, 구체화하다, 포함하다

名embodiment　具体化(表现), 赋与形体; 化身

　　구체화, 형체를 부여함; 화신

emerge　动 浮现, 出现　등장하다, 나타나다, 출현하다

名emergence (1)现出, 露出　등장, 나타남, 출현, 발생

　　(2)外部突出物　외부돌출물

形emergent (1)现出的, 露出的　유출된, 출현한

　　(2)紧急的, 以外的　긴급한, 뜻밖의

　　(3)自然发生的, 为必然之後果而发生的

　　자연발생적, 필연적 결과로 발생한

辨emergency　紧急情况(或事件), 突然事件

　　응급상황, 위급상황, 돌발사건

emeritus　名誉退休的　명예퇴직한

professor emeritus 名誉退休教授 (míngyù tuìxiū jiào shòu) 명예교수

missionary emeritus 名誉退休宣教师 (míngyù tuìxiū xuān jiào shī) 은퇴선교사

eminence 高位, 卓越, 显耀 (gāowèi, zhuōyuè, xiǎn yào) (직위의)높음, 탁월, 고명

形 eminent 卓越的, 显耀的 (zhuōyuè de, xiǎn yào de) 탁월한, 유명한

同 prominent 著名的, 主要的, 显著的, 突出的 (zhùmíng de, zhǔ yào de, xiǎnzhù de, tūchū de) 저명한, 주요한, 현저한, 두드러진

Emmanuel(来) 以马内利 (yǐ mǎ nèi lì) 임마누엘

(即意上帝与我们同在) (jí yì shàng dì yú wǒmen tóng zài) 하나님이 우리와 함께 계시다

emotion 情感, 情绪 (qínggǎn, qíngxù) 감정, 정서

形 emotional 情感的, 情绪的 (qínggǎn de, qíngxù de) 감정적인, 정서의

emphasize 强调, 唤起注意, 使显得突出 (jiàngdiào, huànqǐ zhùyì, shǐ xiǎn dé tūchū) 역설하다, 강조하다, 중시하다

名 emphasis 强调, 重要 (jiàngdiào, zhòng yào) 강조, 중요시, 역설

形 emphatic 有力的; 引人注意的 (yǒu lì de; yǐn rén zhùyì de) 강조된, 단호한

empirical 经验的, 凭经验的, 凭实验的 (jīngyàn de, píng jīngyàn de, píng shíyàn de) 경험의, 경험에 의한, 실험에 의한

empirical theology 经验神学 (jīngyàn shén xué) 경험신학

名 empiricism 经验主义 (jīngyàn zhǔyì) 경험주의

(哲学上与理性主义 rationalism 或观念论 (zhéxué shàng yú lǐxìng zhǔyì ... huò guānniàn lùn)

idealism 相对) (xiāngduì)

(철학) 이성주의 또는 관념론과 상반되는 사상

encyclopedists 百科全书派 (bǎi kē quán shū pài) 백과사전학파

end

end 名 (1)目的(mùdì), 目标(mùbiāo), 宗旨(zōngzhǐ) 목적, 목표, 요지
(2)末日(mò rì), 终局(zhōngjú), 死亡(sǐwáng) 끝날, 죽음
(3)终结(zhōng jié), 完结(wán jié), 完成(wánchéng) 결과, 완성, 종결
名ending 结局(jié jú), 字尾(zì wěi) 결국, 어미
同destination 目的(mùdì), 目的地(dì) 목적, 목적지
the end of the world 世界末日(shì jiè mò rì) 세상끝날, 종말

endogamy 同族通婚(tóng zú tōnghūn), 同教通婚(tóng jiào tōnghūn) 동족통혼, 동교통혼

endowment (1)天赋(tiānfù), 资质(zī zhì), 恩宠(ēnchǒng), 才能(cáinéng)
　　　　　　(천부적인) 재능, 자질, 기본
　　　　　(2)捐助(juānzhù), 捐赠(juānzèng) 기부, 연보, 구제
同talent (天生的)才能(tiānshēng de cáinéng) 재능
同gift 天赋(tiānfù), 恩赐(ēn cì) 은사, 자질

energy 精力(jīnglì), 能力(nénglì) 활기, 힘, 능력
　　形energetic 精力充沛的(jīnglì chōng pèi de) 힘이 넘치는, 원기왕성한

engagement :
(1)订婚(dìng hūn), 聘用(pìn yòng) 약혼, 고용, 사용기간
(2)义务(yìwù), 职务(zhíwù), 使徒工作(shǐ tú gōng zuò) 의무, 직무
(3)介入(jièrù), 从事(cóngshì) 개입, 종사
(4)约定(yuē dìng), 保证(bǎozhèng), 坚决的意向(jiānjué de yìxiàng) 계약, 약속, 보증

Enhypostasia(拉) 两性互通(liǎngxìng hù tōng) 양성상통

enigma 谜(mí), 难解的事或人(nánjiě de shì huò rén)
　　　　수수께끼, 이해할 수 없는 사람(사물)

同puzzle 难题, 谜　난제, 수수께끼
　　形enigmatic 谜的, 难解的；不可思议的
　　　　　　수수께끼같은, 불가해한, 풀기 어려운
enlightenment 启蒙, 光照, 启发
　　　　　　계몽, 계발(启发), 개발, 개화
　　the Enlightenment 启蒙运动　계몽운동
　(德 Aufklärung)
Enlil 恩里勒　엔릴
　　(即意风暴之神, 是苏默人万神之王, 其崇拜中心
　　在尼普尔(Nippur))
Ens Cognitans(拉) 思考存在；灵智存在
　　　　　　생각(사유)하는 존재
Ens realissimum(拉) 最真实之本体(上帝)
(= the most real being) 최고의 실존(하나님)
entertain：
　　(1)款待, 招待　대접하다, 환대하다
　　(2)使娱乐, 助兴　즐겁게하다, 흥을 돋구다
　　(3)怀抱, 考虑　생각하다, 마음에 품다, 고려하다
　　名entertainment 款待；娱乐, 技术表演
　　　　　　대접; 오락, 연예활동, 엔테테인먼트
enthrone 拥立为王, 使登极　왕위에 옹립하다, 등극하다
　　名enthronment 登极, 登基；使即王位
　　　　　　즉위식, 대관식

enthusiasm 热心(rèxīn), 狂热(kuángrè) 열심, 열정, 열의, 의욕
　　形enthusiastic 热心的(rèxīn de), 狂热的(kuángrè de) 열심의, 열광적인
entity 实存(shí cún), 实体(shí tǐ), 存在(cúnzài) 실체, 본체, 실재, 존재
entry 字典里的条目(zìdiǎn lǐ de tiáomù) 알파벳순의
environment：
　　(1)环境(周遭的物理环境)(huánjìng zhōu zāo de wùlǐ huánjìng) （물리적) 환경
　　　同surroundings 周遭环境(zhōu zāo huánjìng) 주위환경
　　　同circumstances 环境(huánjìng), 情况(qíngkuàng) 환경, 상황
　　(2) 围绕(wéirào), 环绕(huánrào), 包围(bāowéi) 둘레, 범위, 주위
　　形environmental 环境的(huánjìng de), 环绕的(huánrào de) 환경의, 둘러싸인
envy 名动 嫉妒(jídù), 羡慕(xiànmù)
　　　　부러워 함, 질투 ; 시기하다, 부러워하다.
　　形envious 羡慕的(xiànmù de), 嫉妒的(jídù de) 흠모하는, 질투하는
　　同jealous 嫉妒的(jídù de), 妒忌的(dù jì de) 질투의, 시기하는
　　名jealousy 嫉妒(jídù), 妒忌(dù jì) 질투, 시기
epicelesis(希) 呼求经文(hūqiú jīng wén) (하나님께 간구하는) 기도문
　　　　(向 神呼求之祷告文)(xiàng shén hūqiú zhī dǎo gào wén) ; 宣召(东正教会)(xuānzhào dōngzhèng jiào huì)
epiphany 显现(xiǎnxiàn), 出现(chūxiàn) 나타남, 출현, 현현
　　Epiphany 主显节(zhǔ xiǎn jié) 주현절
　　theophany 上帝显现(shàng dì xiǎnxiàn) 하나님의 현현(显现)
episcopal (1)监督的(jiāndū de), 主教统辖的(zhǔ jiào tǒngxiá de) 감독의, 주교제도의
　　　　(2)(E-)圣公会的(shènggōng huì de) 영국성공회의

Episcopal 圣公会的 (shènggōng huì de) 성공회의, 감독제의
episcopacy 主教制(职) (zhǔ jiào zhì zhí) 감독제도, 주교제도
Episcopalian 圣公会信徒 (shènggōng huì xìntú) 성공회신도
episcopate (1)主教团 (zhǔ jiào tuán) 감독단, 주교단
　　　　　(2)主教制 (zhǔ jiào zhì) 주교제: 감독의 지위, 임무
episkopos(希) 主教 (zhǔ jiào); 监督 (jiāndū) 감독, 주교
epistemology 认识论 (rènshí lùn) 인식론
(为哲学之一部分 (wéi zhéxué zhī yī bùfēn), 是探讨人类知识和信仰的性质 (shì tàntǎo rénlèi zhīshí hé xìnyǎng de xìngzhì), 范畴及实效。) (fànchóu jí shíxiào)
epistle 书信 (shūxìn), 书信经文 (shū xìn jīng wén) 서신, 사도서신
epoch 纪元 (jì yuán), 时代 (shídài) 신기원, (중요한 사건이 생긴) 시대
同era
　形epochal (1)纪元的 (jì yuán de), 时代的 (shídài de) 기원의, 시대의
　　　　　(2)开新纪元的 (kāi xīn jì yuán de), 划时代的 (huá shídài de) 획기적인
　　　　　　신기원을 여는, 한 시대의 획을 긋는
　辨epoch-making 开新纪元的 (kāi xīn jì yuán de), 划时代的 (huá shídài de)
　　　　　　신기원의, 획기적인, 중대한
equal 一样的 (yīyàng de), 公正的 (gōngzhèng de) 같은, 평등한, 동등한, 공정한
　名equality 平等 (píngděng), 相等 (xiāngděng) 평등, 동등
　名equity (1)公道 (gōngdào), 公平 (gōngpíng), 正当 (zhèngdàng) 공평, 공의, 정당
　　　　　(2)平衡法 (pínghéng fǎ) 평형법
　名equilibrium 平衡 (pínghéng), 均衡 (jūnhéng) 평형상태, 균형

同balance
形equivalent 相等的，相当的 동등한, 상당한
eristic：
(1)形 不和的，好争论的 불화의, 논쟁을 좋아하는
同argumentative 争论的；好辩论的
(2)争论者，辩论家；辩论术 쟁론가, 변론가; 웅변술
辨eristics：
(1)好辩派 호변파
(欧几里得 Euclid 及其门人所惯用之论证法，因好与人辩难而得此称呼。)
(2)辩证学(卜仁纳) 변증학(브루너)
Eros 情爱，性爱 (성적인) 사랑, 애정
形erotic 色情的 정욕적, 색욕의
辨eroticism 情欲，性爱的情绪 성욕자극, 에로티시즘
pornography 黄色书刊 음란잡지
erratum 勘误表，正误表 오류, 오자, 정오표
(书写或印刷中之错误)
eschatology 终末论；终末神学 종말론, 종말신학
(希)eschaton 终末，末世，终极 종말, 마지막
anticipated eschatology 预期终末论 예기된 종말론
(即将来临的终末论)
cosmic eschatology 宇宙的终末论 우주적 종말론

futuristic eschatology 未来的终末论
말세지말의 종말론
inaugurate eschatology 已经开始尚未完成的终末论
이미 시작된, 그러나 아직 완성되지 않은 종말론
(= already and not yet)
present eschatology 现在的终末论 현재적 종말론
(认为在现今之时刻中已有末世圆满因素的)
realized eschatology 实现的终末论 실현된 종말론
esoteric (1)形 奥秘的, 秘密的, 秘传的
오묘한, 신비한, 비전(秘传)의
(2)名 神秘论(教) 밀교
essay 文章, 论说文, 短论 에세이, 논설문, 단문
article 文章, 短篇论文 글, 기사
esse(拉) 存在 존재, 실제, 실체
同 being
essence 本质, 精髓, 本性 본질, 정수
(철학) 실재, 실체
形essential 基本的, 主要的 기본적, 본질적, 근본적
existence 存在 존재, 실존
哲学)与 essence 相对
Essenes 爱色尼派 엣세네파(유대 신비주의 일파)
(主前二世纪至主後二世纪犹太教团;实行严格的
共产, 严厉的苦行及圣洁生活。)

esssentia(拉) 本质(běnzhì), 本性(běnxìng) 본질, 본성
　同essence
establish 建立(jiànlì), 设立(shèlì) 설립하다, 수립하다
　　The established church 国家教会(guójiā jiàohuì); 既成教会(jìchéng jiàohuì)
　　　국가교회, 국교, (승인된) 교회 ; 기성교회
　名establishment :
　　(1)建立(jiànlì), 设立(shèlì), 制定(zhìdìng) 건립, 설립
　　(2)(既成权利的)(jìchéng quánlì de)制度(zhìdù), 组织(zǔzhī) 제도, 조직
　　(3)国教(guójiào) 국교승인
estimate 名动 评估(pínggū), 估计(gūjì), 预算(yùsuàn)
　　　판단(하다), 평가(하다), 예산(을 잡다)
　同evaluate 评价(píngjià) 평가하다
　　名evaluation 评价(píngjià), 评估(pínggū) 평가
estrangement (1)疏远(shūyuǎn), 隔离(gélí), 异化(yìhuà) 소원, 소외, 이간
　　　　　(2)罪(田立克)(zuì tiánlìkè) 죄(틸리히)
　同alienation 疏远(shūyuǎn), 让渡(ràngdù), 精神错乱(jīngshén cuòluàn) 소원, 정신착란
eternal 永远的(yǒngyuǎn de), 永恒的(yǒnghéng de) 영원한, 불변의
　同everlasting 永恒的(yǒnghéng de), 无穷的(wúqióng de) 영원무궁한
　　eternal life 永生(yǒngshēng) 영생
　名eternity 永远(yǒngyuǎn), 永恒(yǒnghéng) 영원, 영구, 무한, 불멸
　副forever 永远地(yǒngyuǎn dì) 영원히
ethics 伦理学(lúnlǐxué) 윤리학

同moral philosophy 道德哲学(dàodé zhéxué) 도덕철학
　　Christian ethics 基督教伦理学(jī dū jiào lúnlǐ xué) 기독교윤리학
ethnic(al) (1)人种的(rén zhǒng de), 种族的(zhǒngzú de) 인종의, 종족의
　　(2)人种学的(rén zhǒng xué de) 인종학적
　　同ethnological
　　(3)非犹太人亦非基督徒的(fēi yóutài rén yì fēi jī dū tú de)
　　(비유태인이나 비기독교인) 이방인의
ethnocentrism 民族优越感(mínzú yōuyuè gǎn) 민족우월감
ethnogeny (1)人种起源学(rén zhǒng qǐyuán xué) 인종기원학
　　(2)种族之起源(zhǒngzú zhī qǐyuán) 종족기원학
ethnography 人种志(rénzhǒng zhì), 民族志(mínzú zhì) 인종지, 민족지
　　形ethnographic(al) 民族志的(mínzú zhì de) 민족지학의
ethnology 人种学(rénzhǒng xué), 民族学(mínzú xué) 인종학, 민족학
ethnopsychology 人种心理学(rénzhǒng xīnlǐ xué) 인종심리학
ethos (1)气质(qìzhì), 性格(xìnggé) 기질, 성격
　　(2)民族精神(mínzú jīngshén), 社会思潮(shèhuì sī cháo), 风气(fēngqì)
　　민족정신, 사회사조, 기풍
辨ethology 人性学(rénxìng xué), 品性学(pǐn xìng xué); 道德异同学(dàodé yì tóng xué)
　　인성학, 품성학
etiology(aetiology) 原因学(yuányīn xué), 考原学(kǎoyuán xué); 病因学(bìng yīn xué)
　　원인학, 원인고찰학; 병인학
etymology 语源学(yǔ yuán xué), 字源学(zì yuán xué) 어원학
　　形etymological 语源学的(yǔ yuán xué de) 어원학적인

Eucharist 圣餐礼(shèng cān lǐ) 성찬, 성찬식
　　形eucharistic 圣餐的(shèng cān de) 성찬의
euthanasia 安乐死(ān lè sǐ) 안락사
evangelical 福音的(fúyīn de), 福音派的(fúyīn pài de) 복음의, 복음주의의
　　名evangel 福音(fúyīn), 指导原则(zhǐdǎo yuánzé) 복음, 지도원칙
　　同gospel 福音(fúyīn), 佳音(jiāyīn), 绝对真理(juéduì zhēnlǐ)
　　　　복음, 기쁜소식, 절대진리
　　the Gospel 福音(fúyīn)：耶稣基督(yē sū jī dū) 복음: 예수그리스도
　　形Evangelical 福音派的(fúyīn pài de) 복음주의의
　　　　(相对於(xiāngduì wú) Fundamentalist 基要派的开明保守派(jī yào pài de kāimíng bǎoshǒu pài))
　　辨evangelicalism 福音主义(fúyīn zhǔyì), 福音派(fúyīn pài) 복음주의
evangelism 传道(chuán dào), 传福音(chuán fúyīn), 福音传道(fúyīn chuán dào) 복음전도, 전도
　　辨evangelistic 传福音的(chuán fúyīn de), 传道的(chuán dào de), 布道的(bù dào de)
　　　　복음을 전하는, 전도자의, 전도하는
　　　　(不指派别(bù zhǐ pài bié), 勿与(wù yú)evangelical 混淆(húnxiáo))
　　evangelistic meeting 布道会(bù dào huì) 전도집회, 사경회
　　辨evangelist 传福音者(chuán fúyīn zhě), 旅行传道者(lǚ xíngchuán dào zhě)
　　　　복음전도자, 순회설교자, 사경회강사
evangelize 动 使皈依耶稣(shǐ guī yī yē sū), 宣传福音(xuānchuán fúyīn), 让人信耶稣(ràng rén xìn yē sū)
　　　　전도하다, 복음을 전하다, 예수를 믿게하다
　　名evangelization 传福音(chuán fúyīn), 使皈依耶稣基督(shǐ guī yī yē sū jī dū)；福音宣传(fúyīn xuānchuán)
　　　　복음전도, 복음화, 전도화

evidence (1)证据, 证词, 彰明较著, 显然真实
　　　　　증거, 증언, 명확한 사실
　　　(2)形迹, 痕迹, 迹象　상흔, 흔적
　　　(3)作证, 证明, 明示, 显示, 以证据支持
　　　　　증언, 증명, 명시, 현시
　evidences of Christianity　기독교의 증거(표지)들
　　基督教之证据, 基督教证验论：为人接受基督教义
　　确实有据而提出的理论。
　形evident 明显的, 显著的　명백한, 현저한
evil 恶的, 邪恶的　악한, 사악한
　　the Evil 撒但, 魔鬼　사단, 마귀
evolution 进化, 演化, 开发, 开展　진화, 진전, 발전
　　theory of evolution 进化论　진화(론)
　　creative evolutionism 创造性进化论
　　　　　창조론적(유신론적) 진화론
ex iure divino(拉) 由神律　하나님의 법을 따라
　(= by divine law)
ex nihilo nihil fit　무(无)에서는 무(无)가 나온다.
　无中不生有：欲以证明宇宙必有一位创造主)
　(= nothing comes out of nothing)
ex officio(拉) 依官职, 借职权上规定的, 当然的
　　　　　직책상, 직권으로, 당연히
ex opere operantis(拉) 赖当事人产生效果；主观效力
　　　　　당사자의 효력으로; 주관적 효력

ex opere operantis ecclesiae(拉)
由教会行动产生的效力
　　교회의 행위로 인한 효력으로
ex opere operato（拉）由本身产生效果：客观效力
　　　　　　　　　성례자체의 효력으로: 객관적 효력
（耶稣基督的救恩与圣礼标记内在联结为一，故圣礼本身即产生救恩效果）
ex Patre et Filio(拉) 由圣父及圣子所共发
　　　　　　　　　성부와 성자로부터
（= from the Father and the Son）
ex Patre per Filium(拉) 借圣子发于圣父
　　　　　　　　　성자를 통한 성부로부터
（= from the Father through the Son）
exalt 高举, 赞扬　높이다, 찬양하다, 칭찬하다
　　名exaltation 高举, 光荣, 高扬　높임, 찬양, 의기양양
　　　　exaltation of Christ 基督的高举, 基督的升高
　　　　　　　　　그리스도의 승귀
examination of conscience 省察　내면의 성찰
excerpt 名 选录, 摘录, 节录　발췌, 초록(抄录), 인용
　　　　动 摘, 选, 引用　발췌하다, 인용하다
　　anthology 选集　선집
exclude 排除, 除外　제외하다, 배제하다
　　名exclusion (1)拒绝, 出去　거절, 축출
　　　　　　(2)排除, 排外　제외, 배제, 배척

形exclusive 排他的，唯一的 배타적, 유일한
(使用性别歧视语言的)
反inclusive 包含的，概括的 포함하는, 개괄적인

exclusivist 宗教学上指主张「基督教是唯一的道路者」
(종교학) 그리스도는 유일한 길임을 주장하는 자
反inclusivist
宗教学上指主张「诸宗教是各有其道路者」
(종교학) 모든 종교는 각각 고유한 길이 있음을 주장하는 자

excommunication 禁圣餐; 开除教籍
성찬금지; 파문, 추방, 제명

execute 实行，执行，执行死刑
실행하다, 수행하다, 사형을 집행하다

名execution (1)实行，实施，完成 실행, 시행, 완성
(2)执行死刑，受刑 사형집행, 수감

exegesis(希) :
(1)释义，解经，注释 석의, 주해, 주석
(2)解经学, 释经学, 圣经注释学 주경학, 성경해석학
反eisegesis 私意解经 자의적 해석

形exegetic 释义的，解经的 석의의, 주석적인

exposition 释经, 注解 강해, 주해

interpretation 解释，诠释 해석

exempt 动 使免除(责任，义务等) 면제하다

形 被免除，免税的 면제된, 면세의
名exemption 免除，豁免，解除 면제, 해제
exercitia spiritualia(拉) 灵性的操练 「영성훈련」
  (= spiritual exercises)（书名）
exhort 劝告，劝戒 권고하다, 간곡히 타이르다,
  名exhortation 规劝，劝告，提倡
        권면, 권고, 장려, 훈계
exile 名 被掳，放逐，流亡 추방, 포로, 망명
  动 流放，被掳，放逐，使离乡背井
        추방하다, 포로로 잡혀가다, 망명하다
  the Exile 被掳 바벨론 유수 ; 포로
形exilic 被掳的，被掳时期的 포로된, 포로시기의
  pre-exilic 被掳以前的 포로이전의
  post-exilic 被掳以后的 포로이후의
exist 存在，生存，生活 존재하다, 생존한다, 있다
  名existence 存在，实在 존재, 실재
  形existent 存在的，现存的，目前的
        실재(존재)하는, 생존하는, 현행의
  形existential :
    (1)关于存在的，根据实在(经验)的
        존재에 관한, 실재경험을 근거로
    (2)(哲学)存在主义的 존재주의의
    (3)(逻辑)存在判断的 존재판단의

an existential proposition 存在判断的命题 (cúnzài pànduàn de mìngtí)
　　존재판단의 명제
existentialism 存在主义 (cúnzài zhǔyì)，实在主义 (shízài zhǔyì)
　　존재주의, 실재주의
Exodus 出埃及记 (chū āi jí jì)　출애굽기
exogamy 异族通婚 (yì zú tōnghūn)　이족통혼
exorcism 赶鬼 (gǎn guǐ)，驱魔 (qū mó)　축귀, 악령축출
exorcist 赶鬼者 (gǎn guǐ zhě)，驱邪之人 (qū xié zhī rén)　축귀사, 무당
expect 期望 (qī wàng)，期待 (qī dài)　기대하다, 기다리다
名expectation 期望 (qī wàng)，期待 (qī dài)　기대, 기다림
expiation 赎罪 (shú zuì)；补偿 (bǔ cháng)　속죄, 배상, 보상
expire 到期 (dào qī)，届满 (jièmǎn)；吐气 (tǔ qì)；断气 (duàn qì)
　　만기가 되다; 숨을 내쉬다; 죽다
名expiration：
　　(1)终结 (zhōng jié)，期满 (qī mǎn)，届满 (jièmǎn) (기한)만료, 종결
　　(2)呼气 (hū qì)，吐气 (tǔ qì)　호흡, 숨내쉬기
　　(3)断气 (duàn qì)，死亡 (sǐwáng)　사망, 최후의 한 숨
explicit 明显的 (míngxiǎn de)，清楚的 (qīngchǔ de)，明确的 (míngquè de)，明白的 (míngbái de)；不隐瞒的 (bù yǐnmán de)
　　분명한, 깨끗한, 명확한, 명백한; 숨김없는
反implicit 含蕴的 (hán yùn de)；隐含的 (yǐn hán de)　함축된, 내포하는
exploit (1)利用 (lìyòng)，开发 (kāifā)　이용하다, 개발하다
　　(2)非法私用 (fēi fǎ sī yòng)，剥削 (bāoxiāo)　불법전용하다, 착취하다

explore

名exploitation 非法利用(fēi fǎ lìyòng)，剥削(bāoxiāo) 불법전용, 착취
explore 研究(yánjiū)，探险(tànxiǎn) 탐험하다, 탐구하다, 조사하다
名exploration 探测(tàncè)，探验(tàn yàn) 탐구, 탐험
extemporaneous：形
(1)无准备的(wú zhǔnbèi de)，随口说的(suíkǒu shuō de)；即席的(jíxí de)
준비없는, 즉흥적인, 즉석의
(2)一时的(yì shí de)；临时作成的(línshí zuò chéng de) 일시적인, 임시 작성한
同extemporal = extemporary = extempore)
extemporaneous preaching 즉석설교
即席讲道(jí xí jiǎng dào)；随口成章的讲道(suíkǒu chéngzhāng de jiǎng dào)
extempore prayer 随口祷告(suíkǒu dǎo gào) 즉석 기도
动extemporize：
(1)即席演讲(jí xí yǎnjiǎng)；随意演奏或演唱(suíyì yǎnzòu huò yǎnchàng)
즉석연설(노래, 반주)하다
(2)临时制作(línshí zhì zuò)；即席作成(jíxí zuò chéng)
임시변통으로 하다, 급조하다
extend 动 延伸(yánshēn)，广大(guǎngdà) 연장하다, 늘이다(손을 뻗다)
形extensive 广阔的(guǎngkuò de)，影响广远的(yǐngxiǎngguǎngyuǎn de)
광활한, 광대한, 광범위하게 영향을 미치는
extensive course 延伸制课程(yánshēn zhì kèchéng) 연장교육과정
名extension (1)延伸(yánshēn)，扩充(kuò chōng)，扩张(kuòzhāng) 연장, 확장, 증축
(2)宽度(kuāndù)，范围(fànwéi) 넓이, 범위
external：
(1)外在的(wàizài de), 外表的(wàibiǎo de), 外面的(wàimiàn de), 表面的(biǎomiàn de); 形式的(xíngshì de); 客观的(kèguān de)

외부의, 외면적, 표면적인; 형식적; 객관적
(2)外在, 外表, 外面；外观　외면, 외관, 외견, 형식
反internal 內在的, 內部的　내부의, 내적인
externalism 外表主义　형식주의, 형식존중주의
（重视宗教之外表仪式，但疏忽其中之真义）
extinction 灭绝, 绝灭, 熄灭, 废除, 扑灭
　　　　소멸, 꺼짐, 폐지, 멸망
extra ecclesian nulla salus(拉) 教会之外无救恩
(居普良语) (키프리안)교회 밖에는 구원이 없다.
extracanonical 正典以外的　정경이외의
extra-liturgical service 自由形式礼拜
　　　　　　　　열린 예배, 탈형식예배
extreme 极度的, 极端的　극도의, 극단적인, 과격한
extreme unction 临终抹油礼　임종도유식
extremist 极端分子　과격분자
extrinscism 外在主义　외재주의, 비본질론
（对某种复杂的现实，只强调外在或表面的因素，
或首要法律, 道德，而不注意内在的，构成的
或本体的因素之倾向。）
exult 动 欢腾, 大喜, 非常高兴
　　　　무척 기뻐하다, 환희에 차다, 광희하다
形exultant 欢腾的, 大喜的, 狂欢的

exultet

　　　　　　　　크게 기뻐하는, 의기양양한
名exultation 欢腾, 大喜, 狂欢　몹시 기뻐함, 환희
exultet 复活颂　부활송가

F

fable 寓言, 传说, 神话；虚构的故事
우화, 전설, 신화; 허구적 이야기

fabric (1)构造, 组织；结构　구조, 조직, 구성

同 structure 构造, 结构　구조, 구성

(2)布, 织物　직물, 천

fabricate 动 (1)建造, 制造　제조하다, 조립하다

(2)捏造, 伪造　날조하다, 위조하다

名 fabrication 制造；捏造；谎言
제조, 구성; 위조, 거짓말

facienti quod est in se(拉) 竭尽己力的人
스스로 최선을 다 하는 자

faculty (1)才能, 能力　재능, 능력

(2)特权, 许可　(교회)특권, 허가

(3)教授团, 院　교수진, 학부, 분과

facility (1)熟练, 敏捷　재간, 숙련, 민첩

(2)设备, 便利(pl.)　편의시설, 설비

(3)方便, 容易　편리, 용이함

faith (1)信仰, 信心, 信　믿음, 신앙

(2)信条, 教义　신조, 교의

英中韓 宗教字典 137

faith

同 belief 信心(xìnxīn) 믿음

the faith 信心(xìnxīn) 믿음
(代表基督教之启示与教义的实体)
(dàibiǎo jī dū jiào zhī qǐshì yú jiào yì de shí tǐ)

explicit faith 明显的信仰(míngxiǎn de xìnyǎng) 명백한 신앙
(相信正确阐释之教义)
(xiāngxìnzhèngquè chǎnshì zhī jiào yì)
바르게 이해되고 해석된 교의를 믿는 믿음

fiducial faith 信赖(依赖)的信仰(xìnlài (yīlài) de xìnyǎng) 신뢰하는 믿음
(路德非常强调的信仰意念：信仰的特点在于依赖神及其言语)
(lù dé fēicháng jiàngdiào de xìnyǎng yìniàn : xìnyǎng de tèdiǎn zàiyú yīlài shén jí jī yányǔ)
(루터가 강조한 믿음의 의미: 신앙의 특징은 하나님과 그 말씀을 신뢰하는 것에 있다.)

implicit faith :
(1)盲从的信仰(mángcóng de xìnyǎng)；盲信(máng xìn) 맹신
(2)隐含的信仰(yǐnhán de xìnyǎng)；默信(mò xìn) 암묵적 믿음: 묵신
(对教义中未明释，但却暗含于普通真理的信仰)
(duì jiào yì zhōng wèi míngshì, dàn què ànhán yú pǔtōng zhēnlǐ de xìnyǎng)

inductive faith 归纳的信仰(guīnà de xìnyǎng) 귀납적 믿음
(由许多具体经验探寻其共同根源而获致的信仰)
(yóu xǔduō jù tǐ jīngyàn tànxún qí gòngtónggēnyuán ér huòzhì de xìnyǎng)

reflective faith 经反省的信仰(jīng fǎnshěng de xìnyǎng) 반성적 신앙

saving faith 得救的信仰(déjiù de xìnyǎng) 구원하는 믿음

faith healing 祈祷医病(qídǎo yī bìng), 神医(shén yī)
믿음에 의한 치유, 신유

形 faithful (1)有信心的(yǒu xìnxīn de), 信实的(xìn shí de), 诚心诚意(chéngxīn chéngyì)
믿음있는, 신앙적인, 충성된, 신실한

138 英中韓 宗教字典

fakih

　　　同loyal 忠实的(zhōngshí de)　충성스런
　(2)信徒(xìntú)　신도, 성도
　名faithfulness 信实(xìn shí), 忠诚(zhōngchéng), 信仰坚定(xìnyǎng jiāndìng), 忠心(zhōngxīn)
　　　　　　신실, 충성, 굳은 신앙, 충심
fakih(回)(回教之)神学家(zhī shénxué jiā)　(이슬람의) 신학자
fall 堕落(duò luò), 犯罪(fànzuì)　타락, 범죄
　the Fall (= fall of man) 堕落(duò luò)　타락, 멸망
　(亚当与夏娃受撒但的引诱而吃分别善恶树上的果子(yà dāng yú xià wá shòu sā dàn de yǐnyòu ér chī fēnbié shàn è shùshàng de guǒ zǐ)
　之犯罪(zhī fánzuì), 亦指人类普遍的情况(yì zhǐ rénlèi pǔbiàn de qíngkuàng)：被罪(bèi zuì), 被由罪而来(bèi yóu zuì ér lái)
　的咒诅(de zhòu zǔ), 以及被撒但捆绑(yǐ jí bèi sā dàn kǔnbǎng))
　아담과 하와가 사단(뱀)에게 유혹받아 선악과열매를
　먹고 범죄함으로 하나님을 떠나 사단의 지배 하에
　들어감, 이후 이는 모든 인류의 보편적 상황이 됨
　: 죄, 죄의 저주, 사단의 권세 하에 놓임.
fallacious (1)欺骗的(qīpiàn de)　(사람을)현혹하는, 거짓의
　(2)逻辑上不健全的(luójí shàng bù jiànquán de)　논리상 불합리한
　(3)不可靠的(bù kěkào de)　믿을 수 없는
　名fallacy 谬误(miù wù), 谬误之推理(miù wù zhī tuīlǐ)
　　　　　잘못된 생각(추론), 궤변, 불합리한 추론
fallible 形 可能犯错的(kěnéng fàn cuò de), 易错的(yì cuò de), 易受骗的(yì shòupiàn de)
　　　　틀리기 쉬운, 틀리지 않을 수 없는
　　　all men are fallible(凡人都有过(fán rén dōu yǒu guō))
　名fallibility 难免有错性(nánmiǎn yǒu cuò xìng), 易犯错误性(yì fáncuòwù xìng)

英中韓 宗教字典 139

family

　　　　　　　　　오류, 틀리기 쉬움, 잘못되기 쉬움
family worship 家庭礼拜(jiātíng lǐbài) 가정예배
fanatic 名 狂热者(kuángrè zhě) 광신자, 열광자
　　　　形 狂热的(kuángrè de) 열광적인, 광신적인, 열중한
　　　　同fan 球迷(qiúmí), 影迷等等(yǐng mí děngděng) 팬, 열광적인 관중
　　　名fanaticism 狂信(kuángxìn), 盲信(máng xìn) ; 狂热(kuángrè) 광신, 맹신, 열광
fast 名 禁食(jīn shí), 戒食(jiè shí), 断食(duànshí) 금식, 단식
　　　动 禁食(jīn shí), 戒食(jiè shí), 断食(duànshí) 금식하다
fasting prayer 禁食祷告(jīn shí dǎo gào) 금식기도
fatal 形 重大的(zhòng dà de), 生死攸关的(shēngsǐ yōu guān de), 致命的(zhìmìng de)
　　　　중대한, 치명적인, 숙명적인, 운명이 걸린
名fate 命运(mìngyùn), 宿命(sù mìng), 天命(tiān mìng) 운명, 숙명, 천명
同destiny 命运(mìngyùn) 운명
fatalism 宿命论(sù mìng lùn), 命运论(mìngyùn lùn) 숙명론, 운명론
father (1)父(fù) 아버지
　　　　(2)(天)神父(shén fù) (천주교)신부
Church's Fathers (早期教会(zǎo qī jiào huì))教父(jiào fù) (초대교회)교부
　　同Fathers of the Church
Heavenly Father 天父(tiān fù), 天上的父(tiān shàng de fù) ; 神(shén), 上帝(shàng dì)
　　　　　　　　천부, 하늘에 계신 아버지: 하나님
Holy Father 教宗(jiào zōng), 教皇(jiào huáng) 교주, 교황
　　同Pope
fatherhood 父性(fù xìng), 父权(fù quán), 父亲之身份(fù qīn zhī shēnfèn)

부성, 부권, 부친된 신분
patriarchy 族长(zúzhǎng)制, 父权制(fù quán zhì)
족장제, 가부장제

fault 名 错误(cuòwù), 过失(guòshī), 过错(guòcuò) 결점, 잘못

favo(u)r (1)恩惠(ēnhuì), 恩宠(ēnchǒng), 厚意(hòuyì), 好意(hǎoyì) 은혜, 호의
(2)赞成(zànchéng), 同意(tóngyì), 支持(zhīchí), 许可(xǔkě)
찬성, 동의, 지지, 허가

favor fidei(拉) 信仰优先权(xìnyǎng yōuxiān quán) 신앙우선의 동의
(优先考虑信仰因素, 而可决定「婚姻」之权)(yōuxiān kǎolù xìnyǎng yīnsù, ér kě juédìng hūnyīn zhī quán)

fear 名 害怕(hàipà), 敬畏(jìng wèi), 担心(dānxīn), 忧虑(yōulǜ)
무서움, 두려움, 근심, 염려
动 害怕(hàipà), 敬畏(jìng wèi), 担心(dānxīn), 忧虑(yōulǜ)
두려워하다, 경외하다, 염려하다

feast 节日(jié rì), 节庆(jié qìng) 잔치, 향연, 축제

festival 名 节庆(jié qìng), 节期(jié qī) 경축, 축제, 잔치
形 节日的(jié rì de), 喜庆的(xǐ qìng de) 잔치의, 축제의, 즐거운

fest 节庆(jié qìng) 축제

federal 形 联邦的(liánbāng de), 同盟的(tóngméng de); 联合的(lián hé de)
연방의, 동맹의, 연맹의; 연합의

federal theology 立约神学(lì yuē shén xué), 圣约神学(shèng yuē shén xué) 계약신학
同covenant theology 언약신학
(以神与人之关系乃契约(qìyuē)与合同状态(yǐ shén yú rén zhī guānxì nǎi yú hé tóngzhuàngtài); 神人曾(shén rén céng)
二约(èr yuē): 即与亚当之行为约(创2-3章)(jí yú yà dāng zhī xíng wéi yuē chuàng zhāng), 及因基督所立(jí yīn jī dū suǒ lì)

之恩约。)
　　아담과의 행위언약과 그리스도로 인한 은혜언약
fellowship :
　　(1)团契(tuánqì), 团体, 会 모임, 단체, 회
　　(2)交通, 相交, 友谊；同伴关系
　　　　교통, 친교, 교제, 우의; 동반자관계
feminine 形 女性的, 妇女的; 阴性的
　　　　여성의, 부녀의; 음성의
　　反masculine 男性的; 阳性的　남성의; 양성의
feminist 妇女主义者　여권신장론자들
feminist theology 妇女神学　여성신학
ferment 动 (1)发酵(fājiào)　발효시키다
　　　　(2)激动, 纷扰　자극하다, 흥분시키다
　　　　(3)鼓励　불러일으키다,
　　　名 (1)酵素, 酵母, 发酵剂　효소, 효소제
　　　　(2)激动　불안, 흥분
名fermentation (1)发酵　발효(작용, 과정)
　　　　　　　(2)动乱, 骚动　흥분, 분란
fetishism 物魅崇拜；拜物教　물신숭배
　　(指将玄妙超凡的能力归诸物质, 如石, 树, 根, 动物,
　　及人类之尸体等的信仰。)
feudal 形 封建的 ; 封建制度的　봉건적; 봉건제도의
　　名feudalism 封建制度　봉건제도

fiction (1)短篇故事, 小说 단편소설
　　　　duǎnpiān gùshì xiǎoshuō
　　(2)想象, 虚构 상상, 허구
　　　　xiǎngxiàng xūgòu
　　(3)虚构之事 허구적인 일, 꾸며낸 이야기
　　　　xūgòu zhī shì
fidelity 忠心, 忠诚 성실, 충실, 충성, 정절
　　　　zhōngxīn zhōngchéng
fideism 唯信论 유신론(이성에 대한 경시주장)
　　　　wéi xìn lùn
　(19世纪出现于法国, 救恩与属灵的确据兄可凭信心
　　shì jì chūxiàn yú fáguó jiù ēn yú shǔ líng de quèjù zhǐ kě píng xìnxīn
　获得, 而非借理性：轻视理性的主张)
　　huòdé   ér fēi jiè lǐxìng   qīngshì lǐxìng de zhǔzhāng
fides(拉)信心, 信仰 믿음, 신앙
　　　　　xìnxīn xìnyǎng
fides actualis(拉) 信仰行动 신앙행동
　　　　　　　　xìnyǎng xíngdòng
fides caritate formata(拉) 爱所形成的信心
　　　　　　　　　　　ài suǒ xíngchéng de xìnxīn
　　　　　　　　　　 사랑이 이룬 신앙
fides data(或 facta)(拉) 守忠之信 서약의 신앙
　　　　　　　　　　shǒuzhōng zhī xìn
　(如婚约, 教会职分等)
　 rú hūn yuē jiào huì zhí fēn děng
fides divina(拉) 上帝的信实；靠 神的信仰
　　　　　　　　dè xìn shí   kào shén de xìnyǎng
　하나님의 신실함 (= divine faith)
fides divina et catholica(拉) 靠 神及教会的信仰
　　　　　　　　　　　　　kào shén jí jiào huì de xìnyǎng
　하나님과 교회를 신뢰하는 믿음
　(= divine and catholic faith)
　(因神的启示及教会的训导而有的教义, 如三位一体)
　 yīn shén de qǐshì jí jiào huì de xùndǎo ér yǒu de jiào yì rú sān wèi yī tǐ
fides efficax(拉) 有效的信仰 효과적 신앙
　　　　　　　yǒu xiào de xìnyǎng
fides ex auditu(拉) 从道德来得的信仰
　　　　　　　　　cóng dàodé lái dé de xìnyǎng
　　　　　　　도덕으로부터 맺어지는 신앙
fides explicita(拉) 相信正确阐释之教义；明信
　　　　　　　　xiāngxìn zhèngquè chǎnshì zhī jiào yì míngxìn

英中韓 宗教字典 143

정확히 해석된 교의를 믿는 신앙: 명신
fides formata(拉) 有爱德相伴的信仰
　사랑이 동반된 신앙
fides habitualis(拉) 成习之信仰 ; 义人的信德
　체질화된 신앙; 의인의 건덕
fides implicita(拉) 默信　암묵적 신앙: 묵신
　(指教义中难有未明释者, 但却暗含於普通真理中, 可资相信。)
fides informis(拉) 理智的信仰　지적 믿음
fides infusa(拉) 注入的信　주입된 믿음
fides iustificans(拉) 称人为义的信仰
　의인의 믿음: 이신칭의의 신앙
fides qua creditur(拉) 主观的信仰 ; 信仰行动
　주관적 믿음: 신앙행동
　(= faith through which something is believed)
　(指信心的根基, 如救恩事实, 使我发生信仰者)
fides quae creditur(拉) 客观的信(指信仰的內容)
　객관적 믿음: 신앙의 내용
　(= faith that which is believed)
fides quaerens intellectum(拉) 信仰要求理智
　신앙은 지성을 요구한다
　(= faith searching for understanding)
fiducia(拉) 信靠 ; 依赖的信仰　믿음: 의뢰하는 신앙
field work (1)现场, 战场工作　현장, 현장사역

　　　　(2)实践工作(神学生实习)　현장실습(신학생)
fig　无花果　무화과
figure 名 (1)人物，名人　인물, 유명인사
　　　　(2)形象，肖象　상, 형상
　　　　(3)图形，图解　그림, 도해, 도형
　　　　(4)风度，身材，样子　모습, 모양, 외형, 형태
　　　　(5)数字(数码字)　숫자
　　　　(6)相似；象征　유사, 상징, 비유
　　　动 (1)演算；解(算学问题)　계산하다
　　　　(2)想，认为　생각하다, 마음 속에 그리다
　　　　(3)出名　두각을 나타내다
　　　　to figure out 演算出来；理解
　　　　　　　　생각해내다, 결정하다, 이해하다
figurative 形 比喻的，象徵的；修饰多的
　　　　　　비유의, 상징적; 화려한, 수식어구가 많은
名 figurativeness 比喻，象徵　비유, 상징
file 文卷档，档案　서류보관함, 파일
filial 孝顺的　자식으로서의, 효성스러운
　　filial love 孝爱　부모와 자식간의 사랑
　　filial piety 孝道，孝顺　효도, 효행, 효심
　　filialis timor(拉) 孝敬之畏　효성의 지고함

英中韓 宗敎字典 145

filiation (1)父子关系(fù zǐ guānxì)；子女对父母之关系(zǐnǚ duì fù mǔ zhī guānxì)
부자관계; 자녀와 부모의 관계
(2)永远为子(yǒngyuán wéi zǐ)(基督jī dū)
영원히 아들되심(그리스도)

filioque 和「子」说(hé zǐ shuō)，与子说(yú zǐ shuō)；及由圣子(jí yóu shèng zǐ)
필리오케(아들로부터 : and from the Son)
(认为圣灵由圣父和圣子而出的主张(rèn wéi shèng líng yóu shèng fù hé shèng zǐ ér chū de zhǔzhāng)，为西方教会(wéi xīfāng jiào huì)
所采(suǒ biàn)，东方教会所拒(dōngfāng jiào huì suǒ jù)，造成东西教会分裂(zàochéng dōngxī jiào huì fēn liè))
성령의 발현은 (성부와) 성자에게서

final 形 最后的(zuìhòu de)，终极的(zhōng jí de) 최후의, 최종의, 결정적인
名 其末考(qí mò kǎo) 기말고사

final perseverance 终极之恒忍(zhōng jí zhī héngrěn) 궁극적 견인
(意即继续在恩典中(yì jí jìxù zài ēndiǎn zhōng)，以至於死在恩典状态中(yǐ zhì wú sǐ zài ēndiǎn zhuàngtàizhōng)。
加尔文(jiā ěr wén)Calvin：蒙 神拣选者(méng shénjiǎnxuǎn zhě)，有上帝无可抗拒(yǒu shàng dì wú kě kàngjù)
的之恩典力量(de zhī ēn diǎn lìliáng)，最后必蒙得救(zuìhòu bì méng déjiù)。亚米纽斯派(yà mǐ niǔ sī pài)
反对此种主张(fǎnduì cǐ zhǒngzhǔzhāng)，强调人有自由意志(jiàngdiào rén yǒu zìyóu yìzhì)。)
(= perseverance of the saints 성도의 견인)

名finality (1)终极性(zhōng jí xìng)；目的性(xìng) 궁극성; 목적성
(2)终局(zhōngjú)，完结(wánjié)，最后(zuìhòu) 종국, 결말, 최후
(3)最后的事物(zuìhòu de shìwù) 최후의 일

finis(拉) 终极(zhōng jí)，完结(wánjié)，目的(mùdì) 종국, 완결, 목적
同end, goal

finis qui(拉) 客体目的(kè tǐ)；所追求的目的(suǒ zhuīqiú de)(mùdì)

추구하는 목표; 객체 목표
(the goal which is intended)
finis quo(拉) 中間目的(mùdì) 중간 목표
(追求較远目的之中程目標，且可称为追求目的之方法)
同 intermediate goal

finite 有限的, 有定限的　유한한, 한정된, 제한된
反infinite 无限的　무한의
名finitude 有限性　유한성
(基督教神学认除了神无限外，其他一切都是有限)
(기독교신학) 무한하신 하나님 이외의 모든 것은 유한함.

finitum capax infiniti(拉)
유한은 무한을 포함할 수 있음(루터교- 성찬)
有限能包涵无限：(信义宗论圣餐中之酒饼)

finitum non capax infiniti(拉) 有限不能包涵无限
유한은 무한을 포함할 수 없다(개혁파: 칼빈)
(改革宗：Calvin「Dialektische Theologie」)

firmament 穷苍, 天空, 太空　창공, 하늘, 궁창

fish symbolism 鱼之象征　익투스: 물고기상징
(早期教会屡以鱼为基督教之表记。希腊文
「耶稣基督神子救主」之首字母适缀成鱼字。)
박해받던 초대교회가 기독교 상징으로 사용했던 비밀표식. 물고기를 뜻하는 헬라어 '익투스'는 다섯 개의 알파벳으로 이루어지는데, 이 단어의 자음과 모음은 당시 기독교의 중요한 신앙고백

Five points of Calvinism

이었던「예수 그리스도 하나님의 아들, 구세주」
라는 구절의 각 첫 머리말과 일치했기 때문.

Five points of Calvinism 加尔文主义五特点 (jiā ěr wén zhǔyì wǔ tèdiǎn)
　　칼빈주의 5대 교리
　(1)人全然败坏或不能自救 (rén quánrán bàihuài huò bùnéng zìjiù)　완전타락, 전적부패
　(2)无条件的拣选 (wú tiáojiàn de jiǎnxuǎn)　　무조건적 선택
　(3)有限度的赎罪或特选的救赎 (yǒu xiàndù de shú zuì huò tè xuǎn de jiù shú)　제한된 구속
　(4)不可抗拒的恩惠或圣灵有效的恩召 (bù kě kàngjù de ēnhuì huò shèng líng yǒu xiào de ēn zhào)
　　　　　　　　　　　　　　　불가항력적 은혜
　(5)圣徒的坚忍或圣徒永远得蒙保守 (shèng tú de jiān rěn huò shèng tú yǒngyuǎn dé mēng bǎoshǒu)
　　　　　　　　　　　　　성도의 견인
flesh 肉体 (ròu tǐ), 血气 (xiě qì), 情欲 (qíng yù)　육신, 혈기, 정욕
　spirit 灵 (líng), 精神 (jīngshén), 心灵 (xīnlíng)　영혼, 정신, 심령
　meat 肉(食用) (ròu shíyòng)　육고기(식용)
flexible 弹(tàn)性的 (xìng de), 扰性的 (ráo xìng de)　신축성있는, 융통성있는
　反inflexible 没有弹性的 (méiyǒu de), 不屈服的 (bù qūfú de)　굽히지 않는
　同rigid 固执的 (gùzhí de), 没有弹性的 (méiyǒu de)　딱딱한
　同stubborn 顽固的(骂人话) (wángù de mà rén huà)　완고한
　名flexibility 弹性, 适应性 (shìyīng xìng), 柔顺性 (róushùn xìng), 伸缩性 (shēnsù xìng)
　　　　　　　탄성, 적응력, 융통성, 신축성
flock 羊群 (yáng qún) (1)(양, 소의) 떼, 무리 (2)교인, 신자들
　little flock 小群 (xiǎo qún)　「작은 무리」
　fold 名 羊栏 (yáng lán), 教会 (jiào huì)　양우리, 교회

flood 洪水, 水灾, 涨水　홍수
　　　Noah's Flood 挪亚时代大洪水　노아의 홍수
　　　同the Deluge
focus 名 (1)(问题之)中心点, 焦点　중심점, 촛점
　　　　(2)配光, 对光　렌즈의 초점, 배광
　　　动 集中于焦点；集中+upon　집중하다
　　　out of focus 模糊不清　초점을 벗어남, 산만함
foe 对敌, 敌人　대적, 원수
foedus(拉) 立约, 圣约　언약, 계약, 성약
　　　同covenant
folk 名 人民　인민, 백성, 국민, 민족
　　　(复)家人, 眷属　가족, 친족
　　　形 民间的, 民俗的, 相传的
　　　　민간의, 민속적인, 전통적인
　　　folk religion 民间宗教　민간종교
follow 跟随；跟在後　따르다, 좇다, ~다음에 오다
forbid 动 禁止, 不许；不准进入
　　　　금지하다, 허락하지 않다, 방해하다
　　　同prohibit
force 名(1)(非生物性)力量, 势力, 武力　힘, 권력, 군대
　　　　(2)压力, 暴力　압력, 폭력
　　　动 强迫　강압하다, 짓누르다
　　　同power 力量, 能力　힘, 능력

英中韓 宗敎字典 149

forefather 祖先, 祖宗　선조, 조상
foreknowledge 预知　예지, 미리 앎, 경륜
foreordination 预定　예정
　　同predestination 预定, 预定论
forerunner (1)前锋, 先驱　선구자, 선봉자
　　　　　(2)预兆　전조, 징조
foresee 动 先见, 预知　예견하다, 미리 알다, 예지하다
　　foreseer 名 先见　선견자
foretell 说预言　예언하다
　　同prophecy 作先知说预言　선지자로서 예언하다
forgive 原谅, 饶恕, 赦免　용서하다, 사면하다
　　同pardon 名动 原谅, 赦免　용서하다
　　同remit 动 赦免, 免除　사면하다
　　名forgiveness 赦免, 原谅, 饶恕, 宽容
　　　　　　　　죄사함, 용서, 면제, 탕감, 관용
form 名 形状, 形式, 样式, 模型, 格式, 方式
　　　　모양, 형식, 양식, 모형, 격식, 방식
　　动 形成, 养成　형성하다, 만들다, 구성하다
　　form criticism 形式批判　형식비판
　　forma accidentalia(拉) 附质(偶然)形式　부수형식
　　forma externa(拉) 外在形式　외재형식
　　forma interna(拉) 内在形式　내재형식

forma substantialis(拉) 本体(实体)形式 본질형식

名formation (1)构造，形成 구조, 형성

(2)排列，队形 배열, 대형

(3)培养 배양

形formative (1)造型的 조형된

(2)形成的，发展的 형성된, 발달의

formal (1)正式的，传统的，礼仪的
정식의, 공식적, 전통적인 격식에 따른

(2)合法的 합법적

(3)形式的，形式上的(对内容而言) 형식상의

formal equivalence 形式等价 형식등가

formal logic 形式逻辑 형식논리

formal principle 形式原理 형식적 원리
(改教运动一项基本原则，认圣经乃救恩史的器皿
(形式)，是一切教义之泉源和标准)

formalism 形式主义；拘泥虚礼 형식주의
(1)强调仪式或外面形式，而牺牲实际内在力量
(2)(哲学)强调形成的抽象原则，过于形成的实际。
一般说来，存在主义就是反对这种抽象。

formula (1)定式，规则 격식, 규칙

(2)信条，信经 신조, 신경

Formula of Concord 协和信条(xiéhé xìntiáo) 일치신조
(路德会的重要信条(lù dé huì de zhòngyào xìntiáo)，仅次于奥斯堡信条(jǐn cì yú ào sī bǎo xìntiáo) Augsburg Confession)
루터교 아우구스부르그 신조 다음으로 중요한 신조

formulate 动 以公式表示(yǐ gōngshì biǎoshì)，系统陈述(xìtǒng chénshù)
공식화하다, 체계적으로 정확히 논술하다

forsake 动 遗弃(yí qì)，放弃(fàngqì) 저버리다, 내버리다, 방치하다

fort 堡垒(bǎolěi)，要塞(yào sāi) 보루, 요새
同fortress 堡垒(bǎolěi)

fortitude 勇敢(yǒnggǎn)，刚毅(gāngyì)，不屈不挠(bù qū bù ráo)
굳센 용기, 불굴의 의지(정신)

forum (1)古罗马的市场与公共集会地(gǔ luó mǎ de shìchǎng yú gōnggòng jíhuì dì) 집회광장
(2)论坛(lùn tán)，讨论会(tǎo lùn huì) 포럼, 토론회
(3)(天)教会法庭(jiào huì fǎ tíng) 재판소, 법정

foundation 建立(jiànlì)，基础(jīchǔ)，根本原则(gēnběn yuánzé)，根据(gēn jù)
건립, 기초, 토대, 근본원칙, 근거

foundationalist 基础主义者(jīchǔ zhǔyì zhě) 기초주의자
(在知识论主张认知建立在某些先前预设基础上的人(zài zhīshí lùn zhǔzhāng rèn zhī jiànlì zài mǒuxiē xiānqián yù shè jīchǔ shàng de rén))

Four Maharajas(佛) 四天王(sì tiān wáng) 사천왕
(佛经有四天王(fó jīng yǒu sìtiān wáng)：持国天王(chí guó tiān wáng)，增长天王(zēngcháng tiān wáng)，广目天王(guǎng mù tiān wáng)，字闻天王(zì wén tiān wáng)。)

Four Noble Truths 四圣谛(sì shèng dì) 사성제
(= Catvariarya-satyani：释迦牟尼以苦(shì jiā móu ní yǐ kǔ)，集(jí)，灭(miè)，

道为四谛)

Four Spiritual Laws 四个属灵的定律　사영리
　　(C。C。C。白立德 Bill Bright 所撰写)

fragment 碎片, 断简残篇　조각, 파편; 산산히 부수다
　　形fragmentary 破片的, 零碎的　파편의, 잔조각의
　　同fragmental

frame 构造, 骨架　틀, 구조
　　framework 组织, 体制　뼈대, 전체윤곽

Franciscan order 法兰西斯修会, 方济会
　　　프란시스코 수도회

fraternal worker 협동사역자 (외국에서 온 선교사)
友工, 同工; 主内助手
(即派往别国宣教或教会工作者)

free (1)自由的, 自立的, 自动的　자유의, 자립의, 자동적
　　(2)不拘形式的, 不拘泥文字的　형식에 메이지 않는
　　(3)无阻碍(约束)的　구속받지 않는
　　(4)释放, 解放, 使自由　해방하다, 자유하게 하다

free will 自由意志　자유의지

free thinking 自由思想　자유사상
　　(反对任何宗教权威; 原用於自然神派; 通常用
　　以反基督教理论。)

freedom 自由, 自主, 免除　자유, 자립, 면제

英中韓 宗教字典 153

同 liberty
反 bondage 束缚，枷锁 구속, 속박

freemasonary 互助会；规矩会 프리메이슨
(在中世纪本为公匠之组织，现则为一中类似宗教性的弟兄会，接受一切宗教，特别强调仁慈)

friar 托钵僧，修道士 탁발승, 수도사

friend 朋友 친구
　　Society of Friends 贵格会 퀘이커교도
　　同 Friends = Quakers

frontier 名(1)(一国之)边境，边界 경계선, 변방
　　　　(2)未开发的领域 미개척분야(영역)
　　　　形 边界的，国境的 국경의, 변경의

fruit (1)果实，果子 열매, 결실
　　(2)成果，收获；利益 성과, 수확, 이익
　　fruits of the Holy Spirit 圣灵的果子(加五 22)
　　　　　　　　　　　　성령의 열매(갈5: 22)

fruitio dei(拉) 享受 神 하나님의 누림
　　　　(奥古斯丁：指在上帝平安里的生活)
　　　　어거스틴 : 하나님의 평강 안에서의 생활

frustrate 挫折，失败 좌절시키다, 실망시키다
　　名 frustration 挫折，失败 좌절, 실망, 욕구불만

fulfil 完成，圆满实现 완수하다, 이행하다, 마치다

名fulfillment：
(1)(义务，职务等的)厉行　(의무, 직무)이행, 완성
(2)(合同，条件，命令)实行　(계약, 명령의)실행
(3)(愿望，预言)实现，满足
　　(소원, 예언의) 실현, 성취, 만족
名fullness 完全，充满，圆满　완성, 완전, 충만
　　fullness of time 时机成熟；时期一满
　　　　　　시기성숙, 만기, 때가 참
function：
(1)功能，作用，特殊目标，机能　기능, 역할, 특수목표
(2)(pl.)职务，任务，职权　직무, 임무, 직권
(3)仪式，典礼，正式聚会　예식, 의식, 정식집회
形functional 机能的，职务上的　기능상의, 직무의
　　functional theology 作用神学　기능신학
　　(注重神学在历史过程中，社会环境中的作用)
functionalism 机能(功能)主义；实用主义
　　기능주의; 실용주의
　　(任何强调功能，用途，适应的作法)
fundamental：
　形 基本的，基要的　근본적, 중요한, 기초적
　名 基本原理，基本法则　근본원리, 기본법칙
　　fundamental articles 基本信条　기본신조

(教会內各种不同信誓中，为得救所必须，且对其
解释无异议的基本真理)
fundamental option 基本抉择　기본적 선택사항
fundamental theology 基本神学　근본적 신학
(探讨信仰的先决条件，焦点集中在上帝的启示)
하나님의 계시에 대한 신앙은 신학의 선결조건
「The fundamentals」基要信仰　「기본신앙」
(乃1910-12年在美国出版之丛书。强调下列教义：
童女生子，肉身复活，基督肉身快将再来，基督替
人赎罪及圣经无误说)
fundamentalism 基要神学；基要主义　근본주의
a)反对现代主义(Modernism)的运动，强调圣经
字面解释为基督信仰及伦理的基础。
b)20C初美国相对於自由派liberal而产生的保守派
c)各宗教內根本主义或原理主义
fundamentalist 基要派；基要主义者　근본주의자
funeral 名 葬礼，丧礼　장례식
funeral service 告别礼拜　장례예배
形 funerary 葬礼的，埋葬的　장례의, 매장하는
形 funereal 葬礼的，阴森的，忧郁的
장례식같은, 음산한, 구슬픈
fury 愤怒，狂暴，猛烈　분노, 진노, 맹렬

形furious 愤怒的，狂怒的，猛烈的
　　　　　　분노한, 격노한, 광포한, 날뛰는

fusion 融合，融解，联合　융합, 용해, 연합

future 未来；将来　미래; 장래

　　future life 来生；来世　내세

G

Gallicanism 加利亚主义(教会独立说) 갈리아주의
(프랑스천주교회의 교황으로부터의 독립주의)
(法国国王与天主教徒限制教宗在本国扩张权力,并欲脱离教宗管制之主张。)
Gallican Confession 加利亚信经 갈리아 신앙고백
(1559年在巴黎基督教第一次全国会议通过的信仰宣言,本质上加尔文主义Calvinists 的教义精华)
gay 男同性恋者 남성 동성연애자
反lesbian 女同性恋者 여성 동성연애자
Ganges River(Ganga) 恒河 인도의 갠지스 강
Geist(德) 灵, 精神, 理智感受性; 时代精神
영, 정신, 지적 감수성; 시대정신
Gemeinschaft(德) 团契(tuán qì), 契谊; 同伴关系
단체, 공유, 공동사회; 게마인샤프트, 동반관계
同fellowship
Gemeinschaftsbewegung(德) 灵友运动 영성운동
(注重进查经团聚, 布道, 平信徒活动及圣洁等;
强调个人之「重生经验」)
genealogy 家谱, 族谱 족보, 계보, 혈통, 자손

general 一般的, 普遍的　일반적, 보편적
　　general revelation 一般启示　일반계시
　　special revelation 特殊启示　특별계시
名generality :
　　(1)一般性, 普通性　일반성, 보편성
　　(2)概要, 概论　일반적인 진술, 개요, 개관
名generalization 一般化, 普遍化　일반화, 보편화
generation :
　　(1)生, 产生(表达圣父与圣子的关系)
　　　낳음, 생명의 생성, 영원한 낳음
　　　(성부에 대한 성자와의 관계 묘사)
　　(2)时代, 世代　시대, 세대
　　generatio aeterna(拉) 永远的产生　영원한 낳으심
　　active generation 主动产生性　능동적 생성
　　　(指圣父使圣子出现的主动, 根源性质)
　　passive generation 被动产生性　피동적 생성
　　　(指圣子来自根源之圣父的特性)
　　generation gap 代沟　세대차이
　　generationism 生殖论　생식론
　　　(主张人的灵魂与人的身体一样, 都源于父母
　　　生殖行为的学说。)
　　regeneration 重生　중생, 거듭남

Genesis 创世记(chuàng shì jì) 창세기
genetic(al) :
 (1)遗传学的(yí chuán xué de) 유전학적인
 (2)发生(起源)的(fāshēng qǐyuán de)；发生学的(fāshēng xué de) 발생(기원)의; 발생학적
 名genetics 遗传学(xué)；发生学(fāshēng xué) 유전학; 발생학
Geneva Catechism 日內瓦信仰问答(rì nèi wǎ xìnyǎng wèn dá) 제네바교리문답
 1545年由加尔文所出版(nián yóu jiā ěr wén suǒ chūbǎn)，改革宗的问答书(gǎigé zōng de wèn dá shū)
 (1545년 칼빈이 출판한 개혁파의 신앙문답서)
genitive 形 (文法)所有格的(suǒyǒu gé de) (문법)소유격의
 the genitive case 所有格(suǒyǒu gē) 소유격
genius 天才(tiāncái)；天赋(tiānfù)，才能(cáinéng) 천재, 재능, 천부적 재질
genocide 集团屠杀(jítuán túshā) 계획적 대량학살, 민족말살정책
 (为一种有意的毁灭(wéi yī zhǒngyǒu yì de huǐmiè)，於全体或部分人(wú quán tǐ huò bùfēn rén)，通常多(tōngcháng duō)
 由於政治或宗教上而引起(yóu wú zhèngzhì huò zōng jiào shàng ér yǐnqǐ)。)
 일종의 계획적인 전부 혹은 부분적 말살정책,
 일반적으로 정치나 종교적으로 기인됨.
genre 类(lèi), 型(xíng), 文类(wén lèi) 유형, 형식, 장르
gentile 名形 异教徒(的)(yì jiào tú de) 이방인(의), 이교도(의)
 同pagan = heathen
genuine 真正的(zhēnzhèng de), 真实的(zhēnshí de) 진짜의, 진정한, 성실한
genus(拉) 姓(xìng), 家谱(jiāpǔ)；出生(chūshēng), 血统(xiětǒng)；种类(zhǒnglèi), 种族(zhǒngzú)
 성, 족보; 출생, 혈통; 종족
 genus apotelsmaticum(拉) 工作类(gōng zuò lèi) 사역유형

(希)apotelesma
(指属性交换中，基督神人兩性，乃是透过他为救赎主所作的工作而告联合。)
genus idiomaticum(拉) 属性类　속성유형
(指神人兩性有别，但却完全归在基督位格之中)
Geschichte(德) 历史，古谈；信仰告白的历史
　　　　　　역사, 옛날이야기; 신앙고백적 역사
Gesellschaft(德) 利益社会　이익사회, 게젤샤프트
gesta Dei(拉) 神的作为　하나님의 역사
　(= deeds of God)
Gestalt(德) (1)形态，形状；形式　형태, 형상, 형식
　　　　(2)(心理学) 经验之统一的全体
　　　　　(심리학) 경험의 통일적 전체:
　　　　　(지각의 대상을 형성하는 통일구조)
　　Gestalt psychology 形态心理学　형태심리학
　　Gestalt theology 形态神学　형태신학
　　Gestalt therapy 形态疗法　형태요법
ghetto(利) (1)隔离，孤立　격리, 고립
　　　　(2)隔离社区；特别区　격리사회; 분리된 구역
　　(源自被隔离的犹太人社区) (유태인거주구역)
ghost (1)灵，灵魂，精神　영, 영혼, 정신
　　　(2)亡灵，鬼，幽魂　망령, 귀신, 유령

gift

    The Holy Ghost 圣灵(shèng líng)；神的圣灵(shén de shèng líng) 성령; 同 The Holy Spirit　　하나님의 영

gift (1)恩惠(ēnhuì)，礼物(lǐwù)，恩赐(ēn cì) 은혜, 선물, 은사
    (2)天赋(tiānfù)，天才(tiāncái)，天资(tiānzī) 타고난 재능, 천부적 자질

    added gift 加增(额外)的恩赐(jiāzēng éwài de ēncì) 부가된 은사

    created gift 受造的恩赐(shòuzào de ēncì) 만들어진 은사

    gift of counsel 超见之恩赐(chāojiàn zhī ēncì) 권면의 은사

    gift of fortitude 刚毅之恩赐(gāngyì zhī ēncì) 인내의 은사

    gift of immortality 不可死之恩赐(bùkě sǐ zhī ēncì) 사라지지 않는 은사

    gift of knowledge 知识(聪明)之恩赐(zhīshí cōngmíng zhī ēncì) 지식의 은사

    gift of tongues 方言之恩赐(fāngyán zhī ēncì) 방언의 은사

    gift of understanding 明达之恩赐(míngdá zhī ēncì) 분별의 은사

    gift of wisdom 明智之恩赐(míngzhì zhī ēncì) 지혜의 은사

    pretenatural gift 本性(天性)以外之恩赐(běnxìng tiānxìng yǐwài zhī ēncì) 천부적 재능외의 은사

    supernatural gift 超自然(超性)之恩赐(chāozìrán chāoxìng zhī ēncì) 초자연적 은사

    uncreated gift 非受造之恩赐(fēi shòu zào zhī ēncì) 만들어지지 않은 은사 (上帝亲自给予的恩惠)(shàng dì qīnzì gěiyú de ēnhuì)

    spiritual gift 属灵恩赐(shǔ líng ēn cì)，圣灵恩赐(shèng líng ēn cì) 성령의 은사
      同gift of the Holy Spirit

    形gifted 有恩典的(yǒu ēndiǎn de)，有天赋的(yǒu tiānfù de)，有天才的(yǒu tiāncái de)

은혜로 받은, 천부적재능이 있는, 재능을 타고난
同talented
 endowment 天赋(tiānfù)　천부
 talent 才能(cáinéng)(天生的)(tiānshēng de)　재능(천성적), 기본재산
Gilgamesh 吉加墨诗(jí jiā mò shī)　길가메쉬
 (为古巴比伦宗教诗中之英雄(wéi gǔ bā bǐ lún zōngjiào shī zhōng zhī yīngxióng)，是一神人角色(shì yī shén rén jiǎosè)
 该诗是当地之神话及史实之混合品(gāi shī shì dāngdì zhī shénhuà jí shǐshí zhī hún hé pǐn))
 고대 바빌론의 종교시에 나오는 영웅
globe 球(qiú)，地球(dì qiú)　지구
 the globe 地球(dì qiú)　지구
 global community 全球团体(quánqiú tuán tǐ)　세계공동체
 global village 地球村(dì qiú cūn)　지구촌
glory 荣光(róngguāng)，荣耀(róngyào)　영광
 external glory 外显的荣耀(wài xiǎn de róngyào)　드러난 영광
 (受造物所彰显的(shòu zào wù suǒ zhāngxiǎn de) 神的荣耀(shén de róngyào))
 formal glory 形式荣耀(xíngshì róngyào)　형식적인 영광
 (有理性受造物因认识神的完善而归于他的荣耀(yǒu lǐxìng shòu zào wù yīn rènshí shén de wánshàn ér guīyú tā de róngyào))
 objective glory 客体荣耀(kè tǐ róngyào)　객체적인 영광
 (来自一切受造物的荣耀(láizì yīqiè shòu zào wù de róngyào))
 theology of glory 荣耀神学(róngyào shén xué)，华丽神学(huá lì shén xué)　영광의 신학
 theology of the cross 十字架神学(shí zì jià shén xué)　십자가신학
 (二者为路德所用的术语(èr zhě wéi lù dé suǒ yòng de shù yǔ)) 루터가 사용한 신학용어

glossary

gloria in Excelsis Deo(拉) 荣归主颂(róng guī zhǔ sòng)(路2：14)
높은 곳에 계시는 하나님께 영광 (눅 2: 14)
(起於天使所唱：「在至高之处(qǐ wú tiānshǐ suǒ chàng ： zài zhìgāo zhī chù)，荣耀归于主(róngyào guīyú zhǔ)」)

gloria Patri(拉) 荣耀归于父神(róngyào guīyú fù shén) 아버지께 영광
(= glory be to the Father) (光荣颂(guāngróngsòng))

glossary 字汇(zì huì)，词典(cídiǎn) 용어 해설, 용어사전

glossolalia(希) 说方言(shuōfāng yán)(参徒(cān tú)2：1-13) 방언

gnosis(希) 知识(zhīshí)；灵智(líng zhì)；灵界知识(líng jiè zhīshí)；精神真理(jīngshén zhēnlǐ)
지식; 영지; 영계에 속한 지식; 정신적 진리

Gnosticism 诺斯底主义(nuò sī dǐ zhǔyì) 영지주의

形gnostic 诺斯底主义的(nuò sī dǐ zhǔyì de)，灵智派的(líng zhì pài de) 영지주의자의

goal 目标(mùbiāo), 目的(mùdì) 목표, 목적

同destination 目的地(dì) 목적지

God 神(shén), 上帝(shàng dì), 主(zhǔ) 하나님, 주

Almighty God 全能的神(quánnéng de shén)；全能主(quánnéng zhǔ) 전능하신 하나님

God the Creator 创造者上帝(chuàngzào zhě shàng dì)；造物主(zào wù zhǔ) 창조주하나님

God as He is 上帝一如其所是(shàng dì yī rú qí suǒ shì)；神的真面目(shén de zhēn miànmù)(本质(běnzhi))
하나님 그 분 그대로; 하나님의 본질

God in Himself 神在其本身(shén zài qí běnshēn)；上帝本身(shàng dì běnshēn) 하나님자신

God of anger 愤怒的上帝(fènnù de shàng dì) 분노하시는 하나님

God of delight 供人享受的上帝(gōng rén xiǎngshòu de shàng dì)
기쁨을 주시는 하나님; 누리게 하시는 주

God

God's self communication 上帝的自我通传
하나님의 자기교통
(上帝把自己的特性, 本质, 爱, 宽恕, 关怀表达
给他所创造的人类.)

hidden God 隐藏的上帝　숨어 계신 하나님
living God 活着(永活)的上帝　살아 계신 하나님
One and Tribune God 三位一体的神
　　　　　　　　　　　삼위일체 하나님
One God, Creator and Lord
创造者与主宰者的唯一上帝
　　　　　창조주요 주재자이신 유일하신 하나님
personal God 有位格的上帝　위격이 있으신 하나님
revealed God 已启示的上帝　이미 계시하신 하나님
suffering God 受苦的上帝　고난받으시는 하나님
supreme God 至高无上的上帝
　　　　　　　지극히 높으신 하나님
true God 真神　참 하나님
unknown god 未识之神　알지 못하는 신
veiled God 未启示的上帝　계시되지 않은 하나님
god 神, 神明, 偶像, 神像　신, 신상, 우상
godchild 主内子女(施洗时的被保证人)
　　　　　하나님의 자녀(세례시 보증받는 자)
goddess 女神　여신

golden rule

God-forsakenness 为(wèi)神所弃；为(wèi)神舍弃
　　　　　　하나님을 위한 희생/버림
godhead 神格，神性，上帝本身
　　　　　신격, 신성, 하나님 자신
godhood 神格，神性　신격, 신성
God-man (1)神人合一者；神人(指耶稣基督)

　　　　　　하나님이며 사람이신 분; 신인
　　　　　　(예수 그리스도)
　　　　(2)(佛)「宗教世界」中的人：天人　종교인

　　　　(3)超人　초인
godparents 教父，教母　대부대모
　　　　(幼童受洗时之保证人) 유아세례시 보증인
形godly 敬虔的，敬拜 神的　경건한, 믿음이 깊은
　同religious
　同pious 敬虔的，虔诚的　경건한
God-talk 有关神的语言与讨论
　　　　　하나님의 말씀, 혹은 언설
golden rule 金律　황금률
good 名 善，幸福　선, 행복
　　形 好的，善的　좋은, 선한
common good 共善　공공의 선
good news 福音；好消息　복음, 기쁜 소식

highest good 至善(zhì shàn)；最高的善(zuìgāo de shàn) 지선; 최고의 선

universal good 普通的善(pǔtōng de shàn) 일반적 선

Good Friday 受难(shòunàn)日(复活节前之周五)(fùhuó jié qián zhī zhōu wǔ)
성금요일(부활절 전 금요일; 수난일)

the good 好人(hǎo rén) 선한 자

goodness 善良(shànliáng), 慈爱(cíài) 선함, 선량, 친절

(口语用(kǒuyǔ yòng) Goodness 代替(dàitì) God, 例(lì)：我的天啊(wǒ de tiān a)!
不是(bù shì) "My God", 乃是(nǎishì) "My Goodness")

Gospel 福音(fúyīn), 佳音(jiāyīn) 복음, 기쁜소식

the Gospel 福音(fúyīn)：基督耶稣(jī dū yē sū) 복음: 그리스도 예수
同Christ Jesus, His crucifixion and resurrection
基督耶稣(jī dū yē sū), 他的被钉十字架和复活(tā de bèi dīng shí zì jià hé fùhuó)
예수 그리스도, 그분의 십자가에 못 박히심과 부활

Gospel of freedom 自由的福音(zìyóu de fúyīn)；予人自由的福音(yú rén zìyóu de fúyīn)
자유의 복음; 자유케 하는 복음

govern 统治(tǒngzhì), 管理(guǎnlǐ), 治理(zhìlǐ), 支配(zhīpèi) 통치하다. 다스리다

同reign 名动 统治(tǒngzhì), 主权(zhǔquán) 통치(하다), 주권

名government (1)政府(zhèngfǔ) 정부

(2)统治(tǒngzhì), 管理(guǎnlǐ), 管辖(guǎnxiá) 통치, 관리, 관할

grace (1)恩典(ēndiǎn), 恩惠(ēnhuì), 恩宠(ēn chǒng)；天恩(tiān ēn) 은혜, 은총

(2)谢饭祷告(xiè fàn dǎogào) 식사기도

actual grace 现恩(xiàn ēn)；神随时帮助之恩典(shén suíshí bāngzhù zhī ēn diǎn)

실제적 은혜: 때를 따라 도우시는 하나님의 은혜
(神暂时加给人能力，使其得救作为实现的恩典)

antecedent grace 预赐恩典 선행된 은혜
(在人自由意志决定前产生的恩典)

appropriate grace 合宜恩典 합한 은혜
(当恩宠适合个人内在与外在的情况时，由於人的接纳，而成为实效恩宠的恩典)

authoritative grace 主权恩典 주권적 은혜
(出于自己的权力而赐于的恩典)

concomitant grace 因恩典而来的礼物
수반하는 은총: 은혜로 인해 드러나는 덕성
(指一切随恩宠而来的卓越德性)

consequent grace 後至恩典
자유의지에 뒤따르는 은혜
(支援并伴随人自由意志活动的现恩)

efficient grace 实效恩典 실효은혜
(可实际促成得救作为之现恩)

efficacious grace 有效(灵验)恩典 체험케하시는 은혜
(能产生预期效果的恩典)

grace of illumination 光照之恩典 조명하시는 은혜
(现恩的后果之一；因神圣灵感动人內心明白

圣经之恩典)

grace of inspiration 灵感恩典　영감하시는 은혜
(现恩的后果之一；因神相助而感受到圣灵之恩典)

grace of will 意志之恩典　의지은혜
(现恩的后果之一；增强人意志以克服某困境的恩典)

inappropriate grace 不合宜恩典

합하지 못한 은혜

(当恩宠不适合个人内在与外在的情况时，没有人
自由意志的接纳，不发生实效的恩典)

infused grace 灌注的恩典　주입된 은혜
(非人本性所有，神倾入人心的恩典)

internal grace 内在恩典　내재적 은총
(实质影响人心的恩典)

irresistable grace 不可抵抗的恩典；不能抗拒的恩典

불가항력적인 은혜

(指圣灵的能力在罪人心里做工，一直到他认罪悔改)

operative grace 行动的恩典(令人行善)

선한 일의 실마리로서 작용하는 은혜

perfective grace 完成之恩典　완전케 하시는 은혜

sacramental grace 圣礼的恩宠　성례전적 은혜

sanctifying grace 圣化(使成圣)恩典　성화의 은총

sufficient grace 充足恩典　충족한 은혜

systems of grace 恩典规律(ēn diǎn guīlǜ)；恩典体系(ēn diǎn tǐ xì) 은혜의 체계

true and merely sufficient grace
실제적이나 근근히 충족된 은혜
实在而仅仅足够的恩典(shízài ér jǐnjǐn zúgòu de ēn diǎn)（在具体情况下能产生得救(zài jù tǐ qíngkuàng xià néng chǎnshēng déjiù)
作为(zuò wéi)，然因人意志的拒绝毫无实效可言的恩典(rán yīn rén yìzhì de jùjué háo wú shíxiào kě yán de ēn diǎn)）

say grace 动 感谢(gǎnxiè)(饭前(fàn qián)) 감사하다(식전)；식사기도

Gradual Psalms 上行之诗(shàngxíng zhī shī)(诗120-134篇(shī...piān))
성전에 올라가면서 부른 시편

graduate 动 毕业(bìyè) 名 毕业生(bìyè shēng) 졸업하다; 대학원생
同graduate study 研究所课程(yánjiū suǒ kèchéng) 대학원과정
(若是指(rěshì zhǐ) M. Div.之後的研究(zhī hòu de yánjiū)，英国称(yīngguó chēng) postgraduate study)

grasp 动 握住(wòzhù)，了解(liǎo jiě) 붙잡다, 이해하다
同grip 名动 抓住(zhuāzhù)，了解(liǎo jiě) 붙잡다, 이해(하다)
同catch 动 抓住(zhuāzhù)，了解(liǎo jiě)

gratia (拉(lā)) 恩典(ēndiǎn)；感谢(gǎnxiè) 은혜；감사
(= grace)
gratia concomitans(拉) 经自由意志同意之恩典(jīng zìyóu yìzhì tóngyì zhī ēndiǎn)
자유의지와 함께 작용하는 은혜
gratia dei(拉) 靠(借)(kào jiè) 神的恩典(shén de ēndiǎn)
신적 은혜, 하나님을 의뢰하는 은혜
gratia gratis data(拉) 施赠之恩(shī zèng zhī ēn)；无偿所赐的恩典(wú cháng suǒ cì de ēndiǎn)
다른 이들의 구원을 위하여 주어진 직분의 은혜
（为(wèi)了拯救他人而赐与某些人的恩宠(le zhěngjiù tārén ér cì yú mǒuxiē rén de ēn chǒng)）

gratia gratum faciens(拉) 使人蒙悦纳之恩典
　하나님을 기쁘시게 만드는 은혜
gratia infusa(拉) 浇灌的恩典　부으시는 은혜
gratia irresistibilis(拉) 不能抗拒的恩典
　(= irresistable grace) 불가항력적인 은혜
gratia mere sufficiens(拉) 仅仅足够的恩典
　근근히 충족되는 은혜
gratia quae dat posse(拉) 给予能力以从事....的恩典
　일을 행할 수 있게 하시는 은혜
　(= grace which gives the ability to)
gratia vere et mere sufficens(拉)
　实际而仅仅足够的恩典
　실제적이나 근근히 충족되는 은혜
　(= true and merely sufficient grace)
gratia vere sufficiens(拉) 实在足够的恩典
　구체적으로 구원하시기에 충분한 은혜
　(在具体情况下能产生得救作为的恩典)

Great Schism 大分裂　대분열
　(指1054年东西教会之分裂。)
gratitude 感谢, 感激　(남의 호의, 은혜에)감사, 감격
　形grateful 感谢的, 致谢意的, 受欢迎的
　　감사하는, 사의를 표하는, 환영받는
　同thankfulness 感谢, 感恩, 感激　(신, 사람에)감사
　同thanksgiving 感谢, 感恩　(하나님께)감사, 감은

great 大(dà), 伟大(wěidà) 큰, 위대한
    Great Commission 大使命(dà shǐmìng)(太二八(tài èr bā)19-20)
        대사명, 선교대위임령, 지상대명령
    Great Awakening 大复兴(dà fùxīng); 大觉醒运动(dà jué xǐng yùndòng) 대부흥
    (美国第一次属灵大复兴运动(měiguó dì yī cì shǔ líng dà fùxīng yùndòng)) 제1차 대각성운동
    Great Revival 第二次大复兴(dì èr cì dà fùxīng) 제2차 대각성운동
    (美国第二次属灵大复兴运动(měiguó dì èr cì shǔ líng dà fùxīng yùndòng))
    Great Schism 大分裂(dà fēn liè) 대분열
    (1054年东西教会的分裂(nián dōngxī jiào huì de fēnliè)) 1054년 동서교회의 분열
Greco- 表「希腊」之义(biǎo xī là zhī yì) 헬라의
    Greco-Roman 希腊罗马的(xī là luō mǎ de), 受希腊罗马影响的(shòu xī là luō mǎ yǐngxiǎng de)
        헬라로마의, 헬라로마의 영향을 받은
Greek 名 希腊人(xī là rén), 希腊文(xī là wén) 그리스사람, 헬라어
    形 希腊的(xī là de); 希腊人(语)的(xī là rén yǔ de) 헬라사람의, 헬라어의
    Greece 希腊(xī là) 그리스; 헬라
    Greek Orthodox Church 希腊正教(xī là zhèngjiào), 希腊东正教会(xī là dōngzhèngjiào huì)
        희랍정교, 그리스정교, 동방정교
    Hellenization 希腊化(xī là huà) 헬라화, 헬레니즘화
grief 名 忧伤(yōushāng), 忧愁(yōuchóu) 비통, 근심, 슬픔
    同sorrow 名 悲伤(bēishāng), 悲哀(bēiāi) 비애, 슬픔
    同mourn 动 哀悼(āi dào), 忧伤(yōushāng) 애도, 근심
groan 名动 呻吟(shēn yín), 叹息(tànxī) 신음(하다), 탄식(하다)

ground :
(1)根基, 根源, 基础　땅, 기초, 근거
(2)理由, 原因；动机　이유, 원인, 동기
(3)背景, 范围　배경, 범위
(4)建立, 基于；打基础　세우다, 기초하다, 토대를 닦다
Ground of Being 存有根源　존재의 근거
　　　　　　　　（田立克对上帝的描述）
gubernation(拉 gubernatio) 管理, 管辖；统治, 支配
　　　　　　　　　관리, 관할; 통치, 지배
guide 名动
(1)引导, 指导, 领导　인도하다, 지도하다, 영도하다
(2)处理, 管理, 左右　처리, 관리, 좌우
同instruct 动 指导　지도하다
名guidance 引导, 指导　인도
guilt 名 罪, 有罪, 罪债　죄, 범죄, 유죄, 죄책
形guilty 有罪的　유죄의
同crime 名 犯罪(法律上)　범죄의
　= sin 名 罪, 罪过, 罪行　죄, 잘못
　= the Fall 堕落　타락, 범죄
　= depravity 败坏, 罪恶　부패, 죄악
　= transgression 罪愆　범죄
guru(印)（印度教之) 老师, 尊者　(인도교의)교사, 스승

H

Habakkuk(来)(旧约)哈巴谷书 (구약)하박국서
habib(回) 上帝的友(穆罕默德之尊称)
　　　(회교) 신의 친구-모하메드의 존칭
habit 习惯, 习性；气质　습관, 습성, 기질
　　habituell(拉) 习惯的, 习性的；附加的, 补充的
　　　　습관적인, 상습적인; 부가의, 보충의
　acquired habit 後天(获至)习性　후천적 습성
　infused habit 倾注习性　주입된 자질
　　　(하나님에 의하여 부어넣어진 특별한 행동을
　　　위한 성화은총과 같은 능력)
　　　(如圣化恩宠, 神如水般倾注人灵中, 使之而有的
　　　恒常境界)
　innate habit 先天(生得)习性；生而有的气质
　　　선천적 습관, 생득적 기질
　operative habit 动作习性　행동적 기질
habitus(拉)(1)(habit) 习性, 习惯　습성, 습관
　　　(2)(经院哲学) 持久状态(如爱德, 美德)
　　　(스콜라철학의) 지속된 상태(덕, 미덕)
Hades(希) 冥府, 阴间；黄泉(原意指死人住所)
　　　음부, 명부, 저승, 황천
hadith(回) 圣传；回教传统　거룩한 전통: 회교전통

(如穆罕默德及其徒弟的言行录)

hadj(或hajj) 朝圣 성지순례
(指每个真正的回教徒生平至少一次至麦加城朝圣)

Hagiographa(或 Kethubim) 纪土宾, 圣卷
케투빔, 성문서
(指希伯来圣经之第三部分, 即旧约律法与先知书以外的十一卷书)

hagiography 圣徒传(zhuàn) 성도전 연구, 성인언행록
(文学之一部分, 记圣徒(圣人)之生活)

hagiolatry 圣人崇拜 성인숭배

hagiology 圣徒研究, 圣徒言行录 성인연구, 성인언행록
(研究圣徒生活及著作 : 성인들에 대한 가르침/교훈)

Halakha(或 Halacha)(来) 犹太关于律法的传统
유대인의 율법에 관한 전통

Half-Way Covenant 不完全之约 불완전한 언약
(1657-1662年 美新英格兰公里宗的一项规定,
准许非「圣徒」及未经历「重生」的儿女受洗)

hallelujah, -iah(来) 哈利路亚 할렐루야
(赞美上帝, 希alleluia : 하나님을 찬양하라)

hallow 使神圣 거룩하게 하다, 신성케 하다
同sanctify 使圣化 거룩하게 하다

hamartiology 罪论 ; 人罪论 죄론, 인죄론

handicap 名 障碍(zhàngài) 장애
　　　动 使受到障碍(shǐ shòu dào zhàngài)，妨碍(fángài)
　　　　장애를 겪다, 곤란을 당하다
　　the handicapped 残障人(cán zhàng rén) 장애인
Hands, Laying on of 按手礼(àn shǒu lǐ) 안수식
Hanukkah(或(huò) Chanukak)(来) 修殿节(xiū diàn jié) 수전절
hapaxlegomenon 新约中兄出现过一次的词句或字(xīn yuē zhōng zhī chūxiàn guò yīcì de cí jù huò zì)
　　　　신약에 한번 나오는 구(句)나 단어
Haphtharoth 先知书经文(xiānzhī shū jīng wén) 선지서
　　(犹太会堂读完五经课文(yóutài huìtáng dòuwán wǔ jīng kè wén) Parashah 後所读(hòu suǒ dòu)。)
happiness 幸福(xìngfú) 행복
　　同blessing 祝福(zhùfú) 축복
harmony 和谐(hé xié)，协调(xiétiáo)，调和(tiáohé)
　　　　화해, 협조, 조화, 일치
　　同reconciliation 和解(héjiě)，调和 화해
　　动harmonize 使和谐(shǐ hé xié)，和谐化(hé xié huà)，调和(tiáohé)
　　　　화합하다, 조화를 이루다, 일치하다
　　harmony of the Gospels 福音合参(fúyīn hé cān) 공관복음
　　同 Synopsis
harrowing of hell 困扰阴间(kùn rǎo yīnjiān) 음부(지옥)결박
　　(谓基督复活後下到阴间(wèi jī dū fùhuó hòu xià dào yīnjiān)，释放被掳之灵魂(shìfàng bèilǔ zhī líng hún)，破坏(pòhuài)
　　阴间的权柄(yīnjiān de quánbǐng)。新约马太福音(xīn yuē mǎ tài fú yīn)16：16-19)
harvest thanksgiving 秋收感恩节(qiū shōu gǎnēn jié) 추수감사절

Hasidim(或 Hasideans)(来) 哈西典；敬虔派
하시딤, 유대경건주의
(严格遵守犹太律法，主前二、三世纪成立，后分裂为爱色尼及法利赛两派)

hate 憎恶，憎恨 미워하다, 증오하다

名hatred 憎恶，憎恨，仇恨 증오, 원한

形hateful 可恶的，可恨的 미운, 가증스런, 꺼림칙한

Haustafel(德) 家规 가정도덕율
(指古时公法之外的私人道德法典。新约经文中之列, 如弗 5:20-6:9及彼前 2:13-3:9)

Haystack Prayer Meeting 草堆祷告会 건초더미 기도회

Head of the Church 教会的元首 교회의 머리: 그리스도
(基督耶稣乃父神所差遣的教会元首)

heal 医治，医病，治愈 치료하다, 병고치다

名healing 祷告医治 치유기도, 신유

heathen 名形 异教徒(的) 이교도(의), 이방인(의)
　同gentile = pagan

heathenism 异教 이교, 이단, 이단사상, 우상숭배

heaven 天，天堂 천당, 천국

Hebraism 希伯来主义(思想) 히브리사상, 유대교

Hebrew 名形 希伯来人(的), 希伯来话(的)
　　　　히브리인(의), 히브리어(의)

hedonism

同Hebraic 希伯来人(的), 希伯来话(的)

Hebrews (新约)希伯来书 (신약)히브리서

hedonism 唯乐主义, 享乐主义；纵欲派 쾌락주의, 향락주의
(谓人生之终极目标乃快乐，或以得到快乐为人生至高之目标)

Hegira(Hijra)(回) 回历至圣迁都 헤지라(이슬람신기원)
(主後622年 9月十五日，穆罕默德自麦加逃至麦地那；他死後即以此时为伊斯兰历的纪元)

Heidelberg Catechism 海德堡要理问答 하이델베르그 신앙요리문답
(德国改革宗教会的信仰信条，1563年在海德堡起草与出版，凡以改革宗为背景的各宗派均接受。)

heilsgeschichte(德) 救恩史 구속사, 구원역사
(指由 神所命定达到救恩之路，如旧约应许，新约应验)

heir 继承人 계승자, 상속자

heirship 继承权 상속권

heritage 遗产 유산, 유업

Hell 地狱 지옥

Hellenism 希腊主义 헬레니즘, 그리스문화

Hellenization 希腊化 그리스화, 헬라화

Helvetic Confession (拉 Confessio Helvetica)
　　First Helvetic Confession 第一瑞士信条(1536)
　　제 1 스위스 신조
　　Second Helvetic Confession 第二瑞士信条(1566)
　　제 2 스위스 신조
　　(瑞士改革宗重要信条，或称纥里微提信条)
henosis 联合　연합(그리스도의 신인양성합일성)
　　(指基督神人两性的合一)
henotheism 唯尊一神论；择一神教　단일신교
　　(指在诸神中择一事奉之)
heortology 教会节期学　교회절기학
　　(希Heortologie 为研究教会年历史及始源之学)
heptateuch 七经(指旧约圣经之前七卷书)　7경
heresy 异端邪说，异教　이단
　　形heretic 名形 异端者，异端的　이단자, 이단의
　　heresiography 异端志(论)　이단지
　　heresiology 异端论；异端研究　이단론; 이단연구
hermeneutics 解经学，释经学，诠释学　해석학
　　exegesis 注释，释义　주석, 석의
　　exposition 注解，解释　주해, 주석
　　interpretation 解释，诠释　해석
hermit 隐士　은자(隐者)

hero

hero 英雄(yīngxióng), 勇士(yǒngshì), 豪杰(háojié)　영웅, 용사, 호걸
　　　形heroic 英雄的(yīngxióng de)　영웅적인
Hesychasm 赫西卡斯主义(hè xī kǎ sī zhǔyì); 静坐派(jìng zuò pài)
　　　(동방교회의) 정적주의 영성운동
　　Hesychasts 静坐派(jìng zuò pài)　정적주의
heterodoxy 非正统(fēi zhēngtǒng), 异端(yìduān)　이설, 이단, 비정통
　　　形heterodox 非正统的(fēi zhēngtǒng de), 异端(yìduān)(左道(zuǒ dào); 邪说(xié shuō) 的)
　　　　　비정통의, 이단사설의
heteronomy 他律(tā lǜ), 他治(tā zhì), 人治(rén zhì)　타율, 타율성
　autonomy 自律(zì lǜ), 自治(zì zhì)　자치, 자율성
　theonomy 神律(shén lǜ), 神治(shén zhì)　신률, 신중심
　　　　　(以上为田里克三个重要神学观念)(yǐ shàng wéi tián lǐ kè sān gè zhòng yào shén xué guānniàn)
　　　　　틸리히의 3대 중요신학개념
hetu and phala(佛) 因果(yīnguǒ)　인과: 원인과 결과
　　　(何种起因(hé zhǒng qǐyīn), 即结何种果子(jí jié hé zhǒng guǒzi), 所谓因果报应(suǒwèi yīnguǒ bàoyìng))
　　　원인은 곧 그에 따른 결과를 가져온다: 인과응보)
hetupratyaya(佛) 因缘(yīn yuán)　인연
hexaemeron(希) 六天的创造(liù tiān de chuàng zào); 有关创世之论(yǒu guānchuàng shì zhī lùn)
　　　　　6일창조론; 우주창조에 관한 학설
Hexapla 六种经文合壁(liù zhǒng jīng wén hé bì)　6개 언어 대역 성경
　　　(主后三世纪俄利根所备之七十译本旧约(zhǔ hòu sān shì jì é lì gēn suǒ bèi zhī qī shí yìběn jiù yuē), 该本以六(gāi běn yǐ liù)
　　　种译本并列(zhǒng yìběn bìngliè), 凡(fán)50卷(juǎn), 现仅存断片(xiàn jǐn cún duànpiàn))
Hexateuch 六经(liù jīng)(旧约前六卷(jiù yuē qián liù juǎn))　6경-구약의 처음 6권

180 英中韓 宗敎字典

hic et nuuc(拉) 此时此地（cǐ shí cǐ dì） 지금-여기
  (= here and now)
hierarch 教主（jiào zhǔ）, 教尊（jiào zūn）, 大主教（dà zhǔ jiào）; 高僧（gāo sēng）, 掌权者（zhǎngquán zhě）
  교주, 종교지도자, 실력자
  (指宗教领袖或有权者)（zhǐ zōng jiào lǐngxiù huò yǒu quán zhě）
hierarchy (1)神职阶级（shén zhí jiējí）, 教权制度（jiàoquán zhì dù）, 属该制度之神职人员（shǔ gāi zhì dù zhī shén zhí rén yuán）
  성직계급, 교권제도, 제도권에 속한 성직자
  (2)神职统治（shén zhí tǒng zhì）, 系统（xìtǒng）; 阶级制度（jiējí zhìdù） 계급제도, 체계
形hierarchial 神职阶级的（shén zhí jiējí de）, 阶级制度的（jiējí zhìdù de）
  성직계급의, 계급제도의
hieroglyph 象形文字（xiàngxíng wén zì） 상형문자
High Church 高派（gāo pài）(圣公会)（shènggōng huì） 고교회파(의식을 중시)
  (与底派（yú dǐ pài） Low Church 广派（guǎng pài）(折衷派)（shé zhōng pài） Broad Church
  互相对应（hùxiāng duìyìng）: 保持传统（bǎochí chuántǒng））
Hinduism 印度教（yìn dù jiào） 힌두교
history 历史（lìshǐ） 역사
  historicism 历史主义（lìshǐ zhǔyì） 역사주의
  church history 教会历史（jiào huì lìshǐ）, 教会史（jiào huì shǐ） 교회사
  形historical 历史的（lìshǐ de） 역사의
    historical theology 历史神学（lìshǐ shén xué） 역사신학
    historical Jesus 历史的耶稣（lìshǐ de yē sū） 역사적 예수
  名historicity 历史性（lìshǐ xìng） 역사성

holistic 全人的(quán rén de), 整全的(zhěngquán de) 전인의, 전체론적, 통전적
   holism 整全论(zhěngquán lùn) 전체론
holy 圣的(shèng de), 神圣的(shénshèng de), 圣洁的(shèngjié de) 거룩한, 신성한
   holy of holies 至圣所(zhì shèng suǒ) 지성소
   名holiness 神圣(shénshèng), 圣洁(shèngjié) 거룩, 신성, 성결
   Holiness Movement 圣洁运动(shèngjié yùndòng) 성결운동
   (19世纪美国卫斯理传统下的复兴运动，为五旬节运动的前身)(shì jì měiguó wèi sī lǐ chuántǒng xià de fùxīng yùndòng, wéi wǔ xún jié yùndòng de qiánshēn)
   19세기 미국 웨슬레를 중심으로 일어난 부흥운동, 오순절 운동의 모태.
Holy land 圣地(shèng dì) (指巴勒斯坦(zhǐ bā lè sī tǎn)) 성지(팔레스틴)
Holy Mystery 奥秘的圣事(ào mì de shèng shì)(指圣礼(zhǐ shèng lǐ)) 거룩한 신비(성례)
Holy Week 圣周(shèngzhōu); 受难(shòunàn)周(zhōu) 고난주간
   (指复活节之前一周(zhǐ fùhuó jiē zhīqián yīzhōu): 부활절 직전의 한 주간)
homeland 故乡(gùxiāng), 乡土(xiāngtǔ), 本土(běntǔ) 고향, 향토
   homeland theology 本土神学(běntǔ shén xué) 토착신학, 향토신학
homiletics 讲道学(jiǎng dào xué) 설교학
   形homiletic 讲道学的(jiǎng dào xué de) 설교학의
   rhetoric 修辞学(xiūcí xué) 수사학
   rhetorical 修辞学的(xiūcí xué de), 辞藻华丽的(cí zǎo huá lì de)
      수사학적, 화려한 문체의, 아름다운 글귀의
homo creator(拉) 创造的人(chuàng zào de rén) 창조적 인간

homo dionysiacus(拉) 做工的人，行动的人
　　　　　　　　　일하는 인간, 행동하는 인간
（人是有思想，能做工，有艺术感，乃至能忘我的）
homo faber(拉) 工作的人　노동하는 인간
homo honestatis(拉) 道德(的)人　도덕인
homo nobilis(拉) 高贵的人　고귀한 인간, 존귀한 인간
homo perfectus(拉) 成全(完整)的人　완전인
homo religiosus(拉) 宗教的人　종교적 인간
homo sapiens(拉) 理性的人；能识别的人
　　　　　　　　이성적 인간, 현명한 사람: 사유하는 인간
homo symbolicus(拉) 用象征的人　상징적 인간
（人能用图象表达己意）
homo viator(拉) 旅途中的人；旅客　나그네인 인간
homogeneous 同质的, 同种的, 同性的
　　　　　　동질의, 동종의, 동성의
名homogeneity 同质, 同种, 同性
　　　　　　　동질, 동종, 동성
homoiousia(拉) 本体类似；本质相似　유사본질
（尼西亚会议後，半亚流派所用的之字。谓基督与父神本体相似而非相同）
同homoiousios =homoiousians =homousians
　　（Arians）本质相似派
homologumena(希) 无争议的书卷　일치하는 것들:

homoousia

신약 정경 인정에 논란이 없었던 책들
(指古教会承认应列入正典之书卷)

反antilegomena(希) 有争执经 반대하는 것들
(指新约中古教会不承认其为正典之经文)
: 신약 정경 인정에 논란이 있었던 책들

homoousia(拉) :
(1)同性；同体；同质 동성, 동체, 동질
(2)同质论者；本体相同 동일본질
(正统派所用之字谓基督与父神质或体俱同)

同homoousios = Homoousians

homosexual 名形 同性恋者(的) 동성연애(의)

反heterosexual 名形 异性恋者(的) 이성연애자(의)

Homousians 本体类似论者；本质相似论者
유사본질론자

hono(u)r 光荣, 荣耀, 优等(学业) 영광, 우등(학업)

hope 名动 希望, 盼望 소망(하다), 희망(하다)

expect 期望, 期待 기대하다

wish 名动 愿望 갈망(하다)

anticipate 预期, 期盼 예감하다, 고대하다

theology of hope 盼望神学 희망의 신학

horizon 地平线, 眼界 지평선

形horizontal 水平的 수평적

反vertical 垂直的 수직적

horoscopy :
　　①星相学；星相术　점성학, 점성술
　　②(佛)八字:「生灭灭已寂灭为乐」여덟자(불교)
hospitable 宽大的, 善於款待　관대한, 환대하는
　　名 hospitality 好客, 款待, 厚遇　환대, 호의
hostile 敌对的, 敌意的　적대적인, 적의 있는
　　名 hostility :
　　　(1)敌对, 反对, 反抗　적대, 반대, 반항
　　　(2)敌对性, 敌对行为　적대감, 적대행위
house 房子, 房屋, 家庭　집, 가정
　　house church 家庭教会　가정교회
Huguenot 预格诺派　휴그노파
　　(16-7世纪法国加尔文派圣徒, 甚受逼迫, 1685年後
　　约有四十万人移居别国。)
human 名形 人(的), 人类(的), 人性(的)
　　　사람(의), 인간(의), 인류(의), 인성(의)
　　(受妇女神学使用性别平等语言的影响, 有取代 man
　　的倾向)
　　human nature 人性　인성
　　human being 人类　인류, 인간
　　humane 形 人道的　인도적인, 인간적인
　　humanism 人文主义, 人道主义　인문주의, 인도주의

humanity 人性(rénxìng), 人道(rén dào) 인성, 인간성, 인도
humanitarian 名形 人道主义者(的)(rén dào zhǔyì zhě de) 인도주의자(의)
humble 形 谦虚的(qiānxū de), 卑贱的(bēi jiàn de) 겸손한, 온유한, 비천한
　　动 使谦虚(shǐ qiānxū), 贬抑(biǎn yì) 겸손하게 하다, 무시하다
　同modest 形 谦虚的(qiānxū de), 适度的(shìdù de) 겸손한, 예의바른
　名humility 谦虚(qiānxū) 겸손
humiliate 动 贬抑(biǎn yì), 屈辱(qūrǔ) 창피를 주다, 무시하다
　名humiliation 谦卑(qiān bēi), 贬抑(biǎn yì), 屈辱(qūrǔ), 丢脸(diūjiǎn)
　　겸손, 창피당함, 굴욕, 수치
　　humilitation of Christ 基督之虚已(jī dū zhī xū yǐ)
　　그리스도의 자기비하(卑下)
　　(表明基督因其人性(biǎomíng jī dū yīn qí rén xìng), 甘受肉身限制及痛苦(gān shòu ròushēn xiànzhì jí tòngkǔ); 这(zhè)
　　人性正与其神性相对照(rén xìng zhèngyǔ qí shénxìngxiāngduìzhào))

Hussites 胡斯派(hú sī pài) 후스파
　　(15世纪改革者(shì jì gǎigé zhě) John Huss 约翰胡斯(yuē hàn hú sī) 1370-1415; 波(bō)
希米亚学者(xī mǐ yà xuézhě), 因拥护威克里夫教训被康士坦斯会议判(yīn wěnghù wēi kè lǐ fū jiàoxùn bèi kāng shì tǎn sī huìyì pàn)
焚死(fén sǐ), 其跟从者称(qí gēncóng zhě chēng) Hussites 或波希米亚弟兄会(huò bō xī mǐ yà dìxiōng huì)。)
hybris(希) (对 神)(duì shén)傲慢(àomàn), 骄傲(jiāoào), 自大(zìdà)
　　(하나님에 대항하여) 오만, 방자, 불손
hylozoism 物活论(wùhuó lùn); 万物生力论(wàn wù shēng lì lùn) (철학) 물활론
　　(谓物质本身(wèi wù zhì běnshēn), 自始具有生命与活力(zì shǐ jù yǒushēngmìng yú huó lì))
hymn 赞美诗(zànměi shī), 圣诗(shèng shī) 찬미가, 성가

hymn book 诗歌本(shīgē běn) 찬송가
　　同psalm 赞美诗(zànměi shī), 圣诗(shèng shī) 성가
　　hymnology 圣诗学(shèng shī xué) 찬송가학
hypocritical 形 伪善的(wěi shàn de), 乔饰的(qiáo shì de) 위선의, 위선적인
　　hypocrite 名 伪君子(wěi jūnzǐ), 伪善者(wěi shàn zhě) 위선자, 외식자
　　hypocrisy 名 假冒伪善(jiǎmào wěishàn) 외식, 위선
hypnogenesis 催眠(cuīmián) 최면
　　hypnosis 催眠状态(cuīmián zhuàngtài), 催眠术(cuīmián shù) 최면상태, 최면술
　　hypnotheraphy 催眠疗法(cuīmián liáo fǎ) 최면요법
hypomnemata 回忆录(huíyì lù) 회고록
Hypostase(希) 基础(jīchǔ), 原理(yuánlǐ), 原则(yuánzé) 기초, 원리, 원칙
　　(1)本质(běnzhì), 存有物(cúnyǒu wù) : 有实体的物(yǒu shí tǐ de wù) 본질, 실체
　　　(= 拉substantia :)
　　(2)具体化(jù tǐ huà), 拟人化(nǐrén huà) : 位格(wèi gé) 구체화, 의인화: 위격
　　　(= person)
hypostasis(希拉) :
　　(1)基础(jīchǔ) ; 根本原理(gēnběn yuánlǐ) 기초 ; 근본원리
　　(2)主体(zhǔ tǐ), 性质(xìngzhì) ; 位格(wèi gé) 주체, 속성, 위격
　　　(神学上指父子圣灵之性质(shén xué shàng zhǐ fù zǐ shènglíng zhī xìngzhì), 又指三位一体之位格(yòu zhǐ sān wèi yī tǐ zhī wèi gé))
　　hypostatic identification 二性同位(èr xìngtóng wèi) 양성동위
　　hypostatic union 本质之合一(běnzhì zhī hé yī)
　　　삼위일체의 연합(합일)

hypothesis

(指基督神人二性之合一)

动hypostatize 使本质化，使具体化，视为实体
　　　　　　실체화하다, 구체화하다

hypothesis (科学)假说，假定；(逻)前提
　　　　　(과학)가설, 가정；(논리) 조건명제의 전제

形hypothetical　假说的，假定的　가설의, 가정의

hypothetical necessity 假定的必然性
　　　　　　　　　　전제적 필연성

I

icon 圣像 상(像) 초상, 우상, 성상(圣像)
　　辨iconography 圣像学　성상학
iconoclasm 破除图像者　우상파괴자
　　(=iconoclast)
　　iconoclastic controversy 反图像争辩　성상논쟁
　　(主後725-842年因东罗马皇帝认为使用圣像, 有碍犹太
　　回教徒归正, 斥为偶像, 下令锁毁, 而引起的圣像敬
　　礼之争, 造成东西教会之分离.及改教运动时发生之事)
　　iconography 图象学, 图解(法); 肖像研究
　　　　　　　성상학, 도상학, 도해법; 초상연구
　　iconolater 图象敬拜者　성상숭배자
　　iconolatry 圣像敬拜; 偶像崇拜　성상숭배; 우상숭배
id (精神分析) 以德(the id)
　　(정신분석학) 이드 (본능적 충동의 근원)
　　(潜意识最深处之动劲, 生机; (保全自己的)本能冲动)
idea 观念, 概念　이데아, 관념, 개념
　　同concept =notion　개념
　　ideal (1)形 理想的, 典型的, 观念的, 虚构的
　　　　　　　이상적, 전형적인, 관념적인, 상상의
　　　　(2)名 理想; 典型, 模范

英中韓 宗教字典 189

identify

이상; 전형, 숭고한 목표
idealism (1)观念论(guānniàn lùn), 唯心论(wéixīn lùn) 관념화, 유심론
(2)理想(lǐxiǎng), 理想主义(lǐxiǎng zhǔyì) 이상, 이상주의
反materialism 唯物论(wéi wù lùn) 유물론
identify 认出(rènchū), 辨识(biàn shí), 视为同一(shì wéi tóng yī), 认同(rèntóng)
확인하다, 감정하다, 증명하다, 동일시하다,
名 identification :
(1)认同(rèntóng), 同一化(tóngyī huà), 合一(hé yī) 동일시, 동일화, 합일
(2)辨识(biàn shí), 确认(quèrèn), 证明(zhèngmíng) 동일함, 검증, 신분증명
名 identity :
(1)同一(tóngyī)(人(rén), 物(wù))性质(xìng zhì) 동일성, 신분증명서
(2)身份(shēnfèn), 本人(běnrén), 本体(běn tǐ) 신분, 본인, 주체성
(3)认同(rèntóng), 一致(yīzhì), 绝对相似(juéduì xiāngsì) 동일상태, 일치, 흡사
identity crisis 认同危机(rèntóng wēijī) 정체성 위기
identification card(简称(jiǎn chēng) I.D.) 身份证件(shēnfèn zhèngjiàn), 识别证(shíbié zhèng)
신분증명서, 신분증
ideology 意识型态(yìshí xíng tài) 이데올로기, 이념, 관념론
idiom(希) (1)成语(chéngyǔ), 惯用语法(guànyòng yǔ fǎ) 숙어, 관용어
(2)(复)idioma 属性(shǔ xìng), 特点(tèdiǎn) 속성, 특징
communication of idioms 属性(相通)交流(shǔ xìng xiāngtōng jiāoliú) 속성교류
predication of idioms 属性交流的用法(shǔ xìng jiāoliú de yòng fǎ)
속성교류의 용법
idol 偶像(ǒuxiàng) 우상

形idolatry 偶像崇拜 (ǒuxiàng chóngbài) 우상숭배

辨idolization 偶像化 (ǒuxiàng huà) 우상화

IHS :
- (1)(希) Iesus Hagiator Soter 耶稣圣者救主 (yē sū shèng zhě jiù zhǔ)
  예수는 거룩한 자요, 구세주시다
  (=Jesus Sanctifier Savior)
- (2)(拉) Iesus Hominum Salvator 耶稣人类之救主 (yē sū rénlèi zhī jiù zhǔ)
  예수는 인류의 구주시라
  (= Jesus Savior of Men)
- (3)(拉) In Hoc Signo Vinces
  以此(十字架)记号你要战胜 (yǐ cǐ shí zì jià jìhào nǐ yào zhànshèng)
  이 기호(십자가)로 승리할 것이다
  (= in this sign[the cross] shall you conquer)

illation 推定 (tuīdìng), 推论 (tuī lùn) 추정, 추론

illative sense 推理感 (tuīlǐ gǎn) ; 推论而来的意义 (tuī lùn ér lái de yìyì) 추리력

illicit 违法(不合法)的 (wéi fǎ (bù hé fǎ) de), 不正的 (bùzhèng de) 위법의, 부정의

illuminate 光照 (guāngzhào), 阐释 (chǎn shì), 启蒙 (qǐméng)
조명하다, 해명하다, 계몽하다

名illumination 光照 (guāngzhào) 조명, 해명, 계몽

Illuninati(拉) 顿悟派 (dú wù pài) ; 光照派 (guāngzhào pài) 일루미나티

illusion 幻觉 (huàn jiào), 幻影 (huànyǐng) 환상
(指表面似为真实或真确，但实际并不存在或 (zhǐ biǎomiàn sì wéi zhēnshí huò zhēnquè dàn shíjì bìng bù cúnzài huò)
与其表面差异极大之物) (yú jī biǎomiàn chāyì jídà zhī wù)

allusion 引述 (yǐn shù), 提及 (tí jí) 암시, 언급

illustrate

（意为暗指或引喻）
delusion 欺瞒，谬见，幻想　기만, 환상, 현혹
（指有关某种实际存在之物的错误且常为有害的信念）
illustrate 举例说明；插图，图解
　　　　예를 들어 설명하다, (그림, 도해를)삽입하다
　　名illustration 插图，例证　삽입, 예증
image 像，形象　상, 형상, 모습; 조상(雕像)
　　image of God 上帝的形象　하나님의 형상
　　imagery (1)心象；想象物　심상, 상상물
　　　　　(2)象喻；比喻　비유적 묘사
imagine 想象，假象，认为　상상하다, 가상하다, 여기다
　　名imagination 想象，虚构，想象力　상상, 상상력
　　imago dei 上帝的形像　하나님의 형상
　　　(=Image of God)
iman(回) 信仰　회교신앙
imitate 模仿，效法，模拟，假充
　　　　모방하다, ~을 닮다, 흉내내다
　　名imitability 可模仿性；可仿效
　　名imitation 模仿，效法　모방, 본받음
　　　Imitation of Christ 效法基督　그리스도를 본받아
Immaculate 纯洁的，纯净的；无玷的
　　Immaculate Conception 无罪成胎孕说(指马利亚)

마리아의 무흠수태에 관한 교리
immanence, -cy 內在, 內在於世, 临在 내재, 임재
反transcendence 超越, 超越於世 초월, 세상을 초월
形immanent :
 (1)(哲学)内在的, 内涵的 내적인, 내재하는
 (2)(神学)(神)临在於宇宙的
  (신학) (하나님)우주에 충만한, 임재하는
immensus Pater(拉) 广大无量之天父
     크고 광대하신 하나님 아버지
immerse 动 浸水, 浸 물에 담그다, 침례를 베풀다
名immersion 浸水, 浸礼 침례
immigrant 名形 移民者, 移民的(移入)
  이민(자), (입국이민자)
emigrant 名形 移民者, 移民的(移出)
  이민(자), (출국이민자)
动immigrate 移民 이민하다
名immigration 移民 이민
imminence 临近, 逼近; 即将来临; 急迫
  임박, 절박; 곧 임함; 급박
imminence of the end of the world 末世降临
     세상의 끝이 곧 임함
形 imminent 임박한, 절박한
immolation (1)杀牲献祭, 作牺牲 희생제사, 제물로 바침
  (2)牺牲, 祭物 희생, 제물

immoral 不道德的, 淫汤的, 不贞的　부도덕의, 외설
　　moral 道德的　도덕적
　　amoral 超道德的　초도덕적
　　unmoral 与道德无关的　도덕과 무관한
　　名immorality 不道德(行为), 淫汤
　　　　　　　　부도덕, 패덕행위, 외설
immortal 不死的　불멸, 죽지 않는 것
　　反mortal 会死的　죽을 수 밖에 없는, 썩는
　　名immortality :
　　　　(1)(神学)灵魂不灭　(신학) 영혼불멸
　　　　(2)永恒性, 不死性, 不朽性　영원성, 불멸성
　　　　(3)不死, 不灭, 永存不朽　불사, 불멸, 영원불멸
　　immortalization 使不死, 使不灭, 使永存, 使不朽
　　　　　　　　불멸화, 불후화
immutability 不变性; 不变, 不易, 不改变　불변
　　　　불변성 (中世纪经院哲学上帝属性之一)
　　　　(중세기 하나님의 속성 중 하나)
　　immutability of God 神的不变性　하나님의 불변성
　　immutatio repraesentative(拉)
　　　　表现性的不变; 代表性的不变　대표성의 불변
impact 名动 冲击, 压紧　충격, 영향, 효과; 격돌하다
impart :
　　(1)传授, 分给　전수하다, 나누어 주다

(2)通知, 告知 알리다, 전하다

名 impartment 告知, 传授 고지, 전달, 분여

impartial 形 公平的, 不偏不倚的 공평한, 편견이 없는

　　名 impartiality 公平, 无私, 公正
　　　　　　　　공평무사, 치우치지 않음

impartibility 不可分性；不能分割 불가분성

　　形 impartible 不可分的；可传授的
　　　　　　　　불가분의, 분할할 수 없는

impassibility 无痛感性；无感觉

모든 것에 영향을 받지 않는 완전한 하나님의 한 속성
(复活身体所具有的特性之一)

impeccability 无罪性

　　무죄성, 죄를 저지를 우려가 없음; 흠이 없음

　　形impeccable 无罪(瑕疵；缺点)的；完善(纯洁)的
　　　　무죄의, 결점이 없는, 죄를 저지르지 않는, 완전한

　　impeccantia(拉) 无罪(不犯罪)之实；无辜
　　　　　　　　죄가 없음, 무고함

impenitent :
　　(1)不悔悟的, 不悔罪的, 冥顽的
　　　　회개하지 않는, 완고함, 뉘우치지 않는
　　(2)不悔过的人 회개하지 않는 자

imperative (文法)命令式 명령형

imperfect 不完美的, 不完全的, 有缺点的
　　　　불완전한, 결점이 있는

反perfect 完美的(wánměi de) 완전함, 결점이 하나도 없는
imperialism 帝国主义(dì guó zhǔyì) 제국주의
impersonal 无位格的(wú wèi gē de), 不具人格的(bù jù rén gé de), 非个人的(fēi gè rén de), 客观的(kèguān de) 무위격의, 비인격적인, 개인적이지 않는, 객관적인
反personal 位格的(wèi gé de) 위격의, 인격의, 개인적인
名impersonality：
　(1)无位格性(wú wèi gē xìng)；一般性(yībān xìng)；客观(kèguān) 무위격성, 일반성, 객관
　(2)无位格性之事物(wú wèi gē xìng zhī shìwù) 무위격성의 존재
辨impersonalization 非位格化(fēi wèi gē huà) 비위격화
impiety (对 神)不信(duì shén bùxìn), 不敬虔(bù jìng qián) 불신, 불경건
反piety 敬虔(jìng qián) 경건
　impiety unto God 不信神(bùxìn shén), 不恭敬神(bù gōngjìngshén) 불신, 불경건
imply 含蕴(hán yùn), 意味(yìwèi), 暗示(ànshì) 함축하다, 암시하다, 내포하다
名implication 暗示(ànshì), 意谓(yì wèi) 암시, 의미
implicit 形 绝对的(juéduì de), 隐含的(yǐn hán de), 必然包括内在的(bìrán bāoguā nèizài de) 절대적, 반드시 포함되어 있는
反explicit 明显的(míngxiǎn de) 명백한, 분명한
imposition of hands 安手礼(ānshǒu lǐ) 안수식
　(拉 impositio manuun)
Imprecator Psalms, The 咒诅诗篇(zhòuzǔ shī piān) 저주시편
　(如诗篇(rú shī piān) 58, 68, 69, 109, 137)
impression 印象(yìnxiàng), 效果(xiàoguǒ), 意念(yìniàn) 인상, 영향

impressive 印象深刻的(yìnxiàng shēnkè de) 영향적인, 인상적인

improperia(拉) 咒诅文(zhòuzǔ wén) 저주문

(古教会仪式之一，是受苦日所用。「咒诅」乃指基督对其不忠信徒之责备)

impurity (1)不洁，不纯，淫乱(bù jié, bù chún, yínluàn) 불결, 부정, 더러움

(2)(pl.)不洁之物，不纯物(bù jié zhī wù, bù chún wù) 불결한 것, 불순물

反purity 洁净(jiéjìng) 정결, 순전

impute 归于，归罪于(guīyú, guī zuì yú) 탓으로 돌리다, 전가하다

名imputation 归于(guīyú) 전가, 돌림

imputation of justice and merit 归义与归功(guī yì yú guī gōng)

의와 공덕의 전가

(改革宗：人性因原罪已完全败坏，罪人成义乃是神将基督的救功和义归给他，因信取基督宝血的义遮覆而的罪赦)

形imputed 归于的(guīyú de) 전가된

imputed justice 归义；所归之义(guī yì; suǒ guī zhī yì) 전가된 의

(路德用来形容义是上帝主动归于人的)(lù dé yònglái xíngróng yì shì shàng dì zhǔdòng guīyú rén de)

루터: '칭의'는 하나님이 주동적(적극적)으로 사람에게 「전가하시는 의」

in lege(拉) 据法(jū fǎ)；在法律之内(zài fǎ lù zhī nèi) 법대로; 법률안에서

in sensu reduplicative(拉) 双重意义(shuāngchóng yìyì) 이중의미

in Spiritu Sancto(拉) 在圣灵里(zài shèng líng lǐ) 성령안에서

incarnate

(= in the Holy Spirit)
inanimate 无生命的(wú shēngmìng de), 无生气的(wú shēngqì de)；无精神的(wú jīngshén de)
생명이 없는, 생기가 없는, 정신이 없는
inaugurate 使就任(shǐ jiù rèn) 취임하다
形inaugural 就任的(jiù rèn de), 就职的(jiù zhí de) 취임의
inaugural address 就职演说(jiù zhí yǎn shuō) 취임연설
名inauguration 就职典礼(jiù zhí diǎnlǐ), 就任典礼(jiù rèn diǎnlǐ) 취임식
incarnate 道成肉身(dào chéng ròu shēn), 成肉身(chéng ròu shēn), 具体化(jù tǐ huà), 转世(zhuǎn shì)
성육신하다, 구체화하다
名incarnation 道成肉身(dào chéng ròu shēn), 转世(zhuǎn shì) 성육신
incense 名 香(xiāng) 향
动 上香(shàngxiāng) 분향하다
incident 事件(shìjiàn), 变故(biàn gù) 사건, 일어난 일 ; 일어나기 쉬운
incline 爱好(àihào), 倾向(qīngxiàng)；倾斜(qīngxié) 기울다, ~하는 경향이 있다
名inclination 倾向(qīngxiàng), 趋势(qūshì), 意愿(yìyuàn) 경향, 추세, 의향
形inclined 倾向的(qīngxiàng de) 경사진, ~하는 경향이 있는
同tendency 倾向(qīngxiàng) 경향
include 包含(baōhán), 包括(baōkuò) 포함하다
(参见(cān jiàn)：反exclude 제외하다)
形inclusive 包含的(baōhán de), 概括(gàikuò)的(de) 포함된, 포괄된
inclusive language 性别平等语言(xìngbié píngděng yǔyán) 성평등언어
incommunicable 不可传达的(bùkě chuándá de)；无法以言语形容的(wú fǎ yǐ yányǔ xíngróng de)

전달이 안되는, 말로 형용할 수 없는
incommutable 不能改变的, 变换的, 交换的
변화시킬 수 없는
incomplete 未完成的, 不完全的 미완성의, 불완전의
incomprehensible 不可理解的 불가해한
　　反comprehensible 可理解的
　　　　가해적인(이해될 수 있는)
incongruous 形 不合适的；不一致的 부적당한, 불일치한
　名incongruity 不合适, 不调和(tiáohé), 不配合
　　　부조화, 불일치, 부적합, 어울리지 않음
inconsistent 不一致的 불일치적인, 부조화의
　　反consistent 前后一致的 일치적인, 조화로운
　名inconsistency 不一致, 前后矛盾, 不贯彻
　　　불일치, 모순
incorporation：
　　(1)结合, 团结, 合而为一 결합, 단결, 하나됨
　　(2)团体, 团体组织 단체, 단체조직
　incorporation into the mystical body of Christ
　　成为基督奥身的肢体 그리스도의 지체
incubation 卧梦 꿈으로 나타나는 계시
　　(宗教)指睡在庙宇或教堂里, 以求 神赐梦得福
inculturation 本色化；本土化 본토화, 토착화
incurvatus in se(拉) 专心为己, 内心悖谬 자신 본위

indefinite

(路德：人乃自私自利，放肆为己)
indefinite 不明确的，无限制的　불명확성, 무제한적
反definite 明确的，有限的　명확성, 유한적인
indeterminate 不定的，未定的　미정인, 불확정적인
名indetermination 不确定；优柔寡断　불확정
辨indeterminism 未定论，非预定论，自由意志论
　　　　　　　　미결정론, 비예정론, 자유의지론
index 索引　색인
　　　index librorum prohibitorum(拉) 禁书目录
　　　　　　　　　　　　　　　　　　금서목록
indigenization 本色化，本土化　토착화
形indigenous 本土的，固有的，天生的
　　　　　　토착화, 고유의, 천성의
　　　indigenous church 本色教会　토착화교회
　　(指教会固当以福音为主，但形式与组织则应尽量
　　适合当地之文化背景)
indispensable 不可缺少的，绝对必要的；不能避免的
　　　　　　필수불가결한, 없어서는 안되는; 피할 수 없는
indissolubility：
　　　不可解散性(分离)；永续(永久)性；不能废除
　　　확고부동, 영구성, 영속성
　　　indissolubility of christian marriage
　　　基督徒婚姻的永久性　성도 결혼의 확고부동함

individual 形 个人的, 个别的　개인의, 개인적인
　　　　　名 个人, 个体　개인
　　individual ethics 个人伦理　개인윤리
　　名individualism 个人主义　개인주의
　　反collectivism 集体主义　집단주의
　　名individuality：
　　　　(1)个体(个别),个性；个体状态　개체, 개성, 개체상태
　　　　(2)(复)特征, 特性, 特质　특징, 특성, 특질
　　individualization 个人化, 个体　차별, 구별, 개별화
　　individuation 个体, 个别化；个性化
　　　　　　　개별화, 개체화, 개성화
induction (1)归纳法　귀납법
　　　　　(2)授职仪式；就任式　취임식
　　　　　(3)引入, 导致　유도, 도입
　　反deduction 演绎法　연역법
indulgence (1)赦罪, 赦免　사죄,사면
　　　　　(2)赎罪券, 放纵　면죄부, 속죄권
　　　　　(3)特权；恩惠　특권, 은혜
industrial revolution 工业革命　산업혁명
indwelling 住, 內住(的), 居住(的)　내주, 거주
　　indwelling of the Holy Spirit 圣灵的內住
　　　　　　　　　　　　성령의 내주

ineffable 无法表达的；说不出(说不得)的
　　　　 표현할 수 없는, 형언할 수 없는
　　名 ineffability 不可言喻　표현 불가능성
inerrable 无误的，无谬的，不可能失误的
　　　　 무오의, 무류한, 실수할 수 없는
　　名inerrancy 无误，无谬；不能错误性，排除欺骗
　　　　 무오, 무류; 실수할 수 없음
　　　　 inerrancy of the Holy Scriptures 圣经无误(无谬)说
　　　　 　　　　 성경 무오설
　　　　 同infallibility 无误，绝对正确　무오, 오류절무
　　　　 (用在圣经观上比 inerrancy 略开明)
inevitable 一定发生的，不可避免的
　　　　 필연적인, 피할 수 없는
inextricability 不能解开(分离)，无法解脱
　　　　 해결할 수 없는, 풀 수 없는
infallibility：
　　(1)不可错误性，不误性，不谬性　과오가 없음, 무오성
　　(2)绝对可靠(确实)，确实性　절대 신뢰성, 확실성
　　　　 infallibility of the Bible 圣经的不可错误性
　　　　 　　　　 성경의 무오성
infant baptism 婴儿圣洗　유아세례
infer 推理，含意，推论　추리하다, 추론하다
　　名inference 推理，推论　추론, 추리, 결론
infidel：

(1)不信者，不信基督教者，异教徒 불신자, 이교도
(2)不信 神的，异教的，异端的
　　불신의, 이교의, 이단의
　名infidelity 不信，不信神，不敬虔，不义
　　불신, 불경건, 불신앙, 불의
infinite 无限的 무한의
　反finite 有限的 유한의
　名infinity 无限，无限性 무한, 무한성
　　infinity of God 神的无限性 하나님의 무한성
　infinitude 无限性，无量，无穷，无边，无尽
　　무한성, 무궁무진
　finitum capax infiniti(拉) 有限能包涵无限
　　유한이 무한을 포함할 수 있음
　　(信义宗论圣餐中之酒饼)
　finitum non capax infiniti(拉) 有限不能包涵无限
　　유한은 무한을 포함할 수 없음
　　(改革宗：Calvin「Dialektische Theologie」)
inflation 胀大，夸张，通货膨胀 과장, 통화팽창
infuse 灌注，注入，鼓舞 주입하다, 고취하다, 불어넣다
　名infusion 灌注，注入物 주입, 고취, 불어넣음
inherit 继承，接受遗产的力量 계승하다, 상속하다.
　名inheritance 遗产，继承权，继承物
　　유산, 계승권, 계승물

名heir 继承者(jìchéngzhě) 상속자, 계승자

名heritage 遗产(yíchǎn) 유산

inhibit 压抑(yāyì), 压制(yāzhì) 정지하다, 금지하다

    名inhibition (1)压抑(yāyì), 禁止(jìnzhǐ), 制止(zhìzhǐ) 정지, 금지

    (2)教权停止命令(jiàoquán tíngzhǐ mìnglìng) 교권정지명령

    同prohibit 禁止(jìnzhǐ), 防止(fángzhǐ) 금지, 방지

in hoc signo vinces(拉) 藉此记号你将得胜(jí cǐ jì hào nǐ jiāng dé shèng)
    이 기호로 승리할 것이다

initiate 开始(kāishǐ), 创始(chuàngshǐ) 개시하다, 창시하다, 가입하다

    名initiation (1)开始(kāishǐ), 入会(rùhuì) 개시, 입회, 시작

    (2)入会式(rùhuì shì), 入会礼(rùhuì lǐ) 입회식

    (3)秘传(mì chuán), 传授秘诀(chuánshòu mì jué) 비법전수

initiative 形 开始的(kāishǐ de), 创始的(chuàngshǐ de), 初步的(chūbù de)
    시작의, 발단의

    名 (1)先导(xiāndǎo), 主动力(zhǔdòng lì), 进取精神(jìnqǔ jīngshén)
    주도권, 진취정신

    (2)首倡(shǒucāng), 优先权(yōuxiān quán) 솔선, 우선권

injunction 训令(xùnlìng), 命令(mìnglìng), 禁令(jìnlìng) 훈령, 명령, 금령

injustice 不公义(bù gōng yì), 不公正(bù gōngzhèng); 不义(bùyì), 不正(bùzhèng)
    부정, 불공정, 불의

innocent 无辜的(wú gū de), 天真的(tiānzhēn de) 무죄의, 결백한

    名innocence 无罪(wú zuì), 天真(tiānzhēn) 무죄, 결백, 순진

形childlike 天真的(tiānzhēn de) 천진난만한

形childish 孩子气的(háizǐ qì de) 아이같은

inquisition 宗教裁判所(zōngjiào cáipàn suǒ), 异端裁判所(yìduān cáipàn suǒ)
종교재판소, 이단 재판소

inquisitor 宗教裁判官(zōngjiào cáipàn guān) 종교재판관

Grand Inquisitor 大宗教裁判官(dà zōngjiào cáipàn guān) 종교재판소 판관

in saecula saeculorum(拉) 世世代代(shì shì dài dài) (即永恒之意(jí yǒnghéng zhī yì))
세세대대로, 영원히

insight 洞视(dòng shì), 洞察力(dòng chá lì) 통찰, 통찰력

inspire 使感动(shǐ gǎndòng), 激发(jīfā), 使受神的感召(shǐ shòushén de gǎn zhào); 赐给灵感(cìgěi líng gǎn)
영감을 받다, 감동시키다

名inspiration 灵感(líng gǎn), 默示(mò shì), 神感(shén gǎn), 领悟(lǐng wù) 영감, 묵시
(提後三16(dí hòu sān), 原文为上帝所呼气(yuánwén wéi shàng dì suǒ hū qì))

doctrine of inspration 灵感说(líng gǎn shuō) 영감설
(指 神感人使之明白并传授神旨(zhǐ shén gǎn rén shǐ zhī míngbái bìng chuánshòu shén zhǐ)「神所愿意的(shén suǒ yuànyì de)」
尤用于圣经的写作上(yóu yòng yú shèng jīng de xiě zuò shàng), 基督徒相信圣经乃圣灵(jī dū tú xiāng xìn shèng jīng nǎi shèng líng)
所默示的(suǒ mò shì de))

mechanical inspration 机械灵感(说)(jīxiè líng gǎn shuō) 기계적 영감

plenary inspration 完全灵感(说)(wánquán líng gǎn shuō) 완전영감

verbal inspration 逐字灵感(说)(zhú zì líng gǎn shuō) 축자영감

installation (1)(牧师等之(mùshī děng zhī))就职(jiù zhí), 就任(jiù rèn) (목사등)임명식
(2)装置物(zhuāngzhì wù) 설치, 장착

instinct 本能(běnnéng) 본능

institution (1)建立(jiànlì), 设立(shèlì), 制定(zhìdìng) 설립, 제정

(2)制度(zhìdù), 法规(fǎ guī), 规定(guīdìng) 제도, 법규, 규정

(3)体制(tǐ zhì), 机构(jīgòu), 会(huì), 院(yuàn), 社(shè)
체제, 기구, 회, 원

(4)圣职任命(shèng zhí rénmìng), 授职礼(shòu zhí lǐ) 관례(성직 임명)

形institutional church 制度化(组织化)的教会(zhìdù huà zǔzhī huà de jiàohuì)
제도화된 교회

名institutionalism 制度中心主义(zhìdù zhōngxīn zhǔyì) 제도(조직)존중주의

名institutionalization 制度化(zhìdù huà) 제도화, 조직화

名institute 学会(xuéhuì), 原理(yuánlǐ) 학회, 규칙, 원리

Institutes of the Christian Religion
「基督教要义(jī dū jiào yào yì)」(加尔文名著(jiā ěr wén míngzhù))
기독교강요(칼빈의 명저)

instruct 指导(zhǐdǎo) 지도하다, 지시하다

名instruction (1)指导(zhǐdǎo), 教育(jiào yù) 지도, 교훈, 훈육

(2)(pl.)指令(zhǐlìng), 命令(mìnglìng) 지령, 명령

instructor 指导者(zhǐdǎo zhě), 讲师(jiǎng shī) 지도자, 강사

instrument (1)工具(gōngjù), 手段(shǒuduàn), 方法(fāng fǎ) 도구, 수단, 방법

(2)器械(qìxiè), 器具(qìjù) 공구, 도구

形instrumental 工具的(gōngjù de), 工具性的(gōngjù xìng de) 도구의, 방편의

instrumentalism 工具主义(gōngjù zhǔyì) 도구주의

(认为观念乃行动的工具，其有用与否决定其是否为真理的主张)

insufflation 吹气礼

입김을 뿜음으로써 성령이 강림함을 상징하는 의식
(表示圣灵之降临，见约 20：22

intact 形 原封的，完整的；未受伤的

원상대로, 완전한, 손상되지 않은

integrate 使整合，使完全，使整体

통합하다, 합치다, 완성하다, 전체로 합치다

名 integration 整合，统合，融合

통합, 통일성, 통전(统全)

interdisciplinary integration 科际整合

학문간의 통합

integral 形 (1)必要的, 主要的 필요한, 주요한

(2)不可缺少的；完整的

필수불가결한, 완전한

名 完全, 整体 완전

名 integrity (1)完整，原状 완전, 통일성, 통전

(2)诚实正直 성실정직

intellect 名 智力, 知识 지력, 지식

intellectual 形 智力的, 知性的 지적인, 지성적인

名 知识份子 지식분자

intellectual sacrifice 理智牺牲；牺牲理智

이성희생 (为信仰，放弃理性的思考与辨析)
intellectualism :
(1) 主知主义　주지주의
(主张知识为纯粹理性之产物)
(2) 理智主义　이지주의
(注目理智而轻视其他一切人性之倾向)
anti-intellectualism 反知(智)论　반지성주의
intellectus fidei(拉) 理解信仰；信仰的领悟
　　　　　　　　지적신앙, 신앙의 깨달음
intellectus quaerens fidem(拉) 理智寻求信仰
　　　　　　　　지성은 신앙을 추구한다
(undestanding searching for faith :
求取了解，为的是获得信仰)
intelligence 才智，知识，悟性，领悟　지식, 기지, 지성
形**intelligent** 有才智的，有知识的　지적인, 재치있는
形**intelligible** 可理解的　이해가능한, 명료한
intelligere actuale(拉) 实在的领悟；真实悟性
(= actual understanding) 실제적 깨달음
intelligere radicale(拉) 彻底的领悟；根本领悟
(= radical understanding) 근본적 깨달음
intelligo ut credam(拉) 我知故我信；求知为(wèi)求信
나는 안다. 고로, 나는 믿는다
(지성을 추구하는 것은 신앙을 추구하기 위함:
아벨라르드. Peter Abelard 1079-1142 之口号)

intense 激烈的(jīliè de) 강렬한, 격렬한, 열심있는
　　形intensive 密集的(mìjí de), 加强的(jiājiàng de), 强烈的(jiànglìe de)
　　　　　집중적인, 밀집된, 강도있는, 맹렬한
　　　　intensive course 密集班课程(mìjí bān kèchéng) 집중(단기)수업
intend 存心(cún xīn), 意愿(yìyuàn), 计划(jìhuá) ~할 작정이다, 의도이다
　　名 intention (1)意愿(yìyuàn), 意向(yìxiàng), 目的 의도, 목적
　　　　　(2)意义(yìyì), 意味(yìwèi), 志趣(zhìqù) 개념, 의미
　　　　intentionality 意向性(yìxiàng xìng) 의향성
　　　　　　(在哲学现象学术语)(zhéxué xiànxiàng xué shù yǔ)
interaction 交互作用(jiāo hù zuòyòng), 互动(hù dòng), 交感(jiāogǎn) 상호작용
intercession 代祷(dài dǎo), 代求(dàiqiú), 仲裁(zhòngcái) 중보기도, 간구
interdenomination(al) 教派间的(jiào pài jiān de), 超宗派(chāozōng pài), 跨宗派(kuà zōng pài)
　　(= interconfessional) 초교파의
intercontextual 境际(jìng jì), 各境遇间的(gè jìngyù jiān de); 各脉洛间(gè mài luò jiān)
　　　　상황관계, 각 상황의, 각 맥락간의
interdisciplinary 科际的(kē jì de), 各学科间的(gè xuékē jiān de) 학문간의
interim (1)名 中间时期(zhōngjiān shí qī), 过渡时期(guò dù shí qī), 暂时(zànshí), 临时(línshí)
　　　　중간시대, 잠시, 임시
　　　(2)形 过渡(guò dù 中间(zhōngjiān), 临时(línshí), 暂定(zàndìng))的 과도기의
　　　(3)暂行法(zàn xíng fǎ), 临时和约(lín shí hé yuē)(16世纪(shì jì)) 임시협약
intermediate (1)中间的(zhōngjiān de), 居间的(jū jiān de) 중간의, 거간의
　　　　　(2)中间人(zhōngjiān rén), 仲裁者(zhòngcái zhě), 作仲人(zuò zhòng rén)

중간자, 중재자, 중매인
intermediate state 居间境界(jū jiān jìngjiè) 중간상태
(指死者处於死亡及复活中间之情状)(zhǐ sǐzhě chǔ wú sǐwáng jí fùhuó zhōngjiān zhī qíngzhuàng)
internal 形 內在的(nèizài de), 內部的(nèibù de), 国内的(guónèi de), 主观的(zhǔguān de)
　　주관적인, 국내의, 내부의, 주관적
反external 外在的(wàizài de) 외부의
Internatioanl Missionary Council 国际宣教联合会(guójì xuānjiào liánhéhuì)
　　국제 선교 연합회
interpersonal relationship 人际关系(rén jì guānxì) 인간관계
interpret 解释(jiěshì), 诠释(quán shì) 해석하다, 통역하다, 분별하다
名interpretation 解释(jiěshì), 诠释(quán shì) 해석, 통역, 분별
hermeneutics 解释学(jiěshì xué), 诠释学(quán shì xué) 주석학, 해석학
internship 实习期限(shíxí qī xiàn)(指神学生，医学生等)(zhǐ shén xué shēng, yīxué shēngděng) 실습기간
interpolation 添加(tiānjiā), 插入(chā rù), 添入之字句(tiānrù zhī zì jù) 삽입구
interrogatio de fide(拉) 信仰考问(xìnyǎng kǎowèn) 신앙검증
(指成人洗礼前之信仰测验)(zhǐ chéngrén xǐlǐ qián zhī xìnyǎng cè yàn) 성인 세례전의 신앙의 검증
Inter-Testament 旧新约之间(jiùxīn yuē zhī jiān)；两约之间(liǎng yuē zhījiān)
　　신구약간의, 신구약 중간기의
intervene 动 插入(chārù), 介入(jièrù), 干预(gānyù), 阻扰(zǔ nǎo)
　　개입하다, 간섭하다, 간여하다, 참견하다
名intervention 仲裁(zhòngcái), 调停(tíng), 干涉(gānshè) 개입, 간섭, 참견
supernatural intervention 초자연적 간여
超自然的干预(chāo zìrán de gānyù) (神为某目的(mùdì)(shén wéi mǒu), 进入人的(jìnrù rén de)

事物中，使产生超因果律之现象的作为。）

intimacy 名 亲密，亲近　친밀, 친근함
 形intimate 亲密的，内心的，个人的　친밀한, 내밀한
 同closeness 亲近，接近　친근
intolerance 不宽容，不容忍　참을수 없음, 편협, 아량없음
  （常指信仰对信仰，宗教对宗教间的态度）
 形intolerant 不宽容的，不容忍的　인내할 수 없는
introversion 内向性，反省　내향성, 반성
intuition 知觉，直观　직관, 직감
 形intuitive 知觉的，有知觉而得的
  직감의, 직감적인, 직감으로 얻은
 intuitive knowledge 顿悟（知觉）的知识
  직관적 지식
invalid 无价值的，无效的　무가치한, 무효한
 反valid 有价值的，有效的　유관한, 유효한
invocatio(拉) (= invocation)
 (1)敬礼，求告，祈求　기원, 기도, 개회기도
 (2)求告文，祈福祷文　기도문
 形invocatory：
  (1) 呼求式的经文　간구형의 본문
  (2) 祈求的，呼求的，求神救助的
   기도하는, 간구하는, 하나님께 도움을 청하는

involve 动 包括(bāokuò), 牵涉(qiānshè) 포함하다. 가담하다.
名involvement 连累(liánlèi), 投入(tóurù), 包含(bāohán) 연계, 포함, 가담
get involved 投入(tóurù) 연루되다, 가담하다
inwardness : 名
(1)内质(nèizhì), 内面性(nèimiàn xìng), 内在本质(意义)(nèizài běnzhì yìyì) 내면성, 내재본질
(2)心性(xīn xìng), 灵性(líng xìng), 真心(zhēnxīn), 精神(jīngshén) 심성, 영성, 정신
ipsissima verba Christi(拉) 耶稣亲自讲的话(yē sū qīnzì jiǎng de huà), 耶稣真言(yē sū zhēn yán)
진언; 예수님이 직접 하신 말씀
同 ipsissima vox Christi(拉) 圣道(shèng dào)
(指圣经乃上帝(基督)亲自讲的话)(zhǐ shèng jīng nǎi shàng dì jī dū qīnzì jiǎng de huà)
ipsum esse(拉) 纯粹存有(存在)(chúncuì cún yǒu cúnzài) 순수존재
ireics 和平神学(hépíng shén xué); 和平主义(hépíng zhǔyì); 协调(xiétiáo)论(lùn) 평화신학
(各教派间之和好的神学)(gè jiào pài jiān zhī héhǎo de shén xué)
irony 讥讽(jīfěng), 反讽(fǎn fěng), 反语法(fǎn yǔ fǎ), 讽刺(fěngcì) 빈정댐, 반어법, 풍자
形ironical (1)讥讽(jīfěng)(反讽(fǎn fěng); 幽默(yōumò))的(de) 반어적인
(2)反常的(fǎncháng de), 出于意料的(chūyú yìliào de) 뜻밖의, 극적인
irrational 非理性(fēi lǐxìng)(反理性(fǎn lǐxìng))的(de) 비이성적, 비합리적
反rational 理性的(lǐxìng de) 이성적
reasonable 合理的(hé lǐ de) 합리적
irreconcilable 无法和解的(wú fǎ héjiě de), 无法相容的(wú fǎ xiāngróng de)
화해할 수 없는, 용납할 수 없는
irrefutable 无法反驳的(wú fǎ fǎnbó de) 반박할 수 없는

反refutable 可反驳(驳斥)的 반박(논박)할 수 있는
irregular 不规则的 불규칙적인
　　反regular 规则的 규칙적인
irrelevance,-cy 无关, 不相关 무관, 상관없음
　　形irrelevant 不相关的 상관없는
　　反relevant 相关的 상관된
irreversible 不能逆转的, 不能改变(废止)的
　　　　　　불변의, 돌이킬 수 없는, 변하지 않는
　　反reversible 可逆转的 돌이킬 수 있는, 역전되는
irresistible 不可抗拒(抵抗)的, 不能反驳的
　　　　　　저항(항의)할 수 없는, 반박할 수 없는
　　反resistible 可抗拒的 항의(항거)할 수 있는
irritate 动 激怒, 使感不适, 使过敏 흥분하다, 민감하다
　　名irritation 刺激, 激怒, 发怒 자극, 격노, 흥분
Islam 名 伊斯兰教, 回教, 回教徒
　　　　이슬람교, 회교, 회교도
　　形Islamic 伊斯兰教的, 回教的 이슬람교의, 회교의
　　Moslem 同Muslem= Muslim 모슬렘 ; 이슬람교도
isagogics (1)绪论, 导论学, 序论 서론, 총론, 개론
　　　　(2)圣经注释学入门 성경주해학 입문
isolate 使隔离, 使孤立 고립시키다, 격리시키다
　　反unite 联合 연합하다

Israel

名 isolation 隔离(géli), 游离(yóu lí), 孤立(gūlì) 격리, 유리, 고립
Israel 名 以色列(yǐ sè liè), 犹太人(yóu tài rén) 이스라엘, 유대인
Israelite 名 以色列人(yǐ sè liè rén), 犹太人(yóu tài rén), 希伯来人(xī bǎi lái rén)
이스라엘인, 유대인, 히브리인
形 以色列人(犹太人，希伯来人)的(yǐ sè liè rén yóu tài rén xī bǎi lái rén de)
이스라엘의, 유대인의, 히브리인의
issue 动 (1)提出(问题)(tí chū wèntí) 건의하다
(2)发于，出(言圣灵源于圣父及圣子之词)(fā yú chū yán shèng líng yuán yú shèng fù jí shèng zǐ zhī cí)
유래하다, 생기다, 발현하다
名 (1)争论点(zhēng lùn diǎn), 争点(zhēngdiǎn); 争议点(zhēngyì diǎn) 논쟁점
(2)案件(ànjiàn) 안건
itinerant 名 巡回工作者(xúnhuí gōng zuò zhě) 순회사역자
形 巡回的(xúnhuí de) 순회하는
itinerant preacher 旅行布道家(lǚ xíng bù dào jiā) 순회설교자
ius canonicum(拉) 教会法典(jiào huì fǎ diǎn) 교회규례
ius divinum(拉) 神律(shén lǜ) 신률
(经院哲学：神在社会及自然界所命定之制度与秩序)(jīng yuàn zhéxué shén zài shèhuì jí zìrán jiè suǒ mìngdìng zhī zhìdù yú zhìxù)
iustitia civilis 律法之义(lǜ fǎ zhī yì) 율법주의
iustitia dei passiva(拉) 神赐于人的义(路德)(shén cì yú rén de yì lù dé)
하나님의 인간에게 전가하신 의
iustitia distributiva(拉) 分配的义(fēnpèi de yì) 분여된 의
(指 神将重担，刑罚施诸人)(zhǐ shénjiāngzhòng dān xíngfá shī zhū rén)

iustitia originalis(拉) 原义(人犯罪前之义) 원의

iudicium solemne(拉) 郑重定断 신중한 결정
  (= solemn judgement)

ivory 象牙 상아, 상아로 된
  ivory tower 象牙塔 상아탑(학문의 전당)

J

Jahweh= Yahweh 雅威(「耶和华」的原音)
야훼 : '여호와'의 원발음
同Jehovah= Yahowah 耶和华 여호와
同YHWH (Tetragramatum) 神圣的四个子音
Jansenism 詹森主义 얀센주의, 얀센의 신조
(교회의 교회개혁을 주장하는)
(天主教中独立派。强调预定，恩典，及个人归主，
倡奥古斯丁教义，谓人得救全赖 神之恩典)
Jehovah's Witnesses 耶和华见证人会 여호와증인
(基督教内异端：深深受到唯理主义影响，强烈地
回应科学的世界观，乃拒绝三位一体的真理，以及
拒绝有关基督之位格与工作的传统教训。彼等强调
基督再临，建立千禧国，使人有二次得救机会，
拒绝战争，拜国旗及输血等。 他们的杂志「守望台
(Watchtower)」发行世界各处)
jeopardize 使陷入危险 위태롭게 하다
名jeopardy 危险，危难(wēinàn) 위협, 위험
Jerusalem 耶路撒冷 예루살렘
Jesuit 耶稣会(士) 예수회

Jesus

Jesuit order 耶穌会 (yē sū huì)　예수회 수도원

Jesus 耶穌 (yē sū)　예수; 자기 백성을 저희 죄에서 구원할 자
(因他要将自己的百姓从罪和死亡中拯救出来之者
(yīn tā yào jiāng zìjǐ de bǎixìng cóng zuì hé sǐwáng zhōng zhěngjiù chūlái zhī zhě)
参 太1：21) (cān tài)

Jesus Christ 耶穌基督 (yē sū jī dū)　예수 그리스도

historical Jesus 历史上的耶穌 (lìshǐ shàng de yē sū)　역사상의 예수

John 约翰　요한

John the Baptist 施洗约翰 (shī xǐ yuē hàn)　세례요한

The Gospel According to John 约翰福音 (yuē hàn fúyīn)
요한복음

The Epistles of John 约翰书信 (yuē hàn shūxìn)　요한서신

Johannine 约翰福音的 (yuē hàn fúyīn de), 约翰书信的 (yuē hàn shūxìn de)
요한복음의, 요한서신의

Johannine community 形成约翰福音(书信)的团体 (xíngchéng yuē hàn fúyīn shūxìn de tuán tǐ)
요한서신의 공동체

join 联合 (lián hé), 参加 (cānjiā)　결합하다, 참가하다

joint 名 连结处 (liánjiē chù), 关节 (guānjié)　연결점, 관절
形 联合的 (lián hé de), 共有的 (gòngyǒu de)　공유의, 연결의

同juntion 连接 (liánjiē), 结合点 (jié hé diǎn)　연결점, 결합점

joy 喜乐 (xǐ yào), 欢喜 (huānxǐ)　기쁨, 환희

形joyful 欢喜 (huānxǐ de)　기쁜, 즐거운

The Five joyful Mysteries
五喜乐奥秘祷文 (wǔ xǐ lè ào mì dǎo wén)　5가지 기쁨의 기도문

英中韓 宗教字典 217

(指天使报信，马利亚访以利沙伯，圣婴降生，呈献圣婴，及耶稣在圣殿中)

jubilee (1)禧年，圣年　희년

(2)五十年纪念，佳节，欢庆　오십년 기념

Judaism 犹太教，犹太主义　유대교, 유대주의

Judaeo-Christian 犹太基督教的　유대기독교의

judge (1)动 审判，裁判，判断，批评
심판하다, 재판하다, 판단하다, 비평하다

(2)名 法官，审判者，判官　법관, 심판관

(3)士师　사사

(以色列民族遭难(zāonàn)时，神立以拯救的英雄)

Judges 士师记　사사기

名judgement (1)审判，裁判，批评　심판, 재판, 비평

(2)天罚，报应　천벌, 보응

general judgement　일반심판; 최후심판
公审判，最后审判；人类全体审判

particular judgement 私审判，个别审判
특별심판; 개별심판

(1)每个人在生活里面对善恶的绝对标准，

(2)每个人死後面对信不信的审判：天国或地狱

The Last Judgement 最後的审判　최후의 심판

judicium credibilitatis(拉) 对启示可信性的判断

Jung, Carl Gustav

계시에 대한 신앙적 판단
Jung, Carl Gustav 容革(1875-1961) ; 瑞士心理分析家
구스타브 칼 융

jurisdiction (1)司法权，审判权，管辖权　사법권, 관할권
(2)权力，管辖，控制　권력, 관할, 통제

just 形 公义的　공의의, 정당한, 의로운, 올바른
　名justice 正义　정의, 공의
　名justification　칭의, 인신칭의
　(1)成义；复义(基督救恩在每个人身上的实现)
　(2)称义，因信称义　칭의, 인신칭의
　justification by faith 因信称义　인신칭의
　(宗教改革运动 Reformation 的基本信仰之一)
　动justify 证明为正当　정당화하다, 증명하다

K

Kabod(来) 同glory 영광

Kadosch(来) (1)圣, 神圣性 성, 거룩성

(2)圣者 성자

kairos(希):

(1)时间, 特定时刻, 契机(qìjī) 시간, 특정시간, 계기
（指上帝计划中特定的时刻）

(2)田立克『历史的转捩点』 틸리히: 역사적 전환점

Kalam(回) (回教之)论语 (회교의) 논어
（乃回教神学之基本原则）

kalpa(梵) 劫 겁
（即婆罗门之一昼夜, 计四十三亿二千万年）

Kama(梵) 爱；欲 사랑; 욕심

Karma(梵) 业；因缘 업, 업보, 연고

    Karma Kanda(梵) 实行的部分 실행된 부분

    Karma-marga(梵) 善行道 선행도
（印度教指因善功以得道之法）

Kataphatic theology 肯定神学 긍정신학
    同 affirmative theology

Kautzsch, Emil Friedrich 考慈(1841-1910)
    카우츠 에밀 프레드릭

keil, Johann F.K. 尔凯(1807-1888)；德信义会神学家
　　요한 카일
kenosis (1)虚己(神性放弃)，倒空自己
　　케노시스：그리스도의 비하(자기를 비움)
　　(2)自我空虚；自我弃舍　자기를 버림
形kenotic 虚己的　자기 희생의, 자기 포기의
　　kenotic theories 虚己论　그리스도의 주권적 포기
　　(解释圣子耶稣降生成人，舍弃某些神性特质的
　　某些理论)
kerygma (1)初传　원초적 말씀, 케리그마
　　(使徒时代具有固定纲要与内容的教理宣讲)
　　(2)宣道，福音宣讲，宣扬上帝救恩
　　　말씀선포, 전도, 하나님의 구원을 전파함
　　(3)福音信息　복음메세지
　　apostolic kerygma 使徒的初传　사도적 선포
形kerygmatic 宣道的, 宣扬的　선교의, 전도의
　　kerygmatic theology 初传神学, 宣道神学
　　　원초적 신학; 전도신학
　　(指传述基督教福音之内容，用以呼吁人回转，
　　归信主耶稣之者)
Kethubim(Ketuvim) 纪士宾；圣卷
　　케투빔; 거룩한 글들; 구약 성경의 세 번째 부분
　　同 hagiographa

Kibbutz(来) 以色列之集体农场(yī sè liè zhī jí tǐ nóngchǎng) 이스라엘의 집단 농장

Kimhi(Kimchi), David 金希(jīn xī) 킴치

　　(约1160-1235); 法犹圣经太学者(fá yóu shèng jīng tài xuézhě)

kindness 仁慈(réncí), 亲切(qīnqiē), 良善(liángshàn), 厚道(hòudào) 인자, 친절, 양선

　　形kind 仁慈的(réncí de), 亲切的(qīnqiē de), 良善的(liángshàn de), 厚道的(hòudào de)

　　인자한, 친절한, 양선의

king 王(wáng), 君王(jūn wáng) 왕, 군왕

　　King James Version 钦定本圣经(qīn dìng běn shèng jīng) 흠정역 성경

　　简称KJV 或(huò) AV(Authorized Version)

　　kingship 王权(wángquán) 왕권

　　priest 祭司(jì sī) 제사장

　　prophet 先知(xiānzhī) 선지자

　　Kingly Priest 君尊的祭司(jūn zūn de jì sī) 왕같은 제사장

　　(加尔文用(jiā ěr wén yòng), 君王(jūn wáng), 先知与祭司三者来描述基督耶稣(xiānzhī yú jì sī sān zhě lái miáoshù jī dū yē sū))

kingdom 国(guó), 国度(guó dù) 나라, 왕국

　　kingdom of God 上帝(的)国(shàng dì de guó), 神国(shén guó) 하나님의 나라

　　kingdom of heaven 天国(tiān guó) 천국

　　kingship 君主身份(jūn zhǔ shēnfèn), 王权(wángquán) 왕권, 왕의 신분

　　kingship of Christ 基督的王权(jī dū de wángquán); 基督君王(jī dū jūn wáng)

　　　基督为王(jī dū wéi wáng)(之特性(zhī tèxìng), 职务(zhíwù), 尊严(zūnyán), 统治(tǒngzhì), 领域(lǐngyù))

　　　그리스도의 왕권, 주권: 그리스도의 왕 되심

knee 膝 무릎

　　go on one's knees 跪下 무릎꿇다

　　动kneel 跪下 무릎꿇다

know 知道，认识 알다, 식별하다

　　名knowledge (1)知识，学识，见闻 지식, 학식
　　　　　　　　 (2)认识，知道 인식, 앎

　　　acquired knowledge 学得的知识；习知
　　　　　　　　　학습으로 얻은 지식
　　　analogical knowledge 类比的知识 유비적 지식
　　　conceptual knowledge 概念的知识；抽象的知识
　　　　　　　　　관념적 지식, 추상적 지식
　　　contemplative knowledge 묵상적 지식
　　　默观的知识；由默观而来的知识
　　　evaluational knowledge 评估的知识；具体的知识
　　　　　　　　　산술적 지식: 구체적 지식
　　　proper knowledge 本有的知识 고유한 지식
　　　supernatural knowledge 超性知识；超自然的知识
　　　　　　　　　초이성적 지식; 초자연적 지식
　　acknowledge 承认，感谢 인정하다, 감사하다
　　acquaint 使知道，使认识 알리다, 숙지시키다
　　apprehend 理解，领悟 (뜻을)이해하다, 감지하다
　　aware 发觉，知觉，察觉
　　　　　(관찰, 감각에 의해)알고있는, 깨닫고 있는

catch 把握(bǎwò)，了解(liǎojiě) 파악하다, 알아듣다
　同 get（口语上(kǒuyǔ shàng)）이해하다
comprehend 理解(lǐjiě)
　　　　　（사물의 의미, 성질을)이해하다, 파악하다
grasp 领会(lǐnghuì)，了解(liǎojiě) 이해하다, 납득하다
grip 了解(liǎojiě)，明白(míngbái) 이해력, 파악력
perceive <用五官(yòng wǔguān)> 知觉(zhījué)，了解(liǎojiě)
　　　　　（오감을 통하여) 지각하다, 이해하다
realize 认知(rènzhī)，认识(rènshí) 인지하다, 자각하다, 체득하다
understand 了解(liǎojiě)，明白(míngbái) （남의 말, 뜻을) 이해하다
　　　　　（가장 일반적 표현, 이해, 양해하고 있다는
　　　　　사실을 강조)

koinonia(希) 团契(tuánqì), 相交(xiāngjiāo); 相通(xiāngtōng)
　　　　　모임, 교제, 친교
　同 fellowship
Koran 可兰经(kě lán jīng) 코란(회교경전)
Kosin 高神派(gāo shén pài) 고신교단
　　(即韩国长(jí hán guó ... zhǎng)老会的源头及主流教派(lǎo huì de yuán tóu jí zhǔ liú jiào pài), 宣扬以改革(xuānyáng yǐ gǎi gé)
　　宗为中心之神学的正统和生活的纯洁(zōng wéi zhōng xīn zhī shén xué de zhèngtǒng hé shēnghuó de chún jié)。它的开端是由(tā de kāi duān shì yóu)
　　韩国被日本占领时期(hán guó bèi rì běn zhàn lǐng shí qī)，反对崇拜日本天皇及参拜太阳(fǎn duì chóng bài rì běn tiān huáng jí cān bài tài yáng)
　　神的神社而来(shén de shén shè ér lái)。解放以后(jiě fàng yǐ hòu)，高神派于(gāo shén pài yú)1952年以出牢狱(nián yǐ chū láo yù)
　　的教会领袖和信徒为中心成立(de jiào huì lǐng xiù hé xìn tú wéi zhōng xīn chéng lì)，设立高神大学(shè lì gāo shén dà xué)、神学(shén xué)
　　院、以及医院(yuàn, yǐ jí yī yuàn)。

Kyrios

Kyrios(希) 主, 上主, 君主　주, 군주

同(来) Adonai 主

（犹太人用作耶和华(Yahweh)译名，早期基督徒以之称复活的基督）

L

label 名 标签(biāoqiān) 꼬리표, 명세표
　　动 贴标签(tiē biāoqiān), 分类(fēn lèi) 레벨을 붙이다, 분류하다
labore est orare 工作即祷告(gōng zuò jí dǎogào) "노동은 기도"
labyrinth (1)迷宫(mígōng), 迷路(mí lù) 미궁, 미로
　　(2)复杂难解的事物(fùzá nánjiě de shìwù) 복잡 난해한 일
laity 教友(jiào yǒu), 信友(xìn yǒu); 平信徒(píng xìntú)(集合名词(jí hé míngcí)) 평신도(집합명사)
　　同 (拉)laicus = layman
　　同 (希)laikos = layman
　　layman 平信徒(píng xìntú), 门外汉(mén wài hàn) 평신도, 문외한
lamb 羔羊(gāo yáng) 어린양
　　Lamb of God 上帝的羔羊(shàng dì de gāo yáng) 하나님의 어린 양
　　(即耶稣基督(jí yē sū jī dū)。暗指逾越节羔羊(àn zhǐ yúyuè jié gāoyáng)。因基督为人类脱离(yīn jī dū rénlèi tuōlí)撒但的捆绑及罪恶获得自由而流血牺牲(sā dàn de kǔnbǎng jí zuì è huòdé zìyóu ér liú xiě xīshēng), 正如逾越(zhēngrú yúyuè)节羔羊的血使以色列人获救而出离埃及为奴的生活(jié gāoyáng de xiě shǐ yǐ sè liè rén huò jiù ér chū lí āi jí wéi nú de shēnghuó))
lama(佛) 喇嘛(lā má) 라마: 라마교의 승려
　　(西藏(xīzàng)佛教之和尚(fó jiào zhī hé shàng)。)
　　lamaism 喇嘛教(lā má jiào) 라마교
lament 悲悼(bēi dào), 哀伤(āishāng) 애도하다, 슬퍼하다, 비탄하다
　　名lamentation 悲悼(bēi dào), 哀伤(āishāng) 비탄, 애도

Lamentations 耶利米哀歌 예레미야애가

laos-laicus(拉) 上帝子民中的俗人
　　　　　　하나님의 백성 중에 있는 세속인

lapse (1)背教，离宗叛道　배교

　　　(2)堕落，犯罪，错误　타락, 범죄, 과오

　　　(3)倒退，退步，消灭，失效　도태, 퇴보, 소멸, 실효

last 最后的　마지막의, 최후의

　　last supper 最后的晚餐　최후의 만찬

　　last things 终末的事物　말세의 일들

　　last day 世界末日；最后审判日
　　　　　　세계종말, 최후심판의 날

Latin 名 拉丁语, 形 拉丁的　라틴어(의), 라틴(의)

　　Latin Church 拉丁教会(罗马-西方教会)　라틴교회

Latitudinarianism：

　　(1)放任主义，自由主义　방임주의, 자유주의

　　(2)宽容主义　관용주의

(英国神学家一派，於17世纪中欲将更自由之精神输入
圣公会中，盼望连结所有的基督徒(天主教除外)为一
团体，在教会管理，礼仪，教义各方面，喜自由，
多元的人士。因此极少留意本身之特有教义与仪式)

Latitudinarians：

　　(1)自由(宽容；不拘泥教条)主义者　방임주의자

Latourette, Kenneth S.

(2) 宽容(宽泛)派　영국국교회 관용파(17, 18세기)
Latourette, Kenneth S. 来德里　케네스 라토렛
(1884-1968) 美国教会史家兼东方语言学者
latria(天) 对上帝之敬拜　하나님께 대한 경배
law 法律, 律法　율법, 법률
　　law of Moses　摩西的律法
　　　　(包含道德法, 仪式法, 公民法)
　　　　모세율법(도덕법, 의식법, 시민법)
　　law of retaliation　回教律　회교율
　　　　(在施予和接受, 行动和反应间寻求一种道德平衡的伦理法则)
lay 动 放置　놓다, 방치하다
　　形 平信徒的　평신도의
　　laying on of hands 名 按手礼　안수식
　　layman 平信徒, 门外汉　평신도, 문외한
　　clergy 神职人员(圣职人员)　성직자
league 联盟　연맹
lebensanschauung(德) 人生观　(독)인생관
lector (1)宣读；诵读；读经员　낭독
　　　(2)讲师(神学硕士以上)　강사(신학석사이상)
lectionary 教会历经文集, 经课集

(교회력에 따라 배열된) 성구집

lecture 演讲(特指有教育和学术性者) 강연

    lecturer 讲员, 讲师 강사, 연사

legal 合法的 합법적

    反illegal 不合法的, 非法的 비합법적, 불법적

    legalism 律法主义 율법주의

legitimate :

    形 (1)正当的, 正统的, 合法的 정당한, 합법한

    (2)正式婚生的, 正系的 적출의, 정통의

    动 (1)使合法, 认为正当 합법화하다

    (2)立为嫡嗣 적자로 인정하다

legend 传奇, 古谈 전설, 구전

Leibnitz, Gottfried Wolhelm 莱希尼兹 라이프니츠

(1646-1716 德唯理主义哲学家兼数学家)

leiturgia(希) (1)服务, 义务, 祭司职

    복무, 의무, 제사장직, 성직

    (2)礼仪, 礼拜仪式; 圣餐仪式

    의식, 예의, 예배의식; 성찬의식

Lent(拉) 四旬期; 预苦期 사순절

Leonardo da Vinci 流那多·达文西

레오나르도 다 빈치 (1452-1519) 意大利画家

leper 麻疯病患者 문둥병자, 나병환자

leprosy 麻疯病(má fēngbìng) 문둥병, 나병
Levite 利未人(lì wèi rén) 레위인
Leviticus 利未记(lì wèi jì) 레위기
levy 动 徵税(zhēngshuì), 征集(zhēngjí) 과세하다, 징세하다, 징집하다
lexicon 字典(zìdiǎn), 辞典(cídiǎn)(尤指古典语言(yóu zhǐ gǔdiǎn yǔyán)), 语汇(yǔ huì) 사전, 어휘집
　　　(헬라어, 라틴어, 히브리어 등의 고전어 사전)
liberal 形 自由的(zìyóu de), 自由主义的(zìyóu zhǔyì de) 자유의, 자유주의의
　　　名 自由派(zìyóu pài) 자유주의자
　　　反conservative 形 保守的(bǎoshǒu de) 보수적, 보수주의의
　　　　　　　　　　名 保守派(bǎoshǒu pài) 보수파
　　　progressive 形 进步的(jìnbù de) 진보적인
　　　　　　　　　名 开明派(kāimíng pài) 진보파
liberal theology 自由神学(zìyóu shén xué), 新神学(xīn shén xué)
　　　자유주의신학, 신신학
辨liberation theology 解放(释放)神学(jiěfàng shìfàng shén xué) 해방신학
liberation 解放(jiěfàng), 释放(shìfàng) 해방, 석방
　　　动liberate 解放(jiěfàng), 释放(shìfàng) 해방하다, 석방하다
　　　同deliver 释放(shìfàng), 解救(jiějiù) 인도하다, 이끌어내다
　　　同emancipate 解放(jiěfàng) 해방하다
　　　liberation theology 解放神学(jiěfàng shén xué) 해방신학
liberty 自由(zìyóu) 자유
　　　同freedom 自由(zìyóu) 자유

libertinism (1)放浪主义(fànglàng zhǔyì)　방종주의
(2)浪荡行为(làngdàng)　방탕행위

liberum arbitrium(拉) 自由意志(zìyóu yìzhì)　자유의지

libido (1)利比多(lì bǐ duō)；欲力(yù lì)(心理学名词(xīnlǐ xué míngcí))　(정신분석학)리비도 (일반심리학) 욕망, 본능 (인간의 모든 행동의 숨은 동기가 되는 본능적 활동력과 욕망)
(2)(精神分析上(jīngshén fēnxī))指性之本能(zhǐ xìng zhī běnnéng)　성적욕구

library 图书馆(túshūguǎn)　도서관

librarian 图书馆员(túshūguǎn yuán), 图书馆长(túshūguǎn)　도서관원, 도서관장

life 生命(shēngmìng), 生活(shēnghuó)　생명, 생활

living God 永生(永活)上帝(yǒngshēng yǒng huó)　살아 계신 하나님

light 光(guāng); 右边(yòubiān)　빛; 오른편
动lighten 使亮(shǐ liàng), 减轻(jiǎnqīng)
　　　　비추다, 밝게 하다; 가볍게 하다

limit 名 界线(jièxiàn), 极限(jíxiàn), 边界(biānjiè)　한계, 경계
动 限制(xiànzhì), 限定(xiàndìng), 定界限于(dìng jièxiàn yú)　제한하다, 한정하다
名limitation：
(1)(环境的)限制(huánjìng de xiànzhì), 缺陷(quēxiàn)　제한, 한정, 규제
(2)(法律规定)有效时期(fǎ lǜ guīdìng yǒuxiào shí qī)　(법률) 유효시기

limbo：
(1)地边(dì biān)：地狱边缘之一地区(dì yù biānyuán zhī yī dì qū)
　(L-)림보: 지옥의 변방
(2)(天)天堂与地狱之中间(tiāntáng yú dì yù zhī zhōngjiān)　천당과 지옥의 중간지대

linear 形 线状的(xiànzhuàng de) 선의, 직선의
　　　　形circular 循环的(xúnhuán de) 순환의
linguistics 语言学(yǔyán xué) 언어학
literal 文字的(wén zì de), 字面的(zì miàn de) 문자의, 문자적인
　　　　名literalism 直译主义(zhí yì zhǔyì) 직역, 직역주의
　　　　名literature 文学(wén xué), 文献(wén xiàn) 문학, 문학작품
　　　　形literary 文学的(wén xué de) 문학의
　　　　　　literary genre 文学类型(wén xué lèixíng) 문학장르
litter flock 小群(xiǎo qún) 작은 무리
　　　　Litter flock 聚会所(jùhuì suǒ) 집회소
liturgy 礼拜(lǐ bài), 礼仪(lǐ yí)(通称)(tōngchēng) 예배식, 의식서
　　　　形liturgic(al) 圣礼的(shèng lǐ de), 礼仪的(lǐ yí de) 예배의, 성례의, 의식의
　　　　liturgics 圣礼学(shèng lǐ xué), 礼仪学(lǐ yí xué), 崇拜学(chóngbài xué) 예배학
　　　　同 rite 礼拜(lǐ bài), 礼仪(lǐ yí)(不限基督教)(bù xiàn jī dū jiào)
　　　　　　예배, 의식(모든 종교 의식에 대한 지칭)
　　　　形ritual 礼拜的(lǐ bài de), 礼仪的(lǐ yí de) 예배의, 의식의
　　　　同sacrament 圣礼(shèng lǐ), 圣礼典(shèng lǐ diǎn) 성례
　　　　　　sacramental 圣礼的(shèng lǐ de) 성례의
local 地方的(dì fāng de) 지역의, 지방의
　　　　local church 地方教会(dì fāng jiào huì) 지방교회, 지역교회
　　　　localism 地方至上主义(dì fāng zhì shàng zhǔ yì) 지역지상주의

loci communes(拉) 一般真理 일반진리; 근본진리들
　loci proprii(拉) 个别真理 개별진리
　loci theologici(拉) :
　　(1)神学的主要概念及证据来源(默兰顿)
　　신학의 주요 개념 및 증거 원천들 :
　　멜랑히톤의 첫 번째 교의론
　　(2)神学大全　「신학통론」
locus theologicus(拉) :
　　(1)信仰的主要部分 신앙의 주요 부분
　　(2)神学知识之来源 신학적 지식의 근원
　　　(= source of theological knowledge)
locutio Dei attestantis(拉) 上帝作证的话
　(= a statement attested by God)
　　하나님이 증거하신 말씀
logia 耶稣言论集 예수님의 어록집
logic 逻辑, 理则学 ; 论理学 논리, 논리학
　形 逻辑的, 始终一致的, 合理的 논리적, 합리적
Logos(希) (1)言, 言语, 话 말, 말씀, 언어
　　　(2)圣言, 道 로고스, 말씀(예수그리스도)
　　　(因表达神思想, 产生创造, 教导的功能)
　logos asarkos(希) 未成肉身之道(指降世前的基督)
　　성육신 이전의 말씀 : 세상에 오시기 전의 그리스도
　logos ensarkos(希) 已成肉身之道(指在世的基督)
　　성육신하신 말씀 : 세상에 오신 그리스도

lord

logos spermatikos(希) 道种；指向圣言之真理的种子 말씀의 씨앗(하나님이 일찍이 이교도 안에서 효과적으로 일(활동)하고 계심을 나타내는 신적인 계시) (指 神早已在异教中工作之启示)

lord 君主，主　군주, 주
   the Lord 主(耶和华)　주 (여호와)
   lordship 主权　주권
   Lord of Hosts 万军之耶和华　만군의 여호와
   Lord's day 耶和华的日子，主日　주일, 여호와의 날
   = the day of the Lord
   Lord's Prayer 主祷文　주기도문
   Lord's Supper 圣餐，最后的晚餐　최후의 만찬

loss 名 损失　손실
   反gain 名动 得到　얻다

love 名动 爱，恋爱，敬拜，喜欢，爱好　사랑(하다)
   同charity 慈爱　자애, 박애
   同compassion 慈悲，怜悯　자비, 긍휼
   同mercy 慈悲，怜悯　자비, 긍휼
   divine love 圣爱；神的爱；神圣的爱
   거룩한 사랑; 하나님의 사랑

Low Church 低派教会；低教派　저교회파
   (指在安立甘教会 Anglican Church中, 持福音派的

观点，不甚重视传统，礼仪，圣职阶级的。）

Lucifer 路西弗(赛十四12)，撒但别名
　　　루시퍼, 사단의 다른 이름

lure 名动 诱惑　유혹(하다)
　　同tempt 诱惑，勾引(使某人作坏事情)
　　　유혹, 유인, 매혹(부정적 의미)
　　名temptation 诱惑，试探　유혹, 시험

lust 贪欲，色欲　탐욕, 정욕

Luther 路德　루터
　　Matin Luther 马丁路德　마틴 루터
　　Lutheran 名 路德会信徒　形 路德会的
　　　루터교신도; 루터교의

lux mundi(拉) 世界之光
　　　세상의 빛 (= the light of the world)

LXX(拉) 七十士译本(著名的希腊文旧约圣经) 70인역
　　同Septuagint(拉)　셉투아진트
　　(기원전 3세기 칠십인의 학자에 의한 번역된
　　히브리구약 성경)

英中韓 宗教字典 235

M

Macedonians 马其顿派 마케도니아파
(君士坦丁堡半亚流派主教(342) 倡圣灵乃受造,
隶属父与子之下)

mactatio mystica(拉) 神秘祭杀 신비적 희생
(基督作神的羔羊之说法)

Madhayamayana(梵) 中观宗, 三论宗 삼론종

Madonna(利) 圣母 ; 圣母像 마돈나, 성모; 성모상

Magi 博士 박사, 동방의 현인
   the Three Magi 东方博士 세 사람
   向初生基督朝圣的东方三大博士
   (아기 예수를 경배하러 온 동방의 세 박사)

magic 名 魔术, 魔法 마법, 마술
   形 魔法的, 魔术的, 神奇的
   마법의, 마술의, 불가사이한
   magician 术士, 魔法师 술사, 마법사
   black magic 巫术, 巫法 (악령에 의한) 마술, 마법

magisterium(拉) (教会)施教的权威;教导的职权
   교회의 가르치는 권위(= teaching authority)

magisterium ordinarium et universale(拉)
   教会平时的普世训导权 교회의 일반 보편적 훈도권

(= ordinary and universal magisterium)

Magna Charta 大宪章(dà xiànzhāng)　대헌장

mahapari-nirvana sutra(佛) 大般涅盘经(dà bān nièpán jīng)(涅盘经 nièpán jīng)　열반경

mahatma(印) 大圣(dà shèng)　대성
（印度教指社会人士已达较普通人类进化更之地位，(yìndù jiào zhǐ shèhuì rénshì yǐ dá jiào pǔtōng rénlèi jìn huà gēng zhī dì wèi)
并有神智学之智能者。）(bìng yǒu shén zhì xué zhī zhì néng zhě)

Mahayana 大乘(dà)(shèng)　대승불교

Mahayana sutras 大乘经(dà jīng)　대승경
（如华严，法华，楞伽及般若经等）(rú huá yán, fǎ huá, léng jiā jí bān rě jīng děng)

Mahdi(回) 救世主(jiù shì zhǔ)，弥赛亚(mí sài yà)　(회교의)구세주，메시야

mainline churches 主流教会(指有长远传统的教会)(zhǔliú jiàohuì zhǐ yǒu chángyuǎn chuántǒng de jiàohuì)
　　　　　주류교회(= mainstream churches)

Maitreya(佛) 弥勒佛(意即慈悲)(mí lè fó yì jí cíbēi)　미륵불

majesty 尊荣(zūn róng)，威严(有颂赞之意)(wēiyán yǒu sòng zàn zhī yì)　장엄, 위엄, 주권
　同dignity 尊严(zūnyán)　존엄, 위엄, 품위

malice 恶意(è yì)　악의
　形 malicious 恶意的(è yì de)　악의의
　malitia peccati(拉) 罪之恶性(zuì zhī è xìng)；罪性(zuì xìng)　죄의 악성
　　(= malice of sin)

mammon 玛门(mǎ mén)，财富(cáifù)　맘몬, 재물, 재물의 신
　同fortune 财富(cáifù)　부귀

man 男人(nánrén)　남자

mankind 人类 인류

同 human being 人类 인류

manas (1)(印)灵魂 영혼

(2)(佛)现识（阿赖耶识之别名）

mandate (1)天命，使命，命令 천명, 사명, 명령

(2)委任，委托 위임, 위탁

mandeans 曼底安派（意为认识神者） 만디안파

（源自巴比伦。谓得救之道在于生命之知者「Manda D'hayye(神)」将人灵带回其光中。 其宗教用语，象征与基督教化的诺斯底派相似。）

Manichaenism 摩尼教 마니교

同 Manicheanism =Manicheism

（波斯人摩尼「Manes215-276」所创。混合基督教，诺斯低(玄识)派 Gnosticism 等而成。主张万物起源之善恶二元论及基督人性之假现说。）

manifest 动 表示，表现，显示，证明

명시하다, 표현하다, 드러내다, 증명하다

形 明白的，显然的 명백한, 드러난

名 manifestation 显示，彰显，证明

현시, 명시, 표명, 증명

manifestation of conscience 诉心；披露良心

양심선언

名manifesto 宣言(xuānyán)　선언(서), 성명(서)
　　manifestatio ecclesiae(拉) 教会的表现(jiàohuì de biǎoxiàn)
　　(= manifestation of the church)　교회의 선언
manipulate 操纵(cāozòng), 使用(shǐyòng); 假造(jiǎzào)
　　사용하다, 교묘하게 다루다 ; 조작하다
　　名manipulation 操纵(cāozòng), 奇妙处理(jīmiào chǔlǐ), 全面透视(quánmiàn tòushì)
　　조종, 솜씨좋은 처리, 조작, 속이기
manner 方法(fāngfǎ), 风俗(fēngsú)（复）礼貌(lǐmào)　방법, 풍습, (복)예의
manuscript 手稿(shǒugǎo), 原稿(yuángǎo)　필사본, 원고
　　draft 草稿(cǎogǎo)　초고, 초안
mar(亚) 主(zhǔ)　주, 주님
(主耶稣当时，以色列人通用以尊称：以耶稣基督为其(zhǔ yē sū dāngshí, yǐ sè liè rén tōngyòng yǐ zūnchēng: yǐ yē sū jī dū wéi qí)
神权威及末世之主)(shénquánwēi jí mòshì zhī zhǔ)
　　maran，Marana(亚) 我们的主(wǒmen de zhǔ)　우리의 주
　　mari(亚) 我的主(wǒ de zhǔ)　나의 주님
margin 边缘(biānyuán), 书页边之空白(shūyè biān zhī kòngbái)　가장자리, 변두리
　　形marginal 边缘的(biānyuán de)　변두리의, 주변적인
marry 结婚(jiéhūn)　혼인하다, 결혼하다
　　辨merry 形 快乐的(kuàilè de)　즐거운
　　名marriage 婚姻(hūnyīn)　혼인, 결혼
　　形marital 婚姻的(hūnyīn de)　혼인의, 결혼의
　　名wedding 婚礼(hūnlǐ)　결혼식

martial 形 军事的(jūnshì de)　군대의
　　martial law 戒严令(jièyán lìng)　계엄령
　　同military 形 军人的(jūnrén de), 军事的(jūnshì de)　군인의, 군대의
martyr 名 殉道者(xùn dào zhě)　순교자
　　martyrdom 名 殉道(xùn dào)　순교
　　martyrology 殉道学(xùn dào xué); 殉道史(xùn dào shǐ); 殉道者列传(xùn dào zhě liè chuán)
　　　　순교학, 순교사, 순교사 열전
Marx, Karl 马克斯(mǎ kè sī)　칼 막스
　　Marxism 马克斯主义(mǎ kè sī zhǔyì)　막시즘, 막스주의
Mary 马利亚(mǎ lì yà)　마리아
　　Mariology 圣母论(shèng mǔ lùn)　성모론
Masora(Masorah) 马所拉(mǎ suǒ lā)　마소라 (학파)
　　Masoretes 马所拉学者(mǎ suǒ lā xuézhě)　마소라 학자
　　Masoretic Text 马所拉经文(mǎ suǒ lā jīng wén)　마소라본문(공인본문)
　　(乃公认本文(nǎi gōng rèn běn wén), 指经马所拉学者加上母音之旧约经文(zhǐ jīng mǎ suǒ lā xuézhě jiā shàng mǔyīn zhī jiù yuē jīng wén))
mass 名(1)大众(dàzhōng), 群众(qúnzhòng)　대중, 군중
　　(2)弥撒(mí sā)　미사
　　mass media 大众传播(dàzhōng chuánbō), 媒体(méi tǐ)　대중매체
　　mass movement 大众运动(dàzhōng yùndòng)　대중운동
　　Mass(拉 missa) 弥撒(mí sā), 弥撒曲(mí sā qū)　미사, 미사곡
　　massa peccatrix(拉) 罪恶的群众(种类)(zuì è de qúnzhòng zhǒnglèi)

죄악의 무리(부류) (= sinful mass of people)
massa perditionis(拉) 永死的群衆；滅亡的人(种类)
멸망의 무리(부류) (= mass of damned people)
massacre 大屠殺 대도살, 대학살
master 主人；碩士(学位) 주인；석사(학위)
masterpiece 絶妙之作, 杰作 걸작품, 걸작
masturbation 手淫, 自瀆 자위행위, 수음
mater fidelium(拉) 信者之母 (指教会)
(= mother of the faithful) 신자의 어머니(교회)
material 名 材料, 原料 재료, 제재, 원료
形 材料的, 物质的 물질의, 재료의
materialism 唯物论 유물론
反idealism 唯心论, 观念论 유심론, 관념론
material principle 质料因素 물질요인
matriculation 名 准许入学；注册 등록
同 register 动名 注册, 登记 등록(하다)
matrix (1)矩阵, 模表, 阵, 母式, 眞值表
모체, 기반, 진, 주형(鑄型), 표의 양식
(2)母体；源始 모태, 자궁；발생지
culture matrix 文化矩阵, 文化模表 문화모체
social matrix 社会矩阵, 社会模表 사회모체
matter :

mature

(1)实质，实体　실질, 실체
　　(哲学上与form 相对)
(2)物质，物体　물질, 물체
　　(哲学:与mind, spirit之对)
(3)(书或印刷物之)资料，材料
　　(책, 인쇄물의) 재료, 자료
(4)事件，问题　사건, 문제
(5)困难(kùnnàn)　곤란, 어려움
prime matter 第一质料；原初物质　근본질료

mature 成熟的，慎重的，到期的
　　성숙한, (생각이)신중한, 기간이 만료된
名maturity 成熟　성숙, 완숙
反immature 不成熟的，未成熟的　미성숙한

maxim 格言，座右铭　격언, 좌우명
　同motto 座右铭　좌우명
　同proverb 谚语，箴言　잠언
　the Proverbs (旧约)箴言　잠언

maya(梵)　虚妄, 虚幻　마야(허영, 환영)
Mayflower 五月花号　5월호; 메이플라워호
Mazarin Bible 马萨林圣经　마자린성경
　　(印刷最精美之拉丁文书之一)
Mazdaism 祆教(拜火教)　배화교, 조로아스터교

meaning 意义 의미
　　形 meaningful 有意义的　의미 있는
　　　　同 significant 意义重大的　의미심장한
　　　　反 meaningless 无意义的　무의미의
means of grace 恩具　은혜의 방편
Mecca 麦加　메카
　　mecca 圣地　성지
mechanic 机械的　기계적인
　　反 organic 有机的, 生命体的　유기적인, 생명체의
　　mechanism 机械论　메카니즘, 기계장치, 기교, 절차
medes 玛代人　메대인
mediaeval 中世纪的, 中古的　중세기의
　　同 medieval
　　mediaevalism 中世纪主义(思想)　중세의 사상(정신)
mediate 动 居於中间, 调解(tiáojiě), 做媒介
　　　　중재하다, 화해시키다, 매개역할을 하다
　　　　形 中间的, 间接的　중간의, 중재의
　　名 mediation 仲裁, 中保, 调停　중보, 중재, 화해
　　　　mediation of Christ 基督中保；基督之为天人中介
　　　　　　그리스도의 중보
　　名 mediator 中保(者), 调解(tiáojiě)者　중보자, 화해자
　　　　the Mediator 中保(耶稣基督)　중보(예수그리스도)

Medina 麦地那 메디나
meditate 默想, 沉思, 考虑
　　　　　묵상하다, 고찰하다, 심사숙고하다
　　名meditation 默想 묵상
　　同contemplate 默想, 熟思 명상, 묵상
medium (1)媒介, 媒体, 中间物 매개수단
　　　　(2)中间的, 中庸的 중간의, 중용의
　　　　(3)灵媒(乩童); 通灵者 무당, 영매
meek 形 温柔的 온유한, 온순한, 유화한
　　名meekness 温柔 온유
meeting 聚会 집회, 모임, 만남
　　prayer meeting 祈祷会, 祷告会 기도회
melancholy 名 忧郁, 忧郁症 우울, 우울증
　　　　　形 忧郁的, 意气消沉的 우울한, 의기소침한
Melanchthon 墨兰顿(路德好友) 멜랑히톤(루터의 동료)
member 会员 회원
　　membership 会籍 회원권
memorial service 追思礼拜 추도예배
memory 记忆, 纪念 기념, 기억
　　in memory of 纪念 기념으로
　　memorial 记忆的, 纪念的 기억의, 기념의

244 英中韓 宗教字典

memorial service 追思礼拜(zhuī sī lǐ bài) 추도예배
memoir 名 传记(zhuànjì) 전기
memoirs 回忆录(huíyì lù) 회고록
memorandom 备忘录(bèi wáng lù), 摘要(zhāi yào), 非正式之记录(fēi zhèngshì zhī jìlù)
　　　　　비망록, 적요, 비공식적인 기록
Memra Yahweh(亚) 神的话(shén de huà) 하나님의 말씀
(犹太教耶和华圣名的别称)(yóutài jiào yē hé huá shèngmíng de bié chēng)
mendicants 募缘会士(mù yuán huì shì) 탁발승
(12世纪所组反享受(shì jì suǒ zǔ fǎn xiǎngshòu), 甘贫苦之修道会(gān pínkǔ zhī xiū dào huì),
如道明会(rú dào míng huì), 方济会(fāng jì huì), 奥古斯丁等(ào gǔ sī dīngděng))
Mennonites 门诺会(mén nuò huì), 门诺会信徒(mén nuò huì xìntú) 메노파(신도)
Menno Simons 门诺(mén nuò)(门诺会创始者(mén nuò huì chuàng shǐ zhě))
　　　　　시몬 메노 (메노파의 창시자)
mental 心的(xīn de), 心智的(xīn zhì de), 精神的(jīngshén de) 심적, 정신적
　反physical 身体的(shēn tǐ de), 肉体的(ròu tǐ de) 육신의, 신체의
mental disease 精神病(jīngshén bìng) 정신병
mental reservation 含义不申(hányì bù shēn), 心中保留(xīn zhōng bǎoliú) ; 言非意指(yán fēi yì zhǐ)
　　　　　의중유보, 심리유보
名mentality 智力(zhìlì) ; 心态(xīntài)(心理狀態(xīnlǐ zhuàngtài))
　　　　　심성, 지성, 정신; 심리상태
mercy 慈悲(cí bēi), 怜悯(liánmǐn) 자비, 긍휼
　同compassion 怜悯(liánmǐn), 同情(tóngqíng) 연민, 동정심

merit (1)优点，价值 장점, 가치
(2)立功德，善功，功绩 공로, 공덕, 선행
(3)应得，值得 (상벌, 감사, 비난)을 받을만하다
condign merit 义理善功，配得功绩 보상공덕
(凭为人完成的事工，有权向人要求报酬者)
congruous merit 情谊善功，公平功绩 우정공덕
(凭为人完成的事工，不足以向人要求报酬；能得报酬，乃出于赏报者的慈悲，许诺及对善功的接受者)
形meritorious 功劳(功绩)的，有价值(可称赞)的
　　공로(공덕)의, 가치있는, 칭찬받을 만한
Mesopotamia 美索不达米亚 메소포타미아
(旧译米所波大米)
message 信息 메시지, 말씀, 전갈, 기별, 사신(使信)
messenger 使者(报信者)，先驱者 사자, 심부름꾼
Messiah(来) 弥赛亚(即意受膏者) 메시야, 구세주
形 Messianic 弥赛亚的 메시야의, 구세주의
Messiah-king 弥赛亚君王 메시야-왕
Messiahship 弥赛亚职份；弥赛亚身份
　　메시야직분; 메시야신분
Messianic secret 弥赛亚之秘密 메시야의 비밀
(马可福音的神学主题：耶稣一方面向人启示自己，

metamorphosis

一方面又禁止魔鬼。)
(yī fāngmiàn yòu jìnzhǐ mó guǐ)

Messianism 弥赛亚主义；弥赛亚论　메시야사상
(mí sài yà zhǔyì) (mí sài yà lùn)

Messiah(来)＞ Messias(拉)＞ Messiah(英)＞ 弥赛亚
(mí sài yà)

Christos(希)＞ 基利斯督(中)＞ 基督＞ 기독(韩)
(jī lì sī dū) (jī dū)

Christos(希)＞ 그리스도(韩)

metamorphosis(希) 变形, 变质, 变身
(biànxíng) (biànzhì) (biànshēn)
　　　　　　형태의 변화, 변형, 변질, 변신

metanoia(希) 悔改, 回头, 归正；彻底转变(转向)
(huǐgǎi) (huítóu) (guīzhèng) (chè dǐ zhuǎnbiàn zhuǎnxiàng)
　　　　　　회개, 돌아옴; 철저한 방향전환

metaphor 隐喻, 比喻　은유, 비유
(yǐn yù) (bǐyù)

形metaphorical 隐喻, 比喻　은유, 비유
(yǐn yù) (bǐyù)

parable 寓言, 比喻　우화, 비유
(yù yán) (bǐyù)

metaphrase 翻译, 直译　축어역, 직역
(fānyì) (zhí yì)

(别於paraphrase) 意译, 解义　의역
(bié wú) (yì yì) (jiě yì)

metaphysics 名 形而上学(形上学)　형이상학
(xíng ér shàng xué) (xíngshàng xué)

(关于事物之真正性质的)
(guānyú shìwù zhī zhēnzhèng xìngzhì de)

形metaphysical 形上学的, 难了解的
(xíngshàng xué de) (nán liǎo jiě de)
　　　　　　형이상학적인, 이해하기 힘든

metempsychosis：

(1)轮回, 转身　윤회
(lúnhuí) (zhuǎnshēn)

(2)轮回说; 灵魂迁移说　윤회설; 영혼이동설
(lúnhuí shuō) (línghún qiānyí shuō)
　　(= migration of souls)

method 方法　방법
(fāng fǎ)

methodology 方法论；研究法 방법론

Methodist 卫利公会信徒(的) 감리교 신자
(或称循道会，循理会，监理会，美以美会)

metropolitan 形 大都市的，大城市的 대도시의
名 大都市之居民 대도시 주민

cosmopolitan 全世界各地都有的，世界性的
세계 각 지에 분포된; 세계시민의

cosmopolitanism 世界主义 세계주의, 사해동포주의
名 metropolis 首府，主要城市，国际都市，重要中心
수도, 주요도시, 국제도시, 중심부

middle class 中产阶级 중산층

midpoint of time 中间且中心时期 신구약 중간
(指耶稣在世的时期：按路加福音的分法看，
是在旧约的预期时代与新约的教会时代中间，
而且又是救恩历史的中心。)

同 inter-testament period

Midrash(来) 米大示(犹太人文士的圣经注释)
미드라쉬(유대율법사의 성경주석)
(原文是「研究」或「解释」之意，演变成公认的
「圣经注释」)

might 强权，权力，力量 힘, 권력

同 power 力量 힘

millennium 一千年，千禧年　일천년, 천년왕국
　同 millennium
　　millennialism 千禧年说(主义)　천년왕국설
　同 millennianism
　同 millenarianism
　同 chiliasm
　　pre-millennialism 前千禧年说　전천년왕국설
　　post-millennialism 後千禧年说　후천년왕국설
　　amillenmialism 无千禧年说　무천년왕국설
mind 心智（指知性而非感性方面）
　　　마음, 지성, 정신(지성, 감성방면)
minister 动 服事，事奉，救助　섬기다, 봉사하다
　　　名 牧师，圣职人员，事奉者
　　　　목사, 성직자, 봉사자
　　　　（改革宗传统对传道人的称呼）
　　　　교역자-목회자에 대한 개혁파의 전통적 호칭
　　minister of baptism 施洗者　세례집례자
ministry (1)使徒职务，圣职，牧师之职，服事者
　　　　사도직무, 성직, 교역, 사역, 목회
　　　(2)服事，事奉(do-)　봉사, 섬김
　　　(3)牧师团，神职班　목사단, 성직자들
　　ordained ministry 任命(按立)的圣职　안수직
minjung theology 民衆神学　민중신학
miracle 神迹　기적

signs and wonders 神迹奇事(shén jì qí shì) 이적과 기사

形miraculous 神迹的(shén jì de) 기적의

misery 贫困(pínkùn), 悲惨(bēicǎn) 빈곤, 비참, 불행

形miserable 悲惨(bēicǎn de) 비참한, 환난의

Mishnah(来) 米示拿(mǐ shì ná)(犹太人口传的律法解释(yóu tài rén kǒu chuán de lǜ fǎ jiěshì)) 미쉬나
(유대인의 구전된 율법해석)

mission (1)派遣(pài qiǎn), 差遣(chā qiǎn) 파송, 파견

(2)使命(shǐmìng), 天职(tiān zhí), 任务(rèn wù) 사명, 천직, 임무

(3)传道(chuán dào), 传教(chuán jiāo), 宣教(xuān jiāo) 선교, 전도

(4) 差会(chā huì), 宣教团体(xuān jiào tuán tǐ), 传教区(chuán jiāo qū)
파송본부, 선교단체(선교회), 선교지

divine mission :

(1)上帝的差遣(shàng dì de chā qiǎn) 하나님의 파송

(指圣三位间的工作关系(zhǐ shèng sān wèi jiān de gōng zuò guānxì): 圣父差遣圣子(shèng fù chā qiǎn shèng zǐ), 父子(fù zǐ)
共同差遣圣灵(gòngtóng chāqiǎn shèng líng))

(2)神圣的使命(shénshèng de shǐmìng): 宣教(xuān jiào) 거룩한 사명: 선교

missions 海外宣教(hǎiwài xuān jiào) 해외선교

missiology 宣教学(xuān jiào xué) 선교학

missionary :

形 (1)受差遣的(shòu chāqiǎn de) 파송받은, 보냄받은

(2)有使命的(yǒu shǐmìng de) 사명이 있는

(3)宣教的(xuān jiào de), 宣教师的(xuān jiào shī de) 선교의, 선교사의

modalism

名 宣教师, 传教师　선교사

missio Dei(拉)：
　　(1)神的救恩计划与作为　하나님의 구원계획과 역사
　　　(= God's plan of salvation)
　　(2)(宣教学)上帝的宣教　(선교학)하나님의 선교
　　　(= missions of God)

missio Verdi(拉)　(= mission of the Word)
　　(1)上帝话语的使命　하나님말씀의 사명
　　(2)道的受遣(指圣子基督耶稣)　말씀의 보냄 받으심

modalism　形态论　(기독론)양태론, 삼위양식설
(认为神之有三位, 兄是以三种不同的形式启示自己；
三位一体之三位仅有形式上之区别, 并非三个位格,
为撒伯流所首倡)

modality　形式, 形态, 样式, 方式
　　형식, 형태, 양식, 방식

mode　形相, 方法, 表现方式(模式)；风格
　　형상, 방법, 표현방식, 양식；유행, 풍조

modalism　形相论, 形相主义　양태론, 군주론
=Sabellianism　撒伯流主义　사벨리우스주의

model　典型, 模范　전형, 모델, 유형

moderation　温和, 中庸　중용, 알맞음, 온건

moderator　主席, 仲裁者　사회자, 중재자, 총회장
　　(指长老会的主席, 或指任何教会大会的主席)

Moderator 主席, 总会议长(zhǎng)
　　　　　당회장, 노회장, 총회장
modern 现代的, 近代的　현대적, 근대적인
　　同contemporary 当代的　현대의
　　modernization 现代化　현대화
　　modernism:
　　　　(1)现代主义(一般)　현대주의(일반적)
　　　　(2)(神学)现代主义　(신학)현대주의
　　　　(基要派 Fundametalists 称一切使用历史批判
　　　　法研究圣经的神学)
　　fundamentalism 基要主义　근본주의
　　　　(针对modernism与liberal自由派而起的保守派主张)
Mohammed 穆罕默德(主後约570-632)　모하메드
　　(伊斯兰之首席先知, 自称受特别启示, 彼以军法
　　推行道德改革及宣教。)
moksha(印) 解脱　해탈
　　(印度教四大目的(mùdì)之一, 相当于佛教的涅盘)
moment 瞬间, 阶段, 时期　계기, 요소, 단계, 잠시
　　形momentary 瞬间的　순식간의, 순간적인
　　形momentous 非常重要的　중대한, 중요한
monarch 君主, 最高统治者　군주, 전제군주, 최고통치자

252　英中韓 宗敎字典

形monarchic(al) 君主的，君主政体的
　　　　　　　　군주의, 군주제도의
monarchy 君主政体　군주정체, 군주제도
monarchianism 神格唯一论　신격유일론
monastery 修道院，修道士(集合名词)　수도원, 수도사
形monastic(al) 修道院的　수도원의
monasticism 修道院主义，修道生活
　　　　　　　　수도원주의, 수도생활
同asceticism 苦修主义，禁欲主义
　　　　　　　　고행주의(사상), 금욕주의
monk 修道士，隐修士，和尚　수도사, 은자, 스님
nun 修女，尼姑　수녀, 비구니
monergism（希mon'ergismus，拉Solus Deus）
神恩独作说；独力说　하나님의 홀로 행하심
（指重生得救仅能从 神而来，是唯独属 神的作为，
没有人的任何合作在內。人不能加以协助。加尔文：
「不可抗拒的恩典」「有效的恩召」。）

反synergism 神人合作说　신인협동설
（希拉 syn'ergismus）
monergistic regeneration：오직 은혜로 얻는 중생
由于神恩典单独作成的重生
（华飞德 B.B.Warfield 说：这是加尔文主义救恩论
的枢纽，比其他教义都更深刻地含蕴在此系统中。

monism

预定论本身的拯救意义，多半在乎保持救恩的直接超自然性。此救恩论的核心，乃是在救恩的步骤上绝对排除人为的努力，以使神恩典的单纯性可以彰显兄有这样，他才能表明出罪人完全依靠神拯救人的鸿恩特爱来。)

monism 一元论　일원론
(谓宇宙间之一切现象，皆本於唯一物质或灵性)

mono-Christic 唯基督的　그리스도만 언급하는
(兄谈基督，绝少提圣父，圣灵的)

monogamy 一夫一妻，一夫一妻制　일부일처(제)

monogram 缩合字(如 X 写於 P 上则表基督等)
합일문자, 짜맞춘 글자

monograph 专论，专文　전공논문

monographer 小册子的作者，专论作者
소책자의 저자, 전공논문의 저자

Monophysism 一性论　그리스도의 단성론
(主张耶稣基督兄有一性--神性)

同Monophysitism

monotheism 一神论　일신론

反polytheism 多神教，多神论　다신교, 다신론

theism 有神论　유신론

反atheism 无神论　무신론

henotheism 唯尊一神论；择一神教 단일신교
(自多数神中特选一神而敬奉之，但不否认其他诸神之存在)

Motanists 孟他努派(主义) 몬타누스파
(第2世纪孟他努 Montanus 倡的异端)

monument 纪念碑 기념비

形 monumental 纪念(碑)的，巨大的 기념비적, 거대한

moral 道德(道义)的，伦理(良心)的 도덕적인, 윤리적

    moral argument 道德的论证 도덕론적 논증
(由道德之事实推演而证明 神存在之论证)

    moral judgement 道德判断 도덕적 판단

    moral law 道德律 도덕률

    Moral Re-Armament(MRA) 道德重整运动 도덕재무장 운동

    moral philosophy 道德哲学 도덕철학, 윤리학
  同 ethics 伦理学

    moral sense 道德感 도덕의식

    moral virtues 伦理道德：伦理德行 도덕적 덕목

morale 风气，民心，精神，士气 기풍, 정신, 사기

morals 道德 도덕
(指道德之原则或习惯)

反immoral 不道德的(bù dàodé de) 부도덕한, 비도덕적인
名morality 道德(dàodé)，道德性(dàodé xìng) 도덕, 도덕성
　amoral 超道德的(chāo dàodé de) 초도덕적, 도덕과는 관계없는
同unmoral 与道德无关的(yú dàodé wú guān de) 도덕과는 무관한
同nonmoral

Mormonism 摩门教(mó mén jiào) 몰몬교
　同Church of Jesus Christ of Latter-day Saints
　Mormonists 摩门教信徒(mó mén jiào xìntú) 몰몬교도

Moravian Brethren 莫拉维弟兄会(mò lā wéi dìxiōng huì) 모라비안형제회
　(简称(jiǎn chēn) Moravians)

moribund 形 将死的(jiāng sǐ de)，即将消灭的(jí jiāng xiāomiè de) 죽어가는, 소멸할

morphology 形态学(xíngtài xué)，形体结构学(xíng tǐ jié gòu xué) 양태론

mors animae(拉) 灵魂的死亡(línghún de sǐwáng) 영혼의 사망
　(= death of the soul)

mortal (1)不免一死的(bù miǎn yī sǐ de)，会死的(huì sǐ de)，难免一死的(nánmiǎn yī sǐ de)
　　죽어야 할, 죽음을 면할 수 없는, 썩어질
　(2)致命的(zhìmìng de)，临终的(línzhōng de)，濒死的(bīnsǐ de) 치명적인, 빈사의
　(3)使灵魂死亡的(shǐ línghún sǐwáng de)，要堕地狱(不能宽恕)的(yāo duò dì yù (bùnéng kuānshù) de)
　　영을 죽게 할, 지옥에 떨어뜨리는
　(4)必死的东西(bì sǐ de dōngxī)；人(rén)；人类(rénlèi)；人类的(rénlèi de)
　　반드시 죽을 것들; 사람; 인류
　反immortal 不死的(bù sǐ de) 불사의
名mortality：

(1)必死性；必死的命运 죽음을 피할 수 없는 운명
(2)死亡率，淘汰率 사망률
(3)人类，人性 인류, 인생, 인성
反immortality 不死性, 不朽性 불사성

mortification
(1)苦行，禁欲，攻克己身，克己 고행, 금욕, 극기
(2)向罪而死 죄에 대하여 죽는 것
(3)屈辱，耻辱 굴욕, 치욕
动mortify (通过苦行)抑制，克制；使受辱，伤害 금욕하다, 억제하다, 극복하다, 굴욕을 느끼게 하다

Moslem(Muslim) 回教徒 회교도, 모슬렘
(意为 神所赐者)

mosque 回教清真寺 이슬람사원
(意为 敬拜之所)

motif (1)(文学，艺术作品之)主题，主旨 주제, 요점
(2)图形，图式 도형, 도식

motivation 名 引起动机, 刺激, 诱导 동기, 동인

motive 名 动机, 目的(mùdì) 동기, 목적
形 发动的 동기가 되는
动motivate 促起, 激发 움직이다, 동기가 되다

mourn 哀悼, 悲伤 애통하다, 슬퍼하다

move

名mourning 哀悼, 丧服 비탄, 애통, 슬픔
形mournful 悲哀的, 凄惨的 비통한, 참담한
move 运动, 活动, 行动 움직이다, 활동하다, 행동하다
    名movement :
      (1)运动, 动作 (사회적, 정치적인) 운동
      (2)动向, 趋向, 倾向 동향, 추세, 경향
      downward movement 下降的动向 내려오심의 사역
      (指基督屈尊就卑, 下降人间的作为)
      upward movement 上升的动向 올라가심의 사역
      (指基督领导人群上升天国的作为)
    名mover 动者, 发动者 원동력, 발기인, 동인
      prime mover 第一动者(指上帝) 제1동인(하나님)
      unmoved mover 不动的动者; 不被动的动者
      부동의 동자 (神使受造物动, 而不被他物所动)
Mubaligh Islam 回教宣教同盟 이슬람선교동맹
muezzin(回) 祷告呼唤者
      회교사원의 탑에서 기도시간을 알리는 사람
multilocation 无所不在; 多处临在; 处处都在 무소부재
multiple 多样的, 多元的 다양한, 다원적인, 다목적
    同plural 复数的, 多的(二个以上) 다수의, 복수의
    名mutiplicity 多样性, 重复, 多数 다양성, 다수

同plurality 多元性(duōyuánxìng) 다원성

multipresence 随意临在(suí yì lín zài) 동시 임재
(16世纪改革家墨兰顿(shì jì gǎigé jiā mò lán dùn)Melanchton 所说(suǒ shuō)：圣餐中(shèng cān zhōng)复活之主在任何地方随意临在(fùhuó zhī zhǔ zài rénhé dì fāng suí yì lín zài)）

munus prophetticum(拉) 先知的职务(xiānzhī de zhíwù) 선지자의 직무

munus regium(拉) 君王的职务(jūnwáng de zhíwù) 왕의 직무

munus sacerdotale(拉) 祭司的职务(jì sī de zhíwù) 제사자의 직무

munus triplexs(拉) 三重的职务(sān chóng de zhíwù) （그리스도의) 삼중직
（基督(jī dū)：先知(xiānzhī)，祭司(jì sī)，君王(jūnwáng)） (선지자, 제사장, 왕)

Muratorian fragment 穆拉多利残卷(mù lā duō lì cán juǎn) 무라토리안 사본
（公元200年左右的圣经残卷(gōngyuán nián zuǒyòu de shèng jīng cán juǎn)）

mutation 变化(biànhuà)，转变(zhuǎnbiàn)，变质(biànzhì)，突变(tūbiàn) 변화, 변질

mutual 相互的(xiānghù de)；共同的(gòngtóng de) 상호적인, 공동의, 공통의
名mutualism：
(1)相互主义(xiānghù zhǔyì) 상호주의
（中国视万事有相对循环(zhōngguó shì wàn shì yǒu xiāngduì xúnhuán)，交相济而交相用之(jiāoxiāng jì ér jiāoxiāng yòng zhī)现象的思想(xiànxiàng de sī xiǎng)。）
(2)互助论(hù zhù lùn) 상부상조론

名mutuality 相互性(xiānghù xìng)，相互依存(xiānghù yī cún)，相互关系(xiānghù guānxì)，相关(xiāngguān)
상호성, 상호의존, 상호관계, 상관

mystagogy 奥秘的教学法(ào mì de jiāo xué fǎ)，秘法传授(mì fǎ chuánshòu)
밀교해설, 비법전수(해설)

mystery

形 mystagogic 解释的(jiěshì de)，说明神秘的(shuōmíng shén mì de)
비법전수의, 밀교해석의

辩 mystagogue 解释奥秘者(jiěshì ào·mì zhě)，神秘学教师(shén mì xué jiào shī)
비밀해법자, 밀교교사
(导人入神秘宗教者)(dǎo rén rù shén mì zōng jiào zhě)

mystery：
(1) 奥秘(ào mì)，神秘(shén mì)，奥妙(àomiào) 신비, 오묘
(2) 神秘仪式(shén mì yíshì)；圣餐礼(shèng cān lǐ) 신비의식; 성찬

mystery cults 神秘宗教仪式(shén mì zōng jiào yíshì)；神秘祭仪(shén mì jì yí)
신비주의적 의식, 밀교의 제의

mystery of the Trinity 三位一体神的奥妙(sān wèi yī tǐ shén de àomiào)
삼위일체 하나님의 신비

mystery religion 密教(宗)(mì jiào zōng)，神秘宗教(shén mì zōng jiào)
밀교, 밀종, 신비종교

mystic(al) 形 奥秘的(ào mì de)；不可思议的(bù kě sī yì de)；密契(mìqì)的
오묘한, 신비한, 영감에 의한, 밀교의
名 神秘家(shén mì jiā)，神秘主义者(shén mì zhǔ yì zhě) 신비주의자

mystic experience 神秘经验(shén mì jīngyàn) 신비적 경험

mystic theology 神秘神学(shén mì shén xué) 신비신학
(描述以神秘经验之途径认识 神之学)(miáoshù yǐ shén mì jīngyàn zhī tújìng rènshi shén zhī xué)

mystic union 神秘的联合(shén mì de lián hé) 신비적 연합, 비밀단체

mysticism (1) 神秘主义(shén mì zhǔyì) 신비주의적 신앙, 신비주의
(2) 密契(mìqì)主义(zhǔyì) 비밀주의, 비밀결사

mysterium stricte dictum(拉) 狭义的神秘(xiáyì de shén mì)
  협의적 신비(= 엄밀한 의미에서의 신비)
  (= mystery in the strict sense)
mysterium tremendum et fascinosum(拉)
  令人颤怖(zhànbù)而醉心的神秘(lìng rén ér zuì xīn de shén mì)
  전율케 하며 불가항력적인 신비
  (= awe-inspiring and irresistable mystery)
mysterium Christi(拉) 基督的奥秘(jī dū de ào mì) 그리스도의 비밀
  (= mystery of Christ)
mysterium crucis(拉) 十架的奥秘(shí jià de ào mì) 십자가의 비밀
  (= mystery of the cross)
myth 神话(shénhuà) 신화
  形mythic(al) 神话的(shénhuà de); 神话时代的(shénhuà shídài de) 신화적인, 신화의
  mythologists 神话学者(shénhuà xué zhě); 神话作者(shénhuà zuò zhě) 신화저자들
  mythology :
  (1)神话学(shénhuà xué) 신화학
     (研究神话的内容，起源，影响方式等等的学问)(yánjiū shénhuà de nèiróng, qǐyuán, yǐngxiǎng fāngshì děngděng de xuéwèn)
  (2)神话(shénhuà) (집합적)신화
  (3)神话集(shénhuà jí); 神话志(shénhuà zhì) 신화모음집, 신화지

N

nabi(来) 先知(xiānzhī) 선지자, 선생

Nakayama, Omiki 中山女士(zhōngshān nǚshì)
(1798-1887 日天理教之创始人(rì tiān lǐ jiào zhī chuàng shǐ rén)) 일본 천리교의 창시자

namah(梵) 南无(nán wú) 나무아미타불
(意即归命, 归礼, 敬礼, 渡我等)(yì jí guī mìng, guī lǐ, jìnglǐ, dùwǒ děng)

narcissism 自恋(症)(zì lián zhèng), 自我中心(zì wǒ zhōngxīn) 자아도취증, 자아중심

narrative 叙述(xùshù), 故事(gùshì) 이야기, 설화

    narrative theology 叙述神学(xùshù shénxué), 故事神学(gùshì shénxué) 이야기신학

native 形 本地的(běn dì de), 本土的(běntǔ de), 天然的(tiānrán de) 자국의, 본국의
    名原住民(yuán zhù mín), 本地人(běndè rén) 원주민, 본토인

natura rerum(拉) 万物的本性(wàn wù de běnxìng) 만물의 본성
  (= nature of things)

nature 自然(zìrán), 本性(běnxìng), 本质(běnzhì) 자연, 본성, 본질
    nature of man 人性(rénxìng), 人的本质(rén de běnzhì) 인성, 인간의 본성
  形natural 自然的(zìrán de), 天生的(tiānshēng de), 天赋的(tiānfù de), 天性的(tiānxìng de)
    자연의, 야생의, 자생의, 타고난, 선천적인
    natural desire 自然渴望(zìrán kěwàng) 본성적 욕구
    lex naturalis(拉) 自然律(zìrán lǜ), 自然界的定律(zìrán jiè de dìnglǜ)
      자연법, 자연계의 이치
    (= natural law)

natural revelation 自然启示 자연계시
(受造物所揭示的 神之存在及其某些特性)

natural theology 自然神学 자연 신학
(指不必靠特别启示而知道上帝之神学)

naturalism：
(1)自然主义 자연주의
(主张自然世界为实在之全部，并排斥超自然存在的态度)

(2)自然论 자연론
(主张宗教真理非得自天启，而得自自然过程之研究。宗教经验乃自然进行之结果。)

Navigator 导航会 네비게이토
Nazarene 拿撒勒人 나사렛인
    the Nazarene 拿撒勒人耶稣 나사렛 예수
    Church of the Nazarene 拿撒勒人会 나사렛교회
N.C.C. (= National Council of Churches)
全国基督教协会 전국교회연합
necessary 必要的，必然的，必需的
    필요의, 필연적인, 필수적인
名 necessity 必要性，必然性 필요성, 필연성
necromancy 招亡术 강신술, 마법
(指招亡灵以卜未来之术

negation

negation 否定, 反证, 反面, 消极　부정, 부인, 거부
　形negative 否定的, 消极的　부정적, 부정의, 소극적
　反positive 肯定的, 积极的　긍정의, 적극적인
　negative way 否定法　부정법(부정의 도)
　affirmative way 肯定法　긍정법(긍정의 도)
　negative theology 否定神学　부정의 신학
　affirmative theology 肯定神学　긍정의 신학
negotiate 动 协议, 磋商　교섭하다, 협상하다, 협정하다
　名negotiation 名 协议, 磋商　협정, 협의, 교섭
neologism　신이론, 신론, 새로 나온 이론이나 기술
　新说, 新论, 新说的采用或支持
　同neology
nemesis (1)记忆　기억
　　　(2)赏善罚恶之女神　네메시스: 복수의 여신
　　　(3)报应, 天罚　인과응보, 천벌
Neo-Orthodoxy 新正统派, 新正统神学
　　　　　　신정통주의, 신정통신학
　(20世纪反抗基要主义 Fundamentalists 和自由派
　liberal theology 的神学潮流)
　20세기의 근본주의와 자유주의신학에 대한
　반동으로 일어남.
Neo-Platonism 新柏(bó)拉图主义　신플라톤주의
neophyte (1)新信徒, 新入教者　새신자, 새로 입교한 자

(2)初学者，开始者　신입생

(3)(天)新祭司，新圣司铎　(천주교)새 성직자

Neo-Scholasticism 新士林学派，新经院学派
신스콜라철학(주의)

同 Neo-Thomist 新多玛斯学派　신토마스주의

Nestorianism 涅斯多留主义，景教　경교

neurosis 精神官能症，心理官能症　신경증, 노이로제
(与更严重的psychosis精神病相较，仅乃程度之分)

new 新的，从未有过的　새로운, 처음의

new birth 新生(命)　새생명

new heaven and new earth 新天新地　신천신지

Nicaea, Council of 尼西亚大公会议　니케아공회

Nicene Creed 尼西亚信经　니케아 신경

nihilism 虚无主义　허무주의

Ninety-Five Theses 九十五条　95개조
(路德於1517年10月31日提出，欲与当时人士探讨
悔改之真义；结果引发宗教改革运动。)
루터 : 1517년 10월 31일에 제안, 종교개혁의 발단

nirvana(梵) 涅盘, 解脱　열반, 해탈
(寂灭；有即归真返本之意)

nocturn 子夜祈祷　저녁기도

noetic 知性的，纯理智的，智力的，理性的，纯知识的

순수지성에 입각한, 순이지적인, 지력의
(常相对於 ontic 本体的)
noetics 思想论, 纯理性论 사상론, 순수지성론
nomadic 游牧的, 流浪的 유목민의, 유랑의
nominal 名义上(无实权)的, 象征性的, 名字的
　　　　명목상의, 아주 적은, 이름뿐인
nominalism 唯名论, 徒名论 유명론, 명목론
(中世纪哲学主张, 相对於唯实论)
　　　　유실론에 반대한 중세기 철학사상
realism 唯实论, 实在论 유실론, 실재론
nomism (1)依法主义 준법주의
(谓宗教信仰在于严守律法)
(2)遵守宗教律法的行为
non- 形 非 ~가 아닌
　　non-being 名 非存在 존재하지 않는
　　non-Christian 名 非基督教 비기독교인
non peccare posse(拉) 能不犯罪(性); 能够不犯罪
　　　　범죄하지 않을 수 있는
non posse peccare(拉) 不能犯罪(性) 범죄할 수 없는
(= impeccability：不能犯罪性, 无缺点, 无罪性
nonviolence 非暴力主义 비폭력주의
norm 名 规范, 准则, 标准; 基准

규범, 준칙, 표준, 기준
形normative 规范的(guīfàn de)，标准的(biāozhǔn de)　규범적인, 표준적인
　　normative ethics　规范伦理学(guīfàn lúnlǐ xué)　규범윤리학
　　（相对於(xiāngduì wú)descriptive ethics 描述伦理学(miáoshù lúnlǐ xué)）
norma credendorum(拉) 信仰准则(规范)(xìnyǎng zhǔnzé)(guīfàn) 신앙표준(규범)
norma docendorum(拉) 教导准则(规范)(jiào dǎo zhǔnzé)(guīfàn) 지도표준(규범)
norma normans(拉)　准则的准则(zhǔnzé de zhǔnzé)，规范准则(guīfàn zhǔnzé)
　　표준중의 표준(규범준칙) 성경은 신앙의 절대원칙
　　（一切标准的最高依据(yīqiè biāozhǔn de zuìgāo yī jù)；如教理(信条)是信仰的准则(rú jiào lǐ xìntiáo shì xìnyǎng de zhǔnzé)，
　　圣经则是教理的准则(shèng jīng zé shì jiào lǐ de zhǔnzé)：圣经为信仰之绝对准则(shèng jīng wéi xìnyǎng zhī juéduì zhǔnzé)）
　　（= normative norm）
norma normata(拉) 규범 아래의 규범; 교육표준
　　准则下的准则(zhǔnzé xià de zhǔnzé)，教导准则(jiào dǎo zhǔnzé)
　　（另有依据的标准(lìngyǒu yī jù de biāozhǔn)；教理之为信仰准则乃依圣经而定(jiào lǐ zhī wéi xìnyǎng zhǔnzé nǎi yī shèng jīng ér dìng):
　　指信条乃信仰之第二准则是出于圣经以教导人者(zhǐ xìntiáo nǎi xìnyǎng zhī dì èr zhǔnzé shì chūyú shèng jīng yǐ jiào dǎo rén zhě)）
　　（= norma docendorum）
note 笔记(bǐjì)，音符(yīn fú)　필기, 기록
　　jot 动 简单记下(jiǎnchán jì xià)(+down)　간단히 기록하다
　　notebook 笔记本(bǐjì běn)　필기본, 공책
notes of the church 教会的标记(jiào huì de biāojì)　교회의 표지
　　（主要指(zhǔ yào zhǐ)(1)纯然传讲神的圣道(chúnrán chuánjiǎng shén de shèng dào)　하나님말씀의 순전한 선포
　　(2)适当纪念圣礼(shìdāng jìniàn shèng lǐ)　온전한 성례시행

nothing

　　　　(3)并信实执行教会惩戒　신실한 교회 권징 시행
nothing 没有, 无物, 无事；无　아무것도 아님, 무
　　　nothingness 无, 虚无, 空　무, 허무, 비어있음
notion 表记, 观念, 概念, 想法　의견, 생각, 개념
　　　同concept, idea　개념, 생각
　　　divine notions 神的表记　하나님의 표지
　　(三位各殊而资以区别的徵象：
　　　(1)无起源性「圣父」　성부: 무기원성
　　　(2)被动产生性「圣子」　성자: 수동적 나심
　　　(3)被动发生性「圣灵」)　성령: 수동적 발현
notorious 恶名昭彰的　악명 높은
Novatianism 诺洼天派(公元3世纪)　노바티안주의
novice (1)初学者　풋내기, 수련수사
　　　(2)新信徒　초심자, 새신자
numinous 神圣的, 不可测的
　　　　　　신성의, 추측할 수 없는, 측량할 수 없는
nun 修女, 尼姑　수녀, 비구니
　　反monk 修道士, 和尚　수도사, 스님
nunc stans(拉) 永恒之现在　영원한 현재
　(=the eternal now)
　(指上帝的永恒性, 神无始无终无过往无来者,
　　　是恒久兀立的现在。)

268　英中韓 宗教字典

nurture 名 养育(yǎngyò), 教养(jiàoyǎng) 양육, 교육, 양성
         动 养育(yǎngyò), 教养(jiàoyǎng), 培育(péiyù) 양육하다, 양성하다
Nuzi Texts 努斯文件(nǔ sī wén jiàn) 누지문서

O

oath (1) 誓约, 宣誓 맹세, 서약, 선서
　　　(2) 咒诅, (亵渎 神或强调所陈述之事时)妄用神名
　　　저주, (말이나 상황을 강조하려 쓰는)
　　　신명남용, 하나님의 성호를 망령되이 일컬음
　　　同pledge 动名 誓约, 保证 맹약, 보증

obelisk 方尖形碑 방첨탑, 오벨리스크

obey 顺服, 遵从, 孝顺 순복하다, 따르다, 순종하다
　　　形obedient 顺从的, 遵从的 순종적, 복종하는
　　　名obedience 顺服, 遵从, 孝顺 순복, 순종

object 名 对象, 客体, 目的(mùdì)(宗旨)
　　　대상, 객체, 목적, 객관, 요지
　　　动 反对, 提出反对的理由
　　　반대하다, 반대이유를 건의하다
　　　同oppose 反对 반대하다
　　　反subject 主体, 主观意识, 自我；使服从
　　　주체, 주관의식, 자아；복종하다, 찬성하다

formal object 型式客体 형식적 객체
material object 质料客体 질료객체
名objectification 对象化, 客体化 대상화, 객관화
名objection 反对, 异议 반대, 이의(다른 의견)

名 objectivity 客体性(kè tǐ xìng) 객관성
oblate 奉献者(修道院内)(fèngxiàn zhě xiū dào yuàn nèi) (수도원내의)봉헌자
    oblation 献祭(xiàn jì) 제물, 예물, 헌물
    (1)古教会每月献给神的礼物(gǔ jiào huì měiyuè xiàngěi shén de lǐwù) 고대교회 매월드린 예물
    (2)圣礼(shèng lǐ) 성례
obligation 义务(yìwù), 责任(zé rèn), 负担(fùdān), 束缚(shùfù) 의무, 책임, 속박
    deontology (伦理上的)义务论(lúnlǐ shàng de yìwù lùn) (윤리상의)의무론
    duty 责任(zé rèn) 책임
obscurantism 蒙昧主义(mēngmèi zhǔyì) 반계몽주의, 반개화주의
observe 遵守(zūnshǒu), 观察(guānchá) 준수하다, 관찰하다
    名 observance 遵守(zūnshǒu) 준수, 관찰
    observant 形 遵守的(zūnshǒu de) 준수하는, 잘 지키는
        名 遵守者(zūnshǒu zhě) 준수자
    名 observation 观察(guānchá) 관찰, 목격
    名 observer 观察者(guānchá zhě), 观察员(guāncháyuán) 관찰자, 관찰원
obsignatio fidei(拉) 信仰的印记(xìnyǎng de yìnjì) 믿음의 인증(인지)
    (Tertullian 对洗礼的称呼(duì xǐlǐ de chēnghū))
    (터툴리안의 세례에 대한 지칭)
Occamism 俄坎主义(唯名论)(é kǎn zhǔyì (wéi míng lùn)) 옥캄주의, 유명론
occasional 偶然的(ǒurán de), 有时的(yǒushí de) 우연히, 때때로
    同 casual 偶然的(ǒurán de) 우연적

occasionalism 偶因论, 机缘论 우인론, 기연론
(否认受造物有一个原因, 也不认为其具固力量自为
原因, 认为其发生与使他物发生都不过是机缘而已)

occult (1)玄妙的, 玄奥的, 神秘的, 不可思议的
　　신비로운, 불가사의한, 비밀의, 밀교적인
the occult 玄秘学, 神秘派
　　비학(秘学), (점성술, 연금술 따위)비술(秘术)
occultism :
(1)玄秘主义, 神秘教派 신비주의, 비술신봉
(相信可靠之知识能用玄妙秘密洞察之能力而得,
不用实验或观察之科学方法, 如用魔术, 炼金术
占星术, 唯灵主义, 并精神感应等)
(2)玄学 신비학
(在宗教范围之外探讨正常认知能力所未知或根本
不可知之事)

occupancy (土地, 房屋)占有(zhànyǒu), 占据(zhànjù)
　　점유, 점유기간, 점거
occupy 占(zhàn), 占领(zhànlǐng), 使忙碌
　　차지하다, 점유하다, 종사하다
　名occupation :
　　(1)占领, 居住, 占有期 점유, 차지, 점령, 점유기간
　　(2)职业 직업
occur 发生, 存在, 被想起 발생하다, 머리에 떠오르다

名occurrence 发生^{fāshēng}, 事件^{shìjiàn}　발생, 사건
odium theologicum(拉) 由神学争辩所引起的仇恨$^{yóu\ shénxué\ zhēngbiàn\ suǒ\ yǐnqǐ\ de\ chóuhèn}$
　　　　　　　　　신학논쟁으로 인한 증오, 원한
offend 冒犯^{màofàn}, 侮辱^{wǔrǔ}　감정을 해치다, 불쾌감을 주다
名offense 冒犯^{màofàn}, 侮辱^{wǔrǔ}, 绊脚石^{bànjiǎodàn}　죄, 불쾌감, 공격, 허물
同offence
offer 动 奉献^{fèngxiàn}, 提供^{tígōng}　제공하다, (기도)드리다, 바치다
　　名 提供^{tígōng}, 提议^{tíyì}　제공, 제의
　　名offering (1)奉献^{fèngxiàn}, 捐款^{juānkuǎn}　헌물, 헌금
　　　　　　(2)祭物^{jìwù}, 牺牲^{xīshēng}　제물, 희생
　　　　　　(3)提供^{tígōng}　제공
offertory (1)献金^{xiànjīn}, 捐款^{juānkuǎn}　헌금, 연보
　　　　(2)奉献(仪式)$^{fèngxiàn\ yíshì}$, 奉献歌$^{fèngxiàn\ gē}$　봉헌(식), 봉헌송
office :
　　(1)职分^{zhífēn}, 职务^{zhíwù}, 职业^{zhíyè}, 工作^{gōngzuò}　직무, 직분, 사역
　　(2)礼拜^{lǐbài}, 圣务^{shèngwù}, 仪式^{yíshì}　예배, 성무일과, 예배의식,
　　　(성찬, 성례,장례식등의)공식전례문, 영국교회의
　　　아침, 저녁기도
形official 官方的$^{guānfāng\ de}$, 正式的$^{zhèngshì\ de}$
　　　　　　직무상의, 공무상의, 관선의
leadership office 领袖的职务$^{lǐngxiù\ de\ zhíwù}$　지도자의 직무
pastoral office 教牧的职务$^{jiàomù\ de\ zhíwù}$　목회자의 직무
priestly office 祭司的职务$^{jìsī\ de\ zhíwù}$　제사장의 직무

prophetic office 先知的职务(xiānzhī de zhíwù) 선지자의 직무
teaching office 教导的职务(jiào dǎo de zhíwù) 교사의 직무
officium didascalicum(拉) 教会之教导职份(jiào huì zhī jiào dǎo zhífèn)(教义方面)(jiào yì fāngmiàn)
　　　　　　　　교회의 가르쳐야 할 직무(교리적 방면)
officium paedagogicum(拉) 教会之懲戒职份(jiào huì zhī zhěng jiè zhífèn)
　　　　　　　　교회의 행해야 할 징계(권징)의 직무
officium elenchticum(拉) 教会之教育职份(jiào huì zhī jiào yù zhífèn)(道德方面)(dàodé fāngmiàn)
　　　　　　　　교회가 해야 할 교육의 직무(도덕 방면)
officiant 主礼人(zhǔ lǐ rén), 司会者(sī huì zhě) 사회자, 예배인도자, 집례자
officiate 动 主持(zhǔchí), 举行仪式(jǔ xíng yíshì), 主礼(zhǔ lǐ), 执行职务(zhí xíng zhí wù)
　　　　　　　　주례하다, 집례하다, 직무를 이행하다
offspring (1)子孙(zǐsūn), 後裔(hòu yì) 자손, 후예
　　　　　(2)结果(jié guǒ), 后果(hòuguǒ) 결과, 씨
　　同descendant 後裔(hòu yì) 후손, 자손
oikonomia(希) :
　　(1)管理(guǎnlǐ) 관리
　　(2)(神拯救人之)计划(shénzhěngjiù rén zhī jìhuá) (하나님의 구원)계획
　　(3)通融原则(tōngróng yuánzé) 융통의 원칙
　　　　(东方教会在牧会的原则：运用法律和规条时，为(dōngfāng jiào huì zài mù huì de yuánzé yùnyòng fǎ lǜ hé guītiáo shí wéi)
　　　显示救主为罪人而非义人，超越文字以治愈创伤)(xiǎnshì jiù zhǔ wéi zuì rén ér fēi yì rén chāoyuè wén zì yǐ zhìyù chuàngshāng)
ointment 膏油(gāo yóu), 药膏(yào gāo) 고약, 연고, 향유
Omega(希) 俄梅戛(é méi jiá), 终极(zhōng jí), 终结(zhōng jié) 오메가, 끝, 마지막

Alpha and Omega 阿拉法和俄梅戛；自始至终
알파와 오메가; 처음과 끝

omen 徵兆，预兆 징조, 예감

omnipotence 全能，无所不能 전능, 무한한 힘

形omnipotent 全能的，无所不能的
전능한, 무엇이든 할 수 있는

omnipresence 全在，无所不在 편재, 무소부재

形omnipresent 全在的，无所不在的 어디든지 있는

omniscience 全知，无所不知 전지, 무소부지

形omniscient 全知的，无所不知的
전지한, 무소부지의, 무엇이든 아는

Onkelos 盎克罗 옹케로스
（主後2C之犹太领袖，因译五经为亚兰文而著名，
该译本名为盎克罗之他尔根。）

onomatopoeia 拟声法，拟声构词，象声词；音喻法
의성어；성유법(声谕法)

形onomatopoetic 拟声构词的 의성의, 의성어의

ontic 本体的，实体的，存在的 존재하는, 존재의
（相对於 noetic 知性的）

ontology 本体论，存有论 본체론, 존재론
（研讨普遍存有物的本质，特征和规律的学问）

形ontological 本体论的 본체론적, 존재론적인

ontological argument 本体论的论证 (谓凡完全必亦包含存在，上帝即为完全，自然必有其存有。安瑟伦所提出，谓无存在则达不到完全。有完全存在者之观念即证明 神的存在。但经康德等攻击後，已再难立足)（신학）본체론적 증명

open 开的，开放(公开)的，不禁止的，慷慨(坦白)的
열린, 개방된, 공개적, 호탕한, 솔직 담백한

open communion 公开圣餐 공개적인 성찬식

名openness 开放，宽大，无偏见 개방, 관대, 무편견

opera ad intra(拉) 三位一体 神彼此间之工作
삼위일체의 하나님의 상호 내적 사역

opera ad extra 三位一体 神向外之工作
삼위일체 하나님의 외적 사역

operari sequitur esse(拉) 行动依随存在
행위는 본질(존재)에서 온다
(= action follows being)

operation (1)动作，工作，活动 운동, 사역, 활동
(2)效果，效力 효과, 효력
(3)管理，经营 관리, 경영

opinion 意见，看法，评论，舆论
의견, 관점, 평론, 여론
同viewpoint 观点 관점
= point of view

opponent 形 敌对的, 反对的, 对面的 적대적, 반대의
　　　　　名 对手, 反对者, 敌手 대립자, 적대자, 상대
oppose 动 反对 대립하다, 반대하다
　　形opposite 形 对立的 대립의, 반대의
　　　　　名 反对者 반대자
　　名opposition 反对, 反对党 반대, 반대당, 야당
oppress 动 抑压, 压迫, 压制
　　　　중압감을 주다, 압제를 가하다, 학대하다
　　名oppression 压迫, 压制, 郁闷, 苦恼
　　　　압박, 압제, 우울, 의기소침, 고뇌
optimism 乐观主义 낙천주의
　　反pessimism 悲观主义 비관주의
option 选择, 选择权利 선택, 선택권
　　optional 形 随意的, 非强制的 임의의, 선택자유의
　　　　　名 选修科目(=elective) 선택과목의
opus dei(拉) 上帝之作为 하나님의 역사, 사역, 행동
opus mortificatum(拉) 价值消失的善工 가치소실의 선행
opus vivificatum(拉) 价值恢复的善工 가치회복의 선행
oracle :
　　(1)神谕 신탁(神托), 신의 계시
　　(2)至圣所(=holy of holies) 지성소
　　(3)哲人, 聪明人 철인, 현인

英中韓 宗教字典 277

(4)(复) 圣经 성경

形oracular 神谕的, 聪明的 신탁의, 총명한

oration 祈祷文, 演说, 演讲 기도문, 연설, 강연

oratio mentalis(拉) 灵魂的祷告, 默祷
    영혼의 기도, 묵도

oratory(拉 oratorium)
    (1)演说术, 修辞, 雄辩术 웅변술, 화법
    (2)祈祷室, 小礼拜堂 기도실, 소예배당

oratorio(拉) 圣乐(shèngyuè) 종교음악, 성담곡(圣谭曲)

ordain 动 按立 안수하다, 성직을 주다

    名ordination 按立, 按手 안수

order(拉ordo) (1)秩序, 程序 질서, 순서, 과정
    (2)教制, 品级 직제, 성직계급
    (3)修会, 教团 수도회, 교단
    (4)命令, 训令, 指示 명령, 훈령, 지시

order of creation 创造程序 창조질서
    (创造界的系统)

order of salvation 得救程序 구원의 서정
    (= 拉 ordo salutis)
    (改革宗教义, 指圣灵在救赎上工作。加尔文Calvin
    对于得救程序之意见, 谓先有蒙选, 称义, 重生,
    信心, 悔改, 成圣等)

ordinal 形 次序的, 顺序的   순서의, 차례를 따라
　　　　名 礼拜仪式书   예배의식문, 식순
ordinance (1)礼仪, 仪式(圣礼)   예식, 의식(성례)
　　　　(2)法令, 训令, 条例   법령, 훈령, 조례
　ordinand 将任圣职者   성직수임 후보자
　ordinant 授圣职者   성직수여자
ordinary 形 普通的, 平凡的   보통의, 평범한
　　　　名 (1)主任主教   교구장, 주교
　　　　(2)特定(颂赞), 礼规   예배의식서, 예배규정
organum receptivum(拉) (指信仰而言)受恩之具
　　　　　　(신앙에 대한) 은혜 받는 방편
orient 动 定方位, 使向东, 使适应, 使向确定之方向
　　　　지향하다, 동쪽으로 향하다, 적응하다
　　　形 东方的, 上升的, 荣耀的   동방의, 영광스런
　　　(= Eastern)
　　　名 东方, 亚洲, 东   동방, 아시아, 동
　the Orient 东方   동방
　反the Occident 西方   서방
　= the Western
　形 oriental 东方的   동방의, 동양풍의
　　Oriental Churches 东方教会   동방교회
　　oriental rites 东方礼   동방의 예식

Orientalism :
(1)东方之特性(dōngfāng zhī tèxìng)(风俗习惯(fēngsú xíguàn)，文化(wén huà)) 동방주의
동양풍, 동양의 풍습(풍속, 습관, 문화)
(2)东方文化之研究(dōngfāng wénhuà zhī yánjiū) 동양학

orientation 方位(fāngwèi)，新生训练(xīnshēng xùnliàn) 오리엔테이션, 신입생훈련

origin 起源(qǐyuán)，开端(kāiduān)，来源(láiyuán)，起点(qǐdiǎn) 기원, 시초, 발단, 기점

orginal 形 原本的(yuánběn de)，最初的(zuìchū de)，独创的(dú chuàng de) 원형의, 최초의
名 原著(yuánzhù)，原文(yuánwén)(the original) 원작, 원문

orginal sin 原罪(yuán zuì) 원죄

orginality 创作力(chuàng zuò lì) 창의력, 독창력

动orginate 创作(chuàng zuò) 발원하다, 시작되다, 창작하다

orthodox 形(1)正统的(zhēngtǒng de)，传统的(chuántǒng de) 정통의, 전통적인
(2)东正教的(dōngzhèng jiào de) 동방정교의

Orthodoxy Church 东正教(dōngzhèng jiào) 동방정교
同 Eastern Orthodoxy Church

orthodoxy 名(1)正统(zhēngtǒng)，正统派(zhēngtǒng pài) 정통, 정통파
(2)东正教(dōngzhèng jiào) 동방정교

Osiandrian controversy 阿西安德争辩(ā xī ān dé zhēngbiàn) 오시안더논쟁
(阿西安德(ā xī ān dé)(1498-1552 路德的坚强拥护者(lù dé de jiānqiáng yōnghù zhě))提出(tí chū)：人因(rén yīn)信称义为基督住于信徒里面之义(xìn chēng yì wéi jī dū zhù yú xìntú lǐmiàn zhī yì)，而后就可行各样善(ér hòu jiù kě xíng gè yàng shàn)工。因此引起有关称义与成圣的争辩(gōng。yīncǐ yǐnqǐ yǒu guānchēng yì yǔ yú chéngshèng de zhēngbiàn))

osmosis (1)互相渗透(hùxiāng shèntòu)，渗透作用(shèntòu zuò yòng) 상호교류, 삼투작용

(2) 緩慢的吸收, 微妙的領悟　잔잔한 깨달음

ostensible　表面的, 假裝的, 名義上的
　　　　　　표면상의, 겉으로 만의, 명의상의
　　ostensible reason　表面的理由, 借口
　　　　　　표면상의 이유, 핑계

ostensive (1) 顯示的, 明示的　분명히 나타나는, 명시적
　　(2) 表面的　표면상의

other world　來世, 他世, 理想界　내세, 이상계
　　形 otherworldly　來世的, 出世的　내세적, 공상적인
　　名 otherworldliness :
　　　(1) 來世性, 出世性　내세성, 초세속성
　　　(2) 他世界性　타계성
　　　(指不屬于眼前之世界者)

ousia(拉)　本質, 本體, 精髓　본질, 본체
　　同 essence

outcast 形　被(家庭, 社會)逐出的, 被棄的
　　(가정, 사회에서) 버림받은, 축출된
　　名　被逐出者, 流浪者, 被遺棄者
　　　버림받은 자, 유랑자, 축출된 자

outcome 名　結果　결과

outreach (1) 超越而至, 超過　넘다, 앞지르다, 능가하다
　　(2) 伸出, 延展(手, 腕等)　(팔, 손)뻗다, 내밀다

outstanding 形 著名的(zhùmíng de), 显著的(xiǎnzhù de), 突出的(tūchū de)
　　　　　　눈에 띄는, 현저한, 걸출한
overseas 形 海外的(hǎiwài de), 国外的(guówài de)　해외의, 국외의
　　　　副 在海外(zài hǎiwài), 在国外(zài guówài)　재외의, 국외에 거주하는
　　overseas Chinese 海外华侨(hǎiwài huáqiáo)　해외화교
oversee 动 监督(jiāndū)　감독하다, 단속하다, 두루 살피다
　　同supervise 监督(jiāndū)　감독하다
　　overseer 名 监督(jiāndū)　감독자, 감독
　　（与(yú)bishop 主教为相同或相似(zhǔ jiào wéi xiāngtóng huò xiāngsì)）
Oxford movement 牛津复兴运动(niú jīn fùxīng yùndòng)　옥스퍼드 운동
　　同Tractarian Movement

P

pacific 形 和平的(hépíng de) 평화의, 평화적
  the Pacific 太平洋(tài píngyáng) 태평양
  名pacificism 和平主义(héping zhǔyì), 反战主义(fǎn zhàn zhǔyì) 평화주의, 반전주의
  同pacifism
  名pacificist 和平主义者(héping zhǔyì zhě), 反战主义者(fǎn zhàn zhǔyì zhě)
    평화주의자, 반전주의자 (= pacifist)
  形pacifistic 和平主义的(héping zhǔyì de), 反战主义的(fǎn zhàn zhǔyì de) 평화주의의
paedobaptism 幼儿洗礼(yòuér xǐlǐ) 유아세례
pagan (1)非基督徒(fēi jī dū tú), 异教徒(yì jiào tú), 无宗教信仰者(wú zōngjiào xìnyǎng zhě)
    비기독교도, 이교도, 무신론자
  (2)异教的(yì jiào de) 이교의
  同heathen = gentile
  pagan religions 异教(yì jiào); 邪教(xié jiào) 이교, 사교
  paganism 异教(yì jiào), 偶像崇拜(ǒuxiàng chóngbài); 非基督教思想(fēi jī dū jiào sī xiǎng)
    이교, 우상숭배; 비기독교사상
Pagoda(佛) 堵波塔(dǔ bō tǎ), 宝塔(bǎo tǎ)
    파고다(거룩한 집), 다보탑
  同stupa
paleography 古文书学(gǔ wén shū xué), 古字学(gǔ zì xué) 고문서학, 고문자학
palingenesis 历史循环论(lìshǐ xúnhuán lùn), 轮回(lún huí), 再生(zàishēng), 新生(xīnshēng)
    역사순환론, 윤회, 세례(비교종교학)

Palm Sunday 棕枝主日　종려주일
　　(复活节前的礼拜天)

panca-sila(佛) 五戒　(불교의) 오계
　　(谓不杀生，不偷盗，不邪淫，不妄语及不饮酒)

Pandora 潘多拉　판도라
　　(希腊神话第一个女人，一身拥有诸神最佳的礼物，
　　但却有一盛装各样邪恶的盖子)

panentheism 万有在神论　만유재신론
　　(主张神渗透万物，万有在神之中)

辨pantheism 泛神论　범신론，자연숭배
　　(主张万有即神)

panic 名动形　恐慌，惊慌　당황，겁먹음，공황

panlogism 泛理论　범논리주의
　　(论宇宙合乎逻辑之性质，因此认为绝对或绝对实
　　有是思想或理智的本质)

panoply 全副军装，全副盔甲　완전군장
　　形panoplied 全副穿饰的，全身批甲的　완전군장한

panorama (1)全景，全图　전경，광대한 조명
　　　　　(2)继续转换之景　회전화，사건의 전개
　　　　　(3)(主题，问题等的)大观，概观　대관，개관

panpsychism 泛心论；泛灵魂说　범심론，범영혼주의

（谓万物皆有灵魂；天地万物多多少少皆富有意识）

pantheon 万神殿，衆神庙　판테온, 만신전

papyrus 蒲纸　파피루스, 파피루스사본(고문서)

papacy 教宗，教宗职位，教宗权力
　　　　교황권, 교황제도, 교황정치

　　名pope　教宗　교황

　　形papal　教宗的　교황의

　　papalism　教宗至上主义　교황지상주의

parable 比喻，寓言　비유, 우화

paraclete （圣灵的别名）保惠师，安慰者，辩护人
　　　　（성령의 별칭)보혜사, 위로자, 변호자, 경륜자

　　同Counselor （法律)顾问：律师　고문, 법정전문변호사

　　（RSV & NIV）强调劝导的功能　권고하는 사역 강조

　　同Comforter 安慰者　위로자

　　（KJV）强调安慰的功能　위로하는 사역을 강조

　　同Advocate 辩护者　대변자, 옹호자

　　（JB & NEB）强调辩护的功能　변호하는 사역 강조

paradigm 典范，代模　전형, 모범, 모형

　　（哈佛科学哲学与科学史家T。Kunn 使用「典范」，
　　说明一时代的人们，其主要的整体性观察与了解
　　事物的方式，此名词后来被广泛的使用）

paradise 乐园(lè yuán) 낙원
　　Paradise 伊甸乐园(yī diàn lè yuán) 에덴 동산
　　同heaven 天堂(tiān táng) 천국
　　反hell 地狱(dì yù) 지옥
paradox 似非而是的议论(sì fēi ér shì de yì lùn)，逆说(nì shuō)，矛盾(máodùn)，逆理(nì lǐ)
　　　패러닥스, 역설, 자기모순, 역리
　　（其表面上看来似与事实，但实际上却含蓄着真理）(qí biǎomiànshàng kānlái sì yú shìshí dàn shíjì shàng què hánxù zhù zhēnlǐ)
　　形paradoxical 反论的(fǎn lùn de)，逆理的(nì lǐ de)，逆证法的(nì zhèng fǎ de)
　　　　모순적인, 역설적인, 불합리한
　　epigram 隽语(juàn yǔ)，讽刺短诗(fěngcì duǎn shī) 경구(警句), 풍자시
　　　（指短而机智之妙语）(zhǐ duǎn ér jīzhì zhī miàoyǔ)
paragraph 节(jié)，段(duàn) 절, 단, 문단
parallel 形 平行的(píng xíng de) 평행적인
　　名parallelism 平行体(píng xíng tǐ) 병행론, 댓구법
　　　　parallelism menbrorum 平行体(píng xíng tǐ)(文)(wén) 병행본문
　　（希伯来诗体的特征）(xī bǎi lái shī tǐ de tèzhēng) 히브리 시가체의 특징
paramagatih(梵) 最高的归趋(zuìgāo de guīqū) 최고의 귀추
paramatman(印) 大我(dà wǒ) 대아
　　　　（印度教：宇宙最高之灵）(yìndù jiào yǔzhòu zuìgāo zhī líng)
paraphrase 动名 重写(chóng xiě)，改写(意译)(gǎixiě yì yì) 부연, 의역
　　　　의역하다, 알기 쉽게 바꾸어 말하다
parapsychology 超心理学(chāo xīnlǐ xué) 초심리학

(심리현상의 과학적 연구분야)
parenthesis 插入, 插句, 括号 삽입, 삽입구
parish 教区 교구
    形parochial (1)教区的 교구의
              (2)偏狭的, 狭小的 편협한, 협소한
    parish pastor 教区主任牧师 교구 담당목사
parousia(希) 再来, 再临, 复临 재림, 다시 옴
    Parousia 基督再来 그리스도의 재림
    同 The Second Coming of Christ
    同 Advent
parson (古)基督教任何圣职人员 기독교성직자, 교역자
    同 pastor
    minister 牧师 목사
    rector 教区长(zhǎng) 교구장
    vicar 教区牧师 교구목사
    preacher (古)宣教师(= missionary) 선교사
participate 参加, 分享 참여하다, 나누다
    名participation 参加, 共享 참가, 공유
    同join 参加(有加入, 联结之意) 참가, 참여
particular 特殊的 독특한, 유별난, 특별한
    反universal 普遍的 보편적
    particular revelation 特殊启示 특별계시

Pascha

universal revelation 普遍启示(pǔbiàn qǐshì)　보편계시, 일반계시
particularism (1)特殊权利说(tèshū quánlì shuō)　특별은총론, 특정설
　　　　　　　(2)特殊奉献(tèshū fèngxiàn)　특별헌신
Jewish particularism 犹太特选民族主义(yóutài tèxuǎn mínzú zhǔyì)
　　　　　　　　　　　유대인의 선민사상
Pascha(来) 逾越节(yúyuè jié)　유월절
　　同 passover (参利(cān lì)12：13)
形Paschal 逾越节的(yúyuè jié de)　유월절의
　　Paschal lamb 逾越节羔羊(yúyuè jié gāoyáng)　유월절어린양
passion 热情(rèqíng), 受苦(shòukǔ)　열정, 수난, 시기, 정욕
　　Passion (耶稣(yē sū))受苦(shòukǔ), 受(shòu)难(nàn)　수난, 고난
　　Passion Week 受(shòu)难周(zhōu)　수난주간(부활절 2주전)
　　(指复活节前的第二周)(zhǐ fùhuó jié qián de dì èr zhōu)
形passionate 热情的(rèqíng de), 热烈的(rèliè de)　열정적인, 열렬한
passibility of Christ 基督可受苦性(jī dū kě shòu kǔ xìng)
　　　　　　　　　　그리스도의 수난 가능성
passio animae(拉) 喜怒哀乐(xǐ nù āi lè), 灵魂的情绪(líng hún de qíngxù)
　　　　　　　　희노애락, 영혼의 정서
passivity 被动性(bèi dòngxìng), 默从(mò cóng), 无抵抗(wú dǐkàng)　피동성, 무저항, 맹종
Passover (1)逾越节(yúyuè jié)　유월절
　　　　 (2)复活节(fùhuó jié)　부활절
形paschal 逾越节的(yúyuè jié de)　유월절의

paschal lamb 逾越节的羔羊 유월절 어린양
pastor (1)名 牧师，牧者，传道人 목사, 목자, 목회자
   (2)动 牧会 목회하다
reverend 可尊敬的(牧师头衔用 Rev. 其後加姓)
   존경할만한 (목사신분을 나타낼 때 약어로 표현)
形pastoral 教牧的，牧羊的，牧养的
   목회의, 목양의
   pastoral counseling 教牧协谈 목회상담
   pastoral theology 教牧学，教牧神学，牧会学
      목회학, 목회신학, 목회학
   pastoral psychology 教牧心理学 목회심리학
pastorate 牧师职，牧师任期，牧师团
   목사직, 목사임기, 목사단
paternity 父权，父性，父亲的义务
   부권, 부성, 부모된 의무
patriarch
   (1) 族长(zúzhǎng) 족장
   (2)主教长，大教区的主教 주교장, 대교구장
   (Alexandria, Antioch, Constantinople, Rome, Jerusalem)
   알렉산드리아, 안디옥, 콘스탄티노플, 로마,
   예루살렘의 주교
形patriarchal 族长的，父权的 족장의, 부권의
patriarchy 族长制，父权制 가부장제, 부권제

patristic 形 教父的(jiào fù de) 교부의
- Father of the church 教父(jiào fù) 교부
- patristics 教父学, 教父文集(jiào fù xué, jiào fù wénjí) 교부학, 교부문집
  同patrology

patron 保护人, 赞助人, 守护神(bǎohù rén, zànzhù rén, shǒuhù shén) 보증인, 후원인, 수호신
  同Genius 守护神(shǒuhù shén) 수호신

patronage (1)支持, 保护, 守护职(zhīchí, bǎohù, shǒuhù zhí) 지지, 보호, 보호직
  (2) 圣职授与权, 任命权(shèng zhí shòu yú quán, rèn mìngquán) 성직수여권, 임명권

Paul 保罗(bǎo luó) 바울
- Paul the apostle 사도 바울
- 形Pauline 保罗的(bǎo luó de) 바울의
- Pauline epistles 保罗书信(bǎo luó shū xìn) 바울서신

peace 和平, 平安(hépíng, píng ān) 평화, 평안

peccability 向罪性(xiàng zuì xìng) 죄경향성

peccatum actuale(拉) 本罪(běnzuì) 본죄, 행위로 나타난 죄

peccatum habituale(拉) 惯性之罪(guànxìng zhī zuì) 습관적(현재상태) 죄

peccatum mortale(拉) 致死重罪(zhìsǐ zhòng zuì) 사망에 이르는 죄

peccatum naturale(拉) 自然罪(zìrán zuì) 본성적인 죄

peccatum originale(拉) 原罪(创 3章)(yuán zuì chuàng zhāng) 근원적인 죄, 원죄
  同peccatum originis
  창세기 3장에 폭로된 모든 인간의 근본 영적 문제

peccatum originis originans(拉) 由始祖的原罪(yóu shǐ zǔ de yuán zuì)

아담 개인적으로 계속 영향을 끼치는 근원적인 죄
peccatum originis originatum(拉) 属于始祖的人之原罪
아담의 후손들에게 이어지는 상태의 죄
peccatum veniale(拉) 轻罪 경범죄
pedagogy 教育学, 教授法 교육학, 교수법
pedobaptism 婴孩洗礼, 幼儿洗礼 유아세례
Pelagianism 伯拉纠主义(4-5世纪) 펠라기우스주의
penalty 处罚, 罚金 처벌, 형벌, 벌금
penance (1)忏悔, 悔改, 忏悔礼 회개, 참회, 속죄
　　　　(2)赎罪, (赎罪的)惩罚, 苦行 속죄, 고행
　　同absolution 告解 고해
penetrate 穿入, 刺入, 洞察 침투하다, 뚫다, 통찰하다
　　名penetration 渗透行动, 洞察力
　　　　　　　　침투활동, 통찰력
penitence 忏悔, 后悔 회개, 참회
　　penitent 形 忏悔的 참회하는
　　　　　名 忏悔者 참회자
形penitential :
　　(1)忏悔的, 补赎的 회개의, 속죄적 고행의
　　(2)忏悔手册 참회의 소책자
　　penitential orders 苦修教团 고행수도원
　　　　(如方济, 道明, 奥古斯丁等)

Pentateuch 摩西五经 (mó xī wǔ jīng) 모세오경(창, 출, 레, 민, 신)
Pentecost 五旬节 (wǔ xún jié), 圣灵降临日 (shèng líng jiànglín rì) 오순절, 성령강림일
Pentecostal 形 五旬节教会的 (wǔ xún jié jiào huì de) 오순절교회의
名 五旬节教会信徒 (wǔ xún jié jiào huì xìntú) 오순절교회신도
Pentecostal Church 오순절교회
五旬节教会(其中最大的是神召会) (wǔ xún jié jiào huì (qí zhōng zuìdà de shì shénzhào huì))
Pentecostal Movement 五旬节运动 (wǔ xún jié yùndòng) 오순절운동
同Charismatic Renewal 灵恩复兴运动 (líng ēn fùxīng yùndòng) 성령운동
Pentecostalism 灵恩派 (líng ēn pài), 五旬节派 (wǔ xún jié pài)
성령은사파, 오순절파
Assembly of god 神召会 (shénzhào huì) 하나님의 성회
penultimate 名 终末之前的事 (zhōng mò zhī qián de shì) 종말 때의 일
people 人 (rén), 种族 (zhǒngzú), 民族 (mínzú) 사람, 종족, 민족
people of God 上帝的百姓 (shàng dì de bǎixìng) 하나님의 백성
per accidens(拉) 借附带的理由 (jiè fùdài de lǐyóu), 由外在因素 (yóu wàizài yīnsù)
외부요인으로, 외적 요소로 인해
per essentiam 借本质 (jiè běnzhì), 依凭本质 (yīpíng běnzhì) 본질에 의해
per fidem 因信 (yīn xìn), 因信仰 (yīn xìnyǎng) 믿음을 인하여
per Filium 透过圣子 (tòu guò shèng zǐ) 성자를 통하여
per modum amoris 经由爱的方式 (jīng yóu ài de fāngshì) 사랑의 방식으로
per modum suffragii 透过代祷方式 (tòu guò dàidǎo fāngshì) 중보기도방식으로
per modum voluntatis 透过意志的方式 (tòu guò yìzhì de fāngshì) 의지 방식으로

per potentiam 靠能力, 依凭能力　능력으로
per scientiam 靠知识, 依凭知识　지식으로
per se 由本身　자신으로부터
perceive 认知(由感官而来), 知觉
　　　(오감으로)인지하다, 지각하다, 이해하다
名perception 知觉, 感觉力　지각, 인지력, 이해
perdition 灭亡, 沉沦, 尽灭, 完全丧失
　　　사망, 침륜, 멸망, 완전상실, 지옥에 떨어짐
perfect 完美的, 完善的　완전한, 완벽한, 온전한
反imperfect 不完善的, 有缺点的, 不完美的
　　　불완전한, 결점이 있는
名perfection 成全, 完全, 极致　완성, 완전, 지극
名perfectionism：
　(1)完全(完美)主义　완전주의
　(2)至善论, 完全成圣说, 德性完全论
　　　지선론, 완전성화론, 도덕적 완전주의
perfectio sacrae scripturae(拉) 圣经的不缺性
　　　성경의 완전성
perfectum propheticum(拉) 先知完成式
　　　선지자적 완료형 (미래의 사건을 이미 이뤄져
　　　현재까지 지속되는 상태인 현재완료형으로 표현)
(在希伯来文法, 先知用完成式以描写将来之事)
perichoresis(希)(或circumincession) 互渗互存
　　　페리코레시스 (삼위일체 세 인격의 상호침투)
　　　(세 인격은 서로 구별됨에도 불구하고 다른 세

위격에 상호 완벽하게 참여하는 것을 일컬음.)
periodical 期刊(jīkān) 정기간행물
perish 毁灭(huǐmiè), 灭亡(mièwáng), 沉沦(chén lún) 죽다, 소멸하다, 멸망하다
形perishable 会死的(huì sǐ de), 会毁灭的(huì huǐmiè de) 죽을 운명의
perjury 伪证(wěizhèng), 伪证罪(wěizhèng zuì) 위증, 위증죄
permanent 永久的(yǒngjiǔ de) 영원한
反temporary 暂时的(zànshí de) 잠시의
persecute 迫害(pò hài), 逼迫(bí pò) 박해하다, 핍박하다
名persecution 迫害(pò hài), 逼迫(bí pò) 박해, 핍박
religious persecution 教难(jiàonàn), 宗教迫害(zōng jiào pò hài) 종교핍박, 종교박해
perseverance 坚守(jiānshǒu), 坚忍(jiān rěn), 恒守(héngshǒu), 坚定(jiāndìng) 고수, 견인, 인내
perserverance of saints 圣徒的坚守(shèng tú de jiānshǒu) 성도의 견인
person 人(rén), 人格(réngé), 位格(wèi gé) 사람, 인격, 위격
形personal 私人的(sīrén de), 位格的(wèi gé de) 사적인, 위격의
personal union 位格联合(wèi gē liánge) 위격의 결합
名personalism 位格主义(wèi gē zhǔyì) 위격주의
personalism theology 位格思想神学(wèi gē sī xiǎngshén xué) 위격사상신학
名personality 人格(réngé) 인격
corporate personality 团体人格(tuán tǐ réngé) 집단인격
辨personhood 位格(wèi gé), 位格性(wèi gē xìng) 위격, 위격성

辨personification 位格化(wèi gē huà)，人格化(réngē huà)
위격화, 인격화, 개인화

perspective:
名 透视法(tòushì fǎ)，配合远近(pèi hé yuǎnjìn)(正确的眼光(zhèngquè de yǎnguāng))
투시도법, 원근화법, 균형, 조망(眺望), 장래의 전망
(事过境迁后对心灵的效果(shì guō jìng qiān hòu duì xīnlíng de xiàoguǒ)(回顾的见解(huígù de jiànjiě)))
形 透视的(tòushì de)，配景的(pèi jǐng de) 투시의, 원근법에 따른

pervade 遍布(biànbù)，弥漫(mímàn)，遍及(biànjí)
~에 온통퍼지다, 고루 미치다, 충만하다
名pervasion 遍布(biànbù)，弥漫(mímàn)，遍及(biànjí) 충만, 보급, 침투
形pervasive 弥漫的(mímàn de)，普遍的(pǔbiàn de)，有渗透力的(yǒu shèntòu lì de)
넘치는, 충만한, 침투하는

pervert 歪曲(wāiqū)，颠倒(diāndǎo)，曲解(qūjiě) 악용하다, 왜곡하다, 그르치다
名perversion 恶化(è huà)，颠倒(diāndǎo)，滥用(lànyòng); 堕落(duòluò)
악화, 악용, 견강부회, 남용; 타락, 배교
同distortion 曲解(qūjiě)，颠倒(diāndǎo) 곡해, 본말전도

Peshitta(或 Peshitto) 别西大译本(bié xī dà yìběn)(2-4世纪(shì jì)) 페쉬타
(最古之叙利亚文旧约译本(zuìgǔ zhī xù lì yà wén jiù yuē yìběn)，意即简明(yì jí jiǎnmíng))

pessimism 悲观主义(bēiguān zhǔyì) 비관주의
反optimism 乐观主义(lè guān zhǔyì) 낙천주의

petition 祈求(qí qiú)，恳求(kěnqiú) 기도, 간구

Pharisee 法利赛人(fǎ lì sài rén) 바리새인
Pharisaism 法利赛主义(fǎ lì sài zhǔyì) 바리새주의

pharmakon athanasias(希) 长生之药 불로장생약
(伊格那丢指圣餐而言) 성찬: 익나시우스의 표현
phase 时期, 阶段, 状态, 局面 시기, 단계, 상태, 국면
phenomenon 现象, 特殊的人(事物)
현상, 특수한 사람(물건)
复phenomena
形phenomenal 现象的, 可由感官感知的；非凡的
현상의, 지각할 수 있는; 비범한, 경이적
phenomenalism 现象主义 현상론:
지식은 현상에 한정된다는 사고법
(认为知识之对象仅为现象而不及於物本体者)
phenomenology 现象学 현상학
(为ontology之对: 对现象加以客观的描述而
避免予以解释或评价者)
phenomenological point of view 现象学的观点
현상학적 관점
philanthropy 博爱主义, 慈善事业 박애주의, 자선사업
philia(希) 友爱, 友谊 우애, 우의
philology 语言学(较对於古典文) (고전어에 대한)언어학
同linguistics 语言学(现在较以美国中心通用之名词)
언어학(현재 미국을 중심으로 통용되는 명칭)
philosophy 哲学 철학
形philosophical 哲学的 철학적인

philosophical theology 哲学的神学 철학적 신학

physical 自然的, 物质的, 身体的, 肉体的
  자연의, 물질의 신체의, 육체의
  反spiritual 精神的, 灵的, 灵性的, 神的
  정신의, 영적인, 영성의, 신적인

physis(希) 自然 (=nature) 자연

picture 图画 도안, 그림
  形pictorial 图画的 도안의, 그림의

piety 虔诚, 敬虔 경건
  Pietism 敬虔主义 경건주의
  形pious 虔诚的, 敬虔的 경건한, 종교심이 많은
    同religious =godly
    反impious 不敬虔的 불경건한

pius credulitatis affectus(拉) 接受信仰的情绪
  신앙을 받아들이는 정서

pilgrim 朝圣客(者) 순례자
  The Pilgrim's Progress 天路历程(书名) 천로역정
  pilgrimage 朝圣, 朝圣之旅 순례여행

pillar-saint 坐柱圣者 기둥 위의 성자(광야에서 고행)

pinpoint 名 针尖 핀 끝, 사소한 것
  动 正确地指示 조준하다, 정확히 지시하다

pioneer 先锋 선봉, 개척자

同herald 传令(chuánlìng)，前锋(qiánfēng)　전령, 최전방공격수
同forerunner 先驱(者)(xiānqū zhě)　선구자
同precursor 先驱(者)(xiānqū zhě)　선구자
pita nah(印) 我们的父(wǒmen de fù)　우리의 아버지
pitris(印) 祖先之灵(zǔxiān zhī líng)　선조의 영, 조상의 영
Pitryjna(梵) 祖先祭(zǔxiān jì)　조상제사
Plato 柏拉图(bólātú)　플라톤
Platonism 柏拉图主义(zhǔyì)　플라톤주의
pleroma(希) 充满(chōngmǎn)，充沛(chōng pèi)　충만
　同 fullness, plenitude
Plural 形 复数的(fù shù de)，多元的(duōyuán de)　복수의, 다원의
　　　名 复数(fù shù)　복수
pluralism 多元主义(论)(duōyuán zhǔyì lùn)，多元化(duōyuán huà)，多元文化(duōyuán wén huà)
　　　다원주의, 다원화, 다원화된 문화
plurality (1)多元性(duōyuán xìng)，多样性(duōyàng xìng)　다원성, 다양성
　　　(2)兼职(jiānzhí)　겸직
pneuma(希) 灵(líng)，生气(shēngqì)，精神(jīng shén)，生命(shēngmìng)　영, 생기, 정신, 생명
Pneuma 圣灵(shèng líng)，圣神(shèngshén)　성령, 성신
形Pneuma- 灵的(líng de)，圣神的(shèngshén de)，圣灵的(shèng líng de)　거룩한, 성령의
形pneumatic：
　(1)灵的(líng de)，圣神的(shèngshén de)，圣灵的(shèng líng de)　거룩한, 성령의, 성신의
　(2)属灵的人(shǔ líng de rén)，圣灵充满的人(shèng líng chōngmǎn de rén)

영에 속한 자, 성령이 충만한 자
pneumatikos(希) 属灵的人(shǔ líng de rén) 영적인 사람
Pneuma-Christology 灵的基督论(líng de jī dū lùn) 성령론적 기독론
(与Logos-Christology 道的基督论有别)(yú...dào de jī dū lún yǒu bié)
pneumatology 圣灵论(shèng líng lùn), 圣神论(shèngshén lùn) 성령론
辨pneumatocentric 以圣灵为中心的(yǐ shèng líng wéi zhōngxīn de) 성령중심의
poimenics(希) 教牧学(jiào mù xué) 목회학
pole 极(jí) 극, 극점
形polar 极的(jí de) 북극의, 극지의
辨polaization 极化(jí huà), 对立倾向(duìlì qīngxiàng) 극화, 대립경향
polemic :
　名(神学)辩论(shén xué biàn lùn), 争论(zhēng lùn) 변론, 변증
　形 辩论的(biàn lùn de), 争论的(zhēng lùn de) 변론, 변증
　名 辩论者(biàn lùn zhě), 争论者(zhēng lùn zhě) 변론, 변증
polemics 辩论法(biàn lùn fǎ), 辩论学(biàn lùn xué) 변론법, 논쟁학
politics 政治(zhèngzhì) 정치
形political 政治的(zhèngzhì de) 정치의
political theology 政治神学(zhèngzhìshén xué) 정치신학
polygamy 一夫多妻制(yī fū duō qī zhì), 一妻多夫制(yī qī duō fū zhì)
　　일부다처제, 일처다부제
polygenism 多元发生说(duōyuán fāshēng shuō) 다원발생설
polyphyletism 多族论(duō zú lùn) 다원족

polytheism

(일군의 생물이 여러 종류의 조상으로부터 나온다는)
polytheism 多神教, 多神论 다신교, 다신론
    polytheist 多神论者 다신론자
pontiff 教宗, 主教 교황, 주교
    pontificate 教宗职位 교황직위
ponder 动 考虑, 沉思 생각하다, 고려하다, 숙고하다
poor 形 贫穷的 빈곤의, 가난한
    反 rich 富有的 부유한
    同 wealthy 有财富的 거부의, 유복한
    名 poverty 贫穷 빈곤
    反 richness 富有 부유
    同 wealth 财富 부, 재산
pope 教宗, 教皇 교황
pornography 黄色书刊 음란서적
position 位置, 立场 위치, 입장, 처지
positive 形 肯定的, 积极的 긍정적인, 적극적인
    反 negative 否定的, 消极的 부정적인, 소극적인
    positive way 肯定法 긍정법
    名 positivism 实证主义 실증주의
possibility 可能性 가능성
post- 表"在後"之义 사후(事後)의

post-christian 基督以后的(jī dū yǐhòu de)，基督教化以後的(jī dū jiào huà yǐ hòu de)
그리스도 이후의, 기독교화된 이후의
post-existence 死後存在(sǐ hòu cún zài)，之後存在(zhī hòu cúnzài) 사후존재
postlapsarianism 堕落後神选说(duò luò hòu shénxuǎnshuō) 타락후선택설
　同 sublapsarianism
　同 infralapsarianism
　反 superlapsarianism 堕落前神选说(duò luò qiánshénxuǎnshuō) 타락전선택설
postmillennianism 後千禧年说(hòu qiān xǐ niánshuō) 후천년설
postmodernism 後現代主义(hòu xiàndài zhǔyì) 포스트모더니즘
postilla 讲道集(jiǎng dào jí) 설교집
　(原意为：在那些话之後(yuán yì wéi : zài nǎxiē huà zhī hòu)，即读经以后之解释(jí dòujīng yǐhòu zhī jiěshì))
postulate：
　(1)主张(zhǔzhāng)，要求(yào qiú) 주장하다, 요구하다
　(2)假设(jiǎshè)，以....为前提(yǐ....wéi qián tí) 가정하다, ~을 전제로 두다
　(3)认为当然(rèn wéi dāngrán)，认为公理(rèn wéi gōng lǐ) ~을 당연하게 여기다
　名postulation (1)假定(jiǎdìng)，请愿(qǐngyuàn) 가설, 가정, 청원
　　　　　　　(2)圣职任命(shèng zhí rèn mìng) 성직 임명
　postulant 圣职候补人(shèng zhí hóubǔ rén) 예비성직자
potency(e) 名 潜能(qiánnéng) 잠재능력
　potential 形 潜在的(qiánzài de) 잠재한
　　　　　名 潜力(qiánlì) 잠재력
　辨potentiality 潜在性(qiánzài xìng) 잠재성

potestas clavium(拉) 钥匙权 열쇠권
　　(参马太6：18)
potestas magisterii(拉) 教会教导之职权
　　　　　　　　교회의 교직, 교직권(력)
power 力量，力气，能力　힘, 역량, 능력
practical 实际的，实践的　실제적, 실천적
　　pratical thelogy 实践神学　실천신학
　名praxis 实践，实际行动　실천, 실행
praeambula fidei(拉) 信仰初步，信仰的先决条件
　　　　　　　　　신앙의 전제, 신앙선결조건
　(= premises or supposition of faith)
praedestinatio ad gloriam(拉) 对荣福的预定
　(= predestination to glory) 영광에의 예정
praedestinatio ad gratiam(拉) 对恩宠的预定
　은총에의 예정 (= predestination to grace)
praedestinatio ad moralis(拉) 对伦理的预定
　(= moral predestination) 윤리에의 예정
praecepta divina(拉) 上帝的诫命　하나님의 계명
pragmatism 实用主义　실용주의
praise 动名 赞美　찬미(하다), 찬양(하다)
prakriti(印佛) 自然界（一切可见之宝物） 자연계
prana(梵) 呼吸, 气息　호흡, 생기

praxis 实践，实际行动 실천, 실제행동
pray 动 祈祷，祷告 기도하다
    名prayer 祈祷，祷告；祈祷者；祷告文
    기도; 기도자; 기도문
    prayer book 祈祷书 기도서
    同 the Book of Common Prayer
preach 动 讲道，宣讲 말씀을 선포하다, 설교하다
    名preacher 讲道者，讲员 선포자, 설교자
    名preching 讲道，宣道，布道 선포, 설교, 전도
    theology of preaching 宣道神学 전도신학
precedence 优越，优先权，优位 우월, 우선권, 우위
precept 诫命，教训，箴言 계명, 교훈, 잠언
preconception (1)预想，预先领悟 예견, 예상,
    (2)先入观念，偏见 선입견, 편견
precondition 先决(必要)条件 선결조건
preconsecrated 预献的 미리 헌신한, 이미 바친
predecessor 前任者 전임자
predefinition 预定，预先决定 예정
predestination
    (1)预定，预选，命定 예정, 미리 선택, 운명
    (2)预定论(=predestinarianism) 예정론

predetermination

absolute predestination 绝对预定(juéduì yùdìng) 절대예정
complete predestination 完备预定(wánbèi yùdìng) 충분예정
(兼获现世恩宠与永世光荣的预定)(jiān huò xiànshì ēnchǒng yú yǒngshì guāngróng de yùdìng)
double predestination 双重预定(shuāngchóng yùdìng)(罗九14-21) 이중예정
incomplete predestination 不完备预定(bù wánbèi yùdìng) 불충분예정
(仅获现世恩宠与仅享永世光荣的预定)(jǐn huò xiànshì ēnchǒng yú jǐn xiǎngyǒng shì guāngróng de yùdìng)
relative predestination 相对预定(xiāngduì yùdìng)(Thomists)
상대예정(토마스학파)

predetermination 预定(yùdìng) 예정
同 predestination

predict 动 预言(yùyán), 预知(yùzhī) 예언하다, 예지하다

名prediction 预言(yùyán), 预知(yùzhī) 예언, 예지

同divine 占卜(zhān bǔ) 점치다, 예언하다

同foretell 预言(yùyán) 예고하다, 예언하다

同prophesy 作先知(zuò xiānzhī), 说预言(shuō yùyán) 예언하다

pre-evangelization 福音预工(fúyīn yùgōng) 사전복음화작업

pre-existence 先存(xiāncún), 先存性(xiāncúnxìng) 선재(先在), 선재성

preliminary 初步的(chūbù de) 초보의

presbyter 名 长老(zhǎnglǎo) 장로
同elder

名presbytery 中会(zhōnghuì), 区会(qūhuì) 중회, 노회

Presbyterian 形 长老会(zhǎnglǎohuì)的(de) 장로회의

名 长老会信徒 장로교신도
Presbyterian Church 长老会教会 jiàohuì 장로회교회
(与改革宗 Reformed Church同属新教传统)
Presbyterianism 长老会制度 zhìdù 장로회제도

present 动 给gěi, 呈递chéngdì, 提出tíchū, 出席chūxí
주다, 넘기다, 제출하다, 출석하다, 나타나다
形 出现的chūxiàn de, 临在的línzài de 출현한, 나타난, 임재한

名 presence 临在línzài, 面前miànqián, 同在tóngzài, 在场zàichǎng
임재, 면전, 동행, 출현

名 presentation 演出yǎnchū, 提出tíchū, 赠送zèngsòng 연출, 제출, 기증

名 representation 展现zhǎnxiàn, 演出yǎnchū, 陈述chénshù 표현, 연출, 상연

preserve 保护bǎohù, 保存bǎocún, 支持zhīchí 보호(보존)하다, 지지하다

名 preservation 保存bǎocún, 保守bǎoshǒu 보존, 보수

preside (1)开会时做主席kāihuì shí zuò zhǔxí (회의시)사회하다
(2)统理tǒnglǐ, 掌理zhǎnglǐ 총괄하다, 통할하다
(常用来表达「摄理shèlǐ」, 如rú presiding over)

prestige 威望wēiwàng 위신, 명성, 위세

形 prestigious 声誉卓著的shēng yù zhuō zhù de 명성있는, 위세있는

presume 动 假设jiǎshè, 推测tuīcè 가정하다, 추측하다

名 presumption 假设jiǎshè, 推测tuīcè 가설, 추측

presuppose 假定jiǎdìng, 预想yùxiǎng, 必须先有bìxū xiān yǒu
가정하다, 예상하다, 전제하다

preunderstanding

名presupposition 预设，前提，先决条件
　　　　　　　　　　가설, 전제, 선결조건
　　presuppositions of faith 信仰的先决条件
　　　　　　　　　　신앙의 선결조건
preunderstanding 先存了解，先前了解
　　　　　　　　　　선(先)이해, 전(前)이해
preview 预见，预先察看　예견, 예비조사, 시사회
pride 名 骄傲，自豪，自尊　교만, 자만, 자긍
　　形proud 自尊的，高傲的，感到光荣的
　　　　　　　　　　자존의, 자부심이 강한, 영광으로 여기는
priest 祭司，神父，牧师　제사장, 신부, 목사
　　辨priesthood 祭司职　제사장직
　　　priesthood of all believers 만인제사장설
　　　　　万民皆祭司，万民祭司职
primacy 首席权，首位权　우선권, 교황의 지상권
　　形primary 首要的，主要的
　　　　　　　　　　최초의, 주요한, 초기시대의
primitive :
　　形 原始的，原来的，自然的　원시의, 원래의, 자연의
　　名 原始人　원시인
　　　primitive church 初代(早期)教会　초대교회
principal 形 主要的　주요한, 원칙의
　　　　名 学院院长，校长(xiàozhǎng)　교장

principle 名 原理, 原則 원리, 원칙
prior 形 在先的 선재한, 우선적인
    反posterior 在後的 ~후의
    名priority 优先順序, 优先 우선순위, 우선권
privilege 特权, 特別恩典 특권, 특별은혜
    形privileged 有特权的 특권계급에 속한, 특권이 있는
probability 可能性, 盖然性, 概率 가능성, 개연성
probation 名 试用, 实验, 監护
    실습, 심사, 검정, 집행유예, 시련
    probationer 实习神学生 실습신학생
problem 问题; 难解之事物, 待解之题 문제, 난관
    形problematic(al) 有问题的, 未决的, 成问题的
        의문의, 미결의, 문제가 되는
proceed 发出, 前进 나아가다, 진전하다
process 过程, 手续 과정, 진행, 경과, 수속
    process philosophy 过程哲学 과정철학
    process theology 过程神学 과정신학
procession 发出 성령의 발현; 행진, 전진,
    (三位一体论中, 以圣灵由圣父发出)
    삼위일체론 중, 성령이 성부에게서 발현했다는 주장
proclaim 宣告, 正式宣布; 显示, 显露
    선언하다, 선포하다; 증명하다, 나타내다

名proclamation 文告(wèn gào), 声明书(shēngmíng shū) 정식적 선포, 성명서

prodigal 浪子(làng zǐ) 방랑아, 탕자

profane 污神的(wú shén de), 世俗的(shìsú de) 불경스런, 세속적인

同secular 世俗的(shìsú de) 세속적

反sacred 神圣的(shénshèng de), 圣洁的(shèngjié de) 신성한, 거룩한

同holy

profess 动 宣称(xuānchēng), 声称信仰(shēngchēn xìnyǎng), 声明(shēngmíng) 공언하다, 고백하다, 선언하다

名profession：
(1)声明(shēngmíng), 宣布(xuānbù), 公言(gōngyán), 自认(zì rèn) 성명, 선포, 신앙고백
(2)宣信(xuānxìn), 发愿(fā yuàn), 修道誓约(xiū dào shì yuē) 공식적 수도서원
(3)职业(zhíyè) 전문직업

同job= occupation= vocation)

profession of faith 信仰声明(xìnyǎng shēngmíng), 信仰告白(xìnyǎng gào bái)
신앙선언, 신앙고백

profound 形 深奥的(shēnào de) 심오한, 의미심장한

progress 名 进步(jìnbù), 改进(gǎijìn), 发展(fāzhǎn), 前进(qiánjìn) 진보, 발전, 전진

progressive：
形 进步(前进)的(jìnbù qiánjìn de), 提倡改革的(tí chàng gǎigé de) 진보적인, 개혁적
名 前进派(qiánjìn pài), 开明派(kāiming pài) 진보주의, 계몽파
(不如(bùrú) radical 激进的开明派(jījìn de kāiming pài))

prohibit 动 禁止(jìnzhǐ), 阻止(zǔzhǐ), 妨碍(fángài) 금지하다, 엄금하다

同inhibit 抑制(yìzhì), 禁止(jìnzhǐ) 금지, 제한

同forbid 禁止(jìnzhǐ)，禁戒(jìn jiè)　금지, 제한

prolegomena 序(xù)，序言(xùyán)，绪言(xùyán)，引言(yǐn yán)　서언, 머리말

　　preface 序(xù)，前言(qiányán)　전언, 서언, 서문

　　introduction 导论(dǎo lùn)，总论(zǒng lùn)，入门(rùmén)
　　　　안내문, 개론, 총론, 입문서

proleptic 预期的(yù qī de)，预料的(yùliào de)；预辩法的(yù biàn fǎ de)
　　예기한, 예상에 의한; 예변법의
　　(指对将来发生之事当如现在发生般描述(zhǐ duì jiānglái fāshēng zhī shì dāng rú xiànzài fāshēng bān miáoshù)，如末日(rú mò rì)，复活等(fùhuó děng))

promise 动名 应允(yīngyǔn)；应许(yīng xǔ)　응답(하다) ; 약속

　　promised land 应许之地(yīng xǔ zhī dì)　약속의 땅

proof 论证(lúnzhèng)，证据(zhèngjù)，证明(zhèngmíng)，证言(zhèng yán)　논증, 증거, 증명, 증언

propaganda(拉) ：
　　(1)传道(chuán dào)，宣传有不实夸大的负面含义(xuānchuán yǒu bù shí kuādà de fù miàn hányì)　전도, 포교
　　(2)宣传机构(xuānchuán jīgòu)(方法(fāng fǎ)，计划(jì huá)，资料(zīliào))
　　　　전도조직(기구, 방법, 계획, 자료)

propassio(拉) 原初的感动(yuán chū de gǎndòng)　본능적(원초적) 감동

property (1)财产(cáichǎn)，所有(suǒyǒu)　재산, 소유
　　　　(2)特性(tèxìng)，固有性(gùyǒu xìng)　특성, 고유성

prophesy (1)预言(yùyán)，预告(yùgào)，预报(yùbào)
　　　　예언하다, 예고하다, 미리 알리다
　　　　(2)代神发言(dài shén fāyán) ; 解说圣经(jiě shuōshèng jīng)
　　　　신탁 발언하다; 성경을 풀어 말하다

propitiation

名prophecy 预言；神意的传达；预言能力
　　　　　(yùyán；shén yì de chuándá；yùyán nénglì)
　　　　　예언; 하나님의 뜻을 전달; 예언능력
名prophet 先知，代言人，预言者
　　　　　(xiānzhī, dàiyán rén, yùyán zhě)
　　　　　선지자, 대언자, 예언자
　　　Former Prophets 前先知书 (qián xiānzhī shū) 포로 전 선지서
　　　Latter Prophets 後先知书 (hòu xiānzhī shū) 포로 후 선지서
辨prophethood 先知职份(身份)，先知性
　　　　　(xiānzhī zhífèn (shēnfèn), xiānzhī xìng)
　　　　　선지자의 직분(신분), 선지성
propitiation (1)赎罪，挽回祭 (shú zuì, wǎn huí jì) 속죄, 화목제
　　　　　(2)和解 (héjiě) 화해
proportion (1)平衡，相互关连 (pínghéng, xiānghù guānlián) 평균, 상호관련
　　　　　(2)比率，比例 (bǐlǜ, bǐlì) 비율, 비례
　　　　　(3)部分 (bùfèn) 부분, 몫
propositon (逻辑)命题，主张，意见，提议
　　　　　(luójí) (mìngtí, zhǔzhāng, yìjiàn, tí yì)
　　　　　(논리)명제, 주장, 제안, 의견, 건의
形propositional 命题的，提案的 (mìngtí de, tí àn de) 명제의, 제안한
propositio(拉) (1)预告，通知 (yù gào, tōngzhī) 예고, 통고
　　　　　(2)(讲道的) 主题 (jiǎng dào de, zhǔ tí) (설교 및 논쟁의) 주제
　　　　　(3)命题，意见，主张 (mìngtí, yìjiàn, zhǔzhāng) 논제, 명제
　　propositio captiosa(拉) 暧昧命题 (àimèi mìngtí) 모호한 명제
　　　　(有意含糊不清，应受谴责的神学命题)
　　　　(yǒu yì hánhú bùqīng, yīngshòu qiǎnzé de shénxué mìngtí)
　　propositio falsa(拉) 错误的命题 (cuòwù de mìngtí) 잘못된 명제

(= false propositon)
(与教义事实完全相反的神学主张)

propositio haeresi proxima(拉) 近乎异说的命题
이설에 가까운 명제
(= propositon close to heresy)
(与一个近乎教义的意见相违的神学主张)

propositio haerectica(拉) 异说命题　이설(이단)명제
(= heretical propositon)
与正式教义相悖的神学主张)

propositio male sonans(拉) 言辞不当的命题
언사부당한 명제
(= badly formulated propositon)
(因表达方式不佳而使人误解的神学主张)

propositio piarum aurium offensiva(拉)
伤害虔敬的命题　경건을 해치는 명제
(=propositon offensive to pious ears)
(有伤信仰情绪, 使信徒感到刺耳的神学主张)

propositio scandalosa(拉) 引起恶果的命题
타락으로 이끄는 명제
(= scandalous propositon)
使人信仰动摇或道德堕落的神学主张)

propositio temeraria(拉) 冒失的命题　도전적인 명제
(对教会普通教训有挑战性的神学见解神学主张)

propose 提议, 计划, 求婚

제의하다, 계획하다, 청혼하다
名proposal 建议(案), 求婚　건의, 청혼
同suggestion 建议　건의, 제안

propter fidem(拉) 因信仰, 因有信德　믿음 때문에
(= because of faith)

proselyte :
(1)改教(宗)者；(意见, 思想等) 改变者
개종자; (의견, 사상등의) 전향자
(2)使改教, 使改宗, 使改变　개종하게 하다

proskynesis(希) 俯伏足前　앞에 무릎을 꿇다
(犹太人与基督徒对真 神的敬拜方式)

prospect 名 展望, 希望, 景色　전망, 희망, 풍경
动 探勘, 寻找　탐색하다, 찾다
反retrospect 动名　回顾　회고(하다)
形prospective (1)预期的, 未来的　예기한, 미래의
(2)瞻望未来的　미래를 내다보는

prosperity 成功, 繁荣　성공, 번영
prosperity theology 成功神学　번영의 신학

prostitute 名 娼妓　창기, 창녀
prostitution 名 卖淫　매춘

protest 动名 抗议, 反对, 提出异议, 声明不服
항의(하다), 반대(하다), 이견을 내다, 불복하다

protoevangelium

形 protestant 抗议的, 表示不服的　항의적, 불복하는
Protestant 名 基督教徒, 改教徒(新教), 复原教
　　　　　　　기독교도, 크리스찬, 개신교도, 신교도
　　　形 基督教的, 改教(复原教)的
　　　　　기독교인의, 종교개혁교회의
Protestant Reformation 宗教改革　종교개혁
Protestantism 基督教, 新教, 改教, 复原教, 更正教
　　　　　　　기독교, 신교, 개혁교, 복원파, 정통주의
protoevangelium(拉) 原始福音；原初福音　원시복음
(指创3：15 基督之战胜撒但)
　　　창3:15 그리스도의 사단을 이기심
protology 创世学；创世论　창시학; 창세론
(神所启示有关世界与人类创始的教理)
prototype 原型, 标准, 典范, 榜样　원형, 모본, 방양
　prototype of the church 教会典范, 教会的预像
　　　　　　　　　　　교회 모범, 교회의 예표
prove 动 证明, 分别　증명하다, 분별하다, 입증하다
　名 proof 证明, 证据, 论证　증명, 논증
providence (1)摄理, 护理, 照顾　섭리, 신의 역사, 보호
　　　　　(2)预备, 准备　예비, 준비
　divine providence 神的护理(照顾)　신의 섭리(보호)
(拉 providentia divina)
prudence (1)谨慎, 智德, 慎重, 智虑明达, 明辨

英中韓 宗教字典 313

근신, 지혜, 신중, 사려분별
(2)节俭 절감(= frugality)

形prudent (1)谨慎的, 有智虑的　명철한, 신중한
(2)节俭的　절약하는, 알뜰한

形prudential :
(1)有智虑的, 有头脑的　분별있는, 빈틈없는
(2)审慎的, 小心的　조심성 있는, 신중한

psalm 赞美诗　찬미시
Psalms 诗篇　시편

pseudepigrapha 伪经 ; 伪书　위경, 가경
(指以圣经为题材, 命名类似圣经, 但未经教会承认的古老著作。)

psychic (1)灵魂的, 心灵(心理)的　영혼의, 심령의, 정신의
(2)通灵的, 通灵的人, 属灵的人　무당, 영매
(3)心灵研究　심령연구

psychiatry 精神医学　정신의학

psychoanalysis 心理分析　정신분석

psychology 心理学　심리학

psychosis 精神病　정신병
(比neurosis 精神官能症更加严重)

形psychosomatic 身心的, 精神的　심신의, 정신의

psychosomatic medicine 精神疗法(jīngshén liáo fǎ) 정신요법
(即以心理学的方法或原理治疗疾病)(jí yǐ xīnlǐ xué de fāng fǎ huò yuánlǐ zhìliáo jíbìng)
심리학적 방법이나 원리로서 질병을 치유
psychotheraphy 心理疗法(xīnlǐ liáo fǎ) 심리요법
(精神失常或精神病之)(jīngshén shīcháng huò jīngshén bìng zhī)
publisher 出版者(chūbǎn zhě), 出版公司(chūbǎn gōngsī), 发行人(fā xíng rén)
출판인, 출판사, 발행인
publication 出版(物)(chūbǎn wù) 출판(물)
Puja(印) 每日崇拜(měirì chóngbài) 매일 예배
pulpit 讲台(jiǎngtái), 讲坛(jiǎngtán) 강단, 설교단
pulpiteer (轻蔑语)(qīngmiè yǔ)职业的牧师(讲员)(zhíyè de mùshi jiǎngyuán), 传教师(chuánjiào shī)
(경멸적 표현)직업적 설교자, 목사, 선교사
pundit(印) 老师(lǎoshī), 夫子(fū zǐ) 교사, 선생
punish 惩罚(chéngfá) 형벌을 내리다, 징계하다
名punishment 惩罚(chéngfá), 处罚(chǔfá), 刑罚(xíngfá) 징계, 처벌, 징벌
  eternal punishment 永罚(yǒng fá) 영원한 형벌
  temporal punishment 暂罚(zàn fá) 일시적 형벌
形punitive 惩罚的(chéngfá de), 处罚的(chǔfá de), 刑罚的(xíngfá de); 讨伐的(tǎofá de)
  벌받을, 형벌의; 도벌의, 응징의
purgatory 炼狱(liàn yù); 暂时的苦难(zànshí de kǔnàn)(kǔnàn) 연옥(일시적 고난)
pure 纯洁的(chúnjié de), 洁净的(jiéjìng de), 纯正的(chúnzhēng de), 纯粹的(chúncuì de)
  순수한, 정결한, 순정의, 순수한

Purim

  名 purity 纯洁, 洁净, 纯正, 纯粹
      순결, 정결, 순정, 순수
Puritan 名 清教徒 청교도
    形 清教徒的 청교도의
Purim 普珥节(帖3：7；9：24，26) 부림절

Q

Q　Q典　Q문서, 자료
　　(德 Quelle：泉源(quányuán)) (독)원천
Qadosh(来)　圣洁的(shèngjié de), 神圣的(shénshèng de)　거룩한, 성결한, 신성한
Quakers 贵格会(guì gé huì)　퀘이크교
　　同Society of Friends
　　Quaker 贵格会信徒(guì gé huì xìntú)(个别(gè bié))　퀘이크교도
quality 名 质(zhì), 品质(pǐnzhì), 素质(sùzhì)　질, 품질, 자질
qualify 使合格(shǐ hé gé), 资格(zīgé), 限制(xiànzhì)
　　합격시키다, 자격을 부여하다, 제한하다
　　名qualitification 资格(zīgé)；条件(tiáojiàn), 素质(sùzhì), 才质(cái zhì)
　　　　자격부여, 면허; 조건, 자격, 능력, 자질
quantity 量(liáng)；数量(shǔliáng), 可量的东西(kěliáng de dōngxi)　양, 분량, 수량, 액수
quasi(拉) 几乎(jīhū), 类似(lèisì), 恰似(qiàsì), 准(zhǔn)
　　유사한, 외견상의, ～에 준하는
　　quasi-Chistianity 类似基督徒(lèisì jī dū tú)　유사기독교
quench 动 熄灭(xīmiè), 消灭(xiāomiè), 结束(jiéshù), 停止(tíngzhǐ)
　　억누르다, 소멸하다, 결속하다, 정지하다
quest 名动 搜寻(sōuxún), 探索(tànsuò)　탐색(하다), 탐구(하다)
question 名 问题(wèntí)　문제
　　动 问(wèn), 发问(fā wèn)　질문하다, 묻다

形questionable 有问题的(yǒu wèntí de)，不可靠的(bù kě kào de) 의문의, 미심쩍은

questionnaire 问卷(wènjuǎn) 질문서, 설문지, 앙케이트

同questionary 问卷(wènjuǎn)

quiet 形 安静的(ānjìng de)，平稳的(píngwěn de)，静止的(jìngzhǐ de)；静寂的(jìngjì de)；温和的(wēnhé de)
조용한, 고요한, 정적인, 안정적; 온화한

quietism 寂静主义(jìjìng zhǔyì) 정적(靜寂)주의
(17세기후반의 일종의 종교적 신비주의)

quite 副 相当地(xiāngdāng de)，完全地(wánquán de)，真实的(zhēnshí de) 모조리, 전적으로

Qumran 昆兰(kūn lán)(死海古卷发现处)(sǐ hǎi gǔ juǎn fāxiàn chù) 쿰란(사해고문서발견지)

Quo Vadis, Domine？(拉) 你何往?(nǐ hé wǎng), 你往哪里去?(nǐ wǎng nǎlǐ qù)
주여, 어디로 가시나이까?

quod semper, quod ubique, quod ab omnibus(拉)
各时各地各人所信的(gè shí gè de gè rén suǒ xìn de)(指圣经为灵性问题的最后权威)(zhǐ shèng jīng wéi líng xìng wèntí de zuìhòu quánwēi)
각 시대, 각 지역, 각 사람들의 믿는 바
(모든 영적인 문제에 대한 최종 권위는 성경)

quodammodo(拉) 以某种方式(yǐ mǒuzhǒng fāngshì) 모종의 방식, 방법

quote 引用(yǐnyòng) 인용

同cite 引证(yǐn zhèng)

名quotation 引文(yǐn wén) 인용문

同名citation 引证(yǐn zhèng)

R

Ra(或 Re) 锐神(ruì shén)　라(이집트의 태양신)
　　　　(埃及之太阳神(āi jí zhī tàiyáng shén)，乃天地之主宰(nǎi tiān dì zhī zhǔzǎi))
rabbi(来) 拉比(lā bǐ)，老师(lǎoshī)　랍비, 교사
racism：
　　(1)种族主义(zhǒngzú zhǔyì)；民族优越感(mínzú yōuyuè gǎn)　종족주의; 종족우월감
　　(2)以种族差别论为基础的政治或社会制度(yǐ zhǒngzú chābié lùn wéi jīchǔ de zhèngzhì huò shèhuì zhìdù)
　　　(= racialism)
　　　종족차별이 정치, 사회제도의 기초가 됨
　　形 racial 种族的(zhǒngzú de)　종족의, 인종의
　　　　racial discrimination 种族歧视(zhǒngzú qíshì)　인종차별
　　　同 apartheid 种族隔离(zhǒngzú gélí)　인종차별(정책)
radical 形 (1)激进的(jījìn de)，急进的(jí jìn de)，过激的(guò jī de)
　　　　　급진적인, 극단적인, 과격한
　　　　(2)彻底的(chè dǐ de)，根本的(gēnběn de)，基本的(jīběn de)
　　　　　철저한, 이치가 분명한, 근본적, 기본적인
　　名 (1)基本(jīběn)，基础(jīchǔ)　기본, 기초
　　　　(2)急进份子(jí jìn fènzǐ)，激进者(jījìn zhě)　급진주의자
　　　　　(对于保守派(duì yú bǎoshǒu pài)conservative 之另一极端(zhī lìng yī jíduān))
　　radical sects 极端教派(jíduān jiāo pài)，急近派(jí jìn pài)　극단파, 급진파
　　radicalism 极端主义(jíduān zhǔyì)，急进主义(jí jìn zhǔyì)，根本改革主义(gēnběn gǎigé zhǔyì)

극단주의, 급진주의, 근본개혁주의
raga(梵) 贪^{tān} 탐심, 욕심

Ramadan 勒墨藏^{lè mò cáng}: 斋戒月^{zhāi jiè yuè}, 斋月^{zhāi yuè} 라마단
(回厉的第九个月^{huí lì de dì jiǔ gě yuè}: 이슬람력의 9월에 실시되는 금식
단식등을 하며 재계(斋戒)하는 달. 이슬람어: saum)

ransom:
动 救赎^{jiù shú}, 赎回^{shú huí}, 补偿^{bǔcháng} (=redeem)
구속하다, 구원하다, 보상하다
名 (1) 救^{jiù}, 赎^{shú}, 救出^{jiùchū}, 赎回^{shú huí} 구속, 구출, 구원
(2) 赎价^{shú jià}, 赎金^{shú jīn}, 赔偿金^{péicháng jīn} 속죄, 보석금, 배상금

ransom theory 赎价论^{shú jià lùn} 속죄론
(俄利根^{é lì gēn}Origen 185-254 认为基督曾把他的生命^{rèn wéi jī dū cēng bǎ tā de shēngmìng}
交给魔鬼当作赎价^{jiāogěi mó guǐ dāng zuò shú jià}, 好使人脱离奴隶的身份^{hǎo shǐ rén tuōlí núlì de shēnfèn}.)

rapture 名 狂喜^{kuáng xǐ} 큰 기쁨, 황홀, 환희, 광희
同ecstasy 名 出神^{chū shén}, 忘我^{wáng wǒ}, 入迷^{rùmí} 신들림, 무아지경

rupture 动名 破裂^{pò liè} 찢어지다; 파열

rational 理性的^{lǐxìng de}, 理智的^{lǐzhì de}, 推理的^{tuīlǐ de}, 讲道理的^{jiǎng dàolǐ de}, 有辨别的^{yǒu biànbié de}
이성적, 논리적, 이치에 맞는, 분별 있는
反irrational 没有理性的^{méiyǒu lǐxìng de}, 愚蠢的^{yúchǔn de} 불합리적, 어리석은
名rationalism 理性主义^{lǐxìng zhǔyì}, 唯理主义^{wéi lǐ zhǔyì}, 纯理论^{chún lǐ lùn}
이성주의, 이성론, 순수이성론
名rationalization 理性化(过程)^{lǐxìng huà guōchéng}, 合理化^{hé lǐ huà}
이성화과정, 합리화, 합리론

ratio divina(拉) 天理(tiān lǐ)　이치, 하늘의 순리
ratio fide illustrata 信仰光照的理智(xìnyǎng guāngzhào de lǐzhì)
　　　　　　　　　신앙이 조명하는 이성
rationale 基本理由(jīběn lǐyóu), 理论根据(lǐlùn gēnjù), 原理(yuánlǐ)
　　　　　기본이유, 근거, 원리
rationalis naturae individua substantia(拉)
　　具理性的单独本体(jù lǐxìng de dāndú běntǐ)　이성에 의한 개별실체
　　(5-6C波哀丢斯(bō āi diū sī)(Boethius)对位格所下的定义(duì wèigé suǒ xià de dìngyì))
reader 读者(dúzhě), 论文评阅者(lùnwén píngyuèzhě)　독자, 논문평론가
real 形 真的(zhēn de), 真实的(zhēnshí de)　진짜의, 실재의
　　real presence of Christ　그리스도의 실재적 현현
　　基督真实临在(jī dū zhēnshí línzài)(路德(lùdé): 对圣餐的表达(duì shèngcān de biǎodá))
　　反false 假的(jiǎ de), 虚假的(xūjiǎ de)　거짓의, 가짜의
　　名realistic 实在的(shízài de), 具有现实感的(jù yǒu xiànshí gǎn de)
　　　　　　　　실재적, 사실적인, 현실적인
　　反idealistic 理想主义的(lǐxiǎng zhǔyì de)　이상주의적인
reality (1)实在(shízài), 真实(zhēnshí), 实体(shítǐ), 实相(shíxiàng), 事实(shìshí)
　　　　　실재, 실체, 실상, 사실
　　　　(2)实在性(shízài xìng), 真实性(zhēnshí xìng), 现实性(xiànshí xìng)
　　　　　실재성, 진실성, 현실성
　　名realism :
　　　　(1)(哲学)实在论(zhéxué shízài lùn), 实体论(shítǐ lùn)(= 拉 Realismus)
　　　　　현실주의, 실재(실체)론
　　　　(主张实际存有物不系于我人的认识而自身存在(zhǔzhāng shíjì cúnyǒu wù bù xì yú wǒ rén de rènshí ér zìshēn cúnzài))

英中韓 宗教字典 321

(2) (经院哲学) 唯实论 실재론/실념론
(스콜라철학 : 보편개념들이 실제/진실)
(Realismus : 普遍的观念乃实在者)
反nominalism 唯名论 유명론
(拉 Nominalismus)
(3) (伦理) 现实主义 (윤리)현실주의
(4) (文艺) 写实主义 (문예)사실주의

realize 实现, 认知, 了解
깨닫다, 지각하다, 실감하다

realised eschatology 实现终末论
실현된 종말론

名realization：
(1) 实现, 实践, 实感, 实在化
현실, 실천, 실감, 실재화
同fulfilment 圆满实现 완벽한 실현
(2) 领悟, 了解, 真知, 觉察
깨닫다, 이해하다, 납득하다, 알아채다

reason：
名(1) 理性, 理智, 知性, 思考力
이성, 이지, 지성, 사고력
(2) 理, 元理, 道理 이치, 도리
(3) 理由, 原因, 动机, 缘故 이유, 원인, 동기, 연고
动 推论 추론하다
形reasonable：

(1)合理的，公道的，正当的　합리적, 정당한
　　(2)明辨道理的，懂道理的　이치, 도리에 맞는
形reasoning：
　　(1)推论，推理，议论，辩论
　　　추론, 추리, 의논, 논쟁
　　(2)论据，道理，理论的条理
　　　논거, 도리, 이론적 사리(조리, 순서)
　　(3)有理性的，能推理的　이성적인, 추리할 수 있는

rebel　动 反叛　반역하다
　　　　名 反叛者　반역자
　　　名rebellion 反叛，谋反　혁명, 반항, 배반, 반란
　　　同revolt 动名 叛乱
　　　同betray 动 背叛

rebirth 重生　중생
　　　形born-again 重生的　중생한, 거듭난
　　　同regeneration 重生　중생

rebuke 动名 斥责　비난(하다)
　　　同reproach 动名 谴责　비난(하다)
　　　同scold 动名 斥责　추궁하다

recapitulatio(拉) 同归于一；综合
　　　　　　　완성; 종합, 요점의 반복, 개괄
　　(希anakephalaiosis：爱任纽：神要将因亚当堕落而

recapitulation

中断了的关系借著基督达到完全. 因基督重复了
人生的每一阶段, 故能拯救每一阶段的人. 弗1：10)
이레니우스: 아담의 타락으로 파괴되었던 관계를
하나님이 그리스도 안에서 완성하심. 엡 1:10)

recapitulation：
  (1)同归于一，总归 종합, 결론
  (2)各进化阶段重视
    반복설, 발생반복(생물학：발생단계를 중시)
  (3)摘要 요점의 반복, 요약, 개괄

 recapitulation theory(弗一1)
  (1)总归论：회귀론(반복설)- 과거 각 시대의 모든
    하나님의 계시는 그리스도 예수에게로 돌아감.
  (如将往昔各时代一切上帝的启示总归降生名下)
  (2)万物复原论 만물복원설

receive 接受，接待 접수, 받나, 접내하나
  名reception 接待 접대, 환영, 응답
    reception room 会客室 객실, 접대실, 응접실
  receptionism 领受说 (성찬) 영접설
  (领圣餐时，酒饼仍为酒饼，但信徒领受了主的
  身体和宝血)

reciprocal 形 相互的，互惠的 상호적, 호혜적
recompense：
  动 报酬，报答，赔偿 보답하다, 배상하다, 보응하다

名 酬金，补偿金 배상금, 보상금
reconcile 和解，使一致 일치시키다, 화해시키다
　　名reconciliation 复和，和解，复交 화해, 화목
　　同harmonize 和谐，使一致 조화시키다. 일치시키다
　　reconciler 和解者 화해자
reconversion 重新皈依，再改信仰 믿음의 재시작
re-create 再创造，改造 재창조, 개조
　　名re-creation 再创造 재창조
recruit 招募，恢复，养病
　　　　모집하다, 보상하다, 보강하다.
redaction 编辑，编修 편집, 개정 (성경편집)
　　redation criticism 编辑批判 편집비평
　　redactor 编者 편집자, 개정자
redditio symboli(拉) 背诵信经礼 신앙고백암송
　　(古教会洗礼前，受洗者必须背诵洗礼信条)
redccm 救赎，赎罪 구속하다, 구원하다, 속죄하다
　　名redemption 救赎，赎罪 구속, 속죄, 구원
　　　general redemption 普遍救赎 보편적 구원
　　　objective redemption 객관적 구속
　　　　　　　　　　客观的救赎(即救赎本身)
　　　subjective redemption 주관적 구속
　　　　　　　　　　主观的救赎(人所接受的救赎)

英中韓 宗教字典 325

redemptio reparativa(拉) 付代价的救赎
대가를 지불하는 구속
(基督付出代价使人从原罪的咒诅中获得自由的救恩)
(그리스도께서 지불하신 보혈의 대가로 원죄의 저주로부터 해방되는 구원을 얻게 하심)
名 redeemer 救赎主, 救主　구속주, 구주
　　　同 the Savior 救世主, 耶稣基督　예수 그리스도
reduce 减少, 使简化, 使变化　감소되다, 간략하다
　　　名 reduction 简化, 减缩, 变形　간소화, 감소, 축소
reductio ad absurdum(拉) 反证法；归谬法　반증법
refer 指示, 使咨询, 交给, 参见, 应用, 依据(+to)
　　　지시하다, 자문하다, 건네주다, 참고하다, 응용하다, 의거하다
　　　名 reference：
　　　(1)指示, 查照, 参考, 证明　지시, 참조, 참고, 증명
　　　(2)保证书, 参考书(目录), 附注, 推荐信
　　　보증서, 참고서(목록), 각주, 추천서, 부록
　　　同 recommendation 推荐信　추천서, 권언서
　　　reference library 参考图书馆　참고도서관
reform 动 改革, 改进, 革新, 矫正　개혁하다, 변혁하다
　　　名 改革, 改善　개혁, 개선
　　　名 Reformation 宗教改革　종교개혁

Reformation Day 宗教改革日 종교개혁 기념일
(1517年 10月 31日)
Reformation Theology 宗教改革神学 종교개혁신학
形reformed 改革的, 革新的 개혁된, 혁신하는
Reformed 改革宗, 改革主义 개혁파의, 개혁주의의
(指有加尔文主义神学的复原派, 多半具长老宗(zhǎnglǎozōng)的教会行政)
Reformed Churches 改革宗教会 개혁주의교회
Reformed Faith 改革主义信仰 개혁주의신앙
(在神学用语中「改革主义」相等于「加尔文主义」)
(신학용어상) 개혁주의는 칼빈주의와 병용
Reformed Presbyterian Church 개혁파장로교회
改革宗长老会(zhǎnglǎohuì)
Reformed Theology 改革宗神学 개혁주의신학
同Reformed Faith 改革主义信仰
Reformed Tradition 改革宗传统 개혁주의전통
(使用「改革宗」(Reformed)一词, 乃是为了使加尔文派传统与路德派和重洗派的传统有所区别)
名reformer 改革者 개혁자
Reformer 宗教改革者 종교개혁자
refuge 避难(bìnàn)所 피난소, 피난처

refute

同asylum 庇护所(bìhù suǒ)，救济院(jiùjì yuàn)，精神病院(jīngshén bìngyuàn)
　　대피소, 요양원, 정신병원
　refuge of sinners 罪人之避难所(zuì rén zhī) 죄인의 피난처
　refugee 难民(nànmín)，流亡者(liú wáng zhě) 난민, 망명자, 도망자
refute 反驳(fǎnbó)，驳斥(bóchì) 논박하다, 반박하다
　名refutation 反驳(fǎnbó)，辩驳(biànbó) 논박, 반박, 변박
regeneration 重生(chóngshēng)，更生(gēngshēng)，新生(xīn shēng) 중생, 갱생
　(信徒得救之门(xìntú déjiù zhī mén)，乃生活之新开始(nǎi shēnghuó zhī xīn kāishǐ)，因(yīn)上帝的灵所作(dè líng suǒ zuò)
　之彻底变化(zhī chè dǐ biànhuà))
　born again 重生的(chóngshēng de) 중생한, 거듭난
regime (1)政权(zhèngquán)，政治系统(zhèngzhì xìtǒng) 정권, 통치제도, 정체
　　　　(2)生活规律(shēnghuó guīlǜ)，纪律(jì lǜ) 생활규율, 기율
regnum dei(拉) 上帝的统治(shàng dì de tǒngzhì)；神国(shén guó)
　　　　하나님의 통치; 하나님의 나라
regnum gloriae(拉) 荣耀之国(róngyào zhī guó)；荣耀时期(róngyào shí qī)
　　(指教会将来得胜(zhǐ jiào huì jiānglái déshēng)) 영광의 나라, 영광의 날
regnum gratiae 恩典之国(ēndiǎn zhī guó)；恩典时期(ēndiǎn shí qī)
　　　　은혜의 나라; 은혜의 날
regnum fidei proxima 信仰的直接准则(如圣经)(xìnyǎng de zhíjiē zhǔnzé rú shèng jīng)
　　신앙의 직접적 준칙(규범)
　　(= immediate rule of faith)
regnum fidei remota 信仰的较远准则(xìnyǎng de jiàoyuǎn zhǔnzé) 신앙의 후위준칙
　　(= remote rule of faith：如教父学(rú jiào fù xué)，礼仪(lǐyí))

regnum veritatis 真理准则(zhēnlǐ zhǔnzé)　진리준칙
　　(即(jí) regula fidei 或 regula veritatis)
regula fidei(拉)　(1)信仰准则(xìnyǎng zhǔnzé)　신앙준칙
　　　　　　　　(2)信仰类比(xìnyǎng lèibǐ)　신앙의 유비
regular 通常的(tōngcháng de), 常例的(chánglì de), 规则的(guīzé de), 有规律的(yǒu guīlǜ de)
　　　　일상적, 규칙적, 일정한, 규율이 있는
　　反irregular 不规则的(bù guīzé de)　불규칙적
　　名regularity 规则(guīzé), 规律(guīlǜ), 秩序(zhìxù), 定期(dìng qī), 整齐(zhěngqí)
　　　　　　　　규칙성, 규율, 질서, 정기, 정리정돈
regulate:
　　(1)管理(guǎnlǐ), 节制(jié zhì)　관리하다, 절제하다
　　(2)调节(tiáojié), 调整(tiáozhěng)　조절, 조정하다
　　名regulation 规定(guīdìng), 规则(guīzé)　규정, 규칙
　　同rule 规定(guīdìng), 规则(guīzé)
rehabilitation (1)恢复(huīfù), 修复(xiūfù)　재활, 회복, 수복
　　　　　　　(2)复权(fù quán), 复职(fù zhí)　권력 회복, 직위 회복
　　　　　　　(3)使恢复心理健康(shǐ huīfù xīnlǐ jiànkāng)　심적 건강의 회복
reign 动 为王(wéi wáng), 统治(tǒngzhì), 盛行(shèngxíng)
　　　　왕이 되다, 통치하다, 다스리다, 성행하다
　　名　统治(tǒngzhì), 朝代(cháodài), 王权(wángquán), 统治时代(tǒngzhì shídài)
　　　　통치, 왕조, 왕권, 통치시대
reification 物化(wù huà), 东西化(dōngxi huà)　물화, 대상화
　　(在神学上将救恩奥妙视为物般的解释法(zài shénxué shàngjiāng jiù ēn àomiào shì wéi wù bān de jiěshì fǎ))

불가견적인 구원의 비밀을 시종 가견적인 외적 체험으로 확인받고자 하는, 감각 중심의 신앙형태. 예로, 영접, 기도, 찬양 중의 격한 감정이나 방언등

reincarnation 名 再成肉身, 轮回说 윤회설

reinterpret 再解释, 重新解释, 复解 재해석하다

reject 拒绝, 不受, 丢弃 거절하다, 거부하다
  同refuse

名rejection 拒绝, 排除, 否决, 抛弃, 被拒之物
  거절, 배제, 부결, 버림당한 것

related 所陈述的, 有关连的 진술된, 연계된, 연관있는
  同relevant 有关的, 有关联的 관계 있는

名relation (1)叙述, 陈述 서술, 진술
  (2)(思想与意义的) 关系
  (사상과 의미상의) 관계

形relational 关系的, 亲戚的 관계있는, 친척의

relationship 关系性, 关系 관계성, 관계

relative 形 (1)相对的, 相关(相互)的, 比较的, 相应的
  상대적, 상관된, 비교적, 상응하는
  (2)有关系的, 表关系的 관계 있는, 관계의
  名 亲戚 친척, 일가

名relativism 相对主义, 相对论 상대주의, 상대론

名relativity 相对性, 相关性, 比较性
  상대성, 상관성, 비교성

principle of relativity 相对原理 (xiāngduì yuánlǐ) 상대원리

theory of relativity 相对论 (xiāngduì lùn) 상대성이론

(A。Einstein 爱恩斯坦 (ài ēn sī tǎn) 1879-1955)

relevance,-cy 相关性 (xiāngguānxìng), 关联 (guān lián) 상관성, 관계, 적당, 적절

    形relevant 相关的 (xiāngguān de), 有关联的 (yǒu guān lián de) 상관적, 관계있는

    反irrelevant 不相关的 (bù xiāngguān de), 没有关联的 (méiyǒu guān lián de) 관계없는

relic 遗物 (yí wù), 遗迹 (yí jì), 圣骨 (shèng gū) 유물, 유적, 성물

religio vera(拉) 真宗教 (zhēnzōng jiào) ; 真实宗教 (zhēnshí zōng jiào)

    참된 종교(= true religion : 信奉真实永在者的信仰 (xìnfèng zhēnshí yǒng zài zhě de xìn yǎng))

religion 宗教 (zōng jiào) 종교

    false religion 邪教 (xié jiào) 사교, 사이비종교

    (所信奉的神明并非真正的永存者 (suǒ xìnfèng de shénmíngbìng fēi zhēnzhèng de yǒngcún zhě), 而是人所想象 (ér shì rén suǒ xiǎngxiàng)
或依受造物制成的偶像。) (huò yī shòu zàowù zhìchéng de ǒuxiàng)

    folk religion 民间宗教 (mínjiān zōng jiào) 민간종교

    同popular religion 通俗宗教 (tōngsú zōng jiào) 통속종교

    natural religion 自然宗教 (zìrán zōng jiào) 자연종교

    (拉 religio naturalis) 自然宗教 (zìrán zōng jiào)

    primitive religion 原始宗教 (yuánshǐ zōng jiào) 원시종교

    revealed religion 启示宗教 (qǐshì zōng jiào) 계시종교

    (指基督教 (zhǐ jī dū jiào)。谓与其他自然宗教不同 (wèi yú qí tā zìrán zōng jiào bùtóng), 乃神所启示 (nǎi shén suǒ qǐshì))

    worldreligion 世界(普世)宗教 (shìjiè pǔ shì zōng jiào) 세계보편종교

Religiongeschichtliche Schule

Religiongeschichtliche Schule(德) 宗教历史派(zōng jiào lìshǐ pài)
　　　　　　　　　　　　　　　(독) 종교사학파
religious 形(1)宗教的(zōng jiào de), 宗教上的(zōng jiào shàng de), 宗教性的(zōng jiào xìng de)　종교의
　　　　　(2)虔诚的(qiánchéng de), 笃信的(dǔxìn de), 严谨的(yánjǐn de)　경건한, 독실한
　　　　　(3)修道者(xiū dào zhě), 虔诚信徒(qiánchéng xìntú)　수도자, 경건한 성도
同 pious = faithful
religious a priori(拉) 宗教的先天性(zōng jiào de xiāntiān xìng)　종교의 선천성
　　　　　　　　(人对于神圣之事有自然而内在的感觉)(rén duì yú shénshèng zhī shì yǒu zìrán ér nèizài de gǎnjué)
religious life 宗教生活(zōng jiào shēnghuó), 修道生活(xiūdào shēnghuó)
　　　　종교생활, 수도생활
religious order 修道会(xiū dào huì), 修会(xiū huì)　수도회
religious organization 宗教组织(zōng jiào zǔzhī)(机构(jīgòu), 团体(tuán tǐ), 协会(xiéhuì))
　　　　　　　　종교조직(기구, 단체, 협회)
religious profession 宣愿(xuānyuàn), 发愿(fā yuàn)　신앙적 서원, 맹세
religious syncretism 宗教混合主义(zōng jiào hùn hé zhǔyì)　종교혼합주의
religious tolerance 宗教容忍(宽容)(zōng jiào róngrěn kuānróng)　종교적 관용
religious vows 修道会圣愿(xiū dào huì shèngyuàn)　수도회 서약
remanence theory 质在论(zhì zài lùn), 不变论(bù biàn lùn)　불변론
　　(위클리프 John Wycliff 威克利夫(wēi kè lì fū):认为领圣餐后(rèn wéi lǐng shèng cān hòu),
　　饼酒体质依旧存在(bǐng jiǔ tǐ zhì yī jiù cúnzài),基督仅靠其活动而临在(jī dū jǐn kào qí huódòng ér línzài))
remedium concupiscentiae(拉) 肉情的救药(ròu qíng de jiù yào);贪欲的补救(tānyù de bǔjiù)
　　　욕정을 이기는 약 (谓恩宠胜过贪欲的影响(wèi ēn chǒngshèng guò tānyù de yǐngxiǎng))

remit 动 赦免, 豁免, 赦罪 사면하다, 사죄하다
　　名remission（拉 remissio peccatorum）
　　　　　　(1)(债务, 处分等之)免除　면제
　　　　　　(2)赦免, 豁免, 宽恕　사면, 용서
　　　　　　(3)(痛苦, 劳力等之)热度灭退　고통해소
remnant 余数, 余民　남은 자, 후손; 그루터기
　　remnant theology 余民思想(神学)　남은 자 사상
Remonstrants 名 抗辩派　항변파
　　칼빈의 예정론에 반대한 알미니안주의
（反对加尔文主义预定的亚米纽斯派 : Arminians）
Renaissance 文艺复兴　문예부흥
renegade (1)背信者, 背教者　배반자, 배교자
　　　　　(2)叛教的, 背叛的　배교한, 배반한
　　　　　(3)叛教, 变节　배교, 변절자
renew 动 更新　갱신하다. 새롭게 하다
　　同revive 复兴　부흥하다.
　　名renewal 更新, 复兴　갱신, 부흥
　　名revival 复兴
renunciation (1)放弃, 废弃　포기, 방치
　　　　　　　(2)否认, 拒绝　부인, 거절
　　　　　　　(3)自制, 克己, 自我否定 자제, 극기, 자기부정

reparation 赔(péicháng)偿，补(bǔcháng)偿；修(xiūfù)复，恢(huīfù)复
　　　　　　배상, 보상; 수복, 회복
repent 悔(huǐgǎi)改，忏(chànhuǐ)悔　회개하다, 참회하다, 돌이키다
　　名repentance 悔(huǐgǎi)改，忏(chànhuǐ)悔，痛(tònghuǐ)悔　회개, 참회, 통회
represent 动 表(biǎoxiàn)现，代(dàibiǎo)表，说(shuōmíng)明，扮(bànyǎn)演(角(jiǎo sè)色)
　　　　　　표현하다, 대표하다, 설명하다, 역할을 맡다
　　名representation 展(zhǎnxiàn)现，演(yǎnchū)出，陈(chénshù)述　표현, 연출, 진술
　　辨representative 形 代(dàibiǎo de)表的　대표하는
　　　　　　　　名 代(dàibiǎo)表　대표
　　　　同delegate 代(dàibiǎo)表，委(wěituō)托　대표, 위임
repress 压(yāzhì)制，抑(yìzhì)制　압제하다, 억압하다
　　名repression 压(yāzhì)制，抑(yìzhì)制　압제, 억압
repristination 复(fùgǔ)古，恢(huīfù)复原(yuánzhuàng)状　원상태회복
reprobate 斥(chìzé)责，上(shàng dì)帝摒(pìngqì)弃　비난하다, 저버리다, 책망하다
　　名reprobation 遗(yí qì)弃，定(dìngzuì)罪，上(shàng dì)帝摒(pìngqì)弃
　　　　　　유기, 정죄, 하나님의 버리심
reproduction theory 再(zài shēng lùn)生论　재생설
reputation 名(míngyù)誉，美(měimíng)名　명예, 평판
res(拉) 实(shí tǐ)体，内(nèiróng)容，质(zhì)　실체, 내용, 질료
　　反forma 形(xíngshì)式　양태, 형식
　　res et conceptus(拉) 物(wù yú niàn)与念；东(dōngxī yú gàiniàn)西与概念
　　　　　　물질과 의미; 물질과 개념

res et sacramentum(拉) 물질과 성례
实物与圣礼；圣礼內在恩宠与外在表记
(grace and visible sign of the sacrament)
성례의 내재된 은총과 외적 표지
res et verbum(拉) 物质与言 성례전적 은총과 말씀
(圣礼內在恩宠与发自口中的话:
(= grace and word of the sacrament)
res sacramenti(拉) 圣礼的实物(內质)；指圣礼恩宠
성례의 실체(은총)
(= grace bestowed by the sacrament)
reservatio mentalis(拉) 含义不申；心中保留
생각/관념의 유보: 궤변학의 용어로서 더욱 혹은 다른 것을 생각하기
(= mental reservation：在诡辩学之名词)
reserve 保留, 预约 보류하다, 예약하다
名reservation 保留, 预约 예약, (성직임명권의)보류
reservation of the blessed sacrament
(天)圣体的保留 축성된 성체의 보관
respond 回应, 启应 응답하다, 반응하다
名response 回应, 应(启应中之应)
반응, 회답, 교독문 중의 화답
形responsible 负责任的 책임 있는
名responsibility 责任, 负担 책임, 의무, 부담
同duty 义务, 职责

形responsible 负责任的 책임 있는

名responsibility 责任, 负担 책임, 의무, 부담

同duty 义务, 职责

restitution (1)赔偿, 偿还(chánghuán) 배상, 상환

(2)复职, 恢复原状 복권, 복직, 원상회복

restore 恢复, 回复 복원하다, 회복하다

名restoration 复兴, 恢复, 光复, 修复之物
회복, 광복, 이스라엘의 실지 복구

restorationism 万人得救论 만인구원론
(= apocatastasis)

restaurare omnia in Christo(拉) 在基督内复兴一切
그리스도안에서 모든 것의 회복(골1:15-20)

resurrect 动 复活, 复苏, 苏醒 부활하다, 소생하다

名resurrection 复活 부활

resurrection of Jesus 耶稣的复活 예수의 부활

resurrection of the body 肉身复活 육신의 부활

resurrection of the dead 死人复活 죽은 자의 부활

retreat 动 退修, 避静, 静修
퇴각하다, 수련하다, 물러나다

名 退修会, 灵修会 수련회, 영성회

retribution 报应, 报酬, 报复, 罚 보응, 보복, 벌

day of retribution 最后审判日; 因果报应时

최후심판의 날, 인과응보의 날
retribution theory 来世报应说(lái shì bàoyīng shuō)　내세보응설
retrospective 回顾的(huígù de)　회고의, 회상하는, 소급하는
retrospective theology 回顾的神学(huígù de shénxué)　회고의 신학
反prospective 展望的(zhǎnwàng de)　전망하는, 예상되는, 장래의
reveal 动 启示(qǐshì), 显示(xiǎnshì), 透露(tòulù)　계시하다, 나타내다
同inspire 使感动(shǐ gǎndòng), 激发(jīfā), 使受神的感召(shǐ shòushén de gǎnzhào); 赐给灵感(cìgěi líng gǎn)
　　영감되다, 신의 부르심을 입다; 영감주다
名inspiration 灵感(líng gǎn), 默示(mò shì), 神感(shén gǎn), 领悟(lǐngwù)　영감, 묵시
名revelation 启示(qǐshì), 泄露(xièlù), 显示(xiǎnshì), 默示(mò shì), 天启(tiān qǐ)
　　계시, (비밀의)누설, 묵시, 뜻밖의 사실
(指神向人表明旨意(zhǐ shénxiàng rén biǎomíng zhǐyì), 显示真理超乎人之知识(xiǎnshì zhēnlǐ chāohū rén zhī zhīshí),
通常非采理性之方法(tōngcháng fēi biàn lǐxìng zhī fāng fǎ))

Revelation 启示录(qǐshì lù)　계시록
同Apocalypse 启示录(qǐshì lù)
conclusion of revelation 启示的终点(qǐshì de zhōngdiǎn)　계시의 종점
(启示真理因基督而达顶点後(qǐshì zhēnlǐ yīn jī dū ér dá dǐngdiǎn hòu), 即不在有新的启示(jí bù zài yǒu xīn de qǐshì))
계시진리는 그리스도에로 정점을 이뤘기 때문에 이후에는 새로운 계시는 없다
continued revelation 永续的启示(yǒng xù de qǐshì)　계속되는 계시
(耶稣离世後(yē sū lí shì hòu), 透过教会继续给予的启示(tòuguō jiào huì jìxù gěiyú de qǐshì))
예수님의 승천 후, 교회를 통해 계속 부어지는 계시

formal revelation 正式启示 정식계시
(= immediate revelation)
general revelation 一般启示，普遍启示
일반계시, 보편계시
(神在自然界，历史中对一切人的自我流露)
하나님은 자연계와 역사 가운데 자신을 계시하심
historical revelation 历史性的启示 역사적 계시
immediate revelation 直接启示 직접계시
(神明显或含蓄地直接自我流露)
mediate revelation 间接启示 간접계시
(神经由媒介而作的自我流露)
primitive revelation 原始启示 원시계시
(指基督所有的启示，对传承而言为原始启示)
special revelation 特殊启示 특별계시
(神在以色列历史中的自我流露，而由旧约先知，
新约使徒诠释出来的启示)
revelatio generalis(拉) 普通启示 보편계시
revelatio immediata 直接启示 직접계시
revelatio mediata 间接启示 간접계시
revealed religion 启示的宗教 계시의 종교
(指基督教，以别于其他的自然宗教)
revelatio specialis 特别启示 특별계시

(= super naturalis :
(指 神在圣道「圣经」中的启示)

revere 动 尊崇, 尊敬   존중하다, 존경하다
(对人格高尚之人或与其人有关之事物深挚之敬爱)

reverence 名 尊崇, 恭敬, 尊敬, 虔诚
존중, 경배, 존경, 경건
(则表"带有敬畏惊异之敬爱, 且系对神圣不可侵犯之
传统, 法律, 物件而非对人者")

形reverend 可敬的, 应受尊敬的
존경해야 할, 경외할 만한, 마땅히 경배받으실
名Reverend(Rev.) 牧师   목사

review
动 复习, 回顾, 检查   복습하다, 회고하다, 검열하다
名 复习, 回顾, 考察, 评论   회고, 복습, 검열, 평론
a book review 书评   서평

revise 动名 校正, 修订   교정(하다), 개정(하다)
R.S.V. Revised Standard Version 修订标准本
개정표준판

revive 复兴, 苏醒, 重振 부흥하다, 소생하다, 되살리다
名revival 复兴(灵性上之更新), 恢复, 更新
부흥(영적인 갱신), 부활, 회복
perennial revival 不断的更新   끊임없는 갱신
名revivalism 复兴主义   신앙부흥주의

英中韓 宗教字典 339

名revivalist 复兴领导者(fùxīng lǐngdǎo zhě) 부흥지도자
revolution 革命(gémìng), 变革(biàngé) 혁명, 변혁
reward 名(1)报答(bàodā), 报酬(bàochóu), 酬劳金(chóuláo jīn) 보응, 보복, 보상금
动(2)报应(bàoyīng), 惩罚(chéngfá), 报复(bàofù) 보복하다, 징벌하다
rhetoric 修辞学(xiūcí xué) 수사학
形rhetorical 修辞的(xiūcí de), 修辞学的(xiūcí xué de) 수사의, 수사학적
rhetorical criticism 修辞批判(xiūcí pīpàn) 수사 비판
(一种文学批判(yīzhǒng wénxué pīpàn) literary criticism) 일종의 문학 비판
righteous 形 公义的(gōng yì de), 正直的(zhēngzhí de) 공의의, 정직한
名righteousness 义(yì), 公义(gōng yì), 正义(zhēngyì) 의, 공의, 정의
original righteousness 原义(yuán yì); 原始正义(yuánshǐ zhēngyì) 원의
同 original justice
rigid 没有弹(tàn)性的(méiyǒu xìng de), 刚硬的(gāngyìng de), 不变的(bùbiàn de), 严厉的(yánlì de)
엄격한, 딱딱한, 완고한, 고루한, 융통성없는
名rigidity 刚硬(gāngyìng), 严格(yángé), 刻板(kèbǎn) 딱딱함, 경직, 엄격
反flexible 有弹性的(yǒu de) 융통성있는, 탄력있는
rigor 名 (1)严格(yángé), 严酷(yánkù) 엄격함, 고난, 매서움
(2)刚强(gāngjiàng), 不屈(bùqū), 严密(yánmì), 精确(jīngquè) 강인함, 불굴, 정밀
形rigorous 严格的(yángé de); 严密的(yánmì de); 极冷的(jí lěng de) 엄격한
rigorism 严格(严肃)主义(yángé yánsù zhǔyì), 严格性(yángé xìng)
(도덕률에 대한)엄숙주의, 엄격성, 실천주의
(指对伦理诫命作严谨的遵从(zhǐ duì lúnlǐ jièmìng zuò yánjǐn de zūncóng))

rigorist 严格(严肃)主义者 엄격주의자, 실천주의자

Rig-Veda(印) 梨俱吠陀 리그 베다
(印度吠陀经第一部分, 乃印度最古之经文)
(인도 최고 종교문학인 바라문교의 경전 중의 하나)

rite 名 仪式, 礼拜(不限基督教) 의식, 예배
同liturgy 礼仪(通称) 예식(통상적 명칭)

Rites Controversy 中国礼仪之争辩(17-8C) 논쟁

rites of initiation 入教仪式 입교의식

ritual 形 礼仪的, 礼拜式 예식의, 예배의
名 仪式, 典礼, 仪式的程序, 仪式书
의식, 예식, 식순, 예식서

ritualism (1)仪式(礼仪)主义 의식주의
(2)仪式学, 礼仪学 예전학, 예식학
(3)教会仪式(礼仪) 교회의식(예식)

Roman Catholic 天主教徒 천주교도

Roman Catholic Church 天主教会 천주교회

romantic 浪漫的, 想象的, 喜幻想的 낭만적, 상상의
名romance 爱情故事, 虚构(冒险)的故事 연애담, 소설
名romanticism 浪漫主义 낭만주의

rood 十字架苦像; 基督受难的十字架 십자가 위의 예수상

rta(或 rita)(印) 原理, 规律 원리, 규율

rubric 礼仪规程, 礼拜规程, 礼规 예식순서, 예배모범

ruin 动 使毁灭, 毁坏 멸하다, 몰락하다, 파괴하다
　　名 灭亡, 毁灭, 倒毁的东西 파멸, 몰락, 파괴된 것
ruins 废墟, 废址 폐허, 잔해, 옛 터
rule 动 统治, 治理 통치하다, 다스리다
　　名 规定, 规则 규정, 규칙, 준칙
rule of faith 信仰准则 신앙의 준칙
　　(信仰中定断是否为真理的最后标准)
　　同rule of truth 真理准则 진리준칙
ruler 统治者 통치자, 지도자, 지배자
ruling 治理的 지배하는, 통치하는
ruling elder 治理的长老(zhǎnglǎo) 다스리는 장로
rupa(佛) 色 (불교)색
　　(一切有形质之物, 包括声与色)

S

Sabbath 安息日(ān xī rì) 안식일

　　形Sabbatic(al) 安息的(ān xī de), 安息日的(ān xī rì de)　안식의, 안식일의

　　Sabbatical year 安息年(ān xī nián)　안식년

　　Sabbatical leave 休假(xiūjià), 长假(chángjià)
　　　　　　　　　휴가, 장기휴가

　　同furlough 休假
　　（尤指军人及在外国工作的宣教师或官员之）(yóu zhǐ jūnrén jí zài wàiguó gōngzuò de xuānjiào shī huò guānyuán zhī)

Sabellianism 撒伯流主义(sā bǎi liú zhǔyì), 形相论(xíngxiàng lùn) 사벨리안주의, 형상론

　　同modalism 形相论(xíngxiàng lùn)

sacerdos(拉) 祭司(jì sī)(= priest)　제사장

　　形sacerdotal 祭司的(jì sī de), 祭司制的(jì sī zhì de), 圣职人员的(shèng zhí rényuán de)
　　　　　　　　제사장의, 제사제도의, 성직임무자의

　　sacerdotum(拉) 祭司职(jì sī zhí)　제사장직

sacra doctrina(拉) 圣学(shèng xué); 神圣的教理(shénshèng de jiào lǐ)　신성한 교리
　　（圣多玛斯(shèng duō mǎ sī) St. Thomas Aquinas 称(chēng)「神学(shén xué)」之词(zhī cí)）
　　토마스 아퀴나스가 신학을 일컬어 사용

　　sacra pagina(拉) 圣页(shèng yè)（中世纪(zhōng shì jì)「圣经(shèng jīng)」的别名(de bié míng)）
　　거룩한 장(章): 중세기 '성경'에 대한 별명

sacrament (1)圣礼(shèng lǐ), 圣事(shèng shì)　성례, 성례전, 성사
　　　　　(2)神圣之事物(shénshèng zhī shìwù); 记号(jìhào), 表徵(biǎozhēng)
　　　　　　신성한 물건; 기호, 표징

sacrament

primordial sacrament 基本圣礼(指耶稣基督)
기본성례 (예수그리스도)

sacrament of Christ 基督的圣事(指教会)
그리스도의 성례(교회)

sacrament of the Eucharist 圣餐礼；圣体圣事
성찬례; 성체성사

sacrament of God 上帝的圣事(指基督)
하나님의 성례(그리스도)
(因人性的基督是不可见之 神可见的显示)

sacramenta propter homines(拉)
圣礼为人而立 성례는 사람을 위하여 세운 것
(= the sacraments are for men)

sacramentum fictitium(拉) 虚构的圣礼 허구적 성례
(加尔文 John Calvin 对病人傅油圣事的称呼)

sacramentum in esse 圣礼的本质(存有)
성례의 본질

sacramentum in usu 圣礼的领受 성례참여

sacramentum vivorum(拉) 活人的圣礼
산 자의 성례 (= sacrament of the living)

形sacramental :
 (1)圣礼的；象征式的 성례의; 상징성의
 (2)类圣事；圣物(天) 준성사; 성물(천주교)

sacramental character 圣礼的印记 성례의 인증
(圣礼在人心中所留无形，不可磨灭之标记)

sacramentorum janua ac fundamentum

辨sacramentary 圣礼书(shèng lǐ shū), 圣礼文书(shèng lǐ wén shū) 성례서
　{基督教采用两种}:
　　baptism 洗礼(xǐ lǐ) 세례
　　Eucharist 圣餐(shèng cān) 성찬
　{天主教加上五种}:
　　confirmation 坚振礼(jiān zhèn lǐ) 견신례
　　extreme unction 临终抹油礼(lín zhōng mǒ yóu lǐ) 임종도유례
　　(或(huò) anointing of the sick 病人傅油(bìng rén fù yóu))
　　penance 忏悔礼(chànhuǐ lǐ), 告解礼(gào jiě lǐ) 참회례, 고해례
　　matrimony 婚礼(hūn lǐ) 결혼식
　　holy orders 授职礼(shòu zhí lǐ), 神职(shén zhí) 임직식, 성직
sacramentorum janua ac fundamentum(拉)
　圣礼之门户与基础(shèng lǐ zhī ménhù yú jīchǔ)(指洗礼(zhǐ xǐlǐ)) 성례의 문과 기초(세례)
　(= the gate to and fundament of the sacraments)
sacred (1)神圣的(shénshèng de)(=holy); 宗教上的(zōngjiào shàng de), 奉献的(fèngxiàn de)
　　　　신성한, 거룩한, 종교상의, 헌신의
　　　(2)祭祀(jì sì); 供祀(gōng sì) 제사
　反secular 俗世的(sú shì de) 세속적, 속세의
　sacred Heart 圣心(shèng xīn); 基督耶稣的圣心(jī dū yē sū de shèng xīn) 그리스도의 성심
　sacred image 圣像(shèngxiàng) 성상
sacrificial 形 牺牲的(xīshēng de), 献祭的(xiàn jì de) 희생의, 하나님께 바쳐진
sacrifice 动名
　　动 牺牲(xīshēng), 献身(xiànshēn), 献祭(xiàn jì) 희생하다, 헌신하다,

英中韓 宗教字典 345

sacrilege

　　　　　　　　희생제물을 드리다, 제물로 바치다
名 (1)牺牲, 献身, 献祭　희생, 헌신, 희생제사
　　(2)祭品, 供品　희생제물, 공물
　　　　同offering 祭品, 祭物
　　　　　sacrificium laudis(拉) 颂赞之祭　찬미의 제사
sacrilege 亵渎行为, 冒渎之事　신성모독, 모독행위
　　　形sacrilegious. 亵渎 神的 ; 亵渎圣物的　신성모독의
sacrosanct 至圣的 ; 神圣不可侵犯的
　　　　　지극히 거룩한; 거룩하여 침범할 수 없는
Sadducees 撒都该人　사두개인
saga 传说, 古代传奇　전설, 고대전기
saint 圣人, 圣徒　성인, 성도
　　反sinner 罪人　죄인
Sakya Muni(梵) 释迦牟尼　석가모니
　　(梵语意为释迦族之圣, 为佛教始祖)
salaam(阿) 平安　평안
Salat(阿)　사라트
　　(伊斯兰教徒每天所作之五次祷告或仪式)
　　　　이슬람교도가 날마다 다섯 차례 실행하는 기도
salus populi suprema lex(拉) 救民至上律
　　　영혼 구원 지상률(意即百姓之幸福乃法律之极)
salutary act 救恩性的行为　구원의 행위

salvation

salvation 拯救, 救赎, 救恩 구원, 구속
 salvation history 拯救史, 救赎历史 구원사, 구속역사
 Salvation Army 救世军 구세군
 doctrine of salvation 구원론
  同soteriology 救恩论 구원론
 形salvific 拯救的 구원의, 구원하는
  salvific presence 救恩临在 구원의 임재
  （神赐人脱离罪恶咒诅时之临在）
  salvific will of God 神的救恩意志
   하나님의 구원의지
  （希)soteria (= salvation) 救恩 (헬)구원

samgha(梵)僧 승, 승가, 중
  (既僧伽的简称, 意为师子)
samskara(梵) 净法 정법(힌두교 정결의식)
  (印度教洁净仪式)
samudaya-satya(梵) 苦谛 고제
  (佛家四谛之一, 谓人生有八苦, 即生, 死, 老, 病
  怨憎会, 爱别离, 求不得及阴盛.)
samyak-samkolpa(梵) 正思维 정사유
samzag-ajiva(梵) 正命 정명
 samzag drsti 正见 정견
 samzag vak 正语 정어

Sanctum Sanctorum

samzag vyazama 正精近(zhēng jīng jìn) 정정진

samzag karamanta 正业(zhēng yè) 정업

samzag samadhi 正定(zhēngdìng) 정정

samzag smrti 正念(zhēngniàn) 정념

Sanctum Sanctorum(拉) 至圣所(zhì shèng suǒ) 지성소
  同 Holy of Holies

Sanctus(拉) 三圣颂(sān shèngsòng); 三圣哉颂(sān shèng zāi sòng) '거룩거룩거룩' 삼성창

sanctify 使圣化(shǐ shèng huà), 使成圣(shǐ chéngshèng), 使圣洁(shǐ shèng jié), 使神圣(shǐ shénshèng)
  성화시키다, 성결케하다, 거룩하게 하다.

名sanctification 圣化(shèng huà), 使成圣(shǐ chéngshèng), 圣洁(shèng jié) 성화, 성결

{基督教属灵神学常讨论三者(jī dū jiào shǔ líng shén xué cháng tǎo lùn sān zhě)}:

  justification 称义(chēng yì) 칭의

  sanctification 使成圣(shǐ chéngshèng), 圣化(shèng huà) 성화

  glorification 荣化(róng huà), 荣耀化(róngyào huà) 영화

{相对於天主教属灵神学的三路(xiāngduì wú tiān zhǔ jiào shǔ líng shén xué de sān lù)}:

  illuminative way 明路(míng lù) 깨달음의 길
  (拉 via illuminativa)

  purgative way 炼路(liàn lù) 정화(정결케함)의 길
  (拉 via purgativa)

  unitive way 合路(hé lù) 합일의 길
  (拉 via unitiva)

sanctimony 伪装之虔诚(wěizhuāng zhī qiánchéng)(神圣(shénshèng)); 宗教的虚伪(zōng jiào de xūwěi)
  꾸며진 경건; 종교적 위선

形sanctimonious 伪装神圣的；假装虔诚(诚实)的
　　　　　　　　　신앙이 깊은 체하는, 위선적인
sanction :
　动 批准, 核准, 许可　인가하다, 허가하다, 재가하다
　名 (1)良心制裁, 约束力, 道德影响力
　　　　　양심의 제재, 구속력, 도덕적 영향력
　　　(2)法令；教会法令　법령, 교회법령
　　　(3)批准, 核准, 许可　비준, 인가, 허가
sanctity (1)神圣, 圣洁　신성, 거룩함, 존엄성
　　　　(2)神圣之物　신성한 물건
　复sanctities 神圣的义务(或权利)；神圣的感情
　　　　　　신성한 의무(혹 권리)；거룩한 감정
sanctuary (1)圣所, 教堂, 圣殿　성소, 교회, 성전
　　　　 (2)避难(bìnàn)所；庇护所　피난처
temple 圣殿　성전
the Holy Place 圣所(圣殿内殿)　성소
the Holy of holies 圣所(最内殿)　지성소
Sangha(梵) 僧伽　승가(불교의 대회)
　　　　　(指佛教之大会, 或指佛陀最先组织之佛团)
sangharama(梵) 伽蓝(寺)　가람(절)
Sanherdin 犹太人公会　산헤드린, 유대인 공회
Sanskrit(梵) 梵文, 梵语　범문, 범어, 샨스크리트어

英中韓 宗教字典 349

Sari(梵) 舍利(shě lì)　사리

sarvadharmas(梵) 诸法(zhū fǎ)　제법

sarvagamapramanya(梵)　一切宗教的共同真理与权威(yīqiè zōngjiào de gòngtóng zhēnlǐ yú quánwēi)
　　　　모든 종교의 공통 진리와 권위

Sarvasiddhartha(梵) 萨婆悉达多(sà pó xī dá duō)　보살싯타르타
　　(意为「一切成就」，系释迦牟尼之原名)(yì wéi「yīqiè chéngjiù」, xì shì jiā móu ní zhī yuánmíng)

Satan (1)撒但(sā dàn), 魔王(mó wáng)　사단, 마왕

　　(2)(s-)恶魔(è mó), 魔鬼(móguǐ)　악마, 마귀

　　The Devil= Satan

　　devil 魔鬼(mó guǐ)　마귀

　　同demon 魔鬼(mó guǐ), 邪灵(xié líng)　마귀, 악령, 더러운자

　　(来)Satana = enemy 仇敌(chóu dí), 间谍(jiāndié)　대적자, 스파이

　　(希)diabolos 控告者(kònggào zhě)　비방, 중상, 모략하는 자

　　形Satanic 撒但的(sā dàn de)　사단의

　　Satanism (1)撒但崇拜(sā dàn chóngbài), 魔教(mó jiào)　사단숭배, 마교, 사단교

　　(2)恶魔主义(è mó zhǔyì)；魔道(mó dào)　사탄주의, 사탄 문학

　　(3)恶魔根性(è mó gēnxìng), 魔鬼行为(mó guǐ xíng wéi), 穷凶极恶(qióngxiōng jí è)
　　　　악마근성, 극악한 행위, 흉악무도

　　Satanology 撒但论(sā dàn lùn), 魔鬼学(mó guǐ xué)　사탄론

satisfy：

　　(1)使满足(shǐ mǎnzú), 使满意(shǐ mǎnyì)　만족하게 하다, 충족시키다

　　(2)偿还(chánghái), 赔偿(péicháng), 补偿(bǔcháng)　변제하다, 보상(배상)하다

(3) 使确信，使消除疑点　확신시키다, (의심을) 없애다

名 satisfaction　满足，补赎，补罪　만족, 대속, 속죄

　　satisfaction theory　满足说，赔偿，补赎之教义
　　　　　　　　　　　만족설, 배상설

(赎罪论上曾分演意义重大的角色，特别自安瑟伦(1109年)的时期。在其名著「神为何成为人」问世之前，一般对基督之死的见解是向撒但付上代价，才能救人的灵魂。安瑟伦与此正相反，力持基督之死乃是满足父神公义与尊荣之事实。在复原教的讨论中分为基督主动的与被动的顺服：前者是基督满足了律法的要求，后者是基督借在十字架上耻辱的死满足了律法所加的咒诅。)

　satisfactory　满足的，补赎的，赔偿的
　　　　　　　만족의, 보상의, 배상의

　　satisfactio vicaria(拉)　代替补罪 (指借基督之功)
　　　대리권을 지닌 내적 만족, 대리속죄: 예수님의 공로

satya(佛) 谛，真理　(불) 제, 진리

save (1) 拯救，保全，得救　건져내다, 보전하다, 구원하다
　　(2) 储存，贮蓄　저축하다, 저금하다
　　(3) 节省，节约　절약하다
　　(4) 减少　감소하다

once saved, always saved 한번 구원, 영원한 구원
一次得救，永远得救(一次相信，永远得救)

名salvation 拯救，救恩 구원

形saving 拯救的，挽救的，使人得救的 구원하는, 건져내는, 사람으로 구원받게 하는

saving faith 得救信心；救恩的信仰
　　　　구원 얻을 만한 믿음; 구원의 신앙

复savings 储蓄(金)，存款 저금, 예금

名savior 救主，救世主 구주, 구세주

the Savior 救主：基督耶稣 구주: 그리스도 예수

scandal 丑闻，绊脚石 성추문, 거리낌, 걸림돌

scapegoat 代罪羔羊(利十六) 대속의 어린양(레 16)

sceptic 名 怀疑论者，不可知论者 회의론자, 불가지론자

形sceptical 怀疑的，多疑的，怀疑论的，不可知论的
　　　　회의적, 의심의, 회의론적, 불가지론의

同skeptical

名scepticism 怀疑论 회의론

sceptre, -ter 君主的杖，王权，统治权
(왕권의 상징하는) 홀(笏), 왕권, 통치권

Schaddai(来) 全能者 전능자

El Schaddai 全能者上帝 전능하신 하나님

schism (1)分裂，分派 분열, 분파, 분리
(2)宗派，派系 종파, 파벌

schizophrenia

schismatic 形 分裂的, 分派的　분열의, 분리하는
　　　　　　名 宗派分离论者　종파분리론자
schizophrenia 名 精神分裂症　정신분석학
schizophrenic 形 精神分裂症的　정신분열증의
　　　　　　　名 精神分裂症病患　정신분열증환자
Schmalkaldic Articles 施马加登信条　쉬말칼덴신조
德国中部一小镇。1531-47年德国信义宗及改革宗
在此组织同盟，以对抗天主教。1537年路德等草拟
施马加登信条，认教宗为敌基督。
school 学校, 学派　학교, 학파
scholar 学者；学习者　학자; 배우는 자
　　形scholastic：
　　(1)学校的, 学者的, 教育的, 学术的
　　　学교의, 학자의, 교육의, 학술의
　　(2)经院的, 烦琐的, 士林的　스콜라학파의
　　(3)学究的, 教条式的, 形式的
　　　학구적, 교조주의적인, 형식적인
　　Scholarstic theology 经院神学, 士林神学
　　　　　　　　　　　　(중세) 스콜라신학
　　Scholarstic philosophy 经院(烦琐)哲学　스콜라철학
scripture 经卷, 经典　두루마리, 경전
　　scriptura sui ipsius interpres(拉) 以经解经：路德

seal

성경은 성경으로 푼다: 루터
the Scripture, the Scriptures 圣经（shèng jīng） 성경
scroll 卷轴（juǎnzhóu） 두루마리
Dead Sea Scrolls 死海古卷（sǐ hǎi gǔ juǎn） 사해두루마리
seal 动 封（fēng），密封（mìfēng），守秘（shǒu mì） 인을 치다, 봉인하다
  名 印记（yìn jì），神印（shén yìn）；盖印（gài yìn） 인, 인지, 하나님의 인증
  (= sacramental character)
 seal of confession 告白守秘（gào bái shǒu mì） 고해비밀보장
 seal of the Holy Spirit 圣灵的印记（shèng líng de yìn jì） 성령의 인치심
secession church:
 (1)(S-C-) 分离会（fēnlí huì）(1733年（nián）) 분리주의교회
 (2)分离的教会（fēnlí de jiào huì） 분리된 교회
  (与一个有组织的教会正式分开而独立存在的教会)（yú yī gè yǒu zǔzhī de jiào huì zhēngshì fēnkāi ér dúlì cúnzài de jiào huì）
Second Coming of Christ 基督第二次来临（jī dū dì èrcì láilín）
  (再度来临)（zài dù lái lín） 그리스도의 재림
secret 形 神秘的（shén mì de），秘密的（mì mì de），奥秘的（ào mì de）；隐藏的（yīncáng de），难解的（nánjiě de）
  신비한, 오묘한, 비밀스런; 숨겨진, 난해한
  인간으로서는 알 수 없는
  名 秘密（mì mì），奥秘（ào mì），神秘（shén mì） 비밀, 오묘, 신의 섭리
 secret discipline 秘密训练（mì mì xùnliàn） 비밀훈련
 名 secrecy 秘密（mì mì），守秘能力（shǒu mì néng lì），守口如瓶（shǒu kǒu rú píng）
  비밀, 비밀을 지킬 수 있는 능력
sect (小)教派（xiǎo jiào pài），小宗派（xiǎozōng pài），学派（xué pài）

secular

(소규모의) 교파, 종파, 학파
(通常指从国家教会或主流派中分出来者。)
名cult(拉 cultus) (小)教派, 祭仪(不限基督教)
소교파, 이교, 제의(기독교를 포함한 일반적 사용)
sectarian:
　　名 新兴宗教, 分离主义者　신흥종교, 분리주의자
　　形 教派的, 宗派意识浓厚的
　　　　교파적, 종파의식이 농후한
　　名sectarianism 宗派主义, 宗派心　종파주의, 종파심
secular 形 世俗的　세속적, 세상의
　　名secularism 世俗主义, 现世主义
　　　　세속주의, 현세주의
　　名secularization 世俗化　세속화
　　名secularity 俗化思想, 俗事　세속화
seduce 动 诱惑(女性), 引诱　유혹하다, 꾀어내다
　　同tempt 诱惑, 引诱
seer 名 先见者, 先见, 透视者　선견자, 예언자, 투시자
　　(有 foresee 能力的人：先知之早期称呼)
　　foresee 动 预知, 预见　예지하다, 예견하다
selah(希) 细拉 (圣经「诗篇」中一个意义不明的希伯来
　　词, 是咏唱时指明休止的用语)
　　셀라：성경[시편]에서의 구별/휴지 나타내는
　　단어 <히브리어의 음악 표시>

英中韓 宗敎字典 355

self-causation 自为原因　자기원인
　　self-center 形 自我中心　자아중심
　　self-confidence 名 自信　자신감, 자부
　　self-dedication 献身; 自我牺牲　자기헌신, 자기희생
　　self-denial 名 舍己, 弃绝自己, 自己牺牲
　　　　　　자기부인, 극기, 자기희생, 금욕
　　self-evident 形 自明的　자명한, 분명한
　　self-existence 自存; 独立存在; 自有　자존; 독립존재
　　self-generating 自生的　자생의
　　self-righteous 自义的, 伪善的, 独善的
　　　　　　자칭 의로운, 위선적인, 독선의
semen spirituale(拉)
　　(1)灵魂的种子(Calvin)　영혼의 씨(칼빈)
　　(2)精神的种子　정신의 씨앗
　　　　(来自父母精神, 能形成子女精神的生殖细胞)
semantics 名 语意学, 语义(演近)学, 字源学
　　　　　　어의학, 어원학; 의미론, 어의론
　　形semantic 语意学的, 与语意有关的
　　　　　　어원학적인, 의미론적, 어의론적
seminary 神学院　신학교
　　seminarian 神学生　신학생
　　　　同student of theology
Semi-Pelagianism 半伯拉纠派　반펠라기우스주의

Semite 名 閃族(shǎn zú) 셈족

(古代(gǔdài)包括(bāoguā)巴比伦人(bā bǐ lún rén)，亚述人(yà shù rén)，希伯来人(xī bǎi lái rén)和腓尼基人(hé féi ní jī rén)
等(děng)；近代主要指(jìndài zhǔ yào zhǐ)阿拉伯人(ā lā bǎi rén)和犹太人(hé yóu tài rén))

Semitic 形 閃族的(shǎn zú de)，閃族语的(shǎn zú yǔ de) 셈족의, 셈족언어의

　　名 閃族人(shǎn zú rén)，閃族语(shǎn zú yǔ) 셈족인, 셈족어

Semitic languages 閃族语系之诸种语言(shǎn zú yǔ xì zhī zhū zhǒng yǔyán)

　　　　셈어; 셈족어계통의 모든 언어

Semitics 研究閃族的语言(yánjiū shǎn zú de yǔyán)，文学(wén xué)，文化之学(wén huà zhī xué)

　　셈족학: 셈족언어, 문학, 문화 연구

Semitism (1)閃族(尤指犹太人)性格(shǎn zú yóu zhǐ yóu tài rén xìnggē)，气质(qìzhì)

　　셈족(특히 유대인)성격, 기질

　　(2)閃族的语言(shǎn zú de yǔyán) 셈족의 언어

semper reformanda(拉) 不断的改革(bùduàn de gǎigé) 끊임없는 개혁

　(= always to be reformed)

sense 动 感觉(gǎn jué)，明白(míngbái) 감지하다, 이해하다

　　名 感觉，感官(gǎn guān)，意义(yìyì) 감각, 5감, 의의

名sensation 感觉，引人注目的大事(yǐn rén zhùmù de dà shì)

　　　　느낌, 감각, 감동, 흥미, 대인기

sensationalism 感觉，唯觉论(wéi jué lùn)

　선정주의, (철학)감각론, (윤리)관능주의

(认为所有知识都起於人的感觉或感性知觉(rèn wéi suǒyǒu zhīshí dōu qǐ wú rén de gǎn jué huò gǎnxìng zhī jué))

形sensible 可感觉的(kě gǎn jué de)，聪明的(cōngmíng de)，明智的(míngzhì de)，感知的(gǎnzhī de)

　　　　양식 있는, 현명한, 명철한, 의식 있는

sensus fidelium

名sensibility 感性, 感觉力, 敏感性
　　　　　감성, 감각력, 민감성

形sensitive 敏感的, 灵敏的, 易受感动(伤害)的
　　　　　민감한, 예민한, 감수성의, 상처받기 쉬운

形sensual 肉体的, 肉欲的, 淫汤的, 好色的
　　　　　육체적인, 감각의, 육욕의, 음탕한, 호색의

形sentimental 多愁善感的, 感情的, 情绪的
　　　　　감정적인, 눈물이 헤픈, 다정다감한

Sensualismus(拉) 感觉论　감각론, 감각주의
　　(모든 앎은 지각에서 비롯된다는 이론)

sensus fidelium(拉) 信仰感, 信仰觉
　　신앙감, 신앙의식(信徒对信仰正确与否的感觉)

sensus plenior(拉) 更圆满(完满)之意义
　　더욱 완전한 의미 (= fuller sense)
　　(예, 그리스도로부터 새롭게 이해되어진 하나의
　　　구약성경 본문의)

sententia ad fidem pertinens(拉) 属于信心的意见
　　믿음에 속한 견해(= proposition related to faith)

sententia bene fundata(拉) 有根据的意见
　　근거 있는 의견(=well founded opinion)
　　(正确性较低的神学意见中有根据, 最接近事实的意见)

sententia communis(拉) 一般意见
　　일반적 의견(건전한 상식) (= common opinion)
　　(一个原先属于自由讨论的范围, 而为神学家普遍

接受的神学意见)

sententia fidei proxima(拉) 近乎教义的意见
　　교의에 근접한 의견(= proposition close to faith :
　　被神学家普遍视同启示真理，而尚未经教会的作最后
　　宣布的神学意见)

sententia pia(拉) 虔诚意见　경건한 의견
　　(比「可靠意见」之正确性较低，但被认为与教义
　　相符的神学意见： pious opinion)

sententia probabilior(拉) 较可靠意见　신빙성있는 견해
　　(= more probable opinion：正确性较低的神学
　　意见中，比「可靠意见」更像事实的神学意见)

sententia probabilis 可靠意见　개연성 있는 견해
　　(= probable opinion：正确性较低的神学意见中，
　　像是事实的意见)

sententia theologice certa　神学确定意见
　　신학적으로 분명한 명제
　　(= theologically certain opinion)
　　同 sententia ad fidem pertinens

separate 动 分离，分开　분리하다, 분열하다
　　　　形 分开的, 单独的　분리의, 개별적, 단독적인
　　名 separation 分离，分开　분리, 분열
　　　　separation of church and state 政教分离

Sephardim

정교분리
separatist 分离主义者(fēnlí zhǔyì zhě) 분리주의자
Sephardim 塞法提姆人(sāi fǎ dī mǔ rén) 세파르딤
(15世纪被逐出西班亚的犹太人後裔)(shì jì bèi zhú chū xī bān yà de yóutài rén hòu yì)
Septuagint 七十士译本(qī shí shì yìběn) 70인역, 셉투아진트
(希腊文旧约圣经, 简称 LXX。)(xī là wén jiù yuē shèng jīng, jiǎn chēng)
seraph 撒拉弗(sā lā fú)(复 seraphim) 스랍
sermon 名 讲道(jiǎng dào), 讲章(jiǎng zhāng) 설교, 설교문
(动词常用(dòng cí cháng yòng) preach, deliver) 传递(chuándì), 传讲(chuánjiǎng)
전해주다, 전파주다, 설교하다
the Sermon of the Mount 登山宝训(dēng shān bǎo xùn) 산상설교
servant 仆人(pū rén) 종, 심부름꾼
　　servant of God 神的仆人(shén de pū rén), 神仆(shén pū) 하나님의 종
　　servant of the Lord(Jehovah, Yahweh)
　　耶和华的仆人(基督)(yē hé huá de pū rén (jī dū)) 여호와의 종; 주의 종(그리스도)
辨servanthood 仆人身份(pū rén shēnfèn) 종의 신분
动serve 服事(fú shì), 事奉(shì fèng), 服务(fúwù) 섬기다, 봉사하다, 일하다
名service 服事(fú shì), 礼拜(lǐ bài) 섬김, 예배
　　memorial service 追思礼拜(zhuī sī lǐ bài) 추모예배
　　Sunday service 主日崇拜(zhǔ rì chóng bài) 주일예배
servum arbitrium(拉) 奴隶意志(núlì yìzhì), 不自由意志(bù zìyóu yìzhì)
종의 의지, 자유스럽지 못한 의지

sex 性, 性别, 性交 성, 성별, 성교

sexuality 性之性质；性感, 性欲 성별；성감, 성욕

S.F.C.(Student for Christ) 学生信仰运动 학생신앙운동
(指韩国改革宗高神派之学生信仰组织，1947年成立于釜山。以改革宗信仰为基础，宣扬学生的信仰和生活原则：「以上帝为中心、以圣经为中心、以教会为中心」，推动校园福音化、民族福音化、世界福音化。)

shalom aleichem(来) 愿你平安 평안을 빕니다

shamanism 沙曼；巫灵主义 샤마니즘, 정령사상
(指巫师「shaman」作法引鬼之原始宗教)

shari'a(回) 回教法规 회교법규

Shekinah 舍吉拿 쉐키나：하나님의 영광(임재)
(神的荣耀；神之临在)

Shema 示马(听；申6：4-6) 쉐마('들으라' 신6:4-6)

Sheol 示阿勒(阴间, 地狱) 스올(음부, 지옥)

shepherd 牧人, 牧者 목동, 목자

flock 羊群 양무리, 양떼

Shiah(或 Shiites)(回) 十叶派 시아파
(伊斯兰教两大分派之一。认穆罕默德之女婿阿里为先知的继承者，因此拒绝回教史之首三位哈里发。)

Shin Sect(佛) 真宗 진종

Shintoism

Shintoism 神道教 신도교
(日本本土宗教之总称)

shrine worship 神社(祠)参拜 신사참배
(神社原由于神道教，崇拜日本国祖神'天照大神'，及祭祀祖先的寺庙。20世纪初日本故意宣扬以天皇为「万世一系的显人神」，推动人民崇拜他以后，神社开始变成一个准国家宗教的中心点。1930年日本在朝鲜为促使朝鲜成为进驻大陆的进攻基地，造了12万个神社，强迫人民参拜神社。虽然朝鲜政府、学界、社会、宗教界屈从参拜，但是基督教长老宗内有些人反抗它，因为参拜神社不是国民仪礼，乃是已宗教化的偶像崇拜。因此到1945年8月15日为止，有200个教会被关闭，50名信徒被杀害，2千名信徒进了牢狱。解放以后，出牢狱的人成为「高神派」的中心人物。)

Sidda(梵) 悉昙 싯다
(梵语成就之意。佛为众生说法，使其成就佛道)

Siddharta 悉达多 싯달타
(释迦牟尼之名，因其已得道，知一切诸法)

sign (1) 记号, 表记, 征兆 신호, 표시, 징조
(2) 神迹, 奇迹 기적, 표적, 표징

sings of the times 时代征兆(徵兆; 训号)

시대의 징조들
signify 象征，意味，表示；有重要性
　　　나타내다, 의미하다, ~의 전조가 되다, 중요하다
　　名significance 重要性，意义重大
　　　　　　중요성, 의미심장함, 중대성
　形significant 重要的，意义重大的　중요한, 의미심장한
　　名signification 正确之意义，表明，表示
　　　　　　정확한 의미, 의의표명, 의미표시
　　signum efficax(拉) 有效记号　유효한 표시
　　signum praedestinationis(拉) 预定的记号
　　　　　　예정의 징표
Sikhism(印) 锡克教　시크교: 16세기 인도 북부의
　　Punjab 에서 일어난 힌두교의 일파.
　　(印度一种宗教，乃16世纪那拿克Nanak所创，原欲调和
　　印度教及伊斯兰教；抗多婚，偶像，阶级制度及苦修)
sikkha(佛) 正学　정학; 식카
silentium fidei(拉) 信心的缄默　신앙의 침묵
　　同Arkandisziplin(拉) 守密的义务　비밀유지위한 책무
silentium obsequiosum(拉) 尊敬的缄默　존중의 침묵
　　　　　　(尊敬权威而对不同的意见不置评论)
similar 相似的(+to)　유사한, 비슷한
　　名similarity 相似性　유사성
　辨simile 直喻，明喻　직유

simple 简单的, 单纯的 간단한, 단순한
　　名 simplicity 单纯(性) 단순성, 간소성
simony 买卖圣职 성직매매에 의한 이익, 성직매매의 죄
　　(典出 Simon Magus 徒8：18)
simul iustus et peccator(拉) 同时为义人和罪人
　　의인인 동시에 죄인(루터): 하나님의 판결을 통하여
　　(forensisch) 의롭게 되어진 자(justitia dei passiva)
　　로서의 성도에 대한 루터의 이해
　　(路德：谓重生者虽因信称义，但依然是个罪人)
simultaneous 同时存在的, 同时发生的
　　　　　　동시 존재하는, 동시 발생의
　　名 simultaneity 同时(性) 동시성, 동시발생
sin 动 犯, 犯罪 죄를 짓다, 범죄하다
　　名 罪, 罪过, 罪孽 죄, 죄악, 범죄
　　actual sin 本罪；由自己的罪 (의지로 행한)자범죄,
　　　　　　　　　　　　　　　　현행죄
　　同 private sin; willful sin; presumptuous sin
　　capital sin 死罪；不能蒙赦的罪
　　　　(중세기)죽음에 해당하는 사함 받을 수 없는 죄
　　　　(古代与中世纪某些人主张不得赦免的罪，如拜
　　　　偶像，通奸，谋杀等)
　　deadly sin 不可宽恕的罪 용서받지 못할 죄
　　　同 mortal sin
　　　　　　mortal sin 死罪, 大罪 (지옥에 갈 만한) 죄

(足以把人与神分开而毁灭一个人借信仰成就之
一切的罪)

original sin 原罪　원죄

(创世记三章；全人类被撒但捆绑的属灵问题-
惟有女人的后裔「基督」能够解决(15节))
(창 3장: 전 인류가 사단에게 결박된 영적 문제-
15절 오직 여인의 후손인 그리스도만이 해결가능)

originated original sin 果性原罪　원죄로 인해 결과

(人生而所处的罪恶氛围，因是人类犯罪的後果)

originating original sin 因性原罪　원죄를 타고남

(前人-始祖亚当和夏娃的罪恶行为。因使後人精神
生活与社会环境受到恶性影响)
시조 아담과 하와의 범죄행위로 후손들의 정신적
생활과 사회적 환경이 죄악의 영향아래 있음.

personal sin 本罪；由自己的罪　자범죄
(= actual sin)

seven capital sins(天) 七罪宗　7가지 죽음에 이르는 죄
(천주교)

(骄傲，迷色，愤怒，嫉妒，贪食，懒惰，悭吝)
교만, 색욕, 분노, 질투, 탐식, 나태함, 인색함

venial sin 小罪，轻罪　경범죄, 경죄

(虽会干扰但不致於毁灭人与 神关系的罪)

形 sinful 有罪的, 罪孽深重的　유죄의

反sinless 无罪的，清白的　무죄한, 청렴결백한
sin-offering 赎罪祭　속죄제
sinner 罪人　죄인
crime 犯罪(法律上)　(법률상)범죄
guilt 罪, 有罪　범죄, 유죄
transgression 罪愆, 过犯　위반, 범칙(종교적, 도덕적)
Shiniticism 中国宗教观　중국인의 종교관(사상, 문화) (中国人的思想，文化)
situation 情况, 情境　상황, 형편, 국면
situational ethics 场合(情况)伦理　상황윤리
Sitz im leben(德) 生活处境　삶의 자리, 삶의 정황
同life context 生活背景　생활배경
slave 奴隶　노예
辨slavery 奴隶的身份, 奴役　노예의 신분, 노역
smuggle 走私, 偷运　밀수입하다, 밀항하다
soap opera 电视连续剧　TV연속극
social 社会的, 群居的　사회적, 군거하는
social development 社会发展　사회발전
social gospel 社会福音　사회복음(라우센부쉬)
名socialism 社会主义　사회주의(운동)

名 socialization 社会化 사회화
名 society 사회
　　societas amoris(拉) 爱的团体 사랑의 공동체
　　　(= community of love)
　　societas perfecta(拉) 完整的社会 완전한 사회
　　　(中世纪对教会的观念 중세기: 교회에 대한 개념)
辨 sociology 社会学 사회학
Societas Jesu(拉) 耶稣会 예수회
Socinianism 苏西尼主义 소시누스주의
　　(16世纪意大利宗教改革运动之一，用理性解释基督教，
　　作成神体一位论 Unitarianism及自由神学的先驱)
sola fidei(拉) 唯靠信心；唯独因信 오직 믿음으로
　　(路德：因信称义口号之一)
　　(= through faith alone)
　　루터의 인신칭의 구호 가운데 하나
sola gratia(拉) 唯靠恩典；唯独赖恩 오직 은혜로
　　(指救恩全系 神的恩典)
　　(= through grace alone)
sola Scriptura(拉) 唯靠圣经；唯独圣经 오직 성경으로
　　(指圣经为信仰及生活的唯一泉源及准则)
　　(= through Scripture alone)
solemn 严肃的，庄重的 장엄한, 엄숙한
soli Deo gloria(拉) 荣耀唯归上帝

오직 하나님께 영광; 오직 하나님의 영광을 위하여
solidarity 连带共同性, 团结一致, 共同责任, 共同一致
　　　　단체, 연대, 연대책임, 공동책임, 공동일치
　　principle of solidarity 连带原则　연대원리
solipsism 唯我论　유아론
solitary 孤独的　고독한, 혼자의, 외로운, 유일한
　　名solitude 孤独　고독
Solomon 所罗门　솔로몬
　　Song of Solomon 雅歌　아가서
solum verbum(拉) 唯靠圣言; 独靠圣言
　　(개혁주의) 의롭게 됨은 성례의식을 통함이 아닌
　　오직 하나님 말씀인 성경을 믿음으로
　　(改革宗：只靠信从圣言成义, 不靠圣礼仪式)
soma(希) 身体, 肉体　신체, 육체(=body)
　　形somatic (1)身体的, 肉体的, 肉身的
　　　　신체의, 육체의, 육신적
　　　　(2)肉体性的存在　육체성을 지닌 존재
son 子, 儿子　아들
　　Son of God 上帝的儿子, 神子　하나님의 아들
　　sons of God 神的子女　하나님의 아들들
　　Son of man 人子　인자
　　the only begotten son 独生子　독생자
　　　(= the only son)

sonship 儿子身份；子对父的关系 아들의 신분

divine sonship 做神子女的资格；神圣的子性
하나님의 자녀된 신분

soothsaying 占卜 점술, 점치는 것

sophia(希) 智慧 지혜 (= wisdom)

sophism 诡辩, 似是而非的理论 궤변

Sophist (1)诡辩家, 巧辩家 소피스트, 궤변가
(2)(常作S-) 教师 교사
(古希腊之修辞学, 哲学, 雄辩术, 伦理学等)
(3)博学之人 박학다식한 사람

形sophisticated：
(1)老练的, 复杂的, 诡辩的 복잡한, 궤변적인
(2)失去了天真的, 矫揉造作的
소박한 데가 없는, 지나치게 기교적인

soter(希) 救赎主；救主；救世主 구속주, 구주, 구세주
同 Redeemer 拯救者, 赎罪者

soteria(希) 救恩, 拯救, 得救；救赎 구원；구속
(= salvation)

soteriology 救恩论, 救赎论 구원론

soul 灵魂, 魂, 心灵 영, 영혼

soul-entity 灵魂体 영혼체

sovereign (1)至高的, 至尊的, 有主权的, 绝对至上的

space

　　　　　　지고한, 지존의, 주권이 있는, 가장 높은
　　(2)最高统治者，君主　최고 통치자, 군주
辨sovereignty　주권, 종주권, 통치권, 최고의 권위
　　主权，宗主权，统治权，至高无上的权威
space 空间，场所　공간, 장소, 여백
　　sacred space 神圣空间　신성한 공간
　　space-time 时空，宇宙　시공, 우주
形spatial 空间的　공간의, 공간적인, 장소의
speaking in tongues 说方言　방언, 방언을 말함
special 特别(特殊)的，专门的　특별한
动specialize 专攻，专门研究，使专门，限定(限制)
　　　　　　특별화하다, 전문화하다, 한정하다
名specialization 特殊化，专门化　특별화, 전문화
specify 详细说明，分辨指出　상세한 설명하다, 상술하다
形specific 明确的，特殊的，有效的　특수한, 분명한
species (1)种，种类，类，物类，物种　종류, 종, 류
　　(2)举行圣餐後的饼酒　후의 떡과 포도주
　　(3)外形，外表　형식, 외형
The Origin of Species 「종의 기원」(다윈)
「物种起源」(达尔文著)
spectrum 光谱　스펙트럼, 분광
speculate 沈思，玄想　깊이 생각하다, 사색하다

名speculation 思辨，思考 사변, 숙고, 사고
形speculative 抽象的，思辨的，思索的，纯理论的
　　　　　　추상적, 사변적, 이론적
　　speculative dogmatic theology 이론적 교의신학
　　　理论教义神学 ； 思考教义神学
　　　（努力运用理智思考启示的内容，仅可能获取更
　　　深了解的神学）
　　speculative theology 思辨神学；推理（推考）神学
　　　　　　사변신학, 추론신학
spiration 发生，发出 발생, 발출
　　（圣父与圣子使圣灵出现的活动方式）
　　active spiration 主动发生性 주동적 발생성
　　　（指圣父与圣子发出圣灵的活动）
　　passive spiration 被动发生性 피동적 발생성
　　　（指圣灵乃圣父圣子行动的结果）
　　spiration of the Holy Spirit 圣灵发於圣父圣子
　　　　　　성령은 성부와 성자로부터 발현
spirit (1)灵，精神，心灵 영, 정신, 심령
　　　同(希pneuma, 希psyche, 德Geist, 英soul)
　　　反flesh 肉体，血气，情欲 육체, 혈육, 정욕
　　(2)the Spirit 圣灵 성령
　　　同 the Holy Spirit
　　bad spirit 恶神 악신, 악령

spirit

evil spirit 魔鬼, 恶魔 마귀, 악마
good spirit 善神 선한 영
Spirit of God 神的灵；上帝之神 하나님의 영
spiritism 通灵术, 招魂术 심령술, 강신술: 유심론
形spiritual 灵性的, 心灵的, 精神的
　　　　영적인, 심령의, 정신적
反physical 肉体的, 身体的 육체의, 신체의
spiritual direction 属灵(灵修)指导 영성지도
spiritual dryness 灵性的干枯 영성의 고갈
spiritual mentor 灵修导师 영적 교사; 멘토
spiritual theology 灵修神学, 属灵神学 영성신학
spiritual exercises 属灵的操练 영적 수련
辨spiritualism：
　(1)属灵主义, 精神主义, 心灵论 영성주의, 심령론
　（相反 唯物主义）
　(2)灵性 영성
　(3)通灵术（=spiritism） 강신술
Platonic spiritualism 柏(bó)拉图的精神论
　　　　　　　　　　　플라톤의 유심론(idealism)
spiritualist 通灵者, 狂热灵恩派, 唯灵论者
　　　　영매, 강신술자, 유심론자
名spirituality：
　(1)灵性, 属灵的权柄, 灵力, 灵修, 灵修形态

영성, 영권, 영력, 영적 상태, 영적인 것
(2)(-ties) 教会(圣职人员)的收入(财产) 교회의 재산

sponsor 动 赞助, 指助 찬조하다, 후원하다
名 赞助者, 保父母(如洗礼及坚证礼)
찬조자, 후원인, 유아세례시 대부대모

spontaneity 自发, 自发性, 自然发生, 自发的情况
자연 발생, 자발성, 자발적 상황
形 spotaneous 自然的, 自发的 자연적인, 자발적인

spous 夫, 妻; 配偶 아내, 처; 배우자

sramana(梵) 沙门(出家修道者) 스라마나(출가자)

sruti(shruti)(梵印) 天启, 启示 (범어)천계, 계시
(印度教中之启示经典, 如吠陀经)

stable 形 稳定的, 坚定的, 稳固的, 不动摇的
안정된, 견고한, 불변의
名 畜舍, 马厩(马棚); 厩 마구간
反 unstable 不稳定的 불안정한
反 mobile 移动的, 流动的 이동적인, 유동적인
名 stability:
(1)稳定, 安定, 恒常, 坚固 고정, 안정, 견고함
(2)永恒性, 稳定性, 耐久性 안정성, 영구성

standard (1)标准, 模范, 水准 표준, 기준, 모범, 수준
(2)本位, 官定重量 본위(금)

(3)旗，军旗，象征　기, 군기
standardization 标准化；使合标准；统一　표준화
stanza 诗节；(诗之)一节　시의 연, 절,
starve 饥饿, 饿死　굶다, 굶어 죽다, 아사하다
名starvation 饥饿, 饿死　기아, 기근, 아사
state 动 说, 陈述, 叙述　말하다, 진술하다, 서술하다
　名(1)处境, 状态, 情况　상태, 형편, 모양, 양상
　(2)国家, 政府　국가, 정부
　(3)身份, 阶级, 地位　신분, 계급, 지위
original state 原始状态　원시상태
state of exaltation 高举状态　높여진 상태
state of fallen nature 堕落状态　타락 상태
state of human nature 人性状态　인성 상태
state of humiliation 卑居状态　비천의 상태
state of integrity 完整状态　통합의 상태
state of original justice 原义状态　원의상태
(始祖犯罪前具有圣化恩宠及完备恩赐等的原始状态) 시조의 범죄 이전의 성화은총과 완전한 은사 등의 원래상태
state of restored nature 恢复状态　회복상태
(基督救赎恩宠所恢复的人性状况)

그리스도의 구속으로 회복된 인성의 상태
state church 国家教会(guójiā jiàohuì) 국교; 국가교회
　　同established church
　　反free church 自由教会(zìyóu jiàohuì) 자유교회
名statement 陈述(chénshù), 声明(shēngmíng) 진술, 성명, 성명서
static 静态的(jìngtài de), 静止的(jìngzhǐ de) 정적인
　　反dynamic 活动的(huódòng de), 动态的(dòngtài de), 动力的(dònglì de)
　　　　유동적인, 역동적인, 움직이는
stationary 不动的(bù dòng de), 不变的(bù biàn de), 固定的(gùdìng de) 부동의, 불변의
status 地位(dìwèi), 身份(shēnfèn) 지위, 신분
status exaltationis(라) 举高状态(jǔgāo zhuàngtài) (指复活後之基督(zhǐ fùhuó hòu zhī jīdū))
　　높이 올려진 상태 : 부활 후의 그리스도
status exinanitionis 居卑状态(jū bēi zhuàngtài) (指在世上之基督(zhǐ zài shì shàng zhī jīdū))
　　낮아지신 상태 : 세상에 계실 때의 그리스도
statute 法令(fǎlìng), 法规(fǎguī), 规则(guīzé) 법령, 율례, 법도, 법규
steeple 教堂尖塔(jiàotáng jiān tǎ) 교회첨답
sterile 不能生育的(bùnéng shēngyù de), 不肥沃的(bù féiwò de)
　　불임의, 씨를 맺지 않는, 흉년의
steward 管家(guǎnjiā); 官事人(guānshì rén); 仆役(púyì) 청지기, 집사; 부역
　　stewardship 管理(guǎnlǐ); 管家身份(guǎnjiā shēnfèn), 委托身份(wěituō shēnfèn)
　　　　관리; 청지기 직분, 집사직
stigma (1)印记(yìnjì), 耻辱(chǐrǔ), 瑕疵(xiácī) 명예, 오명, 오점
　　　(2)圣痕(shèng hén), 圣伤(shèngshāng) 성흔, 거룩한 상처

(3)奴隷或罪犯身上之烙印 노예나 죄수의 낙인
(复)stigmata 耶穌身上之伤
그리스도의 십자가에 못 박힌 상처
Stoicism 斯多亚哲学, 禁欲主义 스토아철학, 금욕주의
Stoic 名 斯多亚派, 禁欲主义者
스토아학파, 금욕주의자
形 (1)苦修的, 坚忍的, 自制的 금욕의, 절제의
(2)与 Stoic 学派有关的 스토아학파의
stoical 坚忍的, 不介意于苦乐的, 忍受痛苦而无怨尤的
견인의, 극기의, 냉정한
strategy 战略 전략
形strategic 战略的 전략적인
tatics 战术 전술
stress 动 强调, 加压力于; 重读
강조하다, 압력을 가하다, 강하게 발음하다
名 (1)压力, 压迫力 압력, 압박, 긴장
(2)强调, 重要, 重点 강조, 중점
(3)重读, 重音 강세, 악센트
同pressure 压力 압력
同emphasis 强调 강조
strength 力量, 力气 힘, 역량
动strengthen 加强, 使有力 강화하다, 증강하다

376 英中韓 宗教字典

strict 形(1) 严格的, 严厉的, 坚决的, 精密的, 精确的
엄격한, 엄중한, 정밀한, 정밀한, 정확한
同 stern 严格的, 坚决的, 狭窄的
(2) 完全的, 绝对的 완전한, 절대적, 순전한

harsh 严苛的 엄격한, 가혹한
structure 结构, 构造 구조, 구성, 조직, 조립
   structuralism 结构论, 构造主义 구조론, 구조주의
stupa(pagoda)(梵) 佛塔 불탑, 파고다
stylite 坐柱修道者 주행자
   (중세, 높은 기둥 위에서 고행하던 행자)
sub specie aeternitatis(라) 영원의 관점/시점 아래서
从永恒的观点, 由永恒的观点看来
(= under／from the viewpoint of eternity)
subconsciousness 潜意识, 下意识 잠재의식
   consciousness 意识 의식
   unconsciousness 无意识 무의식
subculture 次文化, 附属文化；次文化团体
소문화, 반문화, 이(異)문화
(大文化区內各种不同的风俗习惯, 思想形态)
subject：
   (1)名 主题, 科目, 主词, 实体, 人民, 我
주제, 과목, 주어, 실체, 국민, 백성, 주관
   (2)形 服从的, 从属的, 附属的, 隶属的

복종하는, 종속의, 예속된
(3)动 使服从(shǐ fúcóng), 使遭受(shǐ zāoshòu), 提出(tí chū) 복종시키다, 제출하다
反object：
　(1)名 客体(kè tǐ), 目的(mùdì), 受词(shòu cí) 객체, 목적
　(2)动 反对(fǎnduì), 提出反对的理由(dīchū fǎnduì de lǐyóu)(作为(zuò wéi))
　　　반대하다, 반대이유를 건의하다
形subjective 主观的(zhǔguān de)；出自内心的(chūzì nèixīn de) 주관적, 개인적인
subjectivism （哲学(zhéxué)）主观主义(zhǔguān zhǔyì)；主观论(zhǔguān lùn)
　　　（철학)주관주의; 주관론
subjectivity 主观(zhǔguān)；主体性(zhǔ tǐ xìng)；主观主义(zhǔguān zhǔyì)
　　　주관성, 주체성; 주관주의
sublapsarianism 堕落後神选说(duò luò hòu shénxuǎnshuō) 타락후선택설
同infralapsarianism
sub-lege(라) 律法之下(lǜ fǎ zhī xià) 율법 아래의
（= under the law）
sublime 形 壮美的(zhuàng měi de), 崇高的(chónggāo de), 伟大的(wěidà de) 고상한, 기품 있는
　　　动 升华(shēnghuá), 理想化(lǐxiǎng huà) 승화하다, 이상화하다.
名sublimation 升华(shēnghuá), 提升(tí shēng) 승화, 순화
submit (1) 使屈从(shǐ qūcóng), 使顺从(shǐ shùncóng)(+self to)；屈服(qūfú), 甘受(gān shòu)
　　　굴복시키다, 복종하게 하다; 굴복하다
　　　同obey 遵从(zūncóng), 顺从(shùncóng)
　(2) 提出(tí chū) 제출하다, 제기하다
　　(3) 主张(zhǔzhāng), 建议(jiànyì) 제안하다, (공손히)의견을 말하다
名submission：

(1) 屈从, 顺从, 谦逊 굴복, 순종, 겸손
(2) (法律)提交仲裁, 提交公断 (법률) 중재회부
(3) 自白, 意见, 看法 자백, 의견, 견해

subordinate :
动 附属, 从属(+to) ~을 아래에 놓다, 예속되다
形 附属的, 从属的(+to) 부수적, 하위의, 종속된
名 subordination 下位, 次要, 服从 하위, 차선, 복종
subordinationism 성부우위설 ; 성자종속설
(三位一体之)圣父优越说 ; 圣子从属说

subscribe (1) 同意, 签署 찬성하다, 동의하다, 서명하다
(2) 订购 정기구독하다
(3) 捐助, 募款 기부하다, 출자하다.

名 subscription 署名, 捐助金, 订阅(金), 签诺
기부금, 예약, 서명, 동의, 수락, 교회의 수락
(특히 영국교회에서 1563년의 39신앙조항과
기도서의 정식 수락)

subsidiarity 扶助原则 부조원칙; 조성설(助成设)
(1) 个体与社会平衡原则之一：必要时社会有义务推动
个人的福利与自我实现
(2) 上层与下层工作人员管理原则：尊重各有的职份,
不加干涉, 仅必要时予以协助

形 subsidiary 补助的, 附属的, 由补助金维持的
보조의, 종속적인, 보조금에 의한

subsistence(拉 subsistentia)
 (1)自我；自立性(哲学用语)　자아, 존재; 자립성
  (수, 관계 따위가 시간을 초월하여) 존속
 (2)(经院哲学之) 独立(自主)的存在形式／生活方式
  (스토아철학의) 독립적 존재형식/생활방식
  (拉 res, quae per se subsistit) 自主的存在
   스스로 존재하는 실체
substance(拉 substantia)　본체, 실체, 내용, 본질; 질료
 本体，实体，内容，要旨；真意
形 substantial　实体的，实质的，实在的；事实上的
  물질적, 실질적인, 실재의; 사실상의
 substantialism　实体论，本体论；实在论
  실체론, 본체론; 실재론
substitute 名 (1)代替(者)，代理人，代用品
  대체, 대리인, 대용물
  (2)挽回祭，代赎祭物　화목제물, 대속물
  动 代替，以....代替　대신하다, 대체하다
名 substitution　代替，替换，取代　대리, 대용, 교환
形 substitutive　代理的，代替的，代用的　대리의
形 substitutionary　代替的，代赎的　대리의, 대속의
 substitutionary atonement 代赎论　대속론
 (认基督之死乃替罪人受死，信者可以得永生)
subtle 形 微妙的，精细的，灵巧的
  미묘한, 예민한, 신비스런, 간교한

名subtlety 微妙(wēimiào)，精细(jīngxì)，精妙之物(jīngmiào zhī wù) 예민, 치밀, 미묘

succeed 动 成功(chénggōng)，继承(jìchéng) 성공하다, 계승하다

名success 成功(chénggōng) 성공

名sucession 继承(jìchéng) 계승

successor 继承者(jìchéng zhě)，继任者(jì rén zhě) 계승자, 후임자

sue 动 控告(kònggào)，起诉(qǐ sù) 고소하다, 기소하다

suffer 动 受苦(shòukǔ) 고난 당하다

名suffering 受苦(shòukǔ)，痛苦(tòngkǔ) 고난, 고통

同pain 痛(tòng)，痛苦(tòngkǔ) 통증, 고통

suffering servant 受苦的仆人(shòukǔ de pū rén)(赛52-53章(sài zhāng))

(指以赛亚书之耶和华的仆人)(zhǐ yǐ sài yà shū zhī yē hé huá de pū rén) 고난의 종

sufficiency 足够(zúgòu)，充分(chōng fēn) 만족, 충분, 족함

形sufficient 足够的(zúgòu de)，充分的(chōng fēn de) 만족한, 충분한

suffrage 名 短篇祈祷文(duǎnpiān qídǎo wén)，代祷(dài dǎo) 단편기도문, 중보기도

suggest 使想到(shǐ xiǎngdào)，建议(jiànyì)，暗示(ànshì) 생각나게하다, 건의하다, 암시하다

名suggestion 建议(jiànyì)，暗示(ànshì) 건의, 암시

形suggestive 暗示的(ànshì de)，引起联想的(yǐnqǐ liánxiǎng de) 암시적인, 연상시키는, 함축성있는

suicide 名 自杀(zìshā) 자살

动 commit suicide 자살하다

sultan(回) 苏丹(sū dān)；族长(zúzhǎng) 술탄; 족장

summa(拉)(中世纪之) 神学概论 숨마, 신학개론
　　Summa Theologica(拉) 神学总论
　　（토마스 아퀴나스의) 신학대전(如亚奎那所著作)
summum bonum(拉) 众善之首：至善
　　지고의 선(지선): 하나님
　　(在神学或道德上, 指价值最高者谓之：完全的上帝)
summum ens(拉) 至高的本质／本体(指 上帝)
　　최고의 본질, 가장 진실한 존재: 하나님
sunna(回) 散那；圣则 수나
　　(모하메드의 종교적 습관들: 코란에 버금가는
　　이슬람교의 생활규범)
　　(指正统伊斯兰教之教义及礼仪, 亦指穆罕默德之
　　口语录。可兰经之补充典籍)
Sunnites(回) 散那派 (회교의) 수니파
　　(回教之正统派, 与十叶派相反, 奉可兰经及散那为
　　同等权威, 又认前四代之哈里发皆为穆罕默德之
　　合法继承人。) (회교의 2대 분파의 하나:
　　칼리프를 정통후계자로 인정)
sunya(佛) 空 공, 무, 비어있음
　　(诸法无实性之谓)
superbia(拉) 骄傲 오만, 교만
superintendent 监督, 管理人 감독, 관리인
　　同supervisor

superman （哲学）尼采所名命的「超人」
수퍼맨, (니체가 주창한) 초인

supernature 超自然, 超性 초자연, 초자연적 현상

形supernatural 超自然的, 超理性的
초자연적, 초이성의

supernatural character 超自然性 초자연성

supernaturale secundum modum(拉) 方式的超自然
방식의 초자연성 (本质原属于自然的一切效果, 但发生方式超越了受造物的自然力量。如治病)

supernaturale secundum quid(拉) 相对超自然
상대적 초자연성

supernaturale secundum substantiam(拉) 本质的超自然 본질적 초자연성: 구원, 성화
(內在本质超越受造物之天性者。如圣化恩典)

supernaturale simpliciter(拉) 绝对超自然
절대적 초자연성: 하나님
(包括超越受造物天性的神圣秩序中之事物。如上帝)

superstition 迷信 미신, 미신행위

形superstitious 迷信的 미신의, 미신적인

supper 晚餐 저녁식사

The Last Supper 最后晚餐 최후의 만찬

suppose 想象, 假定 상상하다, 가정하다, 추측하다

名supposition 假定, 假设 가정, 가설

suppression 抑制(yìzhì)，封锁(fēngsuǒ)，取缔(qǔdì)，禁止(jìnzhǐ)，隐蔽(yǐnbì)
진압, 활동금지, 은폐, 억제, 연금

suprahistorical 超历史的(chāo lìshǐ de) 초역사적인

supralapsarianism 堕落前神选说(duò luò qián shén xuǎn shuō) 타락전선택설
　同antelapsarianism
(谓上帝预定及拣选之定命乃在其他一切定命之前,(wèi shàng dì yùdìng jí jiǎnxuǎn zhī dìngmìng nǎi zài qí tā yīqiè dìngmìng zhī qián)
即创造及人堕落之前)(jí chuàngzào jí rén duò luò zhī qián)
　反sublapsarianism = infralapsarianism

supreme 形 至高的(zhì gāo de), 最高的(zuì gāo de) 지고의, 최고의
　the Supreme Being 上帝(shàng dì) 지고의 존재: 하나님
　名supremacy 至高无上(zhì gāo wú shàng), 至高主权(zhì gāo zhǔquán) 지고무상, 최상권
　Supremacy 至高权(zhìgāo quán), 最高权威(zuìgāo quánwēi) 패권, 최고권력

sura(回) 索勒(suǒ lè) 수라: 코란의 각각의 장/절
(可兰经之分章)(kě lán jīng zhī fēn zhāng)

sursum corda(拉) 仰望颂(yǎngwàngsòng); 献心颂(xiàn xīn sòng) 마음을 드높이!
신앙송, 헌신송 (圣餐或弥撒前之一段仪式)(shèng cān huò mí sā qián zhī yīduàn yíshì)

Surti(印) (印度教之)启示圣典(yìn dù jiào zhī qǐshì shèngdiǎn) (인도교의) 계시경전
(与补助圣典「Smriti」组成印度教之全部经典)(yú bǔzhù shèngdiǎn zǔchéng yìn dù jiào zhī quánbù jīngdiǎn)

sutra(梵) 佛经(fó jīng), 或译作修多罗(huò yì zuò xiū duō luó) 불경

sutrakara(梵) 经作者(jīng zuò zhě) 경전 제작자

Sutta-pitaka(佛) 经藏(jīng)(zàng) 경장
(佛教三藏(pikata)之一(fó jiào sān zhī yī), 集结佛说之经典(jí jié fó shuō zhī jīngdiǎn)。其余为律(qí yú wéi lǜ)

藏及论藏(lùnzàng)。)

swastika(梵) 万字(wàn zì) 만자
(表幸福之意(biǎo xìngfú zhī yì)。纳粹党却将万字倒转(nà cuì dǎng què jiāng wàn zì dǎozhuǎn)，以表反宗教(yǐ biǎo fǎn zōng jiào))

swear 动名 发誓(fāshì)，宣誓(xuānshì) 맹세(하다), 선서(하다)

syllabus 名 摘要(zhāi yào)，讲义(jiǎng yì) 적요, 요강, 요목, 판결요지

    Syllabus of Errors 谬说要录(miù shuō yào lù)
(教宗比约九世1864年所非议的八十种谬说(jiào zōng bǐ yuē jiǔ shì nián suǒ fēi yì de bā shí zhǒng miù shuō)。其中提到(qí zhōng tí dào) 现代自由主义(xiàndài zìyóu zhǔyì)，泛神论(fàn shén lùn)，自然论(zìrán lùn)，绝对理性主义(juéduì lǐxìng zhǔyì)， 共产主义(gòngchǎn zhǔyì)，秘密社团(mì mì shètuán)，圣书公会及自由的教牧组织(shèng shū gōng huì jí zìyóu de jiào mù zǔzhī) 等(děng)。) 오류들에 대한 교황의 교령
(로마교황 Pius 9세가 1864년 자유주의, 범신론, 합리주의, 공산주의, 성서공회등에 대항하여 발포(发布)한 80명제(命题)의 유표론.)

syllogism：
  (1) 三段论法(sān duàn lùn fǎ) 삼단논법
    (包括(baōkuò)三个命题(sān gè mìngtí)：大前提(dà qián tí)，小前提(xiǎoqián tí)，结论的(jié lùn de) 正式论证(zhēngshìlúnzhèng)) 3개의 명제를 포함: 대명제, 소명제, 결론의 정식논법
  (2)推论(推理)(tuī lùn)(tuīlǐ)式，演绎式(yǎnyì shì) 추론식, 연역식

symbol (1)象征(xiàngzhēng)，记号(jì hào)，符号(fú hào) 상징, 기호, 부호
    (2)信条(xìntiáo)，信经(古语)(xìn jīng gǔ yǔ) 신조, 신경

symbol of faith 信条(xìntiáo)，信经(xìn jīng) 신조, 신경

symbolic theology 象征神学, 信条学
　　　　　　　　　상징신학, 신조학
形symbolic 象征的　부호로 나타낸, 상징적인
symbolics:
　(1) 信条学　신조학
　　(研究基督教信条与信经誓词的意义与历史的神学)
　　　기독교신조와 신경의 의미, 역사를 연구
　(2) 象征学　상징학
　(3) 宗教象征学　종교상징학
　　(现代主义者认为：神学概念与命题兄具象徵
　　意义, 其所指事实无法认知, 仅能体验得到)
　(4) 教义神学　교의신학
symbol-system 象征系统, 象徵体系　상징체계
sympathy 名 同情　동정, 연민
形sympathetic 同情的, 同感的　동정적, 동감하는
synagogue 犹太人会堂　유대인의 회당, 시나고그
synaxis(希) 聚会(领圣餐的团体)
　　　　　　시나식스, 집회(성찬의 집도)
syncretism 混合(混和)主义　혼합주의
synergism 神人合作说　신인합작설
　　(指墨兰顿等之教义, 谓在重生之事上, 神人协作)
synergy 共同作用, 协力　공동(협동)작용; 이중효과

synod 教会议会：总会，大会(长老会)
       교회회의: 총회, 대회(장로회)

synonym 同义词 동의어

synopsis(希)：
  (1)大意，要略，纲领 개관, 개요, 요약
  (2)福音合参(共览) 공관복음
     (指将符类福音之经文排列以供参考)

形synoptic 共观的，对观福音书的
     개요의, 공관복음의

Synoptic Gospels 共观福音；符类福音 공관복음
     (指马太，马可及路加三福音书而言)

Synoptic Problem 符类福音问题 공관복음의 문제

syntax (1)有秩序的排列，各部分和谐的适应
     논리적 통사법, 배어법
  (2)句子结构，造句法 구문론, 문장론

synthesis 综合，合论 종합, 합성, 통합

形synthetical 综合的 종합적인, 합성의

Synthese(希) (黑格尔)合 (헤겔 변증법의) 합

synthetische Methode(德) 综合方法 종합방법
     (근본진리로부터 유래하고, 그것의 목적을 위하여
     진행되는 교리적인 학습방법)

Syria 叙利亚，亚兰 시리아, 아람

system 系统，体系，制度，体制

system 집합조직, 체계, 조직적 방법, 제도, 분류법
形systematic 系统的(xìtǒng de), 有系统的(yǒu xìtǒng de), 系统性的(xìtǒng xìng de)
　　　　체계적인, 조직적, 규칙적으로 분류된, 계획적인
　　　　systematic theology 系统神学(xìtǒng shén xué)　조직신학
形systemic 系统的(整体系统)(xìtǒng de zhěngtǐ xìtǒng), 体系的(tǐ xì de)
　　　　조직의, 온 몸의, 온 몸을 침범하는

T

tabernacle：
   (1)会幕；帐幕　회막, 장막
   （古以色列人埃及在荒野携带而行的圣所）
   (2)会堂，教堂，礼拜堂　회당, 교회, 예배당
   (3)圣餐柜：守圣餐过的饼酒之处　성찬궤

taboo(tabu)　禁忌　금기사항

tabula rasa(拉)　洁板, 白布　글자를 쓰지 않은 서판,
            백지상태
   （原为斯多亚派用语，後为洛等采用；认灵魂如白布，
   生来洁白，所染却不同：用以反对原罪观念）

talapoin(佛)　和尚　승, 스님, 중

Talmud　他勒目　탈무드
   （犹太法典：民法与宗教法之总体，包括 Mishnah
   「本文」与 Gemara「注释」两部，但 Talmud 一词
   有时仅指注释部分。）
      유대법전: 민법과 종교법의 총 집약본.
      미쉬나본문과 게마라주석 두 부분과 탈무드

Taoism　道教，道家　도교, 도가

Tammuz　塔模斯神(巴比伦神名)　담무즈(바벨론 신)

Tanjure(佛) 注释(zhùshì) (불교)주석
(西藏(xīzàng)喇嘛佛教经典之第二部分(lǎ má fó jiào jīngdiǎn zhī dì èr bùfēn))

tannaim 坦乃英(教师)(tǎn nǎi yīng jiào shī) 탄나임(미쉬나의 저자들)
(指Mishnah之作者(zhǐ ... zhī zuò zhě))

tapas(梵) 苦行(kǔ xíng), 苦修(kǔxiū) (범)고행, 엄한 수련

Targum 他尔根(tā ěr gēn) 탈굼(구약아람어주석)
(旧约亚兰文注释(jiù yuē yà lán wén zhùshì))

teach 教(jiào), 教导(jiào dǎo) 가르치다, 지도하다
　名teaching 教导(jiào dǎo), 教义(jiào yì) 가르침, 교의

technic 技术(jìshù), 技艺(jìyì)(=technique) 기술, 기교
　形technical 专技的(zhuān jì de) 기술의, 전문적인
　辨technology 工业技术(gōngyè jìshù) 공업기술

teetotalism 绝对戒酒主义(juéduì jiè jiǔ zhǔyì) 절대금주주의

teleology 目的(mùdì)论(lùn) 목적론
(特指本然含在每一有机的，非机械的，包括(bāokuò)(tè zhǐ běnrán hán zài měi yī yǒu jī de， fēi jīxiè de)
计划与目的(mùdì)的宇宙解说中的学理。(jìhuá yú ... de yǔzhòu jiě shuōzhōng de xué lǐ))
　反deontology 义务论(yìwù lùn) 의무론
　形teleological 目的(mùdì)论的(lùn de) 목적론의, 목적론적
　　teleological argument 目的论的论证(lùn de lùn zhèng)
　　　　　　　　　목적론적 논증

telepathy 心灵感应(xīnlíng gǎnyīng); 千里眼(qiān lǐ yǎn) 정신감응, 텔레파시; 천리안

telos(希) (= end) 目的(mùdì) 끝, 종국, 목적
temperance 节制(jiézhì), 克己(kèjǐ) 절제, 극기
temple 神殿(shéndiàn), 圣殿(shèngdiàn), 庙(miào) 신전, 성전, 사당
temporal 暂时的(zànshí de), 时间的(shíjiān de) 잠시의, 현세적인, 일시의
　同 temporary 暂时的(zànshí de) 잠시의, 현세적인
　反 permanent 永久的(yǒngjiǔ de) 영구적인
　名 temporality 暂时性(zànshí xìng), 时间性(shíjiān xìng) 세속, 일시성, 시간성
tempt 动 诱惑(yòuhuò), 试探(shìtàn) 유혹, 시험하다
　名 temptation 诱惑(yòuhuò), 试探(shìtàn) 유혹, 시험
　名 trial 试炼(shì liàn) 시련
　desire 动名 欲望(yùwàng) 욕망; 갈망하다
Ten Commandments 十诫(shí jiè) 십계
　同 decalogue
tension 紧张(jǐnzhāng), 张力(zhāng lì) 긴장, 긴박, 장력, 전압
tentative 试验性的(shìyàn xìng de), 尝试性的(chángshìxìng de) 시험적인, 임시의
　名 tentativeness 试验(shìyàn), 假定(jiǎdìng), 推测(tuīcè) 시안, 시도, 가설
term (1)其间(qí jiān), 期限(qī xiàn), 学期(xué qī)(通称(tōngchēng)) 기간, 기한, 학기
　　(2)专门名词(zhuānmén míngcí) 전문용어
　　(3)(复)条件(tiáojiàn), 关系(guānxì) 조건, 약정, 협약, 관계
　　(4)终点(zhōngdiǎn), 尽头(jìntóu) 끝, 한계, 종말, 척도
term paper 其末报告(qí mò bàogào) 학기별 과제

terminology 专门用语(zhuānmén yòngyǔ) 전문용어
terminal 形 尽头的(jìntóu de), 终点的(zhōngdiǎn de) 종점의, 말단의
　　　　名 终端(zhōngduān), 终站(zhōngzhàn) 종국, 종말
动terminate 终止(zhōngzhǐ) 끝내다, 마치다, 종결시키다
名termination 结束(jiéshù), 末端(mò duān) 끝, 종지, 말단, 결말
　　terminus ad quen(拉) 目的结论(到此时为止)(jié lùn dào cǐshí wéizhǐ)
　　　　　　　　　　　　목적결론(이 시각까지)
　　terminus a quo(拉) 出发点(从此时开始)(chūfā diǎn cóng cǐshí kāishǐ) 출발점
　　terminus technicus(拉) 专门术语(zhuānmén shù yǔ) 전문용어
　　　(= technical term)
territory 地方(dì fāng), 领土(lǐngtǔ), 领域(lǐngyù) 지역, 영토, 영역
　　terra incognita(拉) 不认识的领域(bù rènshí de lǐngyù) 미지의 영역
　　　(= uncharted territories)
形territorial 领域的(lǐngyù de) 영토의, 토지의, 지방의
territorialism 地权说(dì quánshuō) 영주수위설(领主首位说),
　　교회제도의 지역주의:
　　지역 지배자가 종교상의 최고 권위를 가지는 제도
　　(在教会方面, 指国家有权规定百姓信仰之制度)(zài jiào huì fāngmiàn, zhǐ guójiā yǒuquán guīdìng bǎixìng xìnyǎng zhī zhìdù)
terrorist 恐怖份子(kǒng bù fèn zǐ) 테러리스트, 공포정치가, 폭력주의자
　　terror 恐怖(kǒngbù) 공포, 겁, 무서움
testament 约(yuē), 遗嘱(yí zhǔ) 유언, 유서, 계약, 성경
　　Testament 圣约(shèng yuē) 성약, 언약
　　last testment 遗嘱(yí zhǔ) 유언

392 英中韓 宗敎字典

The New Testament 新约(xīn yuē) 신약

The Old Testament 旧约(jiù yuē) 구약

同covenant 约(yuē), 圣约(shèng yuē), 恩约(ēn yuē) 언약, 성약

同contract 契约(qìyuē), 合同(hé tóng) 계약, 협정

testimony 见证(jiànzhèng), 证言(zhèng yán), 证据(zhèng jù), (古)十诫(shí jiè)
증거, 증언, 신앙고백(표명), 신앙선언
(拉 testimonium)

give testimony 作见证(zuò jiànzhèng) 증언하다, 증거하다

动testify 证明(zhèngmíng), 作证(zuò zhèng), 提供证据(tí gōng zhèngjù) 증명하다, 증언하다

同witness 动 作见证(zuò jiànzhèng), 证明(zhèngmíng), 目击(mù jī)
증인으로 서다, 증거하다, 목격한 바를 말하다
名 证人(zhèngrén), 见证(jiànzhèng), 目击者(mùjī zhě) 증인, 증거, 목격자

tetragrammaton 四字母合成之字(sì zì mǔ hé chéng zhī zì) 4자 합성어
(히브리어로 하나님, 여호와를 나타내는 네 글자)
YHWH, IHVH 神圣四字(shénshèng sì zì) 신성 4문자

text 本文(běn wén), 经文(jīng wén), 文本(wén běn) 본문, 성경본문(경문)

textbook 教科书(jiào kē shū), 教本(jiào běn), 课本(kèběn) 교과서, 교본

形textual 本文的(běn wén de), 经文的(jīng wén de) 성경본문의, 본문의

textual criticism 经文鉴别学(jīng wén jiànbié xué) (성경)본문비평

Textus Receptus(拉) 公认经文(gōngrèn jīng wén) 공인본문, 공인성경
(即19世纪为止(jí shì jì wéi zhǐ), 被一般人所接受的希腊文圣经(bèi yībān rén suǒ jiēshòu de xī là wénshèng jīng)
经文(jīng wén), 乃(nǎi) Stephanus 等于1546年编(děng yú niánbiān))

英中韓 宗敎字典 393

thanksgiving 感谢(gǎnxiè), 感恩(gǎn ēn)　감사, 은총
　　　Harvest Thanksgiving Day　感恩节(gǎn ēn jié)　추수감사절
theanthropism　神人一体说(shén rén yī tǐ shuō)　신인일체설
thearchy　神权统治(shénquán tǒngzhì)　신정(神政), (기독교)하나님의 통치
theater　剧场(jù chǎng), 戲院(hū yuàn)　극장, 영화관
theism　神论(shén lùn); 有神论(yǒu shén lùn); 位格神论(wèi gé shén lùn); 一神论(yī shén lùn)
　　　신론; 유신론; 위격신론; 일신론
　　　monotheism　一神论(yī shén lùn)　일신론
　　　atheism　无神论(wú shén lùn)　무신론
theme　题(tí), 题目(tímù), 作文题(zuò wén tí)　주제, 제목, 테마
theocentric　以上帝为中心的(yǐ shàng dì wéi zhōngxīn de); 以神为宇宙中心的(yǐ shén wéi yǔzhòu zhōngxīn de)
　　　하나님중심의, 하나님을 우주의 중심으로 보는
　　　反anthropocentric　以人为中心的(yǐ rén wéi zhōngxīn de)　인간중심의
theocracy　神的统治(shén de tǒngzhì), 神权政治(shénquánzhèngzhì)
　　　하나님의 통치, 신권정치
　　　(由圣职人员以上帝代表的身份作政治性统治)(yóu shèng zhí rényuán yǐ shàng dì dàibiǎo de shēnfèn zuò zhèngzhìxìng tǒngzhì)
theodicy　神义论(shén yì lùn), 证神为义论(zhèngshén wéi yì lùn)　신정론, 신의론
　　　(讨论邪恶(tǎo lùn xié è), 受苦以及上帝公义之关系的问题)(shòukǔ yǐ jí shàng dì gōng yì zhī guānxì de wèntí)
　　　악, 고통의 존재를 신의 섭리로 봄
theogony　神谱学(shén pǔ xué)　신통기, 신들의 기원, 신계보학
theologia crucis(拉)　十架神学(路德)(shí jià shénxué lù dé)　십자가의 신학
　　　theologia gloriae(拉)　荣耀神学(róngyào shén xué)　영광의 신학

theologia naturalis(拉) 自然神学 자연신학
theologia regenitotum(拉) 重生神学 중생자의 신학
(即论及真正悔改者的神学)
theologia revelata(拉) 启示神学 계시신학
theologia viatorum(拉) 客旅神学 나그네신학
theology 神学；宗教学；信仰学 신학, 종교학, 신앙학
(靠人理性的努力，以人的方法，有组织地统一上帝启示之资料的学问.)

* 神学五大部门 신학의 5대 부문：
 1. Biblical theology：圣经(释经)神学 주경신학
     N.T. theology 新约神学 신약신학
     O.T. theology 旧约神学 구약신학
 2. Historical theology 历史神学 역사신학
 3. Systematic theology 系统神学 조직신학, 교의학
     同 dogmatics 教义学 교의학
 4. Practical theology 实践(事奉)神学
       실천신학, 봉사신학
 5. Missiology 宣教神学 선교신학, 선교학
theology student 神学生 신학생
 同 seminarian 神学生
theologian 神学家，神学生，读神学者 신학자, 신학생

形theological 神学的；神学上的 신학의, 신학적인
theological assent 神学家同意 신학적 동의
theological conclusion 神学推论(结论) 신학적 결론
(从直接来自启示的真理与理性所知的真理
二前提推论出来的真理。)
theological epistemology 神学的认识论
신학적 인식론
theological inference 神学推论(结论) 신학적 추론
theological notes 神学判断 신학적 판단
theological postulates 神学假定(假设) 신학가설
theological speculation 신학적 사고(사변)
神学思考(思辨)
theological virtues 神学德性；敬神的三大德，超德
신학적 덕목：믿음, 소망, 사랑의 덕행
(直接以 神为对象的信，望，爱三种德行)
动theologize 神学化，作神学(do theology)
신학적으로 다루다, 신학문제를 연구하다
theologumenon(拉) 神学意见(解释) 신학적 해석
theonomy 神律 신률
(신의 통치；신에게 순복하는 통치상태)
(由 神统治，或臣服 神之统治的状态)
反autonomy 自律 자율
形theonomous 神律的 신률의

theophany 神显；上帝的显现(出现；发显)
하나님의 현현(출현; 발현)

theory 理论，推理，看法，论
이론, 학설, 관점; 론

形theoretical 理论的，理论上的，不实际的
이론의 이론상의, 실제적인

theosophy 神智学 신지학

theothanatology 神死神学；上帝已死神学 사신신학
(20世纪基督教内一种福音俗化神学) 세속화 신학

theotokos(希) 神之母 신의 어머니
(东正教认马利亚乃生 神之母)
(동방정교: 마리아는 신(예수)을 낳은 어머니)

therapy 治疗 치료

形therapeutical 治疗的 치료의

theraveda(佛)「元老派」之经典 (불교)원로파의 경전
(用巴利文写成，为最古及最可靠之佛典)

theriolatry 动物崇拜 동물숭배

thesis(希) (1)肯定 긍정
(2)论题，主题，命题，论文(通称)
논제, 주제, 명제, 논문(통칭)
同dissertation (博士)论文 박사학위논문

thinker 思想家 사상가, 사색가

形thinking 想法，考虑 생각하는, 사고력 있는

thought 观念，意向，思想，思考
　　　　　관념, 의향, 사상, 사고
third world 第三世界　제3세계
　　third world theology 第三世界神学　제3세계 신학
　　(自第三世界政治，经济，社会的特殊情况阐释的神学)
　　제 3세계의 정치, 경제, 사회적 특수상황에서
　　해석하는 신학
Thomism 多玛斯主义，多玛斯学派
　　　　　토마스주의, 토마스학파
thorn 荆棘　찔레, 가시
threaten 动 威胁　위협하다, 협박하다, 우려가 있다
　　名threat 恐吓，威胁　위협, 협박
"Three Chapters" Controversy 三卷争论　삼권논쟁
threshold (1)门槛，门口　문지방, 문설주
　　　　　(2)开始，开端　발단, 시초
throne 名 王座，宝座　왕좌, 옥좌
tidings 消息　기별, 소식, 뉴스
　　The glad tidings 好消息，福音　좋은 소식, 복음
tithes 十分之一　십분의 일 ; 십일조
tolerance 宽容(例如：宗教，种族)，容忍的精神，宽大
　　　　　관용(종교, 종족에 대하여) 아량, 포용력
　　形tolerant 宽容的 ; 容忍的　관용적, 포용적

动tolerate 容许, 容忍, 宽容, 忍受
관용하다, 참다, 포용하다

tolerated opinion 宽容意见 수용된 견해
(正确性最低, 根基不深, 但为教会所容纳的一种
神学意见)

tongue 舌, 语言, 言语能力, 讲话的方式(态度)
혀, 언어, 말, 언어능력, 이야기방식

tongue speaking 名 舌音, 方言   혀, 방언

speaking in tongues 说方言 방언하기
同 glossolalia

gift of tongues 说方言的恩赐 방언의 은사

Torah 妥拉, 律法(书), 摩西五经
토라, 율법(서), 모세오경

torch 火炬; (知识, 文明等的源泉)
횃불, 불꽃; (지식, 문화, 문명의) 원천

the torch of civilization 文明之源泉 문명의 원천

torture :

动(1)使受痛苦, 折磨   고문하다

(2)曲解, 扭曲   억지로 비틀다, 둘러대다, 곡해하다

名(身体或心灵的)痛苦, 拷问 (신체, 심령)고통, 고문
同 torment

total 形 全体的, 完全的   전체의, 완전한

名 总数, 总额, 全部 총합, 총액, 전부

英中韓 宗教字典 399

total depravity 完全败坏(wánquán bàihuài) 완전타락 ; 전적부패

名totality 全体(quán tǐ), 完全(wánquán) 전체, 전부, 완전

totalitarianism 极权主义(jí quán zhǔyì) 전체주의, 국가통제주의

totem 图腾(tú téng) 토템

(원시민족, 종족, 부락, 가족의 상징적 자연물)

(原始民族用作种族(yuánshǐ mínzú yòng zuò zhǒngzú), 部落(bù luò), 家族等之象征的自然物(jiāzú děng zhī xiàngzhēng de zìrán wù))

totemism 图腾制度(tú téng zhìdù), 对图腾之信仰(duì tú téng zhī xìnyǎng), 图腾崇拜(tú téngchóngbài)

토템이즘, 토템제도, 토템신앙, 토템숭배

tradition 传统(chuántǒng), 传承(chuánchéng), 圣传(shèngchuán)(启示的流传(qǐshì de liúchuán))

전통, 전래, (계시적 유전의)전승

形traditional 传统的(chuántǒng de) 전통적, 전승적인

traditionalism 传统主义(chuántǒng zhǔyì) 전통주의

(谓情愿接受教会现有之信仰(wèi qíngyuàn jiēshòu jiào huì xiànyǒu zhī xìnyǎng), 教会与法令过于圣经(jiào huì yú fǎ lìng guò yú shèng jīng))

traditor 以经换命者(yǐ jīng huànmìng zhě), 叛教者(pàn jiào zhě) 배반자, 배교자

traducianism 灵魂遗传说(línghún wèichuánshuō)

(1)영혼유전설

(2)원죄의 자연적 전이에 대한 가르침

trailokya(佛) 三界(sān jiè) 삼계

(欲界(yù jiè), 色界(sè jiè), 无色界(wú sè jiè))

tragedy 悲剧(bēijù) 비극

反comedy 喜剧(xǐjù) 희극

transcendence 超越(chāoyuè), 超越性(chāoyuè xìng), 超越界(chāoyuè jiè) ; 卓越(zhuōyuè)

초월, 초월성, 초월적인 세계; 탁월함

形transcedent 超越的(chāoyuè de), 卓越的(zhuōyuè de) 초월적

形transcendental 先验的(xiān yàn de), 超越的(chāoyuè de) 선험적, 초월적

  transcendental philosophy 先验(超验)哲学(xiān yàn chāo yàn zhéxué)

  선험철학(研究人一切行动内在有超越倾向的(yánjiū rén yīqiē xíngdòng nèi zài yǒu chāoyuè qīngxiàng de)

  基本条件之哲学)(jīběn tiáojiàn zhī zhéxué)

  T. M.(transcendental meditation) 超觉静座(chāo jué jìng zuò)

    초월명상

transcript 抄本(chāo běn), 副本(fù běn); 成绩证明(chéngjī zhèngmíng)

   필사본, 복사본, 사본 ; 성적증명서

transfer 转移(zhuǎnyí), 转送(zhuǎnsòng); 转学(zhuǎn xué) 운반, 전송; 전학

名transference 转移(zhuǎnyí), 转送(zhuǎnsòng) 운반, 옮김, 전이, 매도

transfiguration 变貌(biànmào), 变像(biànxiàng) 변모, 변형

  transfiguration of Christ 基督变容(jī dū biànróng)(马太17章)(mǎ tài zhāng)

   변화산상의 그리스도(마태복음17장)

transform 使转化(shǐ zhuǎn huà), 使变形(shǐ biànxíng), 使改观(shǐ gǎiguān)

   변화시키다, 변형시키다, 다른 물질로 만들다

名transformation 转化(zhuǎn huà), 变形(biànxíng), 变质(biànzhì)

   변혁, 변형, 변모, 변질

形transformable 可转化的(kě zhuǎn huà de), 可变化的(kě biàn huà de)

   변할 수 있는, 변혁 가능한

形transformative 변화시키는 힘이 있는

  转化的(zhuǎn huà de), 有变形趋势的(yǒu biànxíng qūshì de), 有改观能力的(yǒu gǎiguān nénglì de)

transgression 违法(wéifǎ), 罪(zuì), 犯罪(fànzuì), 罪愆(zuì qiān)

英中韓 宗敎字典 401

transit

위반, 범죄(종교, 도덕적)
transit 名 过境guōjìng, 通过tōngguò, 运送yùnsòng 통과, 통행
形transitory 短暂的duǎnzàn de, 无常的wúcháng de
일시적인, 잠시 동안의, 덧없는, 무상한
translate 翻译fānyì(+into) 번역하다, 옮기다
名translation 翻译fānyì, 译本yìběn 번역, 해석, 역본
transmigration 轮回lúnhuí, 转生zhuǎnshēng 이주, 윤회
transmission 转送zhuǎnsòng, 传播chuánbō, 传递chuándì 전달, 전송, 전염
transparent 透明的tòumíng de, 坦白的tǎnbái de, 光明正大的guāngmíng zhèngdà de
투명한, 명백한, 공명정대한
tran(s)substantiation 화체설
(天) 变质说biànzhì shuō, 化体说huà tǐ shuō, 饼酒本质变化bǐng jiǔ běnzhì biàn huà
transparent 透明的tòumíng de, 显明的xiǎnmíng de 투명한, 선명한
反opaque 不透明的bù tòumíng de 불투명한
trauma 외상, (영구적인 정신장애를 남기는) 충격
心灵的创伤xīnlíng de chuàngshāng(由精神创伤造成的精神异状或全身障碍yóu jīngshén chuàngshāng zàochéng de jīngshén yìzhuàng huò quánshēn zhàngài)
treasury 宝库bǎo kù, 宝藏bǎo cáng 보물, 보화, 보고, 국고
tremble·动 颤(zhàn)抖dǒu zhàn lì, 战栗fādǒu, 发抖kǒngjù, 恐惧yōulǜ, 忧虑
두려워떨다, 진동하다, 전율하다, 근심하다
Trent, Council of- 天特会议tiān tè huì yì 트렌트공회
(反宗教改革会议fǎn zōng jiào gǎigé huìyì, 1545年nián) 종교개혁 반대 회의
trial (1)考验kǎoyàn, 式炼shìliàn, 试验shìyàn 시련, 시험, 시도
(2)受审shòushěn, 审判shěnpàn, 裁判cáipàn 재판, 심판

402 英中韓 宗敎字典

tribe 部落, 部族 부락, 부족

形tribal 部落的, 部族的 부락의, 부족적

tribalism 부락중심주의, 부족제, 부족의식
部落(部族)主义, 部落特性, 部族制, 部族意识

tribulation 苦难(kǔnàn), 大灾难, 困苦, 忧患; 考验
고난, 대재앙, 핍박; 시험

tribune (1)讲坛 강단

(2)古罗马之护民官 로마의 호민관

trichotomy 三分说(灵, 魂, 体), 三分法; 分为三部分
삼분설(영, 혼, 육), 삼분법

Trinity 三位一体, 圣三位 삼위일체, 성삼위
(基督教以圣父, 圣子, 圣灵三位为一体)
기독교의 성부, 성자, 성령 삼위의 일체되심

doctrine of the Trinity 三位一体论 삼위일체론
(= trinitarian doctrine)

trinitarian :

(1)圣三位的, 三位一体的; 信三位一体的
성삼위의, 삼위일체의; 삼위일체를 믿는

(2)(T-)三位一体论者 삼위일체론자

(反对Unitarians 神体一位论者)

trinitarian formulas 三位一体信条 삼위일체신조

trinitarian mysticism 三位一体之秘论
삼위일체의 비밀

trinitarian properties

tripikata

三位一体的表记；圣三的特征；圣三的属性
삼위일체의 표징; 성삼위의 속성
trinitarian theology 三位一体神学；圣三位神学
삼위일체신학
名 triunity 三位一体 삼위일체
tripikata(或tipikata)(佛) 三藏(sānzàng) 삼장
（谓经，律，论之三藏，包一切法义）
triratna(梵) 三宝 삼보
（佛者以佛，法，僧为三宝：佛者-大觉之人，
法者-佛之教法，僧者-依佛法修行者）
tritheism 三神论；三位异体说 삼신론
triumph 胜利，凯旋 승리, 이김, 큰공, 업적
形 triumphant 胜利的，凯旋的 승리의, 개선한
同 victory 胜利 승리
triune 形 圣三位的，三位一体的 성삼위의, 삼위일체의
名 triunity 三位一体 삼위일체
trivium 三艺制 삼학- 문법, 논리학, 수사학
（中世纪大学的基本科目：文法，辩证及修辞）
triyana(佛) 三乘(sānshèng) 삼승: 소승, 중승, 대승
（谓佛教的教法，能载运众人各至其果地。三乘即
小乘（又名声闻乘），中乘（又名缘觉乘），大乘
（又名菩萨乘）。）

tropology 借喻法(jiè yù fǎ) 비유의 상용, 비유적 해석
(指对经文作比喻的解释)(zhǐ duì jīngwén zuò bǐyù de jiěshì)

trust (1)信赖(xìnlài), 信任(xìnrén); 依赖(yīlài), 相信(xiāngxìn) 신임, 신뢰, 신용
(2)委托(wěituō), 信托(xìntuō); 委托照顾(wěituō zhàogù), 托付保管(tuōfù bǎoguǎn)
믿다, 위탁하다; 맡기다, 확신하다

trust and obey 相信顺服(xiāngxìn shùnfú) 믿음과 순복

trustee 理事(lǐshì), 董事(dǒng shì) 이사, 피신탁인, 보관위원

形trustworthy 可信赖的(kě xìnlài de), 可信任的(kě xìnrén de)
믿을만한, 신임할 만한

truth 真理(zhēnlǐ), 真实性(zhēnshí xìng), 真相(zhēnxiàng) 진리, 진실성, 진실

absolute logical truth 绝对理则(逻辑)性真理(juéduì lǐzé luójí xìng zhēnlǐ)
절대적인 논리적 진리
(上帝认识的主体(shàng dì rènshí de zhǔ tǐ), 对象与行动都是一致的(duìxiàng yú xíngdòng dōu shì yīzhì de),
不会出错(bùhuì chū cuò), 不能受骗(bùnéng shòupiàn))

logical truth 理则性真理(lǐzé xìng zhēnlǐ), 认识的真理(rènshí de zhēnlǐ)
논리적 진리, 인식적 진리

moral truth 伦理性真理(lúnlǐ xìng zhēnlǐ), 言行的真理(yán xíng de zhēnlǐ)
윤리적 진리, 언행적 진리
(包括(bāokuò)诚实与忠信(chéngshí yú zhōng xìn), 即言语符合认识(jí yányǔ fú hé rènshí),
行动符合言语(xíngdòng fú hé yányǔ).)

ontological truth 存有的真理(cúnyǒu de zhēnlǐ), 本体性真理(běntǐ xìng zhēnlǐ)
존재론적 진리, 본체론적 진리
(即事物的本身(jí shìwù de běnshēn); 属于存有者自身的真(shǔyú cún yǒu zhě zìshēn de zhēn); 是存有物(shì cún yǒu wù)

与人对其所有概念或认识的符合）

operative truth 行动的真理　행동적 진리
（由实践中确定的真理。20C在马克斯Karl Marx (1818-1883)思想影响下认系真正的真理）

truth of reason 理智真理　이성적 진리
（非来自启示，但与启示真理密切关连的真理。如作为信仰先决条件的一些哲学真理及颁布教理时所用哲学术语。）

truth of revelation 启示真理　계시진리
（非出人的理智，而由上帝揭示的一切事物实相）

truthfulness 真实，诚实；真实性，真理性
진실, 성실 ; 진실성, 진리성

truthfulness of the Bible 圣经的真实性(真理性)
（圣经整体而言，在传达上帝救恩的信息上是真实不能错误的。）　성경의 진실성

形true 真的，真实的　참된, 진짜의, 진실의
反false 假的，虚假的，错误的　가짜의, 잘못된
名falsehood 假，虚伪　허위, 거짓말

Tubingen School 杜宾根学派　튜빙겐학파

tuituion 学费　학비

tutiorism 安全主义　안전주의

（人在伦理道德方面总寻求更安全之解答的态度）

tutor 导师，家庭教师　교사, 가정교사

　　同 mentor

　　(1)坚明忠实的顾问；良友，导师

　　　선도자, 지혜롭고 충실한 조언자, 교사, 좋은 친구

　　(2)(希腊神话：T-) Ulysses 之忠实良友，且为其子

　　　Telemachus 之师傅。

tutorial 形 家庭教师的，(大学之)导师的

　　　가정교사의, (대학의) 강사의

　　　名 个别指导课　개별지도

type：

　　(1)预表，预像　예표, 모형

　　　(a)因 神措置，预示未来另一人或事的人或事

　　　(b)是某些真理在圣经历史的早期阶段中，以有限

　　　方式之体现，在后期历史中以绝对与完全的方式

　　　具体化。预表的应验称为『对范』。例如大卫为

　　　基督作王的预表；基督是大卫王的对范。)

　　(2)典型，模范，型，榜样　전형, 표본, 양식

typology 预表论，预表学　예표론, 예표학

　　(指新约中的基督救赎事迹与所启示之事物乃在旧约

　　中所预表的，故新约应验旧约。)

tyranny 暴政，虐政；残暴的行为　폭정, 학정

形tyrannous 暴虐的，残暴的；专横的
　　　　　독재의, 폭군의, 횡포의, 압제적인
名tyrant 暴君，专制君主　폭군, 전제군주

U

ubiquity 遍在，无所不在；处处都在
편재, 무소부재, 그리스도의 편재

Ubiquitarianism 遍在主义 （그리스도의）편재론
（信义宗主义，指基督的人性，借著与神性的联合
而遍布各处。路德提到他对圣餐时，基督之真实
临在的看法。）

ulema(或 ulama)(回) 学者 （회교의）학자
（伊斯兰教之精通宗教律法及遗传者）

ultimate (1)根本的，主要的　근본적인, 주요한
(2)终极的，最终的，最后的
최후의, 최종의, 궁극적인

the ultimate 终极　궁극적인 원리: 하나님
（哲学上指终极的原则或　神）

ultimate aim 最终目标；究极目的(mùdì)　최종목표

ultimate concern 终极关怀，基本关心　궁극적 관심
（田立克P。Tillich 1886-1965 认为即信仰，因终极
至高的那位，是没有人不关心，也永远会关心的）

Ultradispensationalism 过激时代主义　극단적 세대주의

Una sancta catholica apostolica perpetua infallibilis

Unam Sanctum

ecclesia(拉) 唯一圣而公之使徒永续无谬之教会
유일하고 거룩하며 보편적이고 사도적 계승으로 영원하며 흠없는 교회
(奈西亚信经中教会的两特点：共四个，就是唯一，圣洁，使徒永续，而大公之教会。最近常用以指教会的真实存在或全体一面。)

Unam Sanctum(拉) 一圣教谕 거룩한 하나
(教宗波尼法修八世(1302年)的圣谕，宣告「唯一圣而大公使徒教会」之外，没有救恩，也没有罪的赦免。并谓教宗权力高过属世君王，属世之权柄应隶属在教宗之下，并向教宗效忠。因教宗职权来自神赐给圣彼德及其继承者，反对它就是反抗神的律法。)

unanimity 同意；同心协力，全体一致
동의, 이의없음, 만장일치

unbeliever 未信者，非信徒 불신자

unbelief (1)不信，不信仰 불신, 불신앙
(2)伪信仰 거짓신앙
(神学家巴特 K. Barth 视其他宗教)

uncertainty 不确定，不可靠；不确实；半信半疑
불확정, 불확실성; 반신반의

uncial 大楷字 언셜자체(字体), 해서체
(4-8세기의 둥근 대문자 필사체, 필사본)

unconditional 无条件的，绝对的 무조건적, 절대적

形unconditional 无条件的，无限制的；绝对的
　　　　　　　　무조건적, 무제한적; 절대적
　　unconditional election 无条件的拣选
　　　　　　　　무조건적 선택(칼빈주의 5대 교리)
　　(加尔文主义五特点 five points of Calvinism之一)
形unconditioned：
　　(1)无条件的；绝对的；不受约束的
　　　　무조건적; 절대적; 제약받지 않은
　　(2)无条件者；不受约束者　구속받지 않은 자
　　(3)(the U-) 绝对者；绝对，无限
　　　　　　　　절대자, 무한자
unconscious　무의식의, 부지불식간에, 의식불명의
　　　　无意识的，不知不觉的，不自觉的
　　unconsciousness 无意识，不知不觉，不自觉
　　　　　　　　무의식, 의식불명
　　metaphysical unconsciousness 형이상학적 무의식
　　形而上的无意识：一切存有的本质核心及元始基础
　　　　是无意识的。
unction　(1) 抹油礼　기름부음, 도유식(대관식때)
　　　　(2)圣灵膏油涂抹，结果得属灵的力量
　　　　　　성령의 기름부음, 영적 능력을 얻음
　　　　(3)(天)临终抹油礼　(천주교) 종부성사
　　　　　(Unctio Extrena or Extreme Unction)
undenominational　무종파의, 교파에 속하지 않은
　　　　不属特定宗派的，不受任何教派制约的

understand 了解, 理解 이해하다, 정통하다
　名understanding :
　　(1)了解, 理解, 领悟 이해, 깨달음
　　(2)明达, 悟性, 理解力 지식, 이해력, 통찰
　　(3)富于理解力的;颖悟的 이해가 빠른, 분별있는
　common understanding 상식, 공통이해
　　一般性理解, 共同的了解
ungodly 不敬神的, 无信仰的 신을 경외하지 않는,
　　불경건한, 불신의, 사악한
　ungodliness 不敬神, 无信仰;不要上帝, 不敬虔
　　불경건함, 불신, 불신앙
unification 统一, 合一, 单一化 통일, 합일; 단일화
　反independence 独立, 自主, 自立 독립, 자주, 자립
　Unification Church 统一教 통일교
　动unify 统一, 合一, 使一致, 合成一体
　　하나로 통일하다, 단일화하다, 통합하다
unigenitus(拉) 独生子, 独生儿子 독생자, 외아들:
　　예수 그리스도 하나님의 독생자
　　(指耶稣基督为上帝的独生儿子)
unio hypostatica(拉) 位格联合 위격연합
　(= unio personalis : 指基督位格中神人两性的联合)
unio mystica(拉) 神秘联合 신비적 연합
　　(神秘主义中之天人合一)

union 联结, 联盟, 协和, 联合
　　　 결합, 연맹, 협력, 연합
　形 同alliance 同盟 동맹
　形 同league 联盟 연맹
uniqueness 唯一性, 独特性 ; 独一无二
　　　 유일성, 독특성 ; 유일무이
　形 unique 唯一的, 独特的　유일한, 독특한
Unitarian 独神论的, 神体一位论者　유니테리언파의
　　Unitarianism 独神论 ; 神体一位论
　　　(否认三位一体而相信上帝只有一位的异说)
　　　 유니테리언: 그리스도의 신성을 부인하여, 삼위
　　　　　　　 일체를 거부하며, 단일신격 주장하는 이단
unit 单位, 单元　단위, 단원
unity (1)单一, 唯一 ; 唯一性　단일성, 유일성
　　　(2)一致, 统一, 合一性　일치, 통일성, 합일성
　　　(3)结合, 同质, 同式, 同样　결합, 동질, 동일양식
　unity of the church 教会合一　교회의 단일성
　unity of operations of God
　　　(三位一体神对外作为的一致性)
　　　　　　 삼위하나님의 외적사역의 일치성
　unity of practice and theory 이론과 실천의 합일성
　　　 理论与实践的合一
　unity of ultimate reality　궁극적 실체의 단일성
　　　 终极现实的共有性 ; 根本实体的单一性

英中韓 宗敎字典 413

unity within diversity 다양성 중의 통일성(일체성)
多元中的统一性(合一，一体)
duōyuánzhōng de tǒngyī xìng hé yī yī tǐ

universal 普世的，普遍的，宇宙的 보편적, 우주적인
pǔ shì de pǔ biàn de yǔzhòu de

universalia(拉) 普遍概念 보편개념
pǔbiàn gàiniàn

universalism ：
(1)普遍性，普世性 보편성
pǔbiàn xìng pǔ shì xìng

(2)普救论；普救主义 보편구원설; 만인구원설
pǔjiù lùn pǔ jiù zhǔyì
(谓世人终必得救，反对加尔文主义之预定论)
wèi shì rén zhōng bì déjiù fǎnduì jiā ěr wén zhǔyì zhī yùdìng lùn

universality 普遍性，全体性，一般性
pǔbiàn xìng quán tǐ xìng yībān xìng
보편성, 전체성, 일반성

universe (1)宇宙，乾坤(qiánkūn)，万物，森罗万象
yǔzhòu wàn wù sēn luó wànxiàng
우주, 건곤, 만물, 삼라만상

(2)全世界，全人类 전세계, 전인류
quán shìjiè quán rénlèi

universism 天道主义 천도주의
tiān dào zhǔyì
(中国先秦儒，墨等思想家认为：宇宙间有
zhōngguóxiān qín rú mò děng sī xiǎng jiā rèn wéi yǔzhòu jiān yǒu
一位格之天，是一切生命之所从出，并赋
yī wèi gé zhī tiān shì yīqiè shēngmìng zhī suǒ cóng chū bìng fù
人以生之使命，人当敬天，法天，参天。)
rén yǐ shēng zhī shǐmìng rén dāng jìng tiān fǎ tiān cān tiān

university 大学 대학
dàxué

unknown 未知的，不确知的，不明的
wèizhī de bù què zhī de bù míng de
미지의, 알려지지 않은, 불명의

an unknown quantity 未知数 미지수
wèi zhī shù

形unknowable ：
(1)不可知(不能知)的 알 수 없는, 이해할 수 없는
bùkě zhī bùnéng zhī de

(2) 知识经验以外的；神妙莫测的
　　경험적 지식 이상의, 신묘막측한
(3) (the U-) 不可知者　불가지자: 하나님
unleavened 无酵(wújiào)的　효소가 없는, 누룩이 없는
　　unleavened bread　无酵(xiào)饼　무교병
(犹太人逾越节及教会圣餐中所用。见出12:14, 15)
　　feast of unleavened bread 除酵(xiào)节　무교절
unmoved mover 不动的动者(哲学上指第一因)
　　부동의 동자, 제 1 원인
unrighteous 不义的, 不正的, 不公正的, 不公平的
　　불의의, 부정한, 불공정한, 불공평한
unus et unicus(拉) 一与唯一 (one and unique)
　　하나와 유일
upadhaya(梵) 和尚　승, 스님, 중
upanayana(梵) 入法式　입법식
Upanishads(印) 优婆尼沙昙(奥义书)　우파니샤드
(印度教之经文, 出于主前6世纪前, 共有13种)
urban 都市的　도시의
　　名unbanization 都市化　도시화
Urbild(德) 原象；原型　원상; 원형
Urchristentum(德) 原始基督教；初代(早期)教会
　　원시기독교, 초대교회
Urgeschichte(德) 太古史；原史(创1-11章)

Urgrund

태고사, 원시사

Urgrund(德) 源本(yuán běn); 本原(běnyuán) 원본, 근본

Urim and Thummim 烏陵土明(wū líng tǔ míng) 우림과 둠빔

(犹太祭司之神物(yóutài jì sī zhī shén wù), 用以释神示(yòng yǐ shì shén shì)。参申(cān shēn) 33 : 8)

usus legis(拉) 律法的用处(lǜ fǎ de yòngchù)(墨兰顿(mò lán dú))

　　　　　　　(Melanchthon 멜란히톤) 율법의 용법

　　第一用(dì yī yòng):(politicus) 정치적 용법

　　　　刑法管理约束人的外表行为(xíngfǎ guǎnlǐ yuē shù rén de wàibiǎo xíng wéi)

　　　　제1용법: 사람의 외적행위를 관리, 구속하도록
　　　　　　　　규정된 형법으로서의 용법

　　第二用(dì èr yòng):(elenchticus) 教育使人知罪悔改(jiào yù shǐ rén zhī zuì huǐgǎi) 교육적 용법

　　　　제2용법: 사람으로 잘못을 깨달아 뉘우치게 하는
　　　　　　　　율법의 활용으로서의 교육적 용법

　　第三用(dì sān yòng):(dictaticus) 用以教导信徒(yòng yǐ jiào dǎo xìntú) 교리적 용법

　　　　제3용법: 믿는 신자들에게 진리의 말씀을 따라
　　　　　　　　살도록 지도하는 유익으로서의 율법사용

utilitarianism 功利主义(gōng lì zhǔyì), 实利主义(shí lì zhǔyì) 공리주의, 실리주의

utility 实用(shíyòng), 利益(lìyì), 实用性(shíyòng xìng); 人的幸福(rén de xìngfú)

　　　　실용, 이익, 실용성; 인간의 편리

Utopia (1)乌托邦(diǎotuō bāng), 理想国(lǐxiǎng guó) 유토피아, 지상낙원

　　　(2)空想(kōngxiǎng), 梦境(mèngjìng), 幻想(huànxiǎng) 공상, 꿈의 세계, 환상

V

vacant 空的，空虚的 빈, 공허한, 공석의
　　名vacancy 空虚，空缺 공허, 공백
Vajracchedikaprajnuparanita sutra 金刚经 금강경
　　(详作金刚般若波罗密经，以空慧为体，专说一切法
　　无我之理。)
vain 徒劳的，虚空的，徒然的 허공의, 헛된, 시시한
　　(常用 in vain 当副词)
　　名vanity 空虚，空性，虚妄，虚荣，虚荣心
　　　　허공, 자만, 헛됨, 허영심, 덧없음
valid 有效的，正确的，有确实根据的，妥当的
　　유효한, 사실에 근거한, 근거가 확실한
　　反invalid 无效的 무효한
　　名validity 有效性，确实性，正当性
　　　　유효성, 확실성, 정당성; 법적인 효력
value 名 价值，真义，意义，重要性
　　　　상대적 가치, 의의, 중요성, 유용성, 진가
　　　动 评价，评估；尊重
　　　　평가하다, 존중하다
　　value judgement 价值判断 가치판단
　　valuation 评判，评估，价值 평가, 평판

英中韓 宗教字典 417

Vatican 梵谛冈 바티칸
    Vatican I (First Vatican Council)
        梵谛冈第一大公会议(梵一) 제1회 바티칸 회의
    Vatican II (Second Vatican Council)
        梵谛冈第二大公会议(梵二) 제2회 바티칸 회의
Veda(印) 吠陀(即智之意) 베다 : 흰두교의 경전
    (印度最古之经典，共分四部：黎俱吠陀(Rig-Veda),
    挲摩吠陀(Sama-Veda), 夜珠吠陀(Yajur-Veda),
    阿闼婆吠陀(Atharva-Veda)。黎俱及挲摩是赞美歌,
    夜珠及阿闼婆是为祭祀仪式及祷文等。)

Vedic Period 吠陀时代 베다시대
    (主前6-10세기, 雅利安族在印度北部建立
    实权的时代，其时吠陀经已告形成。)

vegetarianism 素食主义 채식주의
venerate 尊崇, 崇拜 존중하다, 예배하다, 숭배하다
    名veneration 崇拜, 敬拜, 敬奉, 尊敬, 尊崇
        존중, 숭배, 예배
    veneration of Christ 对基督的崇拜
            그리스도에 대한 경배
veracity 真实, 正直, 真实性, 正确之言论, 真理
    성실, 정직, 진실성, 정확, 확실성
verbal 字句的, 口头的 어구의, 구두(口头)의

verbal inspiration 逐字灵感说 축자영감설
(圣经中的话语,就是在希伯来文原稿与希腊文的
真正手本中所写的话,乃是完全真实的神的话,
是神逐字默示的话,故亦称「完全默示」。)

verbal theory of creation 创造的字面理论
　　6일 창조론
(有联创世记神六天创造的解释理论之一:完全
按字面解释,视之为神创世的实际历史记载)

verbum audibile(拉) 可闻之道(指宣讲之道:讲道)
　　들을 수 있는 말씀(선포되는 말씀: 설교)

verbum cordis(拉) 心内的言语　심령의 언어

verbum Dei(拉) 上帝的圣言(指圣经)
　　하나님의 말씀(성경)

verbum et sacramentum(拉) 言语与圣礼
(= word and sacrament) 말씀과 성례

verbum fidei(拉) 信仰言语　신앙언어

verbum incarnatum(拉) 成肉身之道(指耶稣基督)
　　성육신하신 말씀(예수 그리스도: 参 约一1:5, 14)

verbum interius(拉) 内在言语　내적 언어
(= inner word)

verbum mentis(拉) 由理性而来的言语
　　　　　이성적 언어
(由圣父的认识行为所生的圣言)

verbum visible(拉) 可见之道(奥古斯丁指圣礼)
볼 수 있는 말씀(어거스틴 : 성례)
verbum vocis(拉) 外在言语 ; 有声言语 외적 언어
verdict 评判, 裁决 평결, 판결, 답신, 의결
verify 证明, 检证 증명하다, 검증하다
名verification 证明, 确证, 确认 증명, 검증
vere seu realiter(拉) 真而实际的 ; 真正实在的
(= truely, really) 진실되며, 사실대로
veritas vel doctrina divana(拉) 启示真理或教理
계시진리(교리)
verse (圣经之) 节 절
version 译本, 版本 역본, 판본
versions of the Scriptures 圣经译本 성경역본들
(eg. RSV, NIV, KJV, 和合本等)
versus 对(间写 vs。) ~에 대한, 대하여
vertical 垂直的 수직적인
反horizontal 水平的 수평적인
verus homo et perfectus(拉) 真人全人
참된 사람이요 완전한 자(예수 그리스도)
(指耶稣基督为上帝之子, 也是真实完全的人)
vespers 晚祷, 晚礼拜 저녁기도회, 저녁예배
Vestiarian Controversy 礼服争辩 예복논쟁

(首先发生于英国，乃由于John Hooper 1550年就任主教时拒穿礼服而起。)

vestige 痕迹，遗迹　흔적, 자취, 유적
 vestige of God　神的痕迹　하나님의 성흔
(以身体而言，人本是神概念的形体化)
vestment（或 vesture）圣衣，礼服　성, 예복
Vetus Latina(拉) 古拉丁译本　고대라틴역본
(指武加大以前之拉丁圣经译本)
Vg. Vulgate的缩写　벌게이트의 약자
via　(1)经由，通过；以....为媒介　-경유하여, -으로
 (2)(拉) 道, 路　길, 도로
 via antiqua(拉) 旧路　옛 길, 예 신학
  (아퀴나스 등의 신학지칭)
 (the ancient way：指阿奎那等的神学，乃欲对抗
  俄坎主义，认理性可达信仰)
 via dolorosa(拉) 苦路：十架道路　고난의 길
 (그리스도께서 걸어가신 예루살렘 십자가의 길)
 同via crucis(拉)：指耶稣基督在耶路撒冷背十架的路
 via eminentiae(拉) 升高法（参 analogia entis）
 승고법（指将人之特理性化以描述 神的特性。）
 via media(拉) 中庸之道　중용의 도, 중립도
 via moderna(拉) 新路　새로운 길 (옥캄의 신학사조)

vicar

(the modern way：指俄坎(Occam)神学)
via negationis(或 negativa)(拉) 否定法　부정의 도
(指只能用否定的方式以描述 神的特性。如无体，无形，无限等)
via positiva(拉) 肯定法　긍정의 도
(参via eminentiae)
(认从人最高的气质中可窥 神的完善。)

vicar　(1)代理或助理牧师　대리자
　　　(2)牧师候选人　목사후보생
(不同教会传统下有不同定位，常指实习牧师)

形vicarious：
　　(1)为别人工作的，代别人受苦的
　　　대신해서 형벌을 받는, 대신하는
　　(2)代理的，代替的，受托的　대리자의, 대리의
　　(3)由分享他人之经验而感到的
　　　타인의 경험에 동감하는
vicarious atonement 代赎　(그리스도의) 대속
(认基督之死，乃替罪人而死，使凡信他的都得救赎)

vice　恶德，恶行　악행, 악덕
　反virtue 德行，美德　덕행, 미덕

victim 牺牲者　희생자, 피해자

动victimize 使牺牲(shī xīshēng) 희생시키다

view 看(kàn), 视野(shì yě), 看法(kàn fǎ)
　　　(주의해서) 보다, 시야에 들어오다, 조사하다

viewpoint 观点(guāndiǎn) 견해, 관점

vigil 守夜祈祷(shǒuyè qídǎo) 철야기도

vigor 精力(jīng lì), 活力(huó lì), 气势(qìshì) 활력, 정력, 기력, 구속력

形vigorous 活泼的(huópō de), 精力充沛的(jīng lì chōng pèi de)
　　　활기 넘치는, 기고만장한

vihara(梵) 寺(sì)(僧伽蓝(sēngjiā lán)) 절

vijnana(梵) 识(shí) 지식, 앎
　　　(佛教之谓意识(fó jiào zhī wèi yìshí))

vijnana-skandha(梵) 识蕴(shí yùn) 마음, 심
　　　(佛教指心(fó jiào zhǐ xīn))

Viking 威京(wēi jīng) 해적, 바이킹
　　　(指(zhǐ)8-10世纪横行北欧之海盗(shì jì héngxíng běi ōu zhī hǎi dào))

vinaya(佛) 毗奈耶(律)(pí nài yē lǜ) 비나야: 계율
　　　(佛教三藏(sānzàng)之一(zhī yī), 有关佛制之戒律(yǒuguān fó zhì zhī jièlǜ))

vinaya-Discipline School 律宗(lǜ zōng) 율종

vindicate 辩证(biànzhèng), 辩护(biàn hù) 변증하다, 변호하다

名vindication 辩明(biànmíng), 辩护(biàn hù), 证明(zhèngmíng) 변증, 증명

形vindicative 辩明的(biànmíng de), 辩护的(biàn hù de) 변증하는, 변호의

vinegar 醋(cù) 식초

violate 违反，破坏 위반하다, 깨다, 어기다
 名violation：
  (1)违反，违背，歪曲事实 위반, 배반, 사실왜곡
  (2)侵害，妨碍，妨害 침해, 방해
  (3)亵渎，强奸 모독, 강간
violence 激烈，暴力 격렬함, 폭력, 난폭
 形violent 激烈的，暴力的 격렬한, 난폭한
virgin (1)童贞，童贞女，处女 처녀, 동정녀
  (2)(V-)圣母马利亚 성모 마리아
  (3)童贞的，处女的，纯洁的 순결한, 동정녀의
 virgin birth 童女生子 동정녀 탄생
  (指耶稣乃从圣灵受孕，为童女马利亚所生. 见太1：18；路1：35。) 예수의 성령으로 잉태하사 동정녀 마리아에게서 나심
virtual 形 实质上的，实际上的 사실상의, 실질적인
 副virtually：
  (1)实质上，事实上，实际上 사실상, 실질적으로
  (2)潜在地，可能地，几乎，差不多 거의
virtualism 功用说 공용설
  (加尔文 J。Calvin1509-1564: 有联圣礼的看法，主张基督乃是圣礼的实体，他临於其中，而使圣礼显出功用。)

virtue (1)德(dé), 美德(měidé), 德行(déxíng) 덕행, 미덕
(2)效能(xiàonéng), 功效(gōngxiào), 效力(xiàolì) 효능, 효력
negative virtue 消极的美德(xiāojí de měidé) 소극적 미덕
(未行恶亦未行善之谓)(wèi xíng è yì wèi xíngshàn zhī wèi)
the cardinal virtues 4대 기본덕목
四种基本的德行(sì zhǒng jīběn de déxíng)(审慎(shěnshèn), 坚毅(jiānyì), 克制(kèzhì), 公正(gōngzhèng))
(prudence, fortitude, temperance, justice)
the theological(Christian) virtues 삼덕:
신학적(성도의) 덕목 三德(sān dé)(信(xìn), 望(wàng), 爱(ài))
形virtuous (1)有品德的(yǒu pǐn dé de), 善良的(shànliáng de) 덕망 있는, 공정한
(2)贞洁的(zhēnjié de) 정결한, 지조 있는
virtus informata(拉) 无爱德相伴的德性(wú ài dé xiāngbàn de déxìng)
사랑이 동반되지 않은 덕행
virtus propria(拉) 固有能力(gùyǒu nénglì); 自然本有的能力(zìrán běnyǒu de nénglì)
고유능력; 본연의 능력
virtus sacramenti(拉) 圣礼的效力(shèng lǐ de xiàolì) 성례의 효력
vis(拉) 力(lì), 力量(lìliáng), 能力(nénglì) 힘, 능력
vis operativa(拉) 使信仰更新的能力(shǐ xìnyǎng gēng xīn de néng lì)
신앙을 갱신하는 힘
vis receptiva(拉) 接受(jiēshòu)(因信成义之信仰)(yīn xìn chéng yì zhī xìnyǎng)的能力(de néng lì)
(인신칭의의 신앙을) 받아들이는 능력
vis sanctificans(拉) 圣化力(shèng huà lì) 성화에의 능력
vision (1)异象(yì xiàng); 神见(shén jiàn) 이상, 미래상

visionary

(圣经中，是启示人的方式之一)
(2)直观，洞察力，幻想 직관, 통찰력, 환상
形visible 可看见的 볼 수 있는
    visible church 有形的教会 유형교회, 가견적 교회
形visual 视觉的 시각의, 시각적인
形audible 可听到的 들을 수 있는, 들리는
名visibility 可见性，能见度 가견성, 가시도, 시계
visionary :
(1)神见者，见异象者，理想主义者
    선견자, 이상을 본 자, 이상주의자
(2)幼想的，幻影的，不切实际的 환상의, 환영의

visrsti(梵)造化 조화
visvacaksah(印)观一切者 관망자
visvakarman(印)造一切主 조물주
visvam idam(梵)现象界 현상계
visvasambhuh(印)爱一切者 일체를 사랑하는 자
visvesvara(梵)万物之主 만물의 주
visveveda(印)知一切者 전지자
vita(拉)生命，人生，性命，生活，传记(zhuānjì)
    생명, 인생, 목숨, 삶, 전기
  vita aeterna(拉)永生 영생
  vita communis(拉)共同生活 공동생활

vita religiosa(拉) 宗教生活(zōng jiào shēnghuó) 종교생활, 수도생활
(指经过宣誓的修道态度)(zhǐ jīng guò xuānshì de xiū dào tàidù)
* [多玛斯(duō mǎ sī) Thomism 主张人所分的生命三层次(zhǔzhāng rén suǒ fēn de shēngmìng sān céng cì)
：理性(lǐxìng)，感觉(gǎn jué)，植物(zhíwù)。]

vita rationalis(拉) 理性生命(lǐxìng shēngmìng) 이성적 생명
(= rational life)

vita sensitiva(拉) 感觉生命(gǎn jué shēngmìng) 감각적 생명
(= sensitive life)

vita vegetativa(拉) 植物生命(zhíwù shēngmìng) 식물적 생명
(= vegetative life)

vital 生命的(shēngmìng de)，活力的(huó lì de) 생명의, 활력의

名vitality：
(1)生命力(shēngmìng lì)，活力(huó lì)，元气(yuánqì) 생명력, 활력, 원기
(2)持久力(chíjiǔ lì)，持续力(chíxù lì) 지구력, 지속력

vitium originis(拉) 原罪(yuánzuì) 원죄
(창3장에 폭로된 전 인류의 근본문제)
(创世记(chuàng shì jì) 三章之全人类的根本问题(sān zhāng zhī quán rénlèi de gēnběn wèntí))

viva vox evangelii(拉) 福音活泼的声音(fúyīn huópō de shēngyīn)
복음의 살아있는 소리(= active voice of the Gospel)

vivid 生动的(shēngdòng de)，活泼的(huópō de)，鲜明的(xiānmíng de) 생동적, 발랄한, 힘찬

vocation：
(1)呼召(hū zhào)，圣召(shèngzhào)：召命(zhàomìng)(=calling) 소명, 부르심, 사명감
(2)职业(zhíyè)(=job)，天职(tiān zhí)，使命(shǐmìng)，工作(gōngzuò) 천직, 사명, 일

void

(3)才能，素质(对特定职业适合性) 재능, 소질, 적합성
void 形 空的，空虚的 빈, 공간, 무효의
名 空处，空虚 공간, 결여, 공석
volition 决意力，决断力，意志力，决意，决心，意志
의지(력), 결단력, 결심, 결의
    voluntas antecedens(拉) 先导意志 선도의지
    (指神拯救人之一般意志，与人之信心无关)
    voluntas consequens 後导意志 후발의지
    (指神之恩志乃有条件者，兄导信者蒙福)
voluntarism 意志论；任意主义 의지론
(1)(神学)谓道德与理论之区别乃根据 神之旨意
而非理智，故神意所要作者即为真善美。
(2)以任何方式将意志置于理智之上的哲学态度
或思想。
voluntary 自愿的，自由意志的 자원의, 자유의지의
voluteer 志愿者 지원자, 자원자
voodoo 名 巫毒教，巫毒教之术士(= voodooism)
부두교 서인도제도의 흑인들간의 마교
vow ①发愿，誓愿，许愿，立誓，发誓，誓
맹세하다, 서원하다, 서약하다
②愿，正式宣言，誓言，誓约 맹세, 서원
    final vow 末愿，永愿，终身愿 종신서원

first vow 初愿，暂愿 첫 서원

perpetual vow 永愿，终身愿 종신서원

private vow 私愿(私自发的愿) 자발적 서원

public vow 公愿(公开发的愿) 공개적 서원

simple vow 简愿 단순서약
(除大愿外的其他一切宗教誓愿)

solemn vow ①大愿 ②显愿 종신서약
(1)较老的修会在一段时期的暂愿，简愿後所发的愿
(2)耶稣会某些成员按特殊条列所发的愿

temporary vow 暂愿 일시적 서원

vow of chastity 贞洁愿，绝色愿 순결서약

vow of obedience 服从愿，听命愿 복종서약

vow of poverty 神贫愿贫穷愿，绝财愿 청빈서약

vow of stability 恒常愿，固定愿 소속서약
(本笃会第一圣愿。即与所属隐修会院的土地，团体持久系连，同止於至善。)

Vulgate 武加大译本 벌게이트성경
(主後四世纪，由耶柔米所译之圣经拉丁文译本，1546年此为天主教所规定之圣经标准本)

vulnerable 상처 입기 쉬운, 취약성의
(对批评，诱惑，影响)易受伤的，敏感的，脆弱的

名 vulnerability 易受伤害性，脆弱，影响敏感
약점, 연약, 영향 받기 쉬움

W

wage 工资, 报酬 임금, 급료, 삯
    wages of sin 罪的工价(代价, 报应) 죄의 삯
wailing wall 哭墙 통곡의 벽
Waldenses 瓦勒度派；华尔道派 왈도파
    (法国抗罗宗团体, 具有纯正的圣经及加尔文信条,
    信者称其为自使徒一脉相承而来。)
Wars of Religion 宗教战争(16世纪) 종교전쟁
way (1)道路, 道, 途径, 旅途 길, 도, 여정
    (2)方法, 方式, 手段 방법, 수단
    (3)(the W-) 道(= Logos) 도, 말씀
    (基督所示走向上帝：以表示那先在之创造者,
    及神成人身救赎者, 三位一体之第二位的耶稣)
W.C.C. (World of Council of Church) 普世基督教协会
    세계기독교교회연합
Weltanschauung(德) 世界观, 宇宙观, 人生观
    (독) 세계관, 우주관, 인생관
western 西方的 서방의, 서쪽의
    Western Church 西方教会 서방교회
    (即拉丁教会(Latin Church), 今有时包括安立甘教会

(Anglican Church)，最广的意义指所有西方基督教会

Westminster Assembly 韦斯敏斯德会议
　　　　　　　　　　　웨스트민스터총회
（由英国会所选之牧师与平信徒组成，1643-47年间举行
以解决圣公会与清教徒及长(zhǎng)老会长久之争辩）

Westminster Catechism 韦斯敏斯德信仰问答
　　　　웨스트민스터 교리문답
（以上会议所拟信徒信仰要旨）

Westminster Confession 웨스트민스터 신앙고백
韦敏斯德信条，韦斯敏斯德信仰告白
（以上会议所提出之教义陈述，由39条所组成，为
普世英语长(zhǎng)老会(Presbyterian Church)
信徒所接纳的核心信仰）

Westphalia, Peace of 韦斯发里亚和约
　　　　웨스트팔리아 협약
（为结束三十年战争的条约「1648年」，签订于
德国韦斯发里亚境内）

wheel of life(佛)　轮回　윤회

wholeness 整体，整全，完整　전체, 총체, 완전
　形 whole 完全的，全部的，完整的　전부의, 완전한
　形 holistic 整体的，整全的　전체의, 온전한
（基于注目以身体与精神为统一的）

432 英中韓 宗教字典

wicked 同evil 坏的, 邪恶的   악한, 사악한

will (1)意志, 意愿, 意志力   의지, 의지력

(2)决心, 意向, 目的(mùdì)   결심, 목적, 의향

(3)遗嘱   유언

(4)对他人的感情   타인에 대한 감정

antecedent will 先导意志 제일의지(선행의지)
(指 神拯救人之一般意志, 与人信心无关)

bound will 奴隶意志, 受约束之意志 노예의지
(人无抉择自由之意志)

consequent will 後导意志 제이의지(후발의지)
(指 神之赐恩意志, 兄导信者蒙福)

free will 自由意志 자유의지

wise 智慧的, 聪明的 지혜의, 지혜로운, 총명한

名wisdom 智慧, 睿智, 知识 지혜

literature of wisdom 智慧文学 지혜문학
同wisdom literature
(指旧约约伯记, 箴言, 传道书及一些次经)

witch 女巫, 巫婆   마녀, 무당

witchcraft (1)魔法, 巫术 마법, 마술
(2)魔力, 魅力, 迷惑感 마력, 마술

witness :
动 亲见, 作证, 作见证, 目击 직접보다, 증거하다

英中韓 宗教字典 433

名 (1)证明, 见证, 证据 증명, 간증, 증거
(2)证人, 见证人, 亲眼看见的人 증인, 목격자

wonder：
(1)惊讶, 惊异, 惊叹, 惊奇 놀라다, 경탄하다
(2)异能, 奇事, 奇迹, 奇妙 이적, 기사, 기적

word ①言语, 话语, 言, 语, 话 말, 언어
②(the Word) 圣言, 道 하나님의 말씀, 도(로고스)

audible word 들을 수 있는 말씀: 설교
可听到的言语；可闻之道(指宣讲之道：讲道)

incarnate word 성육신하신 말씀: 그리스도
降生的言语；成肉身之言(指圣子耶稣基督)

visible word 可见的道(言语) 볼 수 있는 말씀:
성육신하신 그리스도; (어거스틴)성례
ⓐ成为肉身的圣言, 指圣子耶稣基督
ⓑ圣奥古斯丁(St Augustine 354~430)指圣礼

the Word of God 하나님의 말씀
神的道；圣言；上帝的话语
(新旧约圣经乃是神特殊的启示, 令衆人得知救恩
之路。)

words of institution 성찬의 본문
设立圣餐经文。(参 林前 11：23-25)

work 工作, 善功, 著作 작업, 선한 일, 저작

work of grace 恩宠善工 은총의 역사

(每一善工皆出於 神的恩宠)
měi yī shàngōng jiē chū wú shén de ēn chǒng

world :
 (1)世界，宇宙，天下，万物
   shì jiè yǔzhòu tiānxià wàn wù
  세계, 우주, 천하, 만물
 (2)人间，世间，现世，俗世，世态
   rénjiān shìjiān xiàn shì súshì shìtài
  인간, 현세, 속세, 세태

world-view 世界观，宇宙观，人生观
     shìjiè guān yǔzhòu guān rénshēngguān
    세계관, 우주관, 인생관

形wordly 副 世俗地，俗世地 세상적으로
    shì sú dì súshì dì
 形 世界的，世俗的，世上的
  shìjiè de shìsú de shì shàng de
  세계적, 세속적, 세상의
 同secular 现世的，世俗的 현세적, 세속적
    xiàn shì de shì sú de

Worms, Diet of 沃木斯国会 보름스국회
      wò mù sī guóhuì
(1521年查理第五所召政教会议，路德被邀以答辩
 nián chá lǐ dì wǔ suǒ zhàozhèng jiào huìyì lù dé bèi yāo yǐ dá biàn
利奥第十所控异端。)
lì ào dì shí suǒ kòng yìduān

worship (1)礼拜，敬拜，崇拜 예배, 경배
    lǐbài jìngbài chóngbài
  (2)礼拜仪式 예배의식
    lǐbài yíshì
 同adore 恭敬，敬拜，尊敬 경배하다
    gōngjìng jìngbài zūnjìng
 名adoration 敬拜 경배
     jìngbài

wrath 愤怒，神怒，天谴 분노, 진노
  fènnù shén nù tiān qiǎn
wrath of God 上帝的愤怒 하나님의 진노
    shàng dì de fènnù

X'mas = Chistmas　圣诞节(shèngdàn jié)　성탄절

Y

Yahweh 雅威(yǎ wēi) 야훼, 여호와의 원음
（YHWH 耶和华之希伯来文原音(yē hé huá zhī xī bǎi lái wén yuán yīn)）

yajamana(梵) 施主(shī zhǔ) 시주

Yajurveda 夜珠吠陀(yè zhū fèituó) 야쥬베다
（吠陀经的第二部(fèituó jīng de dì èr bù)，包含祷告文(bāohán dǎogào wén)，赞美诗及咒文(zànměi shī jí zhòuwén)）

Yajus(印) 祭司(jì sī)(印度教的(yìndù jiào de)) （인도교의）제사장

Yama(印) 耶摩(yē mó) 야마, 염라대왕
（阎罗王(yán luó wáng)：印度教的冥王(yìndù jiào de míngwáng)）

Yamaraja(梵) 阎罗王(yán luó wáng)(阎魔王(yán mó wáng)) 염라왕

yasmak(回) 面纱(miàn shā) 야스막, 면사
（여성회교신자가 외출할 때 걸치는 것）
（回教妇女外出时所戴者(huí jiào fùnǚ wàichū shí suǒ dài zhě)）

YHWH(或 YHVH)(来) 耶和华的四个字母(yē hé huá de sì gè zìmǔ)
여호와 성호의 네 글자
同tetragrammaton（神圣四个字(shénshèng sì gè zì)）신성사문자

yoga(梵) 瑜伽术(yú jiā shù)，瑜伽派(yú jiā pài) 요가, 요가파

Yogacara(佛) 瑜伽宗(yú jiā zōng) 요가종
（佛教密宗之总名(fó jiào mì zōng zhī zǒngmíng)）

Yom Kippur(来) 犹太人赎罪日(yóutài rén shú zuì rì)(参 利(lì) 16章(zhāng))

英中韓 宗教字典

Y.M.C.A.

유대인의 속죄일 (레16)
Y.M.C.A. 基督教青年会 기독교 청년회
　　(Young Men's Christian Association)
Y.W.C.A. 基督教女青年会 기독교여청년회
　　(Young Women's Christian Assciation)
Youth for Christ 青年归主运动 청년전도운동
　　(指美国基要派之组织，1944年成立于芝加哥。)
yuletide 圣诞节期 성탄절기

Z

zadok(来) 公义(gōng yì)　공의 ; 사독

Zakat(回) 慈善(císhàn), 施舍(shīshě)　(회교)자선, 구제
（回教替贫苦者征收的税）(huí jiào tì pínkǔ zhě zhēngshōu de shuì)

zeal 名 热心(rèxīn), 火热(huǒrè)　열심

　　形 zealous 热心的(rèxīn de), 火热的(huǒrè de)　열심의, 열성의

　　同 enthusiastic 热心的(rèxīn de), 热狂的(rèkuáng de)　열심의, 열광적인

　　Zealots 奋锐党人(fènruì dǎngrén)　열심당원
　　（为第一世纪犹太之爱国党）(wéi dì yī shì jì yóutài zhī ài guódǎng)

Zeitgeist(德) 时代精神(shídài jīngshén)　시대정신

Zen Buddhism(佛) 禅宗(chánzōng)　선종

Ziggurat （古巴比伦的）(gǔ bā bǐ lún de)金字塔庙(jīn zì tǎ miào), 梯(tī)／层式塔庙(céngshì tǎ miào)

　　同 Ziqqurat　（고대바빌론의) 지구랏

Zion(来) 锡安(xī ān)　시온

　　Zionism 锡安主义(xī ān zhǔyì)　시온이즘

zootheism 动物神教(dòngwù shénjiào); 崇拜动物为神(chóngbài dòngwù wéi shén)　동물신숭배

Zoroastrianism 琐罗亚斯德教(suǒ luó yà sī dé jiào)　조로아스터교, 배화교

　　同 祆教(yāo jiào)

　　同 拜火教(bài huǒ jiào)

Zwingli 慈运理(cí yùn lǐ)　쯔빙글리

圣经目录(shèng jīng mù lù)

旧约全书(jiù yuē quán shū)

创 世 记	(创)	(chuàng shì jì)
出埃及记	(出)	(chū āi jí jì)
利 未 记	(利)	(lì wèi jì)
民 数 记	(民)	(mín shù jì)
申 命 记	(申)	(shēn mìng jì)
约书亚记	(书)	(yuē shū yǎ jì)
士 师 记	(士)	(shì shī jì)
路 得 记	(得)	(lù dé jì)
撒母耳上记	(撒上)	(sà mǔ ěr jì shàng)
撒母耳下记	(撒下)	(sà mǔ ěr jì xià)
列王纪上	(王上)	(liè wáng jì shàng)
列王纪下	(王下)	(liè wáng jì xià)
历代志上	(代上)	(lì dài zhì shàng)
历代志下	(代上)	(lì dài zhì xià)
以斯拉记	(拉)	(yǐ sī lā jì)
尼希米记	(尼)	(ní xī mǐ jì)
以斯帖记	(斯)	(yǐ sī tiē jì)
约 伯 记	(伯)	(yuē bó jì)
诗 篇	(诗)	(shī piān)
箴 言	(箴)	(zhēn yán)
传 道 书	(传)	(chuán dào shū)
雅 歌	(歌)	(yǎ gē)
以赛亚书	(赛)	(yǐ sài yǎ shū)
耶利米书	(耶)	(yē lì mǐ shū)
耶利米哀歌	(哀)	(yē lì mǐ āi gē)
以西结书	(结)	(yǐ xī jié shū)
但以理书	(但)	(dàn yǐ lǐ shū)

何西阿书	（何）	(hé xī ā shū)
约珥书	（珥）	(yuē ěr shū)
阿摩司书	（摩）	(ā mó sī shū)
俄巴底亚书	（俄）	(é bā dǐ yǎ shū)
约拿书	（拿）	(yuē ná shū)
弥迦书	（弥）	(mí jiā shū)
那鸿书	（鸿）	(nā hóng shū)
哈巴谷书	（哈）	(hā bā gǔ shū)
西番雅书	（番）	(xī fān yǎ shū)
哈该书	（该）	(hā gāi shū)
撒迦利亚书	（亚）	(sà jiā lì yǎ shū)
玛拉基书	（玛）	(mǎ lā jī shū)

新约全书 (xīn yuē quán shū)

马太福音	（太）	(mǎ tài fú yīn)
马可福音	（可）	(mǎ kě fú yīn)
路加福音	（路）	(lù jiā fú yīn)
约翰福音	（约）	(yuē hàn fú yīn)
使徒行传	（徒）	(shǐ tú xíng zhuàn)
罗马人书	（罗）	(luó mǎ rén shū)
哥林多前书	（林前）	(gē lín duō qián shū)
哥林多后书	（林后）	(gē lín duō hòu shū)
加拉太书	（加）	(jiā lā tài shū)
以弗所书	（弗）	(yǐ fú suǒ shū)
腓立比书	（腓）	(féi lì bǐ shū)
歌罗西书	（西）	(gē luó xī shū)
帖撒罗尼迦前书	(帖前)	(tiē sà luó ní jiā qián shū)
帖撒罗尼迦后书	(帖后)	(tiē sà luó ní jiā hòu shū)
提摩太前书	（提前）	(tí mó tài qián shū)
提摩太后书	（提后）	(tí mó tài hòu shū)

提多书	（多）	(tí duō shū)
腓利门书	（门）	(féi lì mén shū)
希伯来书	（来）	(xī bó lái shū)
雅各书	（雅）	(yǎ gè shū)
彼得前书	（彼前）	(bǐ dé qián shū)
彼得后书	（彼后）	(bǐ dé hòu shū)
约翰一书	（约壹）	(yuē hàn yī shū)
约翰二书	（约贰）	(yuē hàn èr shū)
约翰三书	（约参）	(yuē hàn sān shū)
犹大书	（犹）	(yóu dà shū)
启示录	（启）	(qǐ shì lù)

聖經人物

英文　　　中文

[A]

Aron	亚伦	아론
Abdon	押顿	압돈
Abednego	亚伯尼歌	아벳느고
AbeI	亚伯	아벨
Abiathar	亚比亚他	아비아달
Abijam	亚比央	아비얌
Abimelech	亚比米勒	아비멜렉
Abishai	亚此筛	아비새
Abner	押尼珥	아브넬
Abraham	亚伯拉罕	아브라함
Absalom	押沙龙	압살롬
Achan	亚干	아간
Achish	亚吉	아기스
Adam	亚当	아담
Adonijah	亚多尼雅	아도니야
Adonizedek	亚多尼洗德	아도니세덱
Aeneas	以尼雅	애니아
Agabus	亚迦布	아가보
Agrippa	亚基帕	아그립바
Ahab	亚哈	아합
Ahasuerus	亚哈随鲁	아하수에로
Ahaz	亚哈斯	아하스
Ahaziah	亚哈谢	아하시야
Ahijah	亚希亚	아히야
Ahijah	亚希雅	아히야
Ahimelech	亚希米勒	아히멜렉

Ahithophel	亚希多弗	아히도벨
Alexander	亚力山大	알렉산더
Amalekites	亚玛力人	아말렉인
Amasa	亚玛撒	아마사
Amaziah	亚玛谢	아마샤
Amon	亚们	아몬
Amos	阿摩司	아모스
Ananias	亚拿尼亚	아나니아
Andrew	安得烈	안드레
Anna	亚拿	안나
Annas	亚那	안나스
Apollos	亞波羅	아볼로
Aquila	亞居拉	아굴라
Archelaus	亞基老	아켈라오
Archippus	亞基布	아킵보
Aristarchus	里達古	아리스다고
Artaxerxes	亞達薛西	아닥사스다
Asa	亞撒	아사
Asaph	亞薩	아삽
Asher	亞設	아셀
Athaliah	亞他利雅	아달랴
Augustus	亞古士督	아우구스투스
Azariah	亞撒利雅	아살리야

[B]

Baasha	巴沙	바사
Balaam	巴蘭	발람
Bar-Jesus	巴耶穌	바예수
Bar-Jona	巴約拿	바요나
Barabbas	巴拉巴	바라바
Barak	巴拉	바락

Barnabas	巴拿巴	바나바
Bartholomew	巴多羅買	바돌로매
Bartimaeus	巴底買	바디메오
Bathsheba	拔示巴	밧세바
Belshazzar	伯沙撒	벨사살
Benhadad	便哈達	벤하닷
Benjamin	便雅憫	벤자민
Bernice	百尼基	버니게
Bersis	彼息	버시
Boanerges	半尼其	보아너게
Boaz	波阿斯	보아스

[C]

Caiaphas	該亞法	가야바
Cain	該隱	가인
Caleb	迦勒	갈렙
Carpus	加布	가보
Cephas	磯法	게바
Claudia	革老底亞	글라우디아
Claudius	革老丟	글라우디오
Claudius Lysias	革老丟呂西亞	글라우디아 루시아
Cornelius	哥尼流	고넬료
Crispus	基利司布	그리스보
Cuza	苦撒	구사
Cyrus	古列	고레스

[D]

Dan	但	단
Daniel	但以理	다니엘

Darius	大利烏	다리우스
David	大衛	다윗
Deborah	底波拉	드보라
Demas	底馬	데마
Demetrius	底米丟	데메드리오
Dionysius	丟尼修	디오니시우스
Dorcas	多加	도르가
Drusilla	土西拉	드루실라

[E]

Edom(Edomites)	以東(以東人)	에돔(인)
Ehud	以笏	에훗
Elah	以拉	엘라
Eli	利以	엘리
Elihu	以利戶	엘리후
Elijah	以利亞	엘리야
Eliphaz	以利法	엘리바스
Elisha	以利沙	엘리사
Elizabeth	以利沙伯	엘리바스
Elon	以倫	엘론
Elymas	以呂馬	엘루마
Enoch	以諾	에녹
Epaphras	以巴弗	에바브라
Epenetus	以拜尼土	에배네도
Ephraim	以法蓮	에브라임
Epaphroditus	以巴弗提	에바브로디도
Erastus	以拉都	에라스도
Esarhaddon	以撒哈頓	에살핫돈
Esau	以掃	에서
Esther	以斯帖	에스더
Eubulus	友布羅	유불로

Eunice	友尼基	유니게
Eutychus	猶推古	유두고
Eve	夏娃	하와
Ezekiel	以西結	에스겔
Ezra	以斯拉	에스라

[F]

Felix	腓力斯	벨릭스
Festus	非斯都	베스도

[G]

Gad	迦得	가드
Gaius	該猶	가이오
Gallio	迦流	갈리오
Gamaliel	迦瑪列	가말리엘
Gehazi	基哈西	게하시
Gideon	基甸	깁돈
Gog	歌革	곡

[H]

Habakkuk	哈巴谷	하박국
Hagar	夏甲	하갈
Haggai	哈該	학개
Hanani	哈拿尼	하나니
Hebrew	希伯來人	히브리인
Hermogenes	黑摩其尼	허모게네
Herod	希律	헤롯

Herodias	希羅底	헤로디아
Hezekiah	希西家	히스기야
Hobab	何巴	호밥
Hosea	何西阿	호세아
Hoshea	何細亞	호세아
Hymenaeus	許米乃	히메네우스

[I]

Ibzan	以比讚	입산
Iddo	易多	잇도
Ira	以拉	이라
Isaac	以撒	이삭
Isaiah	以賽亞	이사야
Iscariot	加略人	가룟
Ishbosheth	伊施波設	이스보셋
Ishmael	以實馬利	이스마엘
Israelite, Children of Israel	以色列人	이스라엘인
Issachar	以薩迦	잇사갈

[J]

Jacob	雅各	야곱
Jair	睚珥	야일
Jairus	睚魯	야이로
Jambres	佯庇	얌브레
James	雅各	야곱
Jannes	雅尼	얀네
Jason	耶孫	야손
Jehoahaz	約哈斯	여호아하스
Jehoash	約阿施	여호아스

Jehoiachin	約雅斤	여호야긴
Jehoiakim	約雅敬	여호야김
Jehoshaphat	約沙法	여호사벳
Jehoram	約蘭	여호람
Jehu	耶戶	예후
Jephthah	耶弗他	입다
Jeremiah	耶利米	예레미야
Jeroboam	耶羅波安	여로보암
Jeshua	約書亞	예수아
Jesse	耶西	이새
Jethro	葉羅	이드로
Jew, Jewish	猶太人	유대인
Jezebel	耶洗別	이세벨
Joab	約押	요압
Joanna	約亞拿	요안나
Joash	約阿施	요아스
Job	約伯	욥
Joda	猶大	유다
Joel	約珥	요엘
John	約翰	요한
Jonah	約拿	요나
Joram	約蘭	요람
Joseph	約瑟	요셉
Joshua	約書亞	예수아
Joshaphat	約沙法	요세벳
Josiah	約西亞	요시아
Jotham	約坦	요담
Juda	猶大	유다
Judah	猶大	유다
Judas	猶大	유다
Jude	猶大	유다
Junias	猶尼亞	유니아
Justus	猶士都	유스도

[K]

Korah	可拉	고라

[L]

Laban	泣班	라반
Lazarus	拉撒路	나사렛
Leah	利亞	레아
Levi	利未	레위
Levites	利未人	레위인
Linus	利奴	리노
Lois	羅以	로이스
Lot	羅得	롯
Lucius	路求	루기오
Luke	路加	누가
Lydia	呂底亞	루디아
Lysias	呂西亞	루시아

[M]

Magog	瑪各	마곡
Malachi	瑪拉基	말라기
Malchus	馬勒古	말고
Manaen	馬念	마나엔
Manasseh	瑪拿西	므낫세
Mark	馬可	마가
Martha	馬大	마르다
Mary	馬利亞	마리아
Matthew	馬太	마태
Melchizedek	麥基洗德	멜기세덱
Menahem	米拿現	므나헴
Mephibosheth	米非波設	므비보셋
Meshach	米煞	메삭

Methuselah	瑪土撒拉	므두셀라
Micah	彌迦	미가
Micaiah	米該雅	미가야
Michael	米迦勒	미가엘
Miriam	米利暗	미리암
Mnason	拿孫	나손
Mordecai	末底改	모르드게
Moses	摩西	모세

[N]

Naaman	乃幔/乃縵	나아만
Naboth	拿伯	나봇
Nadab	拿答	나답
Nahor	拿鶴	나홀
Nahum	那鴻	나훔
Naomi	拿俄米	나오미
Naphtali	拿弗利	납달리
Nathan	拿單	나단
Nathanael	拿但業	나다나엘
Nebuchadnezzar	尼布甲尼撒	느부갓네살
Nehemiah	尼希米	느헤미야
Nicodemus	尼哥底母	니고데모
Nicolas	尼哥拉	니골라
Noah	挪亞	노아
Nympha	寧法	눔바

[O]

Obadiah	俄巴底亞	오바디야
Oded	俄德	오뎃

Omri	暗利	오므리
Onesimus	阿尼西母	오네시모
Onesiphorus	阿尼色弗	오네시브로
Othniel	俄陀聶	옷니엘

[P]

Paul	保羅	바울
Pekah	比加	베가
Pekahiah	比加轄	베가야
Peter	彼得	베드로
Philemon	腓利門	빌레몬
Philetus	腓理徒	빌레도
Philip	腓力	빌립
Philip	腓利	빌립
Phoebe	非比	뵈뵈
Phygelus	腓吉路	부겔로
Pilate	彼拉多	빌라도
Pontius Pilate	本丟彼拉多	본디오 빌라도
Porcius Festus	波求非斯都	보르기오 베스도
Prisca, Priscilla	百基拉	브리스가, 브르실라
Pudens	布田	부데

[Q]

Queen of Sheba	示巴女王	스바여왕

[R]

Rachel	拉結	라헬
Rahab	喇合	라합

Rebekah	利百加	리브가
Rechab	利甲	레갑
Rehoboam	羅波安	르호보암
Reuben	流便	루우벤
Reuel	流珥	르우엘
Rezin	利汛	르신
Rhoda	羅大	로데
Rizpah	利斯巴	리스바
Romans	羅馬人	로마인
Rufus	魯孚	루포
Ruth	路得	룻

[S]

Salome	撒羅米	살로메
Samaritans	撒瑪利亞人	사마리아인
Samson	參孫	삼손
Samuel	撒母耳	사무엘
Sanballat	參巴拉	산발랏
Sapphira	撒非喇	삽비라
Sarah	撒拉	사라
Saul	掃羅	사울
Sennacherib	西拿基立	산헤립
Sergius	士求保羅	서기오 바울
Seth	塞特	셋
Shadrach	沙得拉	사드락
Shallum	沙龍	살룸
Shamgar	珊迦	삼갈
Shaul	掃羅	사울
Shem	閃	셈
Shemaiah	示瑪雅	스마야
Shimei	示每	시므이

Silas	西拉	실라
Simeon, Symeon	西面	시므온
Shimeon, Simeon	西緬	시므온
Simon	西門	시몬
Simon Peter	西門彼得 卽彼得	시몬 베드로
Solomon	所羅門	솔로몬
Sons of Korah	可拉后裔	고라의 자손
Sosthenes	所提尼	소스데네
Stephanas	司提反	스데바나
Stephen	司提反	스데반
Syntyche	循都基	순두게

[T]

Tertius	德丟	더디오
Tertullus	帖土羅	더둘로
Theophilus	提阿非羅	데오빌로
Theudas	丟大	드다
Thomas	多馬	도마
Tiberius	提庇留	디베료
Timothy	提摩太	디모데
Titus	提多	디도
Tola	陀拉	돌라
Trophimus	特羅非摩	드로비모
Tychicus	推基古	두기고
Tyrannus	推喇奴	두란노

[U]

Uzziah	烏西雅	웃시야

[Z]

Zacharias	撒迦利亞	사가랴
Zacchaeus	撒該	삭개오
Zadok	撒督	사독
Zebedee	西庇太	세베대
Zebulun	西布倫	스불론
Zechariah	撒迦利亞	스가랴
Zedekiah	西底家	시드기야
Zephaniah	西番雅	스바냐
Zerubbabel	所羅巴伯	스룹바벨
Zimri	心利	시므리

聖經地名

[A]

Acacia (Shittim)	亞加斯亞 (什亭)	싯딤
Acco	亞柯	악고
Adullam	亞杜蘭	아둘람
Aegean Sea	愛琴海	에게해
Aenon	哀嫩	에논
Ai	艾(卽艾城)	아이
Aijalon	亞雅崙	아얄론
Akeldama	亞革大馬(血田)	아겔다마
Alexandria	亞力山大	알렉산드리아
Amphipolis	暗妃波里	암비볼리
Antioch	安提阿	안디옥
Antioch in Pisidia	彼西底的安提阿	비시디아 안디옥
Antonia Fortress	安東尼碉堡	아도니야 성
Aphek	亞弗	아벡
Appian Way	阿比安大道	아피안대도
Ar	亞珥	아르
Arabia, Desert of	亞拉伯沙漠(曠野)	아라비아 사막
Arad	亞拉得	아랏
Areopagus	亞略巴古	아레오바고
Arimathea	亞利馬太	아리마대
Arnon River	亞嫩河	아르논 강
Areor	亞羅珥	아레오
Ashdod	亞實突	아스돗
Ashkelon	亞實基倫	아스겔론
Asia	亞細亞	아시아
Assos	亞朔	앗소
Assyrian Empire	亞述帝國	앗시리아제국
Athens	雅典	아덴

| Azekah | 亞西加 | 아세가 |
| Azotus | 亞鎖都 | 아소도 |

[B]

Baalath	巴拉	바알랏
Babylon	巴比倫, 巴比倫帝國的首都	
		바벨론
Babylonian Empire	巴比倫帝國	바벨론 제국
Bashan	巴珊	바산
Benjamin	便雅憫	베냐민
Beroea	庇哩亞	베뢰아
Beth Horon	伯和崙	벧호론
Beth Shemesh	伯示麥	벧세메스
Bethany	伯大尼	베다니
Bethany beyond Jordan	約但河外的伯大尼	
		요단강건너편 베다니
Bethel	伯特利	베델
Bethlehem	伯利恆	베들레헴
Bethsaida	伯賽大	벳세다
Bethshean	伯珊	벧스안
Bethuel	比土力	브두엘
Bezer	比悉	베셀
Bithynia	庇推尼	비두니아
Black Sea	黑悔	흑해
Byzantium	拜占庭	비쟌틴

[C]

| Caesarea | 該撒利亞 | 가이샤랴 |

Caesarea philippi	該撒利亞腓立比	
		가이샤랴빌립보
Cana	迦拿	가나
Canaan	迦南	가나안
Capernaum	迦百農	가버나움
Cappadocia	加帕多家	갑바도기아
Carchemish	迦基米施	갈그미스
Carmel	迦密	갈멜
Carmel mt.	迦密山	갈멜산
Caspian Sea	裏海	카스피해
Cauda	高大	가우다
Cenchreae	堅革哩	겐그레아
Chemosh	墓抹, 摩押的神祇	그모스
Cherith Brook	基立溪	그릿시내
Chinnereth	基尼烈	긴네렛
Chinnereth, Sea of	基尼烈海	긴네렛 바다
Chios	基阿	기오
Chorazin	哥拉訊	고라신
Cilicia	基利家	실리기아
Cnidus	革尼土	그니두스
Colossae	哥羅西	골로새
Colossians	歌羅西	골로새
Corinth	哥林多	고린도
Cos	哥士	고스
Crete	革哩底	그레데
Cushan Rishathaim	古珊利薩田, 米所波大米	
		구산 리사다임
Cyprus	居比路(塞浦路斯)	구브로
Cyrene	古利奈	구레네

[D]

Dalmatia	撻馬太	달마디아
Damascus	大馬色(大馬士革)	다메섹
Dan	但	단
Dead Sea	死海	사해
Debir	底壁	드빌
Decapolis	低加波利	데가볼리
Derbe	特庇	더베
Dibon	底本	디본
Dor	多珥	돌
Dothan	多珊	도단

[E]

Ebal, Mt.	以巴路山	에발산
Ebenezer	以便以謝	에벤에셀
Echatana	厄伯他拿	엑바타나
Edom	以東	에돔
Eglon	伊磯倫	에글론
Egypt	埃及	애굽
Ekron	以革倫	에그론
Emmaus	以馬忤斯	엠마오
Endor	隱多珥	엔돌
Ephesus	以弗所	에베소
Ephraim	以法連	에브라임
Euphrates, River	幼發拉底河	유브라데

[F]

Forum of Appius 亞比烏市 아비오광장

[G]

Gabbatha	厄巴大	갑바다
Gad	迦得	갓
Gadara	加大拉	가다라
Galatia	加拉太	갈라디아
Galilee	加利利	갈릴리
Gath	迦特	가드
Gaza	迦薩	가자
Geba	迦巴	게바
Gennesaret	革尼撒勒	게네사렛
Gerar	基拉耳	그랄
Gerasa	基拉沙	그라사
Gerizim, mt.	基利心山	그라심산
Gethemane	客西馬尼	게세마네
Gezer	基色	게셀
Gibeah	基巴	기브아
Gibeon	基遍	기브온
Gilboa, mt.	基利波山	길보아산
Gilead	基列	길르앗
Gilgal	吉甲	길갈
Golan	哥蘭	고란
Golgotha "the skull"	各各他	골고다 "해골"
Gomorrah	摩拉	고모라
Goshen	歌珊	고센
Greece	希臘	헬라

[H]

Habor, River	雅博河	하볼라강
Hachilah, mt.	哈基拉山	하길라산
Hamath	哈瑪	하맛
Harosheth	夏羅設	하로셋

Hazor	夏瑣	하솔
Hebron	希伯崙	헤브론
Heliopolis	留坡利	헬리오폴리스
Heracleon	希拉基安	헤라클레온
Hermon, mt.	黑門山	헤르몬산
Heshbon	希實本	헤스본
Hinnom Valley	欣嫩子谷	힌놈의 골짜기
Hippos	希布斯	힙보
Hittites	赫人	헷족속
Hormah	何瑪	호르마

[I]

Ibleam	以伯蓮	이블르암
Iconium	以哥念	이고니온
Idumea	以土買	이두메
Israel	以色列	이스라엘
Issachar	以薩迦	잇사갈
Italy	意大利	이달리야
Ituraea	以土利亞	이두래

[J]

Jabbok, River	雅博河	얍복강
Jabesh, Gilead	基列 耶布斯	길르앗 야베스
Jebusites	耶布斯	여부스
Jericho	耶利哥	여리고
Jerusalem	耶路撒冷	예루살렘
Jezreel	耶斯列	이스르엘
Joppa	竹怕	욥바
Jordan, River	約但河	요단강

Judah　　　猶大　　　　　유다
Judea　　　猶大　　　　　유대아

[K]
Kadesh Barnea　加低斯巴尼亞　가데스바네아
Kedemoth　　基底莫　　　그데못
Kedesh　　　基底斯　　　게데스
Kerioth　　　加略　　　　그리욧
Kerioth-hezron　加略希斯崙　그리욧-헤스론
Kidron Valley　汲淪河谷　기드론 골짜기
King's Highway　君王之道(王道)　왕의 대로
Kir-haraseth　吉以哈列設　길하라쉬
Kiriath Jearim　基列耶琳　기럇여아림
Kiriathaim　　基列亭　　　기랴다임
Kishon, River　基順河　　　기손강

[L]
Lachish　　　拉吉　　　　라기스
Lasea　　　　拉西亞　　　라새아
Libya　　　　呂彼亞(利比亞)리비야
Lydda　　　　呂大　　　　룻다
Lystra　　　　路司得　　　르스드라

[M]
Macedonia　　馬其頓　　　마게도냐
Machaerus　　馬蓋耳斯　　마카에로

Magadan	馬加丹	마가단
Makkedah	瑪基大	막게다
Malta	米利大(馬爾他)	말타
Manasseh	瑪拿西	므나셋
Marah	瑪拉	마라
Masda	馬賽大	마스다
Medes	馬代人	마데인
Mediterranean Sea	地中海	지중해
Megiddo	米吉多	므깃도
Memphis	門斐斯	멤피스
Mesopotamia	米所波大米	메소포다미아
Michmash	密抹	믹마스
Midian	米甸人	미디안
Migdol	密奪	믹돌
Migron	末磯倫	미그론
Miletus	米利都	밀레도
Mizpah	米斯巴	미스바
Moab	摩押	모압
Moriah, Hill of	摩利亞山	모리아산
Mysia	每西亞	무시아
Mytilene	米推利尼	미둘레네

[N]

Nabataean Kingdom	拿巴提王國	나바데아 왕국
Nain	拿因	나인
Naphtali	拿弗他利	납달리
Naples	那不勒斯	나플
Nazareth	拿撒勒	나사렛
Neapolis	尼亞波利	네압볼리
Nebo, Mt.	尼波山	느보산
Nile, River	尼羅河	나일강

Nineveh	尼尼微, 亞述帝國首都	니느웨, 앗수르 수도
Nippur	尼普耳	니푸르

[O]

Offence, Mt.	邪僻山, 假神	비스가산
Olives, Mt. of	橄欖山	감람산
Ophrah	俄弗拉	오브라

[P]

Pamphylia	旁非利亞	밤빌리아
Paphos	帕弗	바보
Patara	帕大喇	바타라
Patmos	拔摩	밧모
Perea	比利亞	베레아
Perga	別加	버가
Pergamum	別迦摩	버가모
Persepolis	波斯法立・波斯帝國首都	
Persian Empire	波斯帝國	바사제국
Philippi	腓立比	빌립보
Philistia	非利士地	블레셋
Philistines	非利士人	블레셋인
Phoenix	非尼基	푀닉스
Phrygia	弗呂家	부루기아
Pisgah, Mt.	毗斯迦山	비스가산
Pompeii	龐貝	폼페이
Pontus	本都	본도
Puteoli	部丟利	보디올

[R]

Rabbah	拉巴	랍바
Ramah	拉瑪・撒母耳家鄉	라마
Ramoth Gilead	基列拉末	길르앗라못
Red Sea	紅海	홍해
Rephaim Valley	利乏音谷	르바임골짜기
Rhegium	利基翁	레지움
Roman Empire	羅馬帝國	로마제국
Roman Roads	羅馬主要道路	로마주요대로
Rome	羅馬	로마

[S]

Salamis	撒拉米	살라미
Salim	撒冷	살렘
Salmone, Cape	撒摩尼角	살몬
Salt Sea	鹽海	염해
Samos	撒摩	사모
Shechem	示劍	세겜
Shiloh	示羅	실로
Shimron	示門	심론
Shittim	什亭(亞加斯亞)	싯딤(아벨싯딤)
Shunen	書念	수넴
Siddim Valley of	西訂谷	싯딤골짜기
Sidon	西頓	시돈
Sinai, Mt.	西乃山	시내산
Smyrna	士每拿	서머나
Sodom	所多瑪	소돔
Solomn's Porch	所羅門廊子	솔로몬행각
Spain	示班雅(西班牙)	서바나
Succoth	疏割	숙곳
Sousan	書珊・波斯王的冬宮	수산

Sychar　　　敍加　　　　수가
Syria　　　　敍利亞(亞蘭)　수리아

[T]

Tabor, Mt.　他泊山　　　다볼
Tarsus　　　大數　　　　다소
Temple, Jerusalem　耶路撒冷 聖殿　예루살렘성전
Thessalonica　帖撒羅尼迦　데살로니가
Three Taverns　三館　　세여관
Tiberias　　提庇哩亞(見加利利海)　디베랴
Tigris, River　底格里斯河　힛데겔강
Timmath　　亭拿　　　　딤나
Tirzah　　　得撒　　　　디르사
Tishbe　　　提斯比 以利亞家鄕　디셉
Troas　　　特羅亞　　　드로아
Tyre　　　　推羅　　　　두로

[U]

Upper Room　最後晩餐的樓房　최후만찬의 다락방

[Z]

Zarephath　撒勒法　　　사렙다
Zebulun　　西布倫　　　스불론
Ziph　　　　西弗　　　　십

神學家人名

[A]

Aalders, G. C.	阿爾德斯
Abelard, Peter	亞伯拉德
Abraham	亞伯拉罕
Achtemeier, Paul J.	阿克提美亞
Ackroyd, P. R.	阿克若德
Adams, Ernest W.	艾當斯
Adams, Jay E.	亞當斯
Aland, Kurt	阿蘭德
Albright, William F.	奧伯萊
Allen, Diogenes	亞倫
Allen, L. C.	亞倫
Allis, O. T.	艾利斯
Alonso-Schokel, Luis	舒哥基
Alston, William P.	阿斯頓
Alter, Robert	阿特爾
Altizer, Thomas J	阿蒂澤
Ames, Edward Scribner	艾穆斯
Andersen, F. l.	安德生
Anselm	安瑟倫
Aquinas, Thomas	多馬阿奎那
Archer, G. L.	阿徹爾
Aristotle	亞里斯多德
Arndt, William F.	安德特
Athanasius	亞他那修
Atkinson, D.	亞金森
Augustine	奧古斯丁
Augustus, Caesar	該撒亞古士督
Auld, A. G.	歐爾德
Aulen, Gustaf	奧連
Austin, J. L.	奧斯丁

Ayer, A.J.   艾爾

[B]

Bacon, Francis	培根
Baillie, John	貝利
Bailey, Kenneth E.	拜利
Baker, D. W.	貝克
Baldwin, J.	包德雯
Barbour, R. S.	巴伯
Barr, James	巴爾
Barrett, C.K.	巴瑞特
Barstad, H. M.	巴斯塔
Barth, Karl	巴特
Bartlett, Frederic	巴雷特
Barton, G. A.	巴統
Basil	巴西流
Bassler, Jouette M.	巴斯勒
Batten, L. W.	貝登
Bauer, Walter	包爾
Baumgartel, Fridrich	邦加特
Baumgartner, W.	包迦拿
Beaulieu, P.A.	博流
Beckwith, R.	貝克衛茲
Beelzebub	別西卜
Benoist, Jean-Marie	
Berg, S. B.	柏格
Bergson, Henri	伯格森
Berkhof, Louis	伯克富
Berkouwer, G.C.	貝可福
Berlin, A.	柏林
Bernhardt, Karl-Heinz	
Bernstein, M.	伯恩斯坦

Berquist, J. L.	伯其斯
Bertholet, A.	伯爾托勒
Betz, Otto	貝茲
Beuden, W.A.M.	布登
Beuken, W.	包肯
Bewer, J. A.	貝爾
Beyerlin, W.	貝葉林
Bic, M.	畢克
Bickerman, E.	比克曼
Bimson, J.J.	賓森
Birch, B.C.	伯奇
Blenkinsopp, J.	伯朗金思帕
Bloch, Marc	布樂奇
Blocher, H.	布洛齊
Bloesch, Donald ·	
Blomberg, C. L.	布隆保
Bloom, H.	布倫
Bodine, W. R. ·	博丹
Boling, R. G.	柏林
Bonar, A. A.	柏納
Bonhoeffer, Dietrich	潘霍華
Bourke, J.	伯克
Braun, R.	勃朗
Brettler, M. Z.	布雷特勒
Briggs, Charles	
Brockington, L. H.	布洛慶登
Bronner, L.	布拉洛
Brooks, P.	布魯克斯
Broome, E. C.	勃隆
Brown, Colin	
Brownlee, W. H.	卜朗理
Bruce, F. F.	布魯斯
Brueggemann, Walter	布魯 格曼

英中韓 宗教字典 469

Brunner, Emil	卜仁納
Bryce, G. E.	布萊斯
Buber, Martin	布伯馬丁
Bullinger, E. W	布靈格
Bullock, C. H.	巴洛克
Bultmann, Rudolf	布特曼
Burnett, Fred	柏聶
Burrows, Millar	布勞斯
Buswell, James O.	布斯威爾
Buttrick David G.	巴粹克

[C]

Caird, George	
Callow, John	卡勞
Calvin, John	加爾文
Cappadocians	加帕多家教父
Carroll, R. P.	卡羅爾
Carson, D. A.	卡森
Cassuto, U.	卡蘇特
Charles, R. H.	查理斯
Charlesworth, J. H.	查理渥斯
Chatman, Seymour	查特曼
Childs, Brevard	柴爾斯
Chriansen, D. L.	克利登森
Chomsky, Noam	叢斯基
Clark, Gordon H.	克拉克
Clements, R. E.	克理門茲
Clendenen, E. R.	克萊豈恩
Clifford, R.	克里福多
Clines, D. J.	克蘭斯
Clowney, E. P.	克朗尼
Coats, G. W.	寇茲

Cobb, John	柯布
Cogan, M.	科根
Coggins, R. J.	克經司
Cohn, P.	科恩　180
Collins, John J.	柯林斯
Comte, Auguste	孔德
Conzelmam, Hans	康則曼
Cooper, J. S.	庫伯
Coote, Robert T.	柯特
Copernicus,	哥白尼
Costas, Orlando	柯思達斯
Cox, Harvey	寇克斯
Craigie, Peter C.	克萊基
Crenshaw, James L.	克蘭紹
Cross, F. M.	柯勞斯
Crossan, John Dominic	克勞生
Cullmann, Oscar	庫耳曼
Culpepper, Alan	克珮普
Cundall, A. E.	昆達
Curtis, J.	柯提斯

[D]

Dahood, Mitchell J.	達戶
Daniel	但以理
Danker, Frederick	丹卡
Darwin, Charles	達爾文
Davidson, R. M.	戴維森
Davies, G. l.	戴維斯
Davies, W.D.	戴維思
Dawes, S.	道衛斯
Day, J.	戴依
Dean, Richard	迪恩

Debrunner, Albert	迪伯倫納
Deissmann, Adolf	戴斯曼
Delitzsch, F.	德里慈
De Man, Paul	迪曼
de Saussure, Ferdinand	索緒爾
Descartes, Rene	笛卡兒
DeVries, S.	德 夫里斯
de Wette, W. M.	杜威特
Dewey, John	杜威
Dilthey, Wilhelm	迪特意
Dillard, R. B.	狄拉德
Dillmann, A.	狄爾曼
Dionysius the Areopagite	亞略巴古的丟尼修
Dodd, C. H.	達德
Doorly, W. J.	多利
Douglas, M	道格拉斯
Dozeman, T. B.	達茲曼
Dressler, H. H. P.	德雷斯勒
Drioton, E.	德雷歐頓
Driver, S. R.	德萊弗
Duhm, B.	杜麥
Dumbrell, William J.	鄧巴爾
Dunn, James D. G.	鄧恩
Durham, J. I.	杜罕
Durkheim, Emile	涂爾幹
Dyrness, William A.	

[E]

Eaton, J. H.	依謄
Ebeling, Gerhard	艾伯靈
Edwards, J.	艾 德華滋
Eichhorn, J. G.	艾克宏

Eichrodt, Walther　　　艾若德
Einstein, Albert　　　愛因斯坦
Eissfeldt, Otto　　　艾斯弗特
Elijah　　　以利亞
Elliger, K.　　　艾利格
Elliott, John H.　　　伊利奧特
Ellis, John M.　　　艾立斯
Ellul, J.　　　依路
Emmerson, G. l.　　　艾默森
Erickson, Millard J.　　　艾力森
Eskenazi, T.　　　艾斯肯那齊
Evans, Donald　　　伊凡斯
Ewald, Georg.　　　依瓦德
Ewald, H.　　　艾渥德
Exum, C.　　　艾克斯姆

[F]

Fairbain, P.　　　費爾貝恩
Fee, Gordon　　　費依
Fensham, F. C.　　　費塞恩
Ferris, P. W. Jr.　　　弗瑞斯
Feuerbach, Ludwig　　　費爾巴哈
Fink, Eugen　　　芬克
Fish, Stanley　　　費許
Fishbane, Michael　　　費施巴爾
Fitzmyer, Joseph A.　　　費茲梅爾
Fletcher, Joseph　　　傅勒徹爾
Fohrer, Georg　　　弗勒
Fokkelman, J. P.　　　弗克曼
Fosdick, Hany Emerson　　　富司迪
Foucault, Michel　　　傅柯
Fowl, Stephen　　　富爾

英中韓 宗教字典 473

Fowler, Robert　　　　　福勒
Fox, M. V.　　　　　　　弗克斯
Fredehcks, D. C.　　　　緋勒德力斯
Freedman, David Noel　　費德曼
Freud, Sigmmd　　　　　弗洛伊德
Frye, N.　　　　　　　　弗瑞
Fuller, Daniel P.　　　　　富樂
Funnk, Robert W.　　　　富克

[G]

Gabriel (archangel)　　　加百列
Gadamer, Hans-Georg　　迦達瑪
Gaebelein, Frank E.　　　嘉柏霖
Gaffin, Richard　　　　　迦芬
Gager, John G.　　　　　迦葛
Gammie, J.G.　　　　　　加密
Garrett, D. A.　　　　　　加立特
Gardner, Howard　　　　迦德納
Garsiel, M.　　　　　　　卡思爾
Geden, A.S.　　　　　　　吉登
Geisler, Norman　　　　　賈斯樂
Gerleman, G.　　　　　　傑爾曼
Gerhart, Mary　　　　　　吉哈特
Gerstenberger, Erhard S.　葛斯登伯格
Gese, Hartmut　　　　　　吉斯
Gesenius, F.W.　　　　　　吉森紐
Geyer, J. B.　　　　　　　該雅爾
Gibson, Arthur　　　　　　吉布森
Gingrich, F. Wilbur　　　　金格里奇
Ginsberg, H. L.　　　　　　金斯伯
Ginsburg, C.D.　　　　　　金斯伯格
Gitay, Y.　　　　　　　　　吉泰

Glasson, T. F.	格拉森
Glazier, McDonald, B.	葛拉齊麥當諾
Glickman, S.C.	格立克曼
Godet, F.	哥地克
Goldingay, J.	戈丁葛
Goncalvers, F.	戈納伊夫
Gooding, D. W.	古丁
Goodspeed, Edgar	古次比德
Goppelt Leonhard	戈佩特
Gordis, R.	哥笛斯
Gordon, Cyrus	戈登
Goslinga, C. J.	戈斯林格
Gottwald Norman K.	哥特瓦爾德
Gowan, D. E.	高汪
Grabbe, L.L.	格拉比
Gray, G. B.	葛萊
Gredanus, Sidney	葛利丹努
Green, D.	哥林
Greenberg, M.	葛林保
Greenstein, E. L.	格林斯坦
Gregory of Nazianzus	拿先斯的貴格利
Gregory of Nyssa	女撒的貴格利
Greimas, A.J.	葛瑪斯
Grenz, Stanley J.	
Gressmann, H.	葛瑞斯曼
Griffin, David Ray	葛理芬
Gros Louis, K.	葛洛斯路易斯
Grossberg, D.	葛洛斯堡
Gundry, Robert	
Gunkel, H.	袞克爾
Gunn, D. M.	剛恩
Gunther, Walther	甘特爾
Gurney, R. J.	格尼

Guthrie, Donald　　　古特立
Gutierrez, Gustavo

[H]

Habermas, Jurgen　　　哈伯瑪斯
Halpern, B.　　　賀賓
Hals, R. M.　　　哈爾斯
Hamilton, V.　　　哈密爾頓
Hamilton, William　　　漢美頓
Hamlin, E. J.　　　哈姆林
Hannah　　　哈拿
Hanson, Paul D.　　　漢森
Haran, M.　　　哈蘭
Harnack, Adolf von　　　哈納克
Harper, W. R.　　　哈普
Harris, Roy　　　哈理斯
Harrison, Everett　　　哈里遜
Harrison, R. K.　　　哈理遜
Hartley, J. E.　　　哈特利
Hasel, Gerhard F.　　　哈索
Hawthorne, Gerald F.　　　霍桑
Hayes, John H.　　　海斯
Hegel, Georg　　　黑格爾
Heidegger, Martin　　　海德格
Heim, Karl
Henry, Carl F. H.　　　卡爾亨利
Hengstenberg, E. W.　　　亨斯登堡
Heraclitus　　　赫拉克利特
Hesselgrave, David J.　　　黑索格瑞夫
Hiebert, Paul　　　希伯特
Hick, John　　　希克
Hildebrandt, T.　　　希德伯蘭特

Hippolytus	希坡律陀
Hitler, Adolf	希特勒
Hodge, A.A	賀智亞歷山大
Hodge, Charles	賀智查理
Hoglund, K. G.	何蘭德
Holladay, W. L.	賀樂戴
Holladay, Carl R.	賀樂戴
Holmes, Arthur	霍姆茲
Hoppe, L. J.	霍普
Hordernh, William	何登
Howard, D. M.	郝華德
Hubbard, David A.	赫伯特
Hughes, Philip E.	休斯
Humbert, P.	亨伯特
Hume, David	休謨
Humphreys, W. L.	韓福瑞斯
Hunter, Archibald M.	亨特
Hurley, James B.	何利
Husserl, Edmmd.	胡色爾
Hyatt, J. P.	海厄特

[I]

lrwin, W. A.	伊爾文
Isaac	以撒
Isaksson, B.	伊塞卡森
Isbell, C. D.	伊斯貝爾
Iser, Wolfang	艾瑟
lshida, T.	伊思達

[J]

Jacobson, Roman	傑克森
Janzen, J. G.	揚森
Japhet, S.	雅費特

Jaspers, Karl	雅斯培
Jeppesen, K.	葉庇森
Jeremias, Joachim	耶利米亞
Jerome.	耶柔米
Jewett, Paul King	
John	約翰
John Paul II, Pope	教宗保祿二世
Johnson, Alan F.	莊森
Jonah	約拿
Jones, Gareth Steadman	鐘斯
Joseph(Jacobk son)	約瑟
Josephus.	約瑟夫
Justin Martyr	游斯丁

[K]

Kaiser, Otto	凱撒
Kaiser, Walter C. Jr.	華德，凱瑟
Kant, Immanuel	康德
Kapelrud, A. S.	加普路德
Kasemann, Ernst	蓋士曼
Kaufmann, Gordon D.	考夫曼
Kautzsch, Emil F.	高茲
Keil, Carl Friederich	基爾
Keller, C. A.	凱勒
Kevin, R. O.	凱菲恩
Kidner, Derek	柯德納
Kierkegaard, Soren	祁克果
Kingsbury, Jack Dean	金斯伯利
KistemakerS.	凱斯特曼克
Kittel, Gerhard	齊特耳
Kitchen, K. A.	濟欽
Klein, R. W.	柯蘭恩

Kline, M. G.	克藍
Klooster, Fred H.	克魯斯特
Knight, G.A. F.	奈特
Koch, K.	科赫
Koehler, Ludwig	克許拉
Kraft, Charles	克拉弗特
Kraus, H. J.	克勞斯
Kremer, J.	克理莫
Kruger, T.	克魯格
Kugel, J.	庫格
Kuhn, Thomas S.	孔恩
Kummel, Werner G.	庫慕爾
Kung, Hans	龔漢斯
Kutsch, E.	卡奇
Kuyper, L.	克伊波

[L]

Ladd, George E.	賴德
Laffey, A. L.	拉菲
Lamarche, P.	拉瑪赫
Lambdin, Thomas O.	藍丁
Lambert, W. G.	蘭伯特
Lambrecht, Jan	藍布瑞特
Lamparter, H.	蘭帕特
Lanahan, W. F.	拉拿罕
Lang, B.	蘭恩
Larkin, William J. Jr.	拉爾金
LaSor, William S.	賴桑
Leibniz, Gottfried von	萊布尼茲
Lemke, W.	利姆克
Levenson, J. D,	利文森
LevineB. A.	李凡

Levine, E.	李汎
Lewis, C.S.	魯益師
Lewis, Gordon R.	魯易士
Liefeld Walter	李斐德
Lightfoot, R. H.	萊富特
Limburg, J.	林保
Lindbeck, George	
Lindsell, Harold	林塞爾
Lipinski, E.	李賓斯齊
Lloyd-Jones, Martin	鐘馬田
Long, Burke O.	隆恩
Long, V. P.	隆恩
Longenecker, Richard N.	朗格內克
Longman, Tremper, III	朗文
Louw, Johannes P.	魯奧
Lowth, Robert	羅特
Luke	路加
Lund, Nils W.	隆德
Lust, J.	拉斯特
Luther, Martin	馬丁路德
Lutzer, Erwin W.	路次爾
Lyons, John	李昂斯

[M]

Maarsingh, B.	馬新
Machen, J. Gresham	麥根
Mack, Burton L.	麥克
Mackay, Donald S.	
MacKenzie, R.	麥肯利
Macquarrie, John	馬其禮
MacRae, A.A.	麥夸雷
Magonet, J. D	馬格尼特

Maier, W. A.	邁爾
Maimonides.	邁摩尼得斯
Malherbe, Abraham J.	馬赫比
Malina, Bruce J.	馬里拿
Mandelkern, Salomon	曼都肯
Manichaeism	摩尼教
March, W. Eugene	馬吉
Marcion	馬吉安
Margalioth, R.	馬格流特
Mark	馬可
Marshall, I. Howard	馬學而
Martens, E.	馬膽思
Marti, K	馬提
Martin, Ralph	馬挺
Martyr, Justin	游斯丁
Marx, Karl	馬克思
Matthew	馬太
Mathews, Shailer	馬太斯
Matthias	馬提亞
Mayes, A. D.	麥易斯
Mays, J. L.	麥司
McCarter, P. K. Jr.	麥卡特
McCarthy, D. J.	麥卡錫
McComiskey, Thomas E.	麥可米斯基
McConville, J. G.	麥康威
Mcfague, Sallie	麥法格
McGill, Arthur C.	
McKane, W.	麥坎
McKay, J.	麥凱
McKenzie, S. L.	麥肯奇
McKnight, Edgar V.	麥乃特
McKnight, Scot	麥奈特
McQuilkin, J. Robertson	麥貴根

Mead, David G.	米德
Meeks, Wayne A.	米克斯
Melancthon, Philipp	墨蘭頓
Melugin, R.	米魯君
Mendenhall, G.	孟單豪
Merrill, E.	梅里耳
Metzger, Bruce M.	麥子格
Meyer, B. J. F.	邁爾
Michael(archangel)	米迦勒
Michie, Donald	米琪
Mickelsen, A. Berkeley	米寇森
Milchell, Basil	密泰爾
Milgrom, J.	米格倫
Millard, A. D.	密勒得
Miller, Jr. P. D.	米勒
Miller, J. M.	密勒
Mintz, A.	敏茲
Moltmann, Jurgen	莫特曼
Moore, G. E.	摩爾
Moore, Stephen D.	摩爾
Morris, Leon	莫理斯
Miscall, P.	米什喀爾
Montgomery, John W.	孟沃偉
Moo, Douglas J.	穆爾
Moore, Stephen D.	摩爾
Morgan, Donn F.	摩根
Morris, Leon	莫理斯
Morse, Christopher	摩爾斯
Motyer, J. A.	莫德
Moule, C. F.D.	毛勒
Moulton, W. F.	摩爾頓
Mounce, Robert W.	孟斯
Mowinckel, Sigmund	莫文克

Muilenberg, James	慕蘭伯
Muller, Richard	摩樂
Murphy, Roland E.	墨菲
Murphy, Nancey	墨非
Murry, John	麥銳
Mussies, G.	麥斯
Myers, E. M.	邁耳思
Myers, J. M.	麥爾斯

[N]

Nash, Ronald	拿施
Naude, J. A.	諾德
Neill, Stephen C.	尼爾
Nel, Philip S.	倪爾
Nelson, R. D.	爾森
Neusner, Jacob	紐斯納
Newell, L.	紐威爾
Newton, Issac	牛頓
Nicholson, E. W.	尼寇森
Nickelsburg, George W.	尼肯斯堡
Nicole, Roger	尼寇爾
Nida, Eugene A.	尼達
Niditch, S.	尼迪奇
Niebuhr, Reinhold	尼布爾
Niehaus, J.	尼浩斯
Nietzsche, Friedrich	尼釆
Noetus of Smyrna	士每拿的諾威都
Noordtzij, A.	諾咨
North, M.	諾特
Nygren, Anders	虞格仁

[O]

O'Brien, Peter T.	俄伯仁
O'Connel, K. G.	奧康內爾
O'Connor, K.	奧康納
O'Connor, M.	歐康納
Oden, Thomas C.	奧登
Odendaal, D.	奧登達
Oesterley, W. O.E.	厄思特利
Ogden, G.	歐格登
Ogden, Schubert M.	奧格登
Olson, Roser	奧森
Olthuis, Janmes	奧夫斯
Origen	俄利根
Orr, James	俄爾
Osborne, Grant R.	奧斯邦
Oswalt, J. N.	奧斯瓦特
Otto, E.	奧托
Otto, Rudolf	鄂圖
Overholt, T.	歐弗特

[P]

Packer, J. l.	巴刻
Padilla, C. Rene	帕迪拉
Paley, William	
Palmer, Richard E.	帕爾瑪
Pannenberg, Wolfhart	潘寧博
Paradigm stories	範型故事
Pardee, Dennis	帕迪
Parmenides	巴門尼德
Paton, L. B.	佩頓
Patterson, R. D.	帕特森
Payne, J. Barton	彭巴頓

Paul	保羅
Paul of Samosata	撒摩撒他的保羅
Payne, D. F.	佩恩
Peckham, B.	佩肯姆
Peirce, Charles S.	皮爾斯
Peisker, Carl Heinz	派斯克
Pelikan, Jaroslav	
Perkins, Pheme	波金斯
Perrin, Norman	裴林
Perry, Lloyd M.	派瑞
Peter	彼得
Petersen	彼得森
Petitjean, A.	佩帝吉恩
Petzolt, Martin	彼索特
Pfeiffer, R.	費弗
Pharisees,	法利賽人
Piaget, Jean	皮亞傑
Pike, Kenneth	派克
Piper, Otto	派帕
Plantinga, Alvin	柏庭格
Plato	柏拉圖
Pollock, John L.	蒲樂克
Polzin, Robert M.	波爾金
Pope, M. H.	波普
Porter, Stanley E.	波特
Portnoy, S.	波特諾
Poythress, V. S.	波特勒斯
Preminger, A.	普利明格
Preus, Robert D.	
Price, George McCready	
Price, James	普萊斯
Prickett, Stephen	普利科特
Prinsloo, W. S.	普林斯盧

英中韓 宗教字典 485

Pritchard, J. B.
Proctor, J. 普羅克特
Provan, I. 普魯凡
Prussner, frederick R. 普斯納

[Q]

Quenstedt, Johannes 昆斯得特
Quine, W.V. 奎恩
Quinn, A. 奎恩

[R]

Rabin, C. 拉賓
Rad, Gerhard von 馮拉德
Radday, Y. T. 拉玳
Radmacher, Earl D. 華德瑪爾
Ramm, Bernard 藍姆
Ramsay, William M. 蘭塞
Ramsey, Ian 藍席
Ramsey, O. W. 蘭塞
Randall, John Herman, Jr. 瑞達
Rauber, D. F. 勞伯
Rauschenbusch, Walter 饒申布士
Redpph, Henry 瑞德帕特
Reicke, B. 雷克
Reid, D. 里德
Rengstorf, Karl-Heinz 任斯托夫
Renaud, B. 雷諾
Rendtorff, R. 任道夫
Resseguie, James 維森吉爾
ReventloW, Henning Graf 維溫路
Rhoads, David 羅茲

Rice, C. E.	萊斯
Richards I.A.	理查茲
Richardson, Alan.	
Richter, Philip J.	李其特
Richter, W.	李赫特
Ricoeur, Paul	李庫爾
Ridderbos, J.	里德伯斯
Ridderbos, Nicholas H.	里德布斯
Ringgren, Helmer	凌格仁
Ritschl, Albrecht	立效爾
Roberts, J. M.	羅伯茨
Robertson, D. A.	羅伯遜
Robertson, O. P.	羅勃森
Robinson, Haddon W.	羅賓森
Robinson, John A.	羅賓孫
Rodd, Cyril S.	洛德
Rogerson, J. W.	羅傑森
Rohde, Joachim	
Roller, Otto	羅樂
Romerowski, S.	羅梅羅斯奇
Rommen, Ed.	羅門
Rosenbaum, S. N.	羅森伯
Ross, A. P.	洛斯
Ross, James.	洛斯
Rossow, F. C.	洛索
Rost, L.	洛斯特
Routtenberg, H. J.	魯丁伯革
Rowland, Christopher	羅蘭德
Rowley, H. H.	羅利
Rudolph, W.	魯道夫
Rushdoony, R.	拉什杜尼
Russell, Bertrand	羅素
Russell, David S.	盧梭

Ryken, L.   李肯
Ryle, Gilbert   萊爾

[S]

Sabellius   撒伯流
Sabottka, L.   薩波特卡
Sailhamer, J. H.   塞哈姆
Sanders, E. P.   桑德斯
Sanders, J. A.   桑德思
Sarah   撒拉
Sarna, N. M.   撒拿
Sartre, Jean-paul   沙特
Sasson, J. M.   薩森
Satan   撒但
Saussure, Ferdinand de   索緒爾
Sawyer, J. F.   索雅
Schaeffer, F. A.   薛華
Schelling, Friedrich
Schleiermacher, Friedrich   士萊馬赫
Schmidt, W. H.   施密德
Schmitt, H. C.   施密特
Schnackenburg, Rudolf   施諾肯保
Schoonhoven, E. Jansen   斯庫浩分
Schottroff, W.   肖托洛夫
Schubert, Paul   舒伯特
Schulz, H.   舒爾茨
Schweitzer, Albert   史懷哲
Scott, Bernard Brandon   史考特
Scott, J. Julius   司卡特
Scott, R. B.   斯科特
Scroggs, Robin   斯克羅格斯
Searle, John R.   塞爾

Seerveld, C.	希爾維德
Segal, M. H.	西加爾
Seitz, C.	賽茨
Sellin, E.	塞林
Seraphim	撒拉弗
Setiloane, Gabriel	塞提隆
Shea, W. H.	施亞
Shenkel, J. D.	申克爾
Sheppard, Gerald T.	舒帕德
Sherlock, C.	沙洛克
Silva, Moises	希爾法
Sire, James	塞爾
Skehan, P. W.	司可漢
Skinner, J.	司金納
Slomovik, E.	斯洛姆力克
Smend, R.	司曼德
Smith, Gary V.	施密特
Smith, James	斯密特
Smith, Morton	史密德
Smith, Robert H.	司密特
Smith, R. L.	司密斯
Snaith, N. H.	史耐斯
Snaith, J. G.	史耐什
Snyman, S. D.	司尼曼
Socrates	蘇格拉底
Soggin, J. A.	蘇俊
Soltau, H. W.	司桃
Soskice, Janet Martin	索斯吉斯
Speiser, E.	斯佩什
Spencer, Herbert	斯賓塞
Spieckermann, H.	施皮克門
Spinoza,	斯賓諾沙
Spinoza, Benedict	斯賓挪莎

Stade, B.	司泰得
Staerck, W.	斯塔克
Stanton, Graham N.	司坦頓
Stein, Robert H.	司坦因
Stendahl, Krister	史丹德
Stenberg, Meir	司登柏格
Stephenson, F. R.	斯蒂芬森
Sterrett, T. Norton	史達瑞特
Steuernagel, C.	司徒納格
Stock, A.	斯托克
Stonehouse, Ned B.	史東豪斯
Stott, John R. W.	斯托得
Stowers, Stanley K.	司托爾
Strack, Hermann L.	司特拉克
Strong, Augustus	施特朗
Sturt, D.	司陶特
Stuart, M.	司圖特
Stuart, Douglas	司陶特
Stuhlmacher, Peter	司徒馬赫
Stulman, L.	斯圖門
Super, A. S.	蘇帕
Suppe, Frederick	撒普
Sweeney, M.	史威尼

[T]

Taber, Charles R.	塔伯
Tadmor, H.	塔得模
Talmon, S.	他爾門
Tate, Marvin E.	泰特
Tatian	他提安
Taylor, Mark C.	泰勒
Tenny, Merrill C.	滕慕埋

Terrien, Samuel	德利恩
Tertullian	特土良
TeSelle, Sallie M.	泰賽爾
Thayer, H. S.	
Theissen, Gerd	提依森
Theodotus	狄奧多士
Thiele, E.	提利
Thielicke, Helmut	提立科
Thiessen, Henry C.	
Thiselton, Anthony C.	提瑟頓
Thomas, Robert L.	湯瑪士
Thomas, John Newton	湯瑪士
Thompson, J. A.	湯普森
Throntveit, M.	思羅維特
Thorogood, B. A.	索羅固德
Tillich, Paul	田立克
Tischler, N. M.	提施樂
Toland, John	
Todorov Tolbert, Mary Ann	托伯特
Tompkins, Jane	湯普金斯
Torrey, C. C.	叨雷
Towner, S.	湯納
Tov, Emmanuel	托夫
Toy, C. H.	托依
Tracy David	特雷西
Trebolle, J.	特里伯
Trench, Richard C.	特仁慈
Treves, M.	特雷思
Troeltsch, Ernst	特爾慈
Tromp, N. J.	特龍普
Tsevat, M.	車維特
Tucke, Gene M.	杜卡
Tucker, G. M.	塔克

Turner, Max　　　　　　　　　特納
Turner, Nigel　　　　　　　　　杜納

[U]

Ullmann, Stephen　　　　　　　烏爾曼
Ulrich, E.　　　　　　　　　　　烏利赫
Ungern-Sternberg, R. F. von
　　　　　　　　　　　　　　　昂傑-司登伯格
Unterman, J.　　　　　　　　　昂特門
Ussher, James　　　　　　　　　烏社爾

[V]

Valla, Laurentius　　　　　　　瓦喇
Van Buren, Paul　　　　　　　　范伯仁
van der Wal. A.　　　　　　　　范德瓦
Van der woude, A. S.　　　　　范得武
Van Doorslater, J.　　　　　　　范多司勒
Van Doren, Charles　　　　　　范道倫
Van Gemeren, W.　　　　　　　范傑默林
Vanhoozer, Kevin J.　　　　　　范浩沙
Van Huyssteen, Wentzel　　　　惠斯丁
Van Leeuwen, R. C.　　　　　　范留文
Vannoy, R.　　　　　　　　　　范諾伊
Van Nuys, K.　　　　　　　　　范努司
Van Seters, J.　　　　　　　　　范塞特斯
Vater, J. S.　　　　　　　　　　法特
Vawter, B.　　　　　　　　　　瓦特
Vaux, Roland de　　　　　　　　德弗克斯
Vendryes, J.　　　　　　　　　　范德萊
Verhoef, P.　　　　　　　　　　弗霍夫
Vermes, Geza　　　　　　　　　法密斯

Vermeylen, J.	弗米林
Via, Dan O.	維亞
Viejola, T.	維荷拉
Vischer, Wilhem	費雪
von Rad, G.	馮拉德
von Voigtlander, E.	馮沃茲南德
Vos, Geerhardus	志恆
Vriezen, Theodorus C.	傅理仁

[W]

Walhout, Clarence	沃爾浩特
Walker, William	華爾克
Wallace, H. N.	華萊士
Wallace, R. S.	瓦拉士
Walther, James A.	華泰爾
Waltke, B. K.	沃特克
Walton, J. H.	沃頓
Ward, Wayne E.	華德
Warfield Benjamin B.	華菲德
Warren, Austin	沃倫
Watson, Duane F.	華特森
Watson, W. G.	沃森
Watts, J.	沃茨
Webb, B. G.	韋伯
Weber, Max	韋伯
Webster, Edwin C.	韋伯斯特
Weinfeld, M.	溫費德
Weippert, M.	魏波特
Weitz, Morris	威茲
Wellhausen, Julius	威爾浩生
Wenham, John W.	溫威
Weiser, A.	韋瑟

Weiss, Paul	
Weitz, Moritz	
Wells, David	威爾斯
Wessels, W. J.	韋塞爾斯
West, Cornell	韋斯特
Westcott, B. F.	魏斯科
Westermann, Claus	魏斯特曼
Whitehead, Alfred North	懷海德
Whitcomb, J. C.	韋特孔
White, J. B.	韋約翰
Whiting, J. D.	惠廷
Whitley, Charles F.	威特利
Whitney, J.	惠特尼
Whybray, R. N.	華伯瑞
Widengren, Gus	威登格仁
Wikgram, George V.	威格咸
Wilder, Amos	威爾德
Wilhelm, Kaiser	威廉大帝
William, of Ockham	俄坎
Williams, D. L.	威廉斯
Williams, J. G.	威廉思
Williams, Ronald J.	威廉斯
Williamson, H. G. M.	威廉森
Willis, J.	威利司
Wilson, G. H.	威爾遜
Wilson, R. R.	威耳森
Wimsatt, W. K.	溫撒特
Wink, Walter	溫克
Wiseman, D. J.	魏茲曼
Wisser, L.	懷斯爾
Wittgenstein, Ludwig	維根斯坦
Wittig, Susan	韋提格
Wolfe, David L.	伍爾夫

Wolff, H. W.	渥爾夫
Wood, B. G.	武德
Wood, Leon	胡德
Woodbridge, John D.	伍畢
Woodward, Stephen	伍華德
Woudstra, M.	翁迪司拉
Wrede, William	威列得
Wright, G. Ernest	賴特
Wuellner, Wilhelm	武爾納
Wurthwein, Ernst	符特萬

[Y]

Yahweh	雅威（猶太人上帝之名）
Yadin, Y.	亞丁
Yamaguchi, Edwin M.	山內
Yandell, Keith	嚴德爾
Yee, G. A.	易儀
Young, Edward J.	揚格
Youngblood, Ronal	
Younger, Jr,K. L.	楊格

[Z]

Zerafa, P.	澤拉法
Zerwick, Max	哲偉克
Zevit, Z.	齊維特
Zimmerli, Walther	齊麥利
Zuck, Roy	蘇克
Zunz, L.	宋茲

| 판 권 |
| 소 유 |

영·중·한 신학용어 사전

2002년 8월 25일 1판 1쇄 인쇄
2002년 9월 5일 1판 1쇄 발행

편집주간 ● 류 환 준
발행인 ● 김 수 관
발행처 ● 도서출판 영 문

등록 / 제 03-01016호(1997. 7. 24)
주소 / 서울시 은평구 역촌동 10-82
전화 / (02) 357-8585
FAX / (02) 382-4411

ISBN 89-8487-092-7 03230

값 15,000원

* 본서의 임의인용·복제를 금합니다.
* 파본·낙장은 교환해 드립니다.